LICENSE

法考一本通（2018年版）
民事诉讼法·仲裁制度

编著 史飚

编 写 说 明

实行统一的国家法律职业资格考试,不仅是我国司法改革的一项重大举措,也是我国法学教育改革的突破口。从司考转变为法考后,使得更多适合条件的考生热衷于此,法律职业资格考试也逐渐形成了市场,辅导用书层出不穷。然而在众多的法考辅导用书当中,如何作出选择,便成了备考考生一个头痛的问题。

法考该用何种辅导书?我们认为,要用"看一本就能通"的书。为了达成此目的,我们努力使本书具备了如下特色:

特色一　名师编著、套书完整

本书由来胜全方位法律人培训力邀各科法考名师亲自执笔,集结了老师们多年的法考辅导经验和智慧。本书共分八小册,涵盖了最新考纲的重要考点。

特色二　内容精练、针对性强

本书强调内容的精练和实战性。针对重要的考点,我们结合历年考试的规律,对其进行精讲,并针对实际考查情况和精讲内容,提供例题以提高实战能力。

特色三　体例安排科学合理

根据考纲的要求及体系,我们选出了各科的重要考点并对其从以下三个方面为考生提供帮助。

一、精讲。对当前考点进行精当、有效的讲解,以帮助读者掌握当前考点的精要,具备解决问题的基本能力。

二、例题。针对当前考点,并结合精讲内容,使考生得到及时、有效的练习,提高应试能力,并在修正自己错误的过程中得到提高。

三、提示与预测。主要是针对一些应当特别注意的问题的提示,以及对2018年法考动向的预测。

业精于勤,荒于嬉;行成于思,毁于随。当您拥有了本书,您便得到了一片肥沃的黑土,若能加以勤耕,今日播下的种子,定能在那金秋结出胜利的果实!

编者
2018 年 5 月

前　言

从2002年司法考试以来,民事诉讼法考查的内容一直围绕本学科的重点、难点和热点问题进行。热点问题为考试年度前新颁布的法律、司法解释,特别是其中新增加、新修订的内容。一般来讲,热点问题往往也是本学科中的难点和重点问题,因此,对于三点合一的问题必须要掌握,这些往往会成为当年考查的主要内容之一。

民事诉讼法学:

该部分重点内容和难点如下:

总论部分:基本原则和基本制度(辩论原则、处分原则、诚信原则)、合议制度、公开审判制度、回避制度);主管与管辖(法院审理民事案件与其他机关的关系、级别管辖、地域管辖、移送管辖、指定管辖、管辖权异议);当事人(当事人能力与当事人适格、原告与被告的确定、必要共同诉讼人与普通共同诉讼人、第三人、第三人撤销之诉、公益诉讼、代理人);证据与证明(在具体案件中区分证据的种类和证据的分类、自认制度、证据的收集、举证时限制度、证据交换制度、举证责任的分担、质证原则和认证的规则);法院调解(法院调解适用的范围和时间、先行调解的案件范围、二审和再审程序中调解的具体运用、调解协议与调解书、不需要制作调解书的具体情形、诉讼和解);留置送达的条件;保全和先予执行的条件以及措施的具体规定;罚款和拘留的具体运用。

这部分的热点问题主要包括:

一、新《民事诉讼法》增加和修订的内容,以及2015年2月4日实施的最高人民法院《关于适用〈中华人民共和国民事诉讼法〉的解释》(以下简称《民诉司法解释》)明确细化的内容,具体表现为:

1. 基本原则部分

增加了诚信原则。需要明确诚信原则的约束主体,包括当事人及其诉讼代理人,人民法院以及其他诉讼参与人。恶意诉讼、调解侵害他人利益或规避执行是当事人对诚信原则的违反,构成妨害民事诉讼的行为,根据情节轻重,可以对恶意诉讼的当事人予以罚款和拘留;构成犯罪的,依法追究刑事责任。对于恶意诉讼、调解侵害他人利益的,人民法院应当驳回其诉讼请求(《民事诉讼法》第13条、第112条、第113条)。

《民诉司法解释》对诚信原则有进一步的明确规定,包括:当事人具结(第111条);证人具结(第119条);证人拒绝具结的后果(第120条);虚假调解的制裁(第144条);禁反言(第229条);一审诉讼行为对二审的约束(第342条);失信被执行人名单(第518条)等。

2. 主管与管辖部分

增加了公司设立、确认股东资格、分配利润、解散等争议的管辖法院的规定;修订了协议管辖制度,扩大了协议管辖的案件范围、可选择的管辖法院;统一了国内和涉外的协议管辖制度;增加了国内案件的应诉管辖,统一了国内和涉外的规定;明确规定了对管辖权转移中上向下转移的限制(《民事诉讼法》第26条、第34条、第38条、第127条第2款)。

《民诉司法解释》明确的主要内容：合同履行地以争议标的确定；明确了不动产专属管辖的内容；明确了管辖权转移中上向下转移的案件范围；完善了指定管辖；明确了应诉管辖中对应诉的界定。

3. 当事人部分

增加了公益诉讼的规定，明确规定了公益诉讼中适格的当事人是法律规定的机关和有关组织；增加了第三人撤销之诉制度（《民事诉讼法》第55条、第56条第3款）。

《民诉司法解释》进一步明确了第三人撤销之诉与公益诉讼的提起条件、当事人、管辖、审理、救济等具体规定。

4. 证据和证明部分

新增了电子数据作为一种独立的证据种类；明确规定了哪些情形下证人可以不出庭以及证人出庭作证费用的负担；明确规定了鉴定申请程序、法院的职权鉴定、鉴定人的确定，增加了对鉴定人出庭义务及不出庭的法律效果、专家意见的规定；新增设了诉前和仲裁前证据保全制度（《民事诉讼法》第63条、第65条、第73条、第74条、第76至79条、第81条）。

《民诉司法解释》明确的主要内容：明确电子数据的界定；增加了当事人、证人签署保证书制度；细化了证人出庭义务；完善了专家辅助人制度；增加了举证责任分配原则的规定；增加了逾期举证及其后果的规定；增加了法官组织质证、进行认证的规定；明确了不同案件的证明标准。

5. 期间与送达部分

增加了其他方式的送达以及留置送达条件（《民事诉讼法》第86条、第87条）。

《民诉司法解释》明确的主要内容：明确规定了不变期间；扩大了直接送达接收人以及确立了通知到法院领取法律文书；明确了留置送达的情形。

6. 保全与先予执行部分

将保全范围扩大至财产和行为；增加了仲裁前的保全规定（《民事诉讼法》第100条、第101条）。

二、《侵权责任法》的颁布对民事诉讼的影响，具体体现为：

1. 具体案件中当事人的确定

例如：《侵权责任法》第8条规定："二人以上共同实施侵权行为，造成他人损害的，应当承担连带责任。"《侵权责任法》第10条规定："二人以上实施危及他人人身、财产安全的行为，其中一人或者数人的行为造成他人损害，能够确定具体侵权人的，由侵权人承担责任；不能确定具体侵权人的，行为人承担连带责任。"同时第13条规定："法律规定承担连带责任的，被侵权人有权请求部分或者全部连带责任人承担责任。"也即共同侵权以及共同危险行为案件中被告的确定取决于原告的选择，不能任意追加。再如，《侵权责任法》第83条规定："因第三人的过错致使动物造成他人损害的，被侵权人可以向动物饲养人或者管理人请求赔偿，也可以向第三人请求赔偿……"也即对因第三人的过错致使动物造成他人损害的案件，被侵权人既可以以动物饲养人或管理人为被告，也可以以第三人为被告提起诉讼。如果起诉动物饲养人或管理人的，动物饲养人或者管理人赔偿后，有权以第三人为被告向第三人追偿。

2. 举证责任分担的规定

特别要注意与现行民事诉讼规范不一致的规定。第一，在医疗事故侵权案件中，《侵权责任法》第54条规定:"患者在诊疗活动中受到损害,医疗机构及其医务人员有过错的,由医疗机构承担赔偿责任。"也就是说,在医疗事故侵权案件中,依然采取过错责任原则。这与《民诉证据规定》第4条第(8)项"因医疗行为引起的侵权诉讼,由医疗机构就医疗行为与损害结果之间不存在因果关系及不存在医疗过错承担举证责任"的规定有冲突,应当以《侵权责任法》的规定为准,《民诉证据规定》相应的部分应失效,即医疗机构不需要为不存在的过错承担举证责任。第二,在共同危险行为案件中,更加严格了危险人的举证责任。《侵权责任法》第10条规定:"二人以上实施危及他人人身、财产安全的行为,其中一人或者数人的行为造成他人损害,能够确定具体侵权人的,由侵权人承担责任;不能确定具体侵权人的,行为人承担连带责任。"《侵权责任法》第87条规定:"从建筑物中抛掷物品或者从建筑物上坠落的物品造成他人损害,难以确定具体侵权人的,除能够证明自己不是侵权人的外,由可能加害的建筑物使用人给予补偿。"

分论部分:第一审程序(登记立案制度、重复起诉的确定标准、法院在审查起诉时对特殊情况的处理、庭前会议按撤诉处理、缺席判决、延期审理、诉讼中止、诉讼终结的法定情形和具体适用,简易程序的适用范围和特点,小额诉讼的适用范围以及具体程序规定,小额程序与简易程序的转换、小额案件的再审);第二审程序(上诉人的确定、撤回上诉的效力、案件的审理范围、不开庭审理的条件和案件范围、二审中的调解和和解、裁判的具体适用);再审程序(当事人申请再审的案件范围、事由、管辖和时效,对当事人再审申请的受理和审查程序,检察监督的方式、事由、程序以及当事人申请检察建议与抗诉的法定情形,再审案件的审理法院,再审案件审理程序的特殊规定);执行程序(主要集中在一般规则:如执行管辖、执行行为异议、申请提级执行或指令执行、执行异议、执行和解、委托执行、执行承担等,以及特殊执行措施)。

对这部分的考查侧重法条的具体规定,特别是特殊情形的规范一定要掌握。

分论部分的热点问题主要包括:

(一)第一审程序

增加了立案前的先行调解、立案后的案件分流制度以及公开查阅裁判文书的制度;修订了受理审查时特殊情形的规定;增加了小额诉讼制度。(《民事诉讼法》第122条、第124条、第133条、第156条、第162条)

《民诉司法解释》明确的主要内容:建立了立案登记制度;明确规定了重复起诉的判断标准;完善了审前准备及增加了庭前会议的规定;规范了申请撤诉的条件;明确了缺席判决的条件;细化了当事人变更或增加诉讼请求权;细化了裁判公开查阅的方式和范围;完善了简易程序的适用范围;完善了小额诉讼案件的适用范围、具体程序、救济以及与简易程序的程序转化。

(二)第二审程序

明确了二审不开庭审理的条件;明确了二审法院对上诉判决和裁定的处理(《民事诉讼法》第169条、第170条)。

《民诉司法解释》明确的主要内容:明确二审不开庭审理的案件范围;明确了"严重违反法定程序的标准";明确了二审法院对具体情形的处理。

(三)审判监督程序

增加了人民法院基于审判监督权监督的对象为发生法律效力的判决、裁定、调解书;增加了当事人一方人众多或者当事人双方为公民的案件,也可以向原审法院申请再审;修订了当事人申请再审的法定情形,取消了违反法律规定、管辖错误以及违反法定程序可能影响案件正确判决、裁定作为申请再审的事由;修订了申请再审的时效,即当事人申请再审,应当在判决、裁定发生法律效力后6个月内提出;有《民事诉讼法》第200条第1项、第3项、第12项、第13项规定情形的,自知道或者应当知道之日起6个月内提出;明确规定了决定再审后,不中止执行的案件,包括追索赡养费、扶养费、抚育费、抚恤金、医疗费用、劳动报酬等案件;增加了人民检察院监督对象为发生法律效力的判决、裁定;损害国家利益、社会公共利益的调解书;增加了检察建议作为监督方式之一;增加了当事人可以向人民检察院申请检察建议或者抗诉的法定情形(《民事诉讼法》第198至200条、第204至206条、第208条、第209条、第235条)。

《民诉司法解释》明确的主要内容:进一步明确了申请再审事由;明确了人民法院对检察院抗诉裁定再审的条件;明确规定了对检察建议的审查组织、审查期限;明确规定了人民法院不予受理当事人再审申请的情形;遗漏的必要共同诉讼人申请再审;执行程序中案外人申请再审。

(四) 其他程序

增加并确认了调解协议案件的条件和审理;增加了实现担保物权案件的条件和审理;增加了督促程序与诉讼程序的衔接,即支付令异议成立,支付令自行失效,转入普通程序,但申请支付令的一方当事人不同意提起诉讼的除外(《民事诉讼法》第194条、第195条、第196条、第197条、第217条)。

《民诉司法解释》明确的主要内容:明确了确认调解协议的程序;明确了实现担保物权的程序;细化了申请和受理支付令的条件;明确规定了驳回支付令申请的情形;明确了支付令异议的构成以及审查处理、撤销支付令、督促程序终结以及支付令对担保人的约束力;明确了除权判决作出后的救济程序规定。

(五) 执行程序

明确了执行和解达成后恢复原生效法律文书执行的条件,即申请执行人因受欺诈、胁迫与被执行人达成和解协议,或者当事人不履行和解协议的,人民法院可以根据当事人的申请,恢复对原生效法律文书的执行;扩大人民法院查询的范围以及协助执行的单位;明确规定了法院作为拍卖、变卖财产的主体(《民事诉讼法》第230条第2款、第240条、第247条)。

《民诉司法解释》明确的主要内容:进一步规定了案外人异议之诉和申请执行人许可执行之诉的提起条件、管辖、当事人以及具体审理;明确了执行和解恢复执行的情形;规定了查封、扣押、冻结的期限以及续封的期限。

仲裁法学:

本部分的重点内容集中在其不同于诉讼的制度和程序,以及仲裁与诉讼的关系上面。具体包括:基本制度(一裁终局、或裁或审)、仲裁协议(有效性的确定机构、有效要件、效力以及效力的扩张、独立性)、仲裁程序(仲裁当事人、仲裁员的确定、仲裁和解与调解、仲裁保全、裁决书的作出)、仲裁的司法监督(撤销和不予执行的条件、法定情形)。

对于民事诉讼和商事仲裁的复习方法,建议考生作如下尝试:

(一) 以理论为基础,理论结合法条,以法条为归宿:解决学科知识体系的问题

1. 民事诉讼法的学科知识体系及其理论基础

(1) 民事诉讼程序的开始体现当事人的处分权与法院审判权的结合。当公民、法人以及其他组织认为其合法权益受到侵犯或者发生争议时,是否提起诉讼,由当事人处分。如果决定

提起诉讼,根据《民事诉讼法》第 119 条规定的起诉条件,必然涉及民事诉讼的主管与管辖中的级别管辖与地域管辖制度,当事人中的原告、被告、共同诉讼人、第三人以及诉讼代理人的权限问题;当然,当事人起诉后,法院对起诉予以审查就必然涉及特殊情形的处理以及不予受理的适用。

(2) 诉讼请求的确定与审理体现当事人的处分权与法院审判权的结合。为充分实现自身的合法权益,原告除了有权在诉讼的开始阶段决定如何提出诉讼请求以外,在诉讼的进行过程中,原告还有权决定是否变更与放弃诉讼请求;有独立请求权的第三人有权决定是否提出独立的诉讼请求,而被告则有权决定是否反驳原告的诉讼请求以及是否提出反诉。同样,法院对当事人针对诉讼请求所为的诉讼行为也应当予以审查。在这一过程中,必然涉及反诉以及法院对反诉和第三人参加之诉的处理问题,如裁定驳回起诉与判决驳回诉讼请求的具体适用。

(3) 一审的结案方式体现当事人的处分权与法院审判权的结合。在一审案件的审理过程中,涉及调解与判决两种不同的结案方式,当事人有权申请法院进行调解,在协商达成调解协议的基础上以调解方式结案。如果当事人不愿意调解或者调解未达成协议,法院应及时裁判。调解,必然涉及调解所遵循的自愿、合法原则以及调解书或者调解协议的生效时间及其所产生的法律效力。如果裁判,必然涉及审理前准备阶段的交换证据、合议庭的评议以及撤诉、缺席判决、延期审理、诉讼中止、诉讼终结等特殊情形的适用。当然,如果需要适用简易程序,必然涉及简易程序适用的案件、法院以及不得适用简易程序的法定情形。

(4) 对于允许上诉的裁判,二审程序的进行也体现了当事人处分权与法院审判权的结合。人民法院对民事案件经过一审作出裁判后,对于允许上诉的判决和裁定,是否提起上诉由当事人决定。当然该上诉是否符合法定条件,需经人民法院审查。在二审程序进行过程中,人民法院对上诉案件的审理范围也是由上诉人在上诉状中决定的,当然,遇到最高人民法院《关于经济审判方式改革问题的规定(试行)》(以下简称《审改规定》)第 35 条中的法定特殊情况除外。此外,在二审程序中,还涉及审理方式(尤其是"不开庭审理"的条件)、对上诉案件的调解以及裁判等重要内容。

(5) 对于已生效的判决、裁定、调解书的申请再审,也体现了当事人的处分权与法院审判权的结合。人民法院对民事案件经过审理作出生效法律文书后,对于确有错误的判决和裁定,以及违反自愿原则和内容违反法律规定的调解书,是否申请再审,由当事人决定,当事人依法提出再审申请的,人民法院对其再审申请是否符合法定条件应当进行审查,以便决定是否再审。此时,必然涉及当事人申请再审的法定期间、法定管辖、法定情形以及申请再审的案件范围等重要内容。此外,还有法院基于审判监督权的再审以及检察院抗诉引起的再审,当然,考生还需要掌握民事诉讼法对再审案件的审理程序的规定。

(6) 申请执行已生效法律文书体现了当事人处分权与法院审判权的结合。法律文书生效后,也只是意味着在当事人之间确认了实体权利义务关系,当义务人不自觉履行生效法律文书所确定的义务时,是否申请法院强制执行由权利人决定。当权利人提出执行申请后,人民法院应当对当事人的执行申请是否符合法定条件予以审查。此时,必然涉及申请执行的主体、法定期间、法定管辖等问题。在执行程序开始后,被执行人有权决定是否申请执行担保,同时双方当事人也有权决定是否和解。当然,如果双方当事人未能和解,则涉及法院根据案件的具体情况采取强制措施的问题。此外,执行程序中还包括执行异议、执行承担、执行中止、执行终结等特殊情形的适用。

综上所述，考生可以当事人处分权与法院审判权相结合这一基础理论，将民事诉讼法的主干内容组成一个完整的知识体系，当然，在这一知识体系中，还包括一些对上述诉讼案件的审判程序予以保障的程序制度，如回避制度、公开审判制度、合议制度、财产保全制度以及对妨害民事诉讼行为的强制措施等。此外，还包括一些特殊的审判程序，如特别程序、督促程序、公示催告程序，以及涉外民事诉讼程序。

此外，在理解民事诉讼法的学科体系时，除了上面所分析的当事人私权处分与法院审判权相结合的运用之外，大家还需注意对法院裁判权行使的被动性的理解，如民事诉讼实行不告不理原则，没有当事人的起诉，则没有法院对争议案件审判权的行使；法院行使裁判权的范围应当以当事人私权处分的范围为限制，即法院不得超出当事人基于私权处分而提出的诉讼请求的范围行使裁判权，否则势必使法院这个裁判者丧失其应有的中立性，从而损害司法的权威。

2. 仲裁法的学科知识体系及其理论基础

仲裁作为与民事诉讼相并行的具有法律效力的争议解决制度，其核心特点在于当事人的自愿性。考生可以当事人的自愿性为理论基础将仲裁法中的重要内容组成一个完整的知识体系，以便于系统掌握。

（1）对于法定允许仲裁的争议事项，是否提请仲裁由当事人自愿协商。这就必然涉及仲裁法所规定的允许和不允许仲裁的争议事项，还涉及仲裁法中的核心问题仲裁协议，其中仲裁协议的内容、形式、法律效力以及仲裁协议的无效问题都极其重要。

（2）将争议事项提请哪一个仲裁委员会仲裁，由当事人自愿协商。这就涉及仲裁委员会的设立及其设立条件、仲裁员的任职资格以及仲裁委员会独立于行政机关、各仲裁委员会相互之间独立的问题。

（3）仲裁庭的组成形式以及组成仲裁庭的首席仲裁员与独任仲裁员由当事人自愿协商确定。这就涉及仲裁庭的组成以及仲裁员的回避与更换问题。

（4）仲裁审理方式与结案方式由当事人自愿协商。这就涉及仲裁所实行的以不公开开庭审理为原则，以公开开庭（涉及国家秘密的除外）、书面审理为例外形式，可以由当事人协议选择。另外，当事人还可以协商决定结案的方式，如仲裁中的和解与调解制度。即使和解或者调解不成，由仲裁庭作出仲裁裁决，双方当事人还可以就仲裁裁决应记载的内容进行协商。

以当事人自愿原则为基础理论，可以将仲裁法的相关内容组成仲裁法的知识体系主干。当然，除此之外，为保障仲裁解决争议案件的公正性，仲裁法还设置了以撤销仲裁裁决和不予执行仲裁裁决为内容的监督制度。

（二）知识群的理解与运用：解决的是知识点之间的内容关联性问题

1. 以比较方法建立知识群

（1）民事诉讼法与仲裁法的比较。民事诉讼法与仲裁法均为以解决民事争议为目的的民事程序法，因而，两者存在许多相同之处，但毕竟人民法院与仲裁机构的性质存在实质性的区别，因此，两者必然在其具体程序上存在一定的区别。考生在阅读教材的过程中，应善于总结民事诉讼法与仲裁法的区别之处，这些内容往往是历年资格考试中重点考查的内容，其中不同之处主要包括：受理案件的范围、管辖、审理组织的确定方式，审理人员的确定程序，回避的具体情形，证据保全与财产保全的程序，审理方式，和解的效力，调解的开始方式以及调解达成协议后所制作的法律文书，判决书与裁决书的制作程序，审理人员有无拒绝署名权，当事人对审理涉外案件所适用的程序规则以及适用的语言有无选择权，能否由外籍人员审理涉外案件，审级,等等。

(2) 民事诉讼相关知识的比较。和解与调解的比较、判决与裁定的比较、诉讼程序与非讼程序的比较、国内民事诉讼与涉外民事诉讼相关制度的比较(管辖、期间、财产保全)等。

2. 以知识点建立学科内知识群

(1) 管辖问题。诉讼案件与非讼案件不同。具体而言,一是级别管辖问题;二是地域管辖问题。

(2) 意思自治的运用问题——诉讼的契约化问题。程序的选择(民事诉讼与仲裁)——诉讼程序与非讼程序的选择(通常程序与特别程序、通常程序与督促程序、通常程序与公示催告程序)——诉讼程序的选择(普通程序与简易程序)——具体程序制度的选择(法定管辖与协议管辖,审理方式的选择:公开与不公开,处理方式的选择:和解与调解以及调解与判决)。

(3) 诉讼权利的运用问题。人民法院——审判权;当事人——诉权;其他诉讼参与人——诉讼权利。

(4) 人民法院的处理问题。一审—二审—再审—执行。

(三) 凝练法律条文

要想有效掌握现行有关民事诉讼法律的众多规定,不适宜采取逐个法律文件、逐条记忆的方法,而应当采用以下几点方法:

1. 立足民事诉讼法,结合司法解释

考生在掌握有关民事诉讼的法律规定时,应了解民事诉讼法与司法解释的关系,其中,《民事诉讼法》是基本法,而司法解释只是根据司法实践的需要,由最高人民法院对《民事诉讼法》中未规定的内容或者规定过于笼统、不易操作的内容进行的细化,因此,考生必须确立一种观念,即立足于民事诉讼法,结合司法解释中的相关规定,而不能将民事诉讼法及司法解释看作各自独立的法律文件。也就是说,考生应当先根据考试规律,特别是最近五年的考试真题试卷,将民事诉讼法中经常考查以及偶尔考查的内容按照民事诉讼中的具体程序确定出来,然后再将各个司法解释中的有关该内容的规定与民事诉讼法中的相关内容结合在一起,形成关于该具体程序制度的完整的法律条文的内容。这样,不仅可以使考生集中而系统地掌握关于某一具体诉讼程序制度的全部法律规定,不会使关于该具体程序制度的相关规定被肢解,而且还可以使考生在综合掌握及分析法律规定的情况下,理解该具体程序制度的内涵,以便于在理解的前提下,融会贯通地掌握民事诉讼法中的重要制度。

2. 应采取理解记忆的方法

在民事诉讼法所规定的众多具体制度中,因具体制度的不同,法律的具体规定方法也有所不同,因此,考生应针对具体制度规定,采用不同的分析方法理解掌握法律规定。具体有两种情况:

(1) 既在民事诉讼法中作出了具体规定,同时又在相关司法解释中作出了更加详细的补充性规定。

(2) 仅在民事诉讼法中对某一具体程序问题作出了相应规定,并没有相关司法解释予以补充。

这种情况考生掌握起来相对容易一些,只要能够理解该法律条文的规定,并掌握条文中的核心内容即可。例如关于人民法院应适用何种程序审理再审案件的问题,仅在《民事诉讼法》第207条作了明确具体的规定:"人民法院按照审判监督程序再审的案件,发生法律效力的判决、裁定是由第一审法院作出的,按照第一审程序审理,所作的判决、裁定,当事人可以上诉;发生法律效力的判决、裁定是由第二审法院作出的,按照第二审程序审理,所作的判决、裁定,是发生法律效力的判决、裁定;上级人民法院按照审判监督程序提审的,按照第二审程序审理,所作的判决、裁定是发生法律效力的判决、裁定。人民法院审理再审案件,应当另行组成合议庭。"虽然该条文较长,但经过分析不难发现,该法律条文的核心实际上是人民法院审理再审案件应当依照原审程序进行审理,即再审案件为一审案件,原审人民法院再审应适用第一审普通程序;再审案件为二审案件,原审人民法院再审应适用第二审程序;最高人民法院或者上级人民法院提审,无论提审一审案件还是提审二审案件,均应当适用第二审程序。这样就较为容易记忆。

(3) 对某一具体程序问题,《民事诉讼法》并未直接作出规定,而只是在《民诉司法解释》中作出了相关的规定。这种情况同上一种情况相似,只要考生分析理解该法律条文即可。例如在第二审程序中,在关于提起上诉的条件中涉及上诉人与被上诉人的确定问题,其中比较复杂的是必要共同诉讼人的上诉问题。对于该具体程序问题,《民事诉讼法》并没有作出具体规定,而只是在《民诉司法解释》中予以了明确,即必要共同诉讼人中的一人或者部分人提出上诉的,按照下列情况处理:第一,该上诉是对与对方当事人之间的权利义务分担有意见,不涉及其他共同诉讼人利益的,对方当事人为被上诉人,未上诉的同一方当事人依原审诉讼地位列明;第二,该上诉仅对共同诉讼人之间的权利义务分担有意见,不涉及对方当事人利益的,未上诉的同一方当事人为被上诉人,对方当事人依原审诉讼地位列明;第三,该上诉对双方当事人之间以及共同诉讼人之间权利义务分担有意见的,未提出上诉的其他当事人均为被上诉人。该条文不仅内容较多,而且条文语言较为拗口,因此,许多考生感觉难以记忆,但如果对该条文内容进行分析,即可以发现其核心内容完全可以概括成为一句话,即有权上诉并提出上诉的人作为上诉人,上诉人对与其权利义务分担有意见的人作为被上诉人,其他人依原审诉讼地位列明即可。

(四) 习题练习与自我模拟测试的方法

为了巩固所复习和掌握的学科基础知识和相关法律规定,进行习题练习是必不可少的;为了使自己积累一定的考试经验,进行一定的模拟测试也是极其重要的,但关键是要适度,否则适得其反。建议考生在选择练习题时,选择以章节为特点编写的练习题;而在选择模拟试题时,可优先选择近五年的真题试卷,如果考生自身感觉还有一定的需求,可适量再选择一些其他的模拟试题。

目 录

民事诉讼法

第一章　民事诉讼与民事诉讼法 ……………………………………… (3)
第二章　民事诉讼法的基本原则与基本制度 …………………………… (6)
第三章　主管与管辖 …………………………………………………… (22)
第四章　诉 ……………………………………………………………… (47)
第五章　诉讼参加人 …………………………………………………… (55)
第六章　民事证据 ……………………………………………………… (82)
第七章　民事诉讼中的证明 …………………………………………… (94)
第八章　期间与送达 …………………………………………………… (112)
第九章　法院调解 ……………………………………………………… (117)
第十章　保全和先予执行 ……………………………………………… (124)
第十一章　对妨害民事诉讼的强制措施 ……………………………… (133)
第十二章　普通程序 …………………………………………………… (135)
第十三章　简易程序 …………………………………………………… (151)
第十四章　公益诉讼 …………………………………………………… (158)
第十五章　第三人撤销权之诉 ………………………………………… (162)
第十六章　第二审程序 ………………………………………………… (168)
第十七章　特别程序 …………………………………………………… (180)
第十八章　审判监督程序 ……………………………………………… (192)
第十九章　督促程序 …………………………………………………… (211)
第二十章　公示催告程序 ……………………………………………… (217)
第二十一章　民事裁判 ………………………………………………… (223)
第二十二章　执行程序 ………………………………………………… (226)
第二十三章　涉外民事诉讼程序 ……………………………………… (256)

仲 裁 制 度

第一章　仲裁及仲裁法的概述 …………………………………………（265）

第二章　仲裁委员会和仲裁协会 ………………………………………（267）

第三章　仲裁协议 ………………………………………………………（268）

第四章　仲裁程序 ………………………………………………………（278）

第五章　申请撤销仲裁裁决 ……………………………………………（289）

第六章　仲裁裁决的执行与不予执行 …………………………………（293）

民事诉讼法

第一章 民事诉讼与民事诉讼法

本章知识体系：

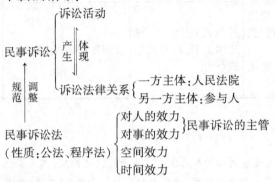

考点 1 民事纠纷的解决机制

一、精讲

目前我国现行的民商事纠纷的解决机制包括和解、调解（特指诉讼外调解，主要是人民调解委员会的调解）、仲裁和民事诉讼。每种纠纷解决方式均有其自身的特点，纠纷发生后，当事人可以根据自己的需要选择。这四种方式之间没有强制性的先后顺位，但有各自适用的前提。

比较项	和解	调解	仲裁	民事诉讼
概念	是指双方当事人在相互体谅、妥协的基础上达成解决纠纷的合意。	调解是指第三者（调解机构或调解人）依据一定的社会规范居间调处，促使纠纷主体相互谅解、妥协，达成纠纷解决的合意。	仲裁，又称公断，是指纠纷双方当事人通过合意，自愿将有关争议提交选定的仲裁机构，由该机构居中审理并做出裁决。	民事诉讼是人民法院、当事人和其他诉讼参与人，在审理民事案件的过程中依法进行的全部诉讼活动以及由这些活动所产生各种诉讼法律关系的总和。
救济性质	私力救济	社会救济	社会救济	公力救济
中立第三者	无	有	有	有

(续表)

比较项	和解	调解	仲裁	民事诉讼
参与程序	当事人自愿	当事人自愿	当事人自愿且需要有书面协议	具有强制性
结果	和解协议具有契约性质,不具有强制执行力。	调解协议具有契约性质,不具有强制执行力。人民法院司法确认后,有强制执行力。	仲裁裁决属于生效法律文书,具有强制执行力。	裁判具有强制执行力。

二、例题

2015年4月,居住在B市(直辖市)东城区的林剑与居住在B市西城区的钟阳(二人系位于B市北城区正和钢铁厂的同事)签订了一份借款合同,约定钟阳向林剑借款20万元,月息1%,2017年1月20日前连本带息一并返还。合同还约定,如因合同履行发生争议,可向B市东城区仲裁委员会仲裁。至2017年2月,钟阳未能按时履约。2017年3月,二人到正和钢铁厂人民调解委员会(下称调解委员会)请求调解。调解委员会委派了三位调解员主持该纠纷的调解。如调解委员会调解失败,解决的办法有:(2017/3/95)

A. 双方自行协商达成和解协议
B. 在双方均同意的情况下,要求林剑居住地的街道居委会的人民调解委员会组织调解
C. 依据借款合同的约定通过仲裁的方式解决
D. 通过诉讼方式解决

[释疑] 本题考查民事纠纷的解决方式。目前对于民事纠纷的解决方式包括:和解、调解(诉讼外)、仲裁与诉讼。本案中虽然定有仲裁协议,但由于约定的仲裁机构不存在而无效,因此,C项不选;本案中虽然经过调解,但因为调解失败,因而不影响当事人就本争议通过和解、诉讼以及再次使用调解解决。(答案:ABD)

三、提示与预测

本章不是考试重点,考生掌握民事纠纷发生后,不同纠纷解决方式的选择外,对以下内容了解即可:

1. 了解民事纠纷及其特点

民事纠纷又称为民事冲突、民事争议,是指平等主体之间发生的,以民事权利义务为内容的社会纠纷。民事纠纷具有以下特点:

(1) 民事纠纷主体之间法律地位平等。
(2) 民事纠纷的内容是对民事权利义务的争议。
(3) 民事纠纷的可处分性。由于民事纠纷是民事权利享有和民事义务承担的争议,基于私法自治原则,民事纠纷主体有进行处分的权利。

2. 掌握民事诉讼法根据不同的分类标准,具备不同的性质

(1) 民事诉讼法属于公法

依照其规范的对象或者主体之间的关系,可分为公法与私法。作为一门部门法,民事诉讼法是规范国家(法院)行使审判权程序的法规,与规范平等主体之间权利义务关系的私法不同,性质属于公法,民事诉讼法虽然属于公法,但其就当事人间的实体权利义务作出裁判,解决当事人间的民事纠纷,与纯粹公法性质的刑法、刑事诉讼法不同,在归类上属于民事法范围。

(2) 民事诉讼法属于程序法

依照其内容的性质,可以分为实体法与程序法,程序法是相对实体法而言的。民事实体法是规定人们民事实体权利义务的法律,民事诉讼法是规范审理实体权利义务关系发生争议的程序。以民事诉讼程序与技术层面的事项为规范内容,在性质上属于程序法。

此外《民事诉讼法》是由全国人民代表大会通过并颁布实施的,其效力仅次于根本法——宪法,属于基本法;从调整的社会关系看,《民事诉讼法》是调整民事诉讼法律关系的,属于一个独立的部门法。

3. 了解民事诉讼法的效力范围

民事诉讼法的作用和适用范围,具体说,就是民事诉讼法对什么事、对什么人、在什么空间和时间适用和发生作用。

(1) 我国民事诉讼法的空间效力包括我国整个领域,即我国的领土、领空、领海以及领土的延伸部分(如我国驻外使领馆、航行或停泊于国外或公海上的我国飞行器或船舶等)。凡居住于中国领域内的人,不管其国籍如何,均适用民事诉讼法,但享有外交特权与豁免权的外国人、外国组织或国际组织除外。

(2) 民事诉讼法的对人效力,凡中华人民共和国的国民以及依照中国法律设立的法人或者非法人团体,都应当适用民事诉讼法,即使其住所或者营业所在国外也是如此。另外,对于申请在我国进行民事诉讼的外国人、无国籍人以及外国企业和组织,也适用民事诉讼法。

(3) 民事诉讼法的对事效力,指的是法院的民事诉讼主管范围,即哪些民事纠纷和其他案件由我国法院依照我国民事诉讼法来解决。我国《民事诉讼法》第3条规定,人民法院受理公民之间、法人之间、其他组织之间以及他们相互之间因财产关系和人身关系提起的民事诉讼,适用本法规定。根据《民事诉讼法》的规定,只要属于平等主体之间的民事纠纷,就属于民事诉讼法的主管范围,但法律另有规定的除外。

(4) 民事诉讼法的时间效力,是指民事诉讼法在什么时间范围发生效力,包括何时生效、何时失效以及是否具有溯及力。民事诉讼法自施行之日生效,自废止之日失去效力。作为程序法,民事诉讼法一般具有溯及既往的效力,对于新《民事诉讼法》施行前受理的案件,已按照旧法进行的诉讼活动仍然有效,但尚未审结的案件,则应适用新法。

第二章 民事诉讼法的基本原则与基本制度

本章知识体系：

基本原则 ← 体现 {
- 当事人诉讼权利平等原则
- 辩论原则
- 处分原则
- 诚实信用原则
- 法院调解自愿及合法原则
- 检察监督原则
- 同等与对等原则
}

基本制度 {
- 合议制度
- 回避制度
- 公开审判制度
- 两审终审制度
}

考点 1 法院调解的自愿及合法原则

一、精讲

根据法律的规定，这一原则包括四个方面的内容：

1. 法院调解活动贯穿民事诉讼的整个过程。在第一审程序中，从答辩期开始，直到判决作出之前，法院均可以进行调解。在第二审程序、审判监督程序中，法院可以调解。

2. 人民法院进行调解时必须遵守自愿与合法原则。自愿是指当事人参加调解和达成调解协议均出于自愿，不得强迫；合法是指调解的进行必须遵守民事诉讼法规定的程序，调解协议的内容不得违反国家法律、政策的规定，不得损害国家、集体和他人的合法利益。

3. 对调解不成的案件，法院应当及时作出判决。当事人不愿意就争议进行调解的，要避免滥用调解，久调不决。

4. 自愿与合法作为调解原则的内容，二者缺一不可，协调一致。

二、例题

1. 关于民事诉讼法基本原则在民事诉讼中的具体体现，下列哪一说法是正确的？（2011年真题，单选）

A. 当事人有权决定是否委托代理人代为进行诉讼，是诉讼权利平等原则的体现
B. 当事人均有权委托代理人代为进行诉讼，是处分原则的体现
C. 原告与被告在诉讼中有一些不同但相对等的权利，是同等原则的体现
D. 当事人达成调解协议不仅要自愿，内容也不得违法，是法院调解自愿和合法原则的体现

[释疑] 该题目综合考查民事诉讼法基本原则在民事诉讼中的具体体现。当事人有权

决定是否委托代理人代为进行诉讼,是处分原则的体现;当事人均有权委托代理人代为进行诉讼,才是诉讼权利平等原则的体现;原告与被告在诉讼中有一些不同但相对等的权利,也是属于诉讼权利平等原则的体现,而同等原则仅适用于外国籍或无国籍的当事人;当事人达成调解协议不仅要自愿,内容也不得违法,是法院调解自愿和合法原则的体现。(答案:D)

三、提示与预测

法院调解是高频率考点之一。法院调解一般不是诉讼的必经程序,除非法律规定的先行调解的案件。例如:普通程序审理的离婚案件;简易程序审理的案件中婚姻家庭纠纷和继承纠纷;劳务合同纠纷;交通事故和工伤事故引起的权利义务关系较为明确的损害赔偿纠纷;宅基地和相邻关系纠纷;合伙协议纠纷;诉讼标的额较小的纠纷。

考点 2　当事人诉讼权利平等原则

一、精讲

《民事诉讼法》第8条规定了诉讼权利平等原则,即:"民事诉讼当事人有平等的诉讼权利。人民法院审理民事案件,应当保障和便利当事人行使诉讼权利,对当事人在适用法律上一律平等。"

当事人诉讼权利平等原则具有以下两个方面的内容:

1. 民事诉讼当事人平等地享有诉讼权利

具体包括两个方面的含义:

(1) 诉讼权利的同等性,即在诉讼过程中,双方当事人的诉讼权利是相同的,如双方当事人都可以享有委托诉讼代理人、提供证据、参与庭审等权利。

(2) 诉讼权利的对应性,当事人诉讼地位的对抗性决定了双方当事人的某些诉讼权利处于对应状态,如原告有起诉权,被告有反诉权,原告可以放弃或变更诉讼请求,被告可以承认或者反驳诉讼请求等。法律不因一方当事人的特殊身份或地位而多赋予其诉讼权利和行使诉讼权利的机会。

2. 人民法院应当保障和便利当事人平等地行使法律所规定的诉讼权利

也就是说,法院在诉讼过程中,有责任保障当事人行使法律规定的诉讼权利,不得随意限制或者剥夺当事人的诉讼权利;法院应当为当事人行使诉讼权利提供方便,使当事人能够充分和实际地行使法律规定的诉讼权利;法院对双方当事人行使诉讼权利应当一视同仁,不得偏袒一方,歧视压制另一方。

二、例题

社会主义法治的价值追求是公平正义,因此必须坚持法律面前人人平等原则。下列哪一民事诉讼基本原则最能体现法律面前人人平等原则的内涵?(2014年真题,单选)

A. 检察监督原则　　　　　　　　　B. 诚实信用原则
C. 当事人诉讼权利平等原则　　　　D. 同等原则和对等原则

[释疑]　该题考查宪法原则在基本法中的落实。法律面前人人平等原则,直接体现在民事诉讼中为当事人诉讼权利平等原则,即平等地享有诉讼权利,平等地受到法院审判权的保

护,以及最终在适用法律上也一律平等。同等原则与对等原则中虽然也有平等的内涵,但该原则仅适用于在中国进行诉讼的外国籍或无国籍的当事人,是一种国际关系在民事诉讼中的体现。(答案:C)

三、提示与预测

当事人诉讼权利平等原则是民事诉讼中最基本的原则之一,是辩论原则、举证责任分配制度等制度设立的基础,一般出现在选择题中考查,考生应当掌握其具体表现。

经常与当事人诉讼权利平等原则一并考察的是同等原则和对等原则。我国《民事诉讼法》第5条规定了同等原则与对等原则,即"外国人、无国籍人、外国企业和组织在人民法院起诉、应诉,同中华人民共和国公民、法人和其他组织有同等的诉讼权利义务。外国法院对中华人民共和国公民、法人和其他组织的民事诉讼权利加以限制的,中华人民共和国人民法院对该国公民、企业和组织的民事诉讼权利,实行对等原则"。可见,同等原则和对等原则是同一个问题的两个方面,前者是目的,后者是手段。同等原则是国际上平等互惠原则在司法上的体现,它有利于发展不同国家之间的经济贸易交往和人员的友好往来。但是当这种原则受到破坏,国家之间平等互惠关系失去平衡,影响主权国家的尊严及其公民、企业和组织的正当权益时,就需要以相应的措施抵消其不平衡,可行的相应措施就是实行对等原则。

考点 3 辩论原则

一、精讲

辩论原则是经常会考查的基本原则之一,考生可以从以下四方面理解:

1. 辩论原则贯穿在整个民事诉讼过程中,当事人可以在整个审判过程中行使辩论权,通过辩论,证明事实,维护自己的主张;人民法院通过当事人的辩论,核实证据,查明案件事实,作出正确的裁判。

2. 辩论的内容广泛,既可以是程序方面的问题,也可以是包括实体事实与实体法律适用在内的实体方面的问题。

3. 辩论的形式多样,包括口头辩论与书面辩论。

4. 法院应当保护当事人辩论权的行使并受当事人辩论权的制约。法院应当保护当事人辩论权的行使,具体表现为:法院应当在诉讼过程中接受诉讼文书和证据,听取当事人陈述、辩论和质证;正确指引辩论,引导当事人提供有关证据,集中辩论焦点,制止与本案无关的发言的争议;正确判断当事人提出的请求。法院的裁判应当受当事人辩论权的约束,具体表现为:当事人争议的焦点事实,法院必须在裁判中作出认定;裁判的事实与依据必须来源于当事人辩论之后确定的事实和证据;未经法庭辩论和质证的证据,通常情况下不得作为法庭裁判的依据。

二、例题

1. 案情:居住在甲市A区的王某驾车以60公里的时速在甲市B区行驶,突遇居住在甲市C区的刘某骑自行车横穿马路,王某紧急刹车,刘某在车前倒地受伤。刘某被送往甲市B区医院治疗,疗效一般,留有一定后遗症。之后,双方就王某开车是否撞倒刘某,以及相关赔偿事宜发生争执,无法达成协议。

刘某诉至法院，主张自己被王某开车撞伤，要求赔偿。刘某提交的证据包括：甲市B区交警大队的交通事故处理认定书（该认定书没有对刘某倒地受伤是否为王某开车所致作出认定）、医院的诊断书（复印件）、处方（复印件）、药费和住院费的发票等。王某提交了自己在事故现场用数码摄像机拍摄的车与刘某倒地后状态的视频资料。图像显示，刘某倒地位置与王某车距离1米左右。王某以该证据证明其车没有撞到刘某。

一审中，双方争执的焦点为：刘某倒地受伤是否为王某驾车撞倒所致；刘某所留后遗症是否因医疗措施不当所致。

法院审理后，无法确定王某的车是否撞到刘某。一审法院认为，王某的车是否撞到刘某无法确定，但即使王某的车没有撞到刘某，由于王某车型较大、车速较快、刹车突然、刹车声音刺耳等原因，足以使刘某受到惊吓而从自行车上摔倒受伤。因此，王某应当对刘某受伤承担相应的责任。同时，刘某因违反交通规则，对其受伤也应当承担相应的责任。据此，法院判决：王某对刘某的经济损失承担50%的赔偿责任。关于刘某受伤后留下后遗症问题，一审法院没有作出说明。

问题：根据民事诉讼法学（包括证据法学）的相关原理，一审法院判决是否存在问题？为什么？（2012年卷四，案例分析题）

[释疑] 一审法院判决存在如下问题：第一，判决没有针对案件的争议焦点作出事实认定，违反了辩论原则；第二，在案件争执的法律要件事实真伪不明的情况下，法院没有根据证明责任原理作出判决；第三，法院未对第二个争执焦点作出事实认定，违反了辩论原则。

理由说明：(1)本案当事人的争执焦点是刘某倒地受伤是否为王某驾车撞到了刘某；刘某受伤之后所留下的后遗症是否是因为医院对刘某采取的医疗措施不当所致。但法院判决中没有对这两个争议事实进行认定，而是把法院自己认为成立的事实——刘某因受到王某开车的惊吓而摔倒，作为判决的根据，而这一事实当事人并未主张，也没有经过双方当事人的辩论。因此，在这问题上，法院的做法实际上是严重限制了当事人辩论权的行使。(2)法院通过调取相关证据，以及经过开庭审理，最后仍然无法确定王某的车是否撞到了刘某。此时，当事人所争议的案件事实处于真伪不明的状态，在此情况下，法院应当根据证明责任分配作出判决。

2. 王某与钱某系夫妻，因感情不和王某提起离婚诉讼，一审法院经审理判决不准离婚。王某不服提出上诉，二审法院经审理认为应当判决离婚，并对财产分割与子女抚养一并作出了判决。关于二审法院的判决，下列哪些选项违反了《民事诉讼法》的原则或制度？（2010年真题，多选）

A．处分原则　　　　B．辩论原则　　　　C．两审终审制度　　　　D．回避制度

[释疑] 根据《民事诉讼法》第13条第2款的规定："当事人有权在法律规定的范围内处分自己的民事权利和诉讼权利。"人民法院只能围绕当事人的诉讼请求进行审理，超裁、漏判均属于违背处分原则。本题中，当事人仅诉离婚，而二审法院却对财产分割与子女抚养一并作出了判决，属于超裁，违反了处分原则。A项当选。根据《民事诉讼法》第12条的规定："人民法院审理民事案件时，当事人有权进行辩论。"人民法院作出裁判的依据应当来源于当事人的主张和辩论的事实，也即对于当事人没有主张与辩论的事实，人民法院不能进行审理并作出裁判，否则，则是对辩论原则的违反。B项当选。根据《民事诉讼法》第10条的规定，人民法院审理民事案件，实行两审终审制度，即一个民事案件经过两级法院审理即告终结的制度。本题中，二审法院直接对财产分割与子女抚养事项作出了判决，剥夺了当事人对该事项的上诉权，

违反了两审终审制度。C项当选。（答案：ABC）

3. 关于辩论原则的表述，下列哪些选项是正确的？（2009年真题，多选）

A. 当事人辩论权的行使仅局限于一审程序中开庭审理的法庭调查和法庭辩论阶段

B. 当事人向法院提出起诉状和答辩状是其行使辩论权的一种表现

C. 证人出庭陈述证言是证人行使辩论权的一种表现

D. 督促程序不适用辩论原则

[释疑] 《民事诉讼法》第12条规定："人民法院审理民事案件时，当事人有权进行辩论。"辩论权仅适用于诉讼程序，主体为当事人。因此，非诉程序和当事人以外的其他诉讼参与人不享有辩论权。（答案：BD）

三、提示与预测

辩论原则的具体运用是高频考点，选择题和案例分析题均可以考察。考生需注意掌握：

（1）行使辩论权的主体只能是当事人，不包括其他诉讼参与人。

（2）辩论权的行使仅贯穿于诉讼案件的审判阶段，不包括执行阶段；也不包括特别程序、督促程序以及公示催告程序的审理阶段。

（3）当事人争议的焦点事实，法院必须在裁判中作出认定。

（4）人民法院作出裁判的事实与依据应当来源于当事人的主张和辩论的事实，对于当事人没有争议的事实，法院可以直接作为裁判的依据。

（5）未经当事人辩论的事实，不能作为认定案件的事实；未经当事人举证质证的证据，通常不能作为法院裁判的依据。

考点 4 当事人处分原则

一、精讲

处分原则是民事诉讼的核心，包括以下内容：

1. 行使处分权的主体是当事人，其他诉讼参与人不享有处分权。

2. 当事人处分的内容是自己依法享有的民事权利与诉讼权利，并且当事人对民事权利的处分通常需要通过对诉讼权利的处分来实现。

3. 当事人行使处分权的行为贯穿整个民事诉讼的全部过程，包括诉讼阶段和执行阶段。

4. 当事人行使处分权应在法律规定的范围内进行。在我国，当事人行使处分权只能依法进行，即当事人行使处分权不得违反法律规定，不得损害国家、社会和集体利益，不得损害他人的合法权益，否则，处分行为无效。

对处分原则的考查，案例分析和选择题均有考查，2005年卷四分析论述题第一问，及2006年、2007年卷四案例分析；2006年、2008年、2010年、2013年、2014年选择题中均有涉及。

二、例题

1. 当事人可对某些诉讼事项进行约定，法院应尊重合法有效的约定。关于当事人的约定及其效力，下列哪些表述是错误的？（2014年真题，多选）

A. 当事人约定"合同是否履行无法证明时，应以甲方主张的事实为准"，法院应根据该约

定分配证明责任

　　B. 当事人在诉讼和解中约定"原告撤诉后不得以相同的事由再次提起诉讼",法院根据该约定不能再受理原告的起诉

　　C. 当事人约定:"如果起诉,只能适用普通程序",法院根据该约定不能适用简易程序审理

　　D. 当事人约定:"双方必须亲自参加开庭审理,不得无故缺席",如果被告委托了代理人参加开庭,自己不参加开庭,法院应根据该约定在对被告两次传唤后对其拘传

　　[释疑]　本题考查当事人行使处分权的形式。民事诉讼中当事人处分诉讼权利的方式以单方处分为主,但法律也明确规定了当事人双方合意处分诉讼权利的情形,也称诉讼契约。包括:协议管辖、合意确定举证期限、合意确定证据交换日期、合意选定鉴定人、合意选择适用简易程序审理普通案件,以及二审程序中特定的案件当事人合意放弃上诉权(在二审程序中原审原告增加独立的诉讼请求、原审被告提起反诉的情形;一审判决不准离婚,二审法院认为应当离婚时,对子女抚养和财产分割问题一并调解,调解不成的,双方当事人同意由二审法院一并审理的,二审法院可以一并审理)。除了法律明确规定的诉讼契约对人民法院产生约束力之外,其他的当事人对诉讼权利的合意处分,对人民法院均不产生约束力。所以,ABCD 均为错误。(答案:ABCD)

　　2. 关于民事诉讼基本原则的表述,下列哪一选项是正确的?(2013 年真题,单选)

　　A. 外国人在我国进行民事诉讼时,与中国人享有同等的诉讼权利义务,体现了当事人诉讼权利平等原则

　　B. 法院未根据当事人的自认进行事实认定,违背了处分原则

　　C. 当事人主张的法律关系与法院根据案件事实作出的认定不一致时,根据处分原则,当事人可以变更诉讼请求

　　D. 环保组织向法院提起公益诉讼,体现了支持起诉原则

　　[释疑]　外国人在我国进行民事诉讼时,与中国人享有同等的诉讼权利义务,体现了同等原则,当事人诉讼权利平等原则只适用于中国籍的公民,A 错误;法院未根据当事人的自认进行事实认定,违背的是辩论原则。根据辩论原则,对当事人没有争议的事实,包括自认的事实,应当作为裁判的事实依据,B 错误;当事人主张的法律关系与法院根据案件事实作出的认定不一致时,当事人可以变更诉讼请求,是当事人对实体权利的处分,体现了处分原则,C 正确;环保组织向法院提起公益诉讼,环保组织是适格的原告,不存在支持起诉的问题。支持起诉原则是指机关、社会团体、企事业单位对损害国家、集体或者个人民事权益的行为,可以支持受损害单位或者个人向人民法院起诉。其本质是由受损害的单位和个人以自己名义向法院起诉,而机关、社会团体、企事业单位给予受害单位和个人精神上、道德上和法律上、物质上的帮助;而公益诉讼是指对污染环境、侵害众多消费者合法权益等损害社会公共利益的行为,法律规定机关和有关组织(以自己的名义)向人民法院起诉,D 错误。(答案:C)

　　3. 丙承租了甲、乙共有的房屋,因未付租金被甲、乙起诉。一审法院判决丙支付甲、乙租金及利息共计 1 万元,分 5 个月履行,每月给付 2000 元。甲、乙和丙均不服该判决,提出上诉:乙请求改判丙一次性支付所欠的租金 1 万元。甲请求法院判决解除与丙之间的租赁关系。丙认为,租赁合同中没有约定利息,甲、乙也没有要求给付利息,一审法院不应当判决自己给付利

息,请求判决变更一审判决的相关内容。丙还提出,为修缮甲、乙的出租房,自己花费了3 000元,请求抵消部分租金。关于一审法院判决丙给付甲、乙利息的做法,下列说法正确的是(2010年真题,不定选)

  A. 违背了民事诉讼的处分原则
  B. 违背了民事诉讼的辩论原则
  C. 违背了民事诉讼的当事人诉讼权利平等原则
  D. 违背了民事诉讼的同等原则

  [释疑] 根据《民事诉讼法》第13条第2款的规定:"当事人有权在法律规定的范围内处分自己的民事权利和诉讼权利。"对于处分原则,需要注意掌握:

  (1)当事人可以自由处分的是自己享有的实体权利和程序权利。

  (2)当事人必须在法律规定的范围内处分自己享有的权利,否则,人民法院将对其处分予以干预。

  (3)当事人对实体权利的处分,将制约法院的审判对象,即法院只能围绕当事人的诉讼请求进行审理,超裁、漏判均属违背处分原则。

  (4)当事人对程序权利的处分,会制约诉讼程序的启动,即诉讼程序的启动,一般是基于当事人申请而发生。

  A项正确。(答案:A)

  4. 甲向法院起诉,要求判决乙返还借款本金2万元。在案件审理中,借款事实得以认定,同时,法院还查明,乙逾期履行还款义务近一年,法院遂根据银行同期定期存款利息,判决乙归还甲借款本金2万元,利息520元。关于法院对该案判决的评论,下列哪一选项是正确的? (2008年真题,单选)

  A. 该判决符合法律规定,实事求是,全面保护了权利人的合法权益
  B. 该判决不符合法律规定,违反了民事诉讼的处分原则
  C. 该判决不符合法律规定,违反了民事诉讼的辩论原则
  D. 该判决不符合法律规定,违反了民事诉讼的平等原则

  [释疑] 见第3题,B项正确。(答案:B)

  5. 在民事诉讼中,法院对下列哪些事项可以不经当事人申请而作出处理? (2006年真题,不定选)

  A. 诉讼中裁定财产保全 B. 决定回避
  C. 裁定移送管辖 D. 裁定先予执行

  [释疑] 根据处分原则,民事诉讼中各种程序的启动应当由当事人申请进行,但法律也明确了有些事项法院可以不经当事人的申请而作出处理。包括:

  (1)回避制度分为申请回避、自行回避和决定回避三种方式,对于自行回避,法院可以不经当事人的申请作出决定。根据《民事诉讼法》第44条第1款的规定:"审判人员有下列情形之一的,应当自行回避,当事人有权用口头或者书面方式申请他们回避:(一)是本案的当事人或者当事人、诉讼代理人近亲属的;(二)与本案有利害关系的;(三)与本案当事人、诉讼代理人有其他关系,可能影响对案件公正审理的。""审判人员接受当事人、诉讼代理人请客送礼,或者违反规定会见当事人、诉讼代理人的,当事人有权要求他们回避。"

（2）《民事诉讼法》第 100 条第 1 款规定："人民法院对于可能因当事人一方的行为或者其他原因，使判决难以执行或者造成当事人其他损害的案件，根据对方当事人的申请，可以裁定对其财产进行保全、责令其作出一定行为或者禁止其作出一定行为；当事人没有提出申请的，人民法院在必要时也可以裁定采取保全措施。"我国民诉中保全程序的启动可以由当事人申请，也可以由法院依职权进行。

（3）《民事诉讼法》第 236 条第 1 款规定："发生法律效力的民事判决、裁定，当事人必须履行。一方拒绝履行的，对方当事人可以向人民法院申请执行，也可以由审判员移送执行员执行。"我国执行开始的方式包括申请执行和移送执行，对于移送执行的案件，法院可以依职权进行。因此，A、B、C 三项正确。

除以上三种情形外，法院可以不经当事人的申请而作出处理的还包括：

（1）法院可以依职权收集证据，但仅限于涉及国家利益、社会公共利益、涉及身份关系、涉及公益诉讼，涉及当事人恶意串通损害他人合法权益的案件，以及涉及依职权追加当事人、中止诉讼、终结诉讼、回避等程序性事项的案件；

（2）法院可以基于审判监督权启动再审程序。（答案：ABC）

三、提示与预测

处分原则的具体运用是高频率考点，案例分析题和选择题均有考查，2005 年卷四分析论述题第一问，及 2006 年、2007 年卷四案例分析；2006 年、2008 年、2010 年、2013 年和 2014 年选择题中均有涉及。对于处分原则，考生必须掌握当事人处分权的行使对法院审判权行使的制约体现的具体方面。当事人对实体权利的处分，直接制约着法院的审判对象。在第一审程序中，法院的审理范围仅限于当事人的诉讼请求，超出诉讼请求的审理、遗漏诉讼请求的审理均属于对处分原则的违反，构成救济的事由。当事人对程序权利的处分，一般制约诉讼程序的启动，例如，是否起诉、是否上诉由当事人自行决定，法院不能依职权引起。但也有例外的情形，即法院可以不经当事人的申请而作出程序处理的情形，见上述例题 4。当事人行使处分权通常是单方处分，但在法律明确规定的情形下，也可以双方合意处分，见上述例题 1。

考点 5　诚实信用原则

一、精解

民事诉讼中的诚实信用原则，是指法院、当事人以及其他诉讼参与人在审理民事案件和进行民事诉讼时必须公正、诚实和善意。诚实信用原则是 2012 年《民事诉讼法》修订新增加的内容，作为第 13 条第 1 款："民事诉讼应当遵循诚实信用原则。"对于诚实信用原则，主要掌握下列内容：

1. 诚实信用原则贯穿于整个民事诉讼的始终。
2. 诚实信用原则约束所有的民事诉讼主体，包括当事人、法院、其他诉讼参与人。

对当事人的规制是要求在当事人进行诉讼时要诚实和善意，主要表现为：

（1）禁止当事人恶意制造诉讼（以欺骗方法形成不正当诉讼状态）；

（2）禁止当事人无故拖延诉讼（促进诉讼的义务）；

（3）禁止当事人滥用诉讼权利；

（4）当事人在诉讼时负有真实陈述义务；

（5）不能进行虚假陈述或实施相互矛盾的行为（禁反言）。新《民事诉讼法》中诚实信用原则的具体体现是对当事人恶意制造诉讼侵害他人利益或逃避履行的规制。恶意诉讼、调解侵害他人利益或规避执行的行为，构成妨害民事诉讼的行为，根据情节轻重，可以对恶意诉讼的当事人予以罚款和拘留；构成犯罪的，依法追究刑事责任。对恶意诉讼、调解侵害他人利益的，人民法院应当驳回其诉讼请求（《民事诉讼法》第112条、第113条）。《民事诉讼法司法解释》对诚信原则有进一步的明确规定，包括：当事人具结（第111条）、证人具结（第119条）；证人拒绝具结的后果（第120条）；虚假调解的制裁（第144条）；禁反言（第229条）；一审诉讼行为对二审的约束（第342条）；失信被执行人名单（第518条）等。

对法官的规制是要求法院在审理和裁判民事案件时应当公正合理，禁止法院滥用自由裁量权，禁止法院突袭裁判；

对其他诉讼参与人的约束是要求诉讼代理人、证人以及鉴定人等其他诉讼参与人在进行民事诉讼时诚实善意。具体表现为证人不得故意提供虚假的证言；鉴定人不得故意出具与事实不符的鉴定意见；翻译人员不得故意作与诉讼主体的意思不符的翻译；诉讼代理人不得滥用代理权或超越代理权等。

3. 诚实信用原则要求民事诉讼主体在主观上不得故意违背法律精神，例如当事人提供虚假证据、滥用诉讼权利以拖延诉讼程序；法院滥用自由裁量权、不依据案件事实主观地取舍证据等，均属于违反诚信原则的表现。

二、例题

根据《民事诉讼法》规定的诚信原则的基本精神，下列哪一选项符合诚信原则？（2014年真题，单选）

A. 当事人以欺骗的方法形成不正当诉讼状态

B. 证人故意提供虚假证言

C. 法院根据案件审理情况对当事人提供的证据不予采信

D. 法院对当事人提出的证据任意进行取舍或否定

[释疑] 诚信原则的核心就是诚实信用，无论是法院，还是当事人及诉讼参与人，在主观上都不得故意违背法律精神，例如当事人提供虚假证据、滥用诉讼权利以拖延诉讼程序；法院滥用自由裁量权、主观地取舍证据等都有违诚信要求，但"根据案情对证据不予采信"符合诚信原则的要求。（答案：C）

三、提示与预测

诚信原则属于热点问题，考生应当关注。主要掌握：

（1）诚实信用原则适用所有民事诉讼主体，包括当事人及其诉讼代理人、其他诉讼参与人（证人、鉴定人等）、法院。

（2）诚信原则要求民事诉讼主体在主观上不得故意违背法律精神；因此，违反诚信原则的行为在主观上一定是存有故意或任意。

(3) 违反诚信原则的主要情形。

主要掌握诚实信用原则对当事人及其他诉讼参与人的规制,具体见上述精解2。

考点 6 检察监督原则

一、精讲

民事诉讼的检察监督原则,是指检察机关有权对民事诉讼实行法律监督。此次《民事诉讼法》对检察监督原则作了修订,主要扩大了检察监督的范围,即由原法的"人民检察院有权对人民法院的审判活动实行法律监督"扩大为"人民检察院有权对民事诉讼实行法律监督"。

对于检察监督原则,主要掌握检察监督适用的范围:检察机关有权对民事诉讼实行监督。人民检察院的监督范围不仅包括民事审判活动,也包括民事执行活动;监督的对象不仅包括人民法院,同时包括当事人在内的一切诉讼参与人。

二、提示与预测

检察监督原则的掌握应当与审判监督程序中检察院的具体检察监督结合起来。除掌握监督范围的扩大外,还应当掌握:

(1) 检察机关不仅对已经发生法律效力的判决、裁定在法定条件下实行监督,也对损害国家利益、社会公共利益的调解书实行监督。也就是说,检察监督是一种事后监督,一种有限的监督,而其监督的对象是已经发生法律效力的判决、裁定和调解书。

(2) 检察机关监督的范围包括审判行为、执行行为以及调解行为。

(3) 检察监督的方式包括抗诉和检察建议。最高人民检察院和上级人民检察院对下级人民法院的监督方式为抗诉,地方各级人民检察院对同级人民法院的监督方式为提出检察建议。需要注意的是,只有抗诉才能引起再审。

考点 7 公开审判制度

一、精讲

公开审判制度是指依据法律规定,人民法院的审判活动除了合议庭评议案件外,向群众和社会公开审理、公开宣判的制度。公开审判制度主要掌握两点:(1) 公开审理是案件审理的主要方式,除法律明文规定不公开,或者法院依法基于当事人的申请不公开审理之外,其他案件应一律公开审理;(2) 任何诉讼案件,不论是否公开审理,宣判时一律公开。

公开审判制度的考点:不公开审理的案件的范围。

二、例题

1. 唐某作为技术人员参与了甲公司一项新产品研发,并与该公司签订了为期2年的服务与保密合同。合同履行1年后,唐某被甲公司的竞争对手乙公司高薪挖走,负责开发类似的产品。甲公司起诉至法院,要求唐某承担违约责任并保守其原知晓的产品秘密。关于该案的审判,下列哪一说法是正确的?(2012年真题,单选)

A. 只有在唐某与甲公司共同提出申请不公开审理此案的情况下,法院才可以不公开审理
B. 根据法律的规定,该案不应当公开审理,但应当公开宣判
C. 法院可以根据当事人的申请不公开审理此案,但应当公开宣判
D. 法院应当公开审理此案并公开宣判

[释疑] 根据《民事诉讼法》第134条的规定:"人民法院审理民事案件,除涉及国家秘密、个人隐私或者法律另有规定的以外,应当公开进行。离婚案件,涉及商业秘密的案件,当事人申请不公开审理的,可以不公开审理。"我国民事诉讼不公开审理的案件分为法定不公开审理的案件和申请不公开审理的案件。

法定不公开审理的案件包括:(1)涉及国家秘密的案件;(2)涉及个人隐私的案件。

申请不公开审理的案件包括:(1)离婚案件;(2)涉及商业秘密的案件。这类案件只有在当事人申请不公开审理时,才可以不公开审理。此外,该类案件只要有一方当事人申请不公开审理即可,不需双方共同申请。

据此,C项表述正确。(答案:C)

2. 关于民事诉讼中的公开审判制度,下列哪一选项是错误的?(2007年真题,单选)
A. 公开审判制度是指法院审理民事案件,除法律规定的情况外,审判过程及结果应当向群众、社会公开
B. 公开审判是指法院审理案件和宣告判决一律公开进行的制度
C. 涉及国家秘密的案件,属于法定不公开审理的案件
D. 离婚案件,属于当事人申请不公开审理、法院决定可以不公开审理的案件

[释疑] 根据《民事诉讼法》第134条的规定,A项表述正确,而B项中审理案件和宣告判决一律公开是错误的,因为合议庭的评议是不公开的。C、D两项表述正确。(答案:B)

三、提示与预测

对于公开审判制度,应注意掌握其两方面的含义,并区分原则与例外情形,以及应当公开与可以公开的情形。此外,新《民事诉讼法》确立了裁判文书公开查阅制度,也是公开审判制度的体现,即第156条规定:公众可以查阅发生法律效力的判决书、裁定书,但涉及国家秘密、商业秘密和个人隐私的内容除外。

另外,《民诉司法解释》第220条对于"商业秘密"作出了如下界定:商业秘密,是指生产工艺、配方、贸易联系、购销渠道等当事人不愿公开的技术秘密、商业情报及信息。

考点 8 合议制度

一、精讲

合议制度是我国民事诉讼的审判组织制度,是由3名以上的单数人员组成审判集体,代表人民法院行使审判权,对案件进行审理、评议并作出裁判的制度。人民法院审理民事案件,除法律另有规定外,一律实行合议制。民事一审程序原则上实行合议制,二审程序和再审程序一律实行合议制。

合议制度的考点在于:不同审理程序中,合议庭的具体组成。

二、例题

1. 不同的审判程序，审判组织的组成往往是不同的。关于审判组织的适用，下列哪一选项是正确的？（2016年真题，单选）

A. 适用简易程序审理的案件，当事人不服一审判决上诉后发回重审的，可由审判员独任审判

B. 适用简易程序审理的案件，判决生效后启动再审程序进行再审的，可由审判员独任审判

C. 适用普通程序审理的案件，当事人双方同意，经上级法院批准，可由审判员独任审判

D. 适用选民资格案件审理程序的案件，应组成合议庭审理，而且只能由审判员组成合议庭

[释疑] 本题考查审判组织在不同程序中的具体适用。发回重审和再审均带有纠错的性质，为保障案件的公正审理，无论原一审是适用简易程序，还是普通程序审理，只要是发回重审或再审的案件，一律组成合议庭审理，不适用独任制审理，A、B项错误；对于适用普通程序审理的案件，当事人双方同意适用简易程序审理的，适用简易程序，由审判员独任审判，不需要经上级法院批准，C项错误。根据《民事诉讼法》第178条的规定，选民资格案件由审判员组成合议庭审理，D项正确。（答案：D）

2. 关于合议庭评议案件，下列哪一表述是正确的？（2010年真题，单选）

A. 审判长意见与多数意见不同的，以其意见为准判决

B. 陪审员意见得到支持、形成多数的，可按该意见判决

C. 合议庭意见存在分歧的，也可提交院长审查决定

D. 审判人员的不同意见均须写入笔录

[释疑] 民事诉讼中合议庭评议案件，采取少数服从多数的评议原则，如果形不成多数意见，则提交审判委员会决定，审判人员的不同意见应当写入笔录。D项正确。（答案：D）

3. 根据我国《民事诉讼法》和相关司法解释的规定，下列关于审判组织的哪些表述是正确的？（2008年真题，多选）

A. 再审程序中只能由审判员组成合议庭

B. 二审法院裁定发回重审的案件，原审法院应当组成合议庭进行审理

C. 法院适用特别程序审理案件，陪审员不参加案件的合议庭

D. 中级法院作为一审法院时，合议庭可以由审判员与陪审员共同组成，作为二审法院时，合议庭则一律由审判员组成

[释疑] 本题考查合议庭在不同程序中的具体组成。第一审程序合议庭的组成有两种方式，即由审判员组成或者由审判员和陪审员共同组成。注意：无论是哪一级法院作为一审法院，适用第一审程序审理案件时，均由这两种方式组成合议庭。在第二审程序中，合议庭的组成只有一种方式，即由审判员组成。发回重审的案件只能是按照一审程序另行组成合议庭审理。审理再审案件，原来是第一审的，按照第一审程序另行组成合议庭；原来是第二审的或者是上级人民法院提审的，按照第二审程序另行组成合议庭。而在特别程序中，如果是合议庭审理，该合议庭只能由审判员组成。因此，B、C、D项正确。（答案：BCD）

三、提示与预测

对于合议制度应着重掌握合议庭的组成形式及合议庭权限。合议庭的构成有两种方式：

（1）由审判员组成，即参加合议庭的均为人民法院的审判员。

（2）由审判员和陪审员组成，即参加合议庭的有人民法院的审判员，还有由一般群众充任的陪审员。陪审制度仅适用于一审程序，包括按照第一审程序进行的再审程序和发回重审的程序。此时，合议庭需要另行组成，原审人员不能参加。《民诉司法解释》第45条规定："在一个审判程序中参与过本案审判工作的审判人员，不得再参与该案其他程序的审判。发回重审的案件，在一审法院作出裁判后又进入第二审程序的，原第二审程序中合议庭组成人员不受前款规定的限制。"

在非诉讼程序中，审判组织一般为独任制，但对于特别程序中的选民资格案件或者重大、疑难案件，以及担保财产标的额超过基层法院的实现担保物权案件由审判员组成合议庭审理；对于公示催告程序中除权判决，由审判员组成合议庭作出。

合议庭行使对争议案件的审理和裁判权，合议庭评议案件实行少数服从多数的原则，但是，不能形成多数人意见时，要报请审判委员会决定，不得作出裁判，这一点与仲裁不同。

考点 9　回避制度

一、精讲

回避制度在近年考试中是与其他制度一并考查的，集中考查对回避决定的救济，即回避决定可以申请复议。

对于回避制度，考生需要掌握以下内容：

1. 回避适用的对象，包括：审判人员、书记员、执行员、翻译人员、鉴定人员和勘验人员。根据《民诉司法解释》第48条的规定，审判人员包括参与本案审理的人民法院院长、副院长、审判委员会委员、庭长、副庭长、审判员、助理审判员和人民陪审员。

2. 法定的回避情形

（1）审判人员是本案的当事人或者当事人诉讼代理人的近亲属。所谓近亲属，一般是指夫、妻、父、母、子女、同胞兄弟姊妹、祖父母、外祖父母、孙子女、外孙子女等。

（2）审判人员与本案有利害关系。所谓利害关系，是指案件的处理结果会直接或间接涉及审判人员本人的利益。

（3）审判人员与本案当事人、诉讼代理人有其他关系，可能影响对案件公正审理的。应该注意，这里的"其他关系"是有限制的，即是"可能影响对案件公正审理的"其他关系。《民诉司法解释》第43条第3项、第5项和第6项对其他关系作了进一步规定，包括：担任过本案的证人、鉴定人、辩护人、诉讼代理人、翻译人员的；本人或者其近亲属持有本案非上市公司当事人的股份或者股权的；以及与本案当事人或者诉讼代理人有其他利害关系，可能影响公正审理的。

（4）审判人员接受当事人、诉讼代理人请客送礼，或者违反规定会见当事人、诉讼代理人的，当事人有权要求他们回避。此外，《民诉司法解释》第44条对此条作了进一步的明确，包括：

"(一) 接受本案当事人及其受托人宴请,或者参加由其支付费用的活动的;(二) 索取、接受本案当事人及其受托人财物或者其他利益的;(三) 违反规定会见本案当事人、诉讼代理人的;(四) 为本案当事人推荐、介绍诉讼代理人,或者为律师、其他人员介绍代理本案的;(五) 向本案当事人及其受托人借用款物的;(六) 有其他不正当行为,可能影响公正审理的。"

3. 回避的方式:审判人员自行回避、当事人申请回避和院长或审判委员会决定回避。

《民诉司法解释》第46条规定:"审判人员有应当回避的情形,没有自行回避,当事人也没有申请其回避的,由院长或者审判委员会决定其回避。"

4. 人民法院决定回避的权限:院长担任审判长的回避,由审判委员会决定;审判人员的回避,由院长决定;其他人员的回避,如书记员、翻译人员、鉴定人、勘验人员的回避,由审判长决定;实行独任制的,由审判员决定。

5. 回避申请的效力及回避决定的救济

(1) 当事人提出回避申请后,人民法院在作出是否回避的决定之前,被申请回避的人应当暂停参与本案工作,但案件需要采取紧急措施的除外。

(2) 申请人对人民法院作出的申请回避的决定不服的,可以申请复议一次,但复议期间,被申请人不停止参与本案工作。

二、例题

1. 某区法院审理原告许某与被告某饭店食物中毒纠纷一案。审前,法院书面告知许某合议庭由审判员甲、乙和人民陪审员丙组成时,许某未提出回避申请。开庭后,许某始知人民陪审员丙与被告法定代表人是亲兄弟,遂提出回避申请。关于本案的回避,下列哪一说法是正确的?(2015年真题,单选)

A. 许某可在知道丙与被告法定代表人是亲兄弟时提出回避申请
B. 法院对回避申请作出决定前,丙不停止参与本案审理
C. 应由审判长决定丙是否应回避
D. 法院作出回避决定后,许某可对此提出上诉

[释疑] 本题综合考查回避制度。对于回避申请提交的时间,应当在开庭审理前提出,但回避的事由是在开庭后知道的,则在法庭辩论终结前提出即可。A选项正确;提出回避申请后,人民法院在对回避申请处理期间,被申请回避的人员应当停止参与本案的工作,避免产生不公正,B选项错误;对于人民陪审员的回避,与审判员一样,由院长决定,而非审判长决定,C错误;回避决定一经作出发生法律效力,对回避决定不服的,可以申请复议,非上诉,D错误。(答案:A)

2. 关于回避,下列哪一说法是正确的?(2010年真题,单选)

A. 当事人申请担任审判长的审判人员回避的,应由审委会决定
B. 当事人申请陪审员回避的,应由审判长决定
C. 法院驳回当事人的回避申请,当事人不服而申请复议,复议期间被申请回避人不停止参与本案的审理工作
D. 如当事人申请法院翻译人员回避,可由合议庭决定

[释疑] 《民事诉讼法》第47条规定:"人民法院对当事人提出的回避申请,应当在申

提出的三日内,以口头或者书面形式作出决定。申请人对决定不服的,可以在接到决定时申请复议一次。复议期间,被申请回避的人员,不停止参与本案的工作。人民法院对复议申请,应当在三日内作出复议决定,并通知复议申请人。"(答案:C)

三、提示与预测

对比仲裁中回避制度的规定记忆。

比较项	民事诉讼	商事仲裁
回避的对象(《民事诉讼法》第44条、《民诉司法解释》第48、第49条)	审判人员(包括参与本案审理的人民法院院长、副院长、审判委员会委员、庭长、副庭长、审判员、助理审判员和人民陪审员)、书记员、执行员、翻译人员、鉴定人、勘验人 【注意】 证人不是回避的对象	仲裁员
回避的法定情形(《民事诉讼法》第45条、《民诉司法解释》第43条、第44条;《仲裁法》第34条)	(1)是本案当事人或者当事人、诉讼代理人近亲属的; (2)与本案有利害关系的; (3)与本案当事人、诉讼代理人有其他关系,可能影响对案件公正审理的。 审判人员接受当事人、诉讼代理人请客送礼,或者违反规定会见当事人、诉讼代理人的,当事人有权要求他们回避。 《民诉司法解释》 第43条 审判人员有下列情形之一的,应当自行回避,当事人有权申请其回避: (1)是本案当事人或者当事人近亲属的; (2)本人或者其近亲属与本案有利害关系的; (3)担任过本案的证人、鉴定人、辩护人、诉讼代理人、翻译人员的; (4)是本案诉讼代理人近亲属的; (5)本人或者其近亲属持有本案非上市公司当事人的股份或者股权的; (6)与本案当事人或者诉讼代理人有其他利害关系,可能影响公正审理的。 第44条 审判人员有下列情形之一,当事人有权申请其回避: (1)接受本案当事人及其受托人宴请,或者参加由其支付费用的活动的; (2)索取、接受本案当事人及其受托人财物或者其他利益的;	(1)是本案当事人或者当事人、诉讼代理人的近亲属; (2)与本案有利害关系; (3)与本案当事人、代理人有其他关系,可能影响案件公正审理的; (4)私自会见当事人、代理人或者接受当事人、代理人请客送礼的。

(续表)

比较项	民事诉讼	商事仲裁
	(3) 违反规定会见本案当事人、诉讼代理人的； (4) 为本案当事人推荐、介绍诉讼代理人，或者为律师、其他人员介绍代理本案的； (5) 向本案当事人及其受托人借用款物的； (6) 有其他不正当行为，可能影响公正审理的。	
申请回避的时间（《民事诉讼法》第46条）	应当在案件开始审判时提出；回避事由在案件开始审理后知道的，也可以在法庭辩论终结前提出。	应当在首次开庭前提出，回避事由在首次开庭后知道的，可以在最后一次开庭终结前提出。
回避申请的决定程序（《民事诉讼法》47条）	院长担任审判长时的回避，由审判委员会决定；审判人员的回避，由院长决定；其他人员的回避，由审判长决定。	仲裁员的回避由仲裁委员会主任决定，仲裁委员会主任担任仲裁员的回避，由仲裁委员会集体决定。
回避申请的处理（《民事诉讼法》第48条）	人民法院对当事人提出的回避申请，应当在申请提出的3日内，以口头或者书面形式作出决定。决定期间，被申请回避的人员停止参与办案工作，需要采取紧急措施的除外。申请人对决定不服，可以在接到决定时申请复议一次。复议期间，被申请回避的人员，不停止参与本案的工作。	回避决定作出后，按照仲裁员选定程序重新选定仲裁员；当事人可以申请已经进行的仲裁程序重新进行，是否重新进行，由仲裁庭决定；仲裁庭也可以自行决定是否对已进行的仲裁程序重新进行。
回避的方式（《民事诉讼法》第44条、《民诉司法解释》第46条）	申请回避、自行回避、决定回避 《民诉司法解释》第46条：审判人员有应当回避的情形，没有自行回避，当事人也没有申请其回避的，由院长或者审判委员会决定其回避。	申请回避、自行回避

第三章 主管与管辖

本章知识体系：

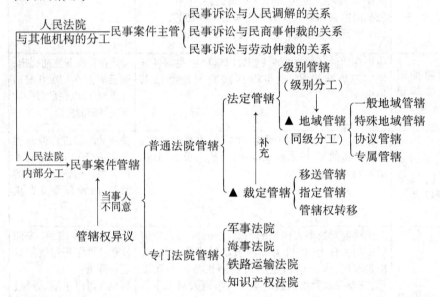

考点 1 法院民事诉讼主管与劳动仲裁的关系

一、精讲

根据《民事诉讼法》第 3 条的规定，我国民事诉讼案件的范围包括：公民之间、法人之间、其他组织之间以及他们之间因财产关系和人身关系提起的民事诉讼；因劳动合同关系和劳资关系产生的案件；法律规定适用民事诉讼程序的案件。

上述因劳动合同关系和劳资关系产生的案件，与因财产关系和人身关系而产生的纠纷不同，进行劳动仲裁是其进入民事诉讼的前置程序。

二、例题

王某是某电网公司员工，在从事高空作业时受伤，为赔偿问题与电网公司发生争议。王某可以采用哪些方式处理争议？（2006 年真题，多选）

A. 可以向本公司劳动争议调解委员会申请调解，调解不成的，可以申请劳动仲裁

B. 可以直接向劳动争议仲裁委员会申请仲裁，对仲裁裁决不服的，可以向法院提起诉讼

C. 可以不申请劳动仲裁而直接向法院起诉

D. 如果进行诉讼并按简易程序处理，法院开庭审理时，可以申请先行调解

[释疑] 根据我国相关法律规定，劳动者与用人单位之间产生劳动争议，解决方式有四

种:和解、调解、仲裁与诉讼,其中和解、调解方式完全由当事人自行选择;而劳动争议仲裁则是提起劳动争议诉讼一个必经的阶段,即前置程序。不经过劳动争议仲裁,劳动争议案件不得进入诉讼程序。进入诉讼适用简易程序,根据《简易程序规定》第14条第(二)项的规定,对于劳务合同,可以先行调解。因此,A、B、D三项正确,C项错误。(答案:ABD)

三、提示与预测

应当掌握劳动争议仲裁是提起劳动争议诉讼的必经阶段,即前置程序。不经过劳动争议仲裁,劳动争议案件不得进入诉讼程序。

另外需要注意:在同一事件中,可以既存在劳动关系,同时又存在民事法律关系。例如,甲公司和乙公司签订一份安装设备合同,乙公司在安装过程中,不慎将甲公司职工张某的脚砸成骨折。在这一简单的案件中,存在两个不同的法律关系:(1)张某和自己所属单位之间的劳动关系;(2)安装公司与受害人张某之间的民事侵权关系。此时,受害人张某既可以基于侵权关系直接起诉安装公司,也可以选择劳动争议的解决方式。

考点 2 法院民事诉讼主管与民商事仲裁的关系

一、精讲

民事诉讼和民商事仲裁是两种解决民事纠纷的途径,当事人只能在仲裁或者诉讼中选择其一加以适用,当事人一旦选择了仲裁,有效的仲裁协议就排斥了法院的司法管辖权。如果当事人起诉,人民法院发现有仲裁协议,将不予受理;如果受理后,对方当事人可以在首次开庭前以存在仲裁协议对抗人民法院的管辖权,此时人民法院经审查,发现存在有效仲裁协议的,裁定驳回起诉。

二、例题

1. 住所在M省甲县的旭日公司与住所在N省乙县的世新公司签订了一份建筑工程施工合同,工程地为M省丙县,并约定如合同履行发生争议,在北京适用《中国国际经济贸易仲裁委员会仲裁规则》进行仲裁。履行过程中,因工程款支付问题发生争议,世新公司拟通过仲裁或诉讼解决纠纷,但就在哪个仲裁机构进行仲裁,双方产生分歧。对此,下列哪一部门对该案享有管辖权?(2017/3/35)

  A. 北京仲裁委员会   B. 中国国际经济贸易仲裁委员会
  C. M省甲县法院   D. M省丙县法院

  [释疑] 本题考查仲裁协议效力与专属管辖。司法部公布答案D(专属管辖)。本题答案有异议。本题选择D项的前提是仲裁协议因无选定的仲裁委员会而无效。但根据《仲裁法解释》第四条的规定:"仲裁协议仅约定纠纷适用的仲裁规则的,视为未约定仲裁机构,但当事人达成补充协议或者按照约定的仲裁规则能够确定仲裁机构的除外。"根据《中国国际经济贸易仲裁委员会仲裁规则》(2015年版)第4条的规定:"规则的适用……(四)当事人约定按照本规则进行仲裁但未约定仲裁机构的,视为同意将争议提交仲裁委员会仲裁。"本题中约定在"在北京适用《中国国际经济贸易仲裁委员会仲裁规则》进行仲裁"的条款,可以视为选定中国国际经济贸易仲裁委员会,仲裁协议有效。有效的仲裁协议排除司法管辖权。(答案:B)

2. 海云公司与金辰公司签订了一份装饰工程合同。合同约定:金辰公司包工包料,负责完成海云公司办公大楼的装饰工程。事后双方另行达成了补充协议,约定因合同的履行发生的纠纷,由某仲裁委员会裁决。在装饰工程竣工后,质检单位鉴定复合地板及瓷砖系不合格产品。海云公司要求金辰公司返工并赔偿损失,金辰公司不同意,引发纠纷。请回答以下(1)、(2)题。(2005年真题,不定选)

(1) 假设某法院受理了海云公司的起诉,金辰公司应诉答辩,海云公司在首次开庭时,向法院提交了仲裁协议,对此,该法院应如何处理?

A. 裁定驳回海云公司的起诉
B. 裁定不予受理,告知当事人通过仲裁方式解决
C. 裁定将案件移送仲裁机构处理
D. 继续审理本案

[释疑] 根据《仲裁法》第26条的规定:"当事人达成仲裁协议,一方向人民法院起诉未声明有仲裁协议,人民法院受理后,另一方在首次开庭前提交仲裁协议的,人民法院应当驳回起诉,但仲裁协议无效的除外;另一方在首次开庭前未对人民法院受理该案提出异议的,视为放弃仲裁协议,人民法院应当继续审理。"可见,有效的仲裁协议并不禁止当事人起诉权的行使,一方当事人起诉后,另一方当事人可以向法院提出有效的仲裁协议进行抗辩,法院应当裁定驳回起诉,告知向仲裁委员会申请仲裁。如果另一方当事人在首次开庭前未对人民法院受理该案件提出异议,则视为放弃仲裁协议,法院对该案件享有司法管辖权。因此,本题应当选D项。(答案:D)

(2) 假设某法院受理本案后,金辰公司在答辩中提出双方有仲裁协议,法院应如何处理?

A. 裁定驳回起诉
B. 裁定不予受理
C. 审查仲裁协议,作出是否受理本案的决定书
D. 不审查仲裁协议,视为人民法院有管辖权

[释疑] 《民诉司法解释》第216条规定:"在人民法院首次开庭前,被告以有书面仲裁协议为由对受理民事案件提出异议的,人民法院应当进行审查。经审查符合下列情形之一的,人民法院应当裁定驳回起诉:(一) 仲裁机构或者人民法院已经确认仲裁协议有效的;(二) 当事人没有在仲裁庭首次开庭前对仲裁协议的效力提出异议的;(三) 仲裁协议符合仲裁法第十六条规定且不具有仲裁法第十七条规定情形的。"(答案:A)

三、提示与预测

该考点涉及商事仲裁与诉讼的关系,应当掌握。

注意:(1) 有效的仲裁协议并不禁止当事人起诉权的行使,一方当事人起诉后,另一方当事人可以向法院提出有效的仲裁协议进行抗辩,法院应当进行审查,如果仲裁协议是有效的,应当裁定驳回起诉,告知向仲裁委员会申请仲裁。如果另一方当事人在首次开庭前未对人民法院受理该案件提出异议,则视为放弃仲裁协议,法院对该案件享有司法管辖权。

(2) 无效的仲裁协议或失效的仲裁协议不排除人民法院的民事管辖权。即如果存在仲裁协议,但该仲裁协议为无效或失效,则人民法院应当受理并审理该案件。

考点 3　法院民事诉讼主管与人民调解的关系

一、精讲

人民调解是发生争议的双方当事人自愿由人民调解委员会解决其争议的一种诉讼外的纠纷解决方式。人民调解取决于当事人的自愿，不是民事诉讼的前置阶段。经过人民调解委员会调解达成的调解协议，具有法律约束力。

二、例题

1. 2015 年 4 月，居住在 B 市（直辖市）东城区的林剑与居住在 B 市西城区的钟阳（二人系位于 B 市北城区正和钢铁厂的同事）签订了一份借款合同，约定钟阳向林剑借款 20 万元，月息 1%，2017 年 1 月 20 日前连本带息一并返还。合同还约定，如因合同履行发生争议，可向 B 市东城区仲裁委员会仲裁。至 2017 年 2 月，钟阳未能按时履约。2017 年 3 月，二人到正和钢铁厂人民调解委员会（下称调解委员会）请求调解。调解委员会委派了三位调解员主持该纠纷的调解。

如调解成功，林剑与钟阳在调解委员会的主持下达成如下协议：2017 年 5 月 15 日之前，钟阳向林剑返还借款 20 万元，支付借款利息 2 万元。该协议有林剑、钟阳的签字，盖有调解委员会的印章和三位调解员的签名。钟阳未按时履行该调解协议，林剑拟提起诉讼。在此情况下，下列说法正确的是：(2017/3/96)

A. 应以调解委员会为被告
B. 应以钟阳为被告
C. 应以调解委员会和钟阳为共同被告
D. 应以钟阳为被告，调解委员会为无独立请求权的第三人

[释疑]　本题考查人民调解协议的法律效力。根据《人民调解法》第 31 条和第 32 条的规定，经过人民调解达成的人民调解协议具有契约效力，一方不履行调解协议的，另一方可以就调解协议的履行提起诉讼，此时，只能以不履行义务的一方为被告提起。（答案：B）

2. 张某与李某产生邻里纠纷，张某将李某打伤。为解决赔偿问题，双方同意由人民调解委员会进行调解。经调解员黄某调解，双方达成赔偿协议。关于该纠纷的处理，下列哪一说法是正确的？(2010 年真题，单选)

A. 张某如反悔不履行协议，李某可就协议向法院提起诉讼
B. 张某如反悔不履行协议，李某可向法院提起人身损害赔偿诉讼
C. 张某如反悔不履行协议，李某可向法院申请强制执行调解协议
D. 张某可以调解委员会未组成合议庭调解为由，向法院申请撤销调解协议

[释疑]　人民调解协议具有法律约束力，当事人应当按照约定履行。当事人之间就调解协议的履行或者调解协议的内容发生争议的，可以就调解协议向人民法院提起诉讼。（答案：A）

三、提示与预测

新《民事诉讼法》在特别程序一章中增加一节，确认调解协议案件，明确规定了申请确认

调解协议的条件、法院如何审理以及依法确认的法律效力。《民事诉讼法》第194条规定:"申请司法确认调解协议,由双方当事人依照人民调解法等法律,自调解协议生效之日起三十日内,共同向调解组织所在地基层人民法院提出。"第195条规定:"人民法院受理申请后,经审查,符合法律规定的,裁定调解协议有效,一方当事人拒绝履行或者未全部履行的,对方当事人可以向人民法院申请执行;不符合法律规定的,裁定驳回申请,当事人可以通过调解方式变更原调解协议或者达成新的调解协议,也可以向人民法院提起诉讼。"《民诉司法解释》对确认程序作了具体规定,详细内容见后文特别程序。

考点 4 案件的管辖

一、精讲

管辖解决的是人民法院主管的民事案件在各级法院之间以及同级法院之间如何分工的问题。管辖分为法定管辖和裁定管辖。法定管辖包括:级别管辖、地域管辖、协议管辖、共同管辖和专属管辖。其中,级别管辖很少考查,而地域管辖是绝对的考查重点,包括一般地域管辖、特殊地域管辖。裁定管辖包括移送管辖、指定管辖、管辖权异议等内容。

二、例题

1. 根据《民事诉讼法》相关司法解释,下列哪些法院对专利纠纷案件享有管辖权?(2015年真题,多选)

　　A. 知识产权法院　　　　　　　　B. 所有的中级法院
　　C. 最高法院确定的中级法院　　　　D. 最高法院确定的基层法院

[释疑]　本案考查专利纠纷案件的管辖法院。根据《民诉司法解释》第2条:专利纠纷案件由知识产权法院、最高人民法院确定的中级人民法院和基层人民法院管辖。本题ACD正确。(答案:ACD)

2. 关于管辖,下列哪一表述是正确的?(2014年真题,单选)

　　A. 军人与非军人之间的民事诉讼,都应由军事法院管辖,体现了专门管辖的原则
　　B. 中外合资企业与外国公司之间的合同纠纷,应由中国法院管辖,体现了维护司法主权的原则
　　C. 最高法院通过司法解释授予部分基层法院专利纠纷案件初审管辖权,体现了平衡法院案件负担的原则
　　D. 不动产纠纷由不动产所在地法院管辖,体现了管辖恒定的原则

[释疑]　本题考查确立管辖的原则。军人与非军人之间的民事纠纷,一般由地方法院管辖,只有非军人一方向军事法院起诉,军事法院才管辖,A错误;中外合资企业与外国公司之间的合同纠纷,不属于涉外专属管辖的案件,B错误;根据《民诉司法解释》第2条的规定,专利纠纷案件由知识产权法院、最高人民法院确定的中级人民法院和基层人民法院管辖。最高人民法院《关于审理专利纠纷案件适用法律问题的若干规定》第2条第2款规定:"最高人民法院根据实际情况,可以指定基层人民法院管辖第一审专利纠纷案件。"这可以适当减轻中院的负担,平衡法院的案件负担,C正确。不动产纠纷由不动产所在地法院管辖,体现的是便于管辖的原则,D错误。(答案:C)

三、提示与预测

1. 应当掌握专门法院对民事案件的管辖,具体包括:

(1) 军事法院:《民诉司法解释》第 11 条规定:"双方当事人均为军人或者军队单位的民事案件由军事法院管辖。"

(2) 知识产权法院:根据 2014 年 11 月 3 日最高法向外发布的《关于北京、上海、广州知识产权法院案件管辖的规定》第 1 条的规定,知识产权法院管辖的第一审案件主要包括三类:一是专利、植物新品种、集成电路布图设计、技术秘密、计算机软件等技术类民事和行政案件;二是对国务院部门或者县级以上地方人民政府所作的涉及著作权、商标、不正当竞争等行政行为提起诉讼的行政案件;三是涉及驰名商标认定的民事案件。可见,知识产权法院案件管辖为民事行政"二合一"。目前,北京、上海和广州设立了知识产权法院,其级别相当于中级人民法院,向所在城市的人大常委会负责并汇报工作,其院长、庭长、审判员、审委会委员由所在城市人大常委会任命,其上诉法院为该省高级人民法院。

《民诉司法解释》第 2 条第 1 款规定:"专利纠纷案件由知识产权法院、最高人民法院确定的中级人民法院和基层人民法院管辖。"

(3) 海事法院:《民诉司法解释》第 2 条第 2 款规定:"海事、海商案件由海事法院管辖。"目前,我国在北海、广州、厦门、上海、武汉、海口、宁波、青岛、大连、天津设立了海事法院。

(4) 铁路运输法院:管辖有关铁路运输方面的民事争议案件。

2. 管辖是司法考试中每年必考的内容,考生必须掌握。近年出题趋势为:对管辖问题综合考查,一道题目中往往涉及管辖中的若干问题,包括确定管辖的原则、专门法院的管辖、督促程序案件的管辖、公示催告程序的管辖、级别管辖、一般地域管辖、协议管辖、涉外民事诉讼的管辖等问题,要求考生在总结的基础上综合掌握。

考点 5 案件的级别管辖

一、精讲

级别管辖是指各级人民法院受理第一审民事案件的分工与权限,其分工标准为案件的性质与案件影响的大小。

对案件级别管辖的考查主要与其他管辖的知识点结合考查。对于级别管辖,考生需要掌握:

(一) 中级人民法院管辖的第一审民事案件,包括:

1. 重大涉外案件:涉及港、澳、台的案件管辖,参照涉外案件的规定。《民诉司法解释》第 1 条对于重大涉外案件做了如下规定:重大涉外案件,包括争议标的额大的案件、案情复杂的案件,或者一方当事人人数众多等具有重大影响的案件。

2. 在本辖区有重大影响的案件。

3. 最高人民法院确定由中级人民法院管辖的案件:

(1) 专利纠纷案件由知识产权法院、最高人民法院确定的中级人民法院和基层人民法院管辖。(《民诉司法解释》第 2 条第 1 款)

(2) 商标民事纠纷第一审案件,由中级以上人民法院管辖。

例外:各高级人民法院根据本辖区的实际情况,经最高人民法院批准,可以在较大城市确定1至2个基层人民法院受理第一审商标民事纠纷案件。

（3）著作权民事纠纷案件,由中级以上人民法院管辖。

例外：各高级人民法院根据本辖区的实际情况,可以确定若干基层人民法院管辖第一审著作权民事纠纷案件。

（4）海事、海商案件由海事法院管辖。

（5）当事人向人民法院申请确认仲裁协议效力的案件,由仲裁协议约定的仲裁机构所在地的中级人民法院管辖;仲裁协议约定的仲裁机构不明确的,由仲裁协议签订地或者被申请人住所地的中级人民法院管辖。申请确认涉外仲裁协议效力的案件,由仲裁协议约定的仲裁机构所在地、仲裁协议签订地、申请人或者被申请人住所地的中级人民法院管辖。请求法院撤销仲裁裁决的,由仲裁委员会所在地中级人民法院管辖。

（6）涉及域名争议的案件,由侵权行为地或被告住所地的中级人民法院管辖。

（7）虚假陈述证券民事赔偿案件,由省、直辖市、自治区人民政府所在的市、计划单列市和经济特区中级人民法院管辖。

（8）公益诉讼案件,由侵权行为地或者被告住所地中级人民法院管辖,但法律、司法解释另有规定的除外;因污染海洋环境提起的公益诉讼,由污染发生地、损害结果地或者采取预防污染措施地海事法院管辖。(《民诉司法解释》第285条)

（二）最高人民法院管辖的第一审民事案件

1. 在全国有重大影响的案件。

2. 认为应当由本院审理的案件。

二、例题

1. 根据《民事诉讼法》和司法解释的相关规定,关于级别管辖,下列哪些表述是正确的?(2012年真题,多选)

A. 级别管辖不适用管辖权异议制度

B. 案件被移送管辖有可能是因为受诉法院违反了级别管辖的规定而发生的

C. 管辖权转移制度是对级别管辖制度的变通和个别的调整

D. 当事人可以通过协议变更案件的级别管辖

[释疑]　根据最高人民法院《关于审理民事级别管辖异议案件若干问题的规定》第1条的规定,管辖权异议包括级别管辖异议,A错误;《民事诉讼法》第34条规定:"合同或者其他财产权益纠纷的当事人可以书面协议选择被告住所地、合同履行地、合同签订地、原告住所地、标的物所在地等与争议有实际联系的地点的人民法院管辖,但不得违反本法对级别管辖和专属管辖的规定。"D错误。（答案:BC）

2. 根据《民事诉讼法》和相关司法解释,关于中级法院,下列哪一表述是正确的?(2011年真题,单选)

A. 既可受理一审涉外案件,也可受理一审非涉外案件

B. 审理案件组成合议庭时,均不可邀请陪审员参加

C. 审理案件均须以开庭审理的方式进行

D. 对案件所作出的判决均为生效判决

[释疑]　该题综合考查中级人民法院管辖的案件及其职能。根据《民事诉讼法》第18条

的规定,中级人民法院管辖重大的涉外案件,以及其他符合规定的非涉外案件。中级人民法院既可以审理第一审案件,也可以审理第二审案件。在审理第一审案件时,合议庭可以邀请陪审员参加;在审理第二审案件时,不可邀请陪审员参加。中级人民法院审理二审案件时,对于某些案件,可以不开庭审理,而采径行裁判的方式。当中级人民法院作为第一审法院时,对案件所作出的判决则为未生效判决,只有作为第二审法院时,对案件所作出的判决才为生效判决。(答案:A)

3. 关于民事案件的级别管辖,下列哪一选项是正确的?(2009年真题,单选)
A. 第一审民事案件原则上由基层法院管辖
B. 涉外案件的管辖权全部属于中级法院
C. 高级法院管辖的一审民事案件包括在本辖区内有重大影响的民事案件和它认为应当由自己审理的案件
D. 最高人民法院仅管辖在全国有重大影响的民事案件

[释疑] 根据《民事诉讼法》第17条的规定,基层人民法院管辖第一审民事案件,但本法另有规定的除外。因此,A项正确。《民事诉讼法》第18条第(一)项规定,重大涉外案件的一审由中级人民法院管辖。据此可知,并非所有涉外案件的一审都由中院管辖,而是重大涉外案件的一审才由中院管辖。因此,B项错误。《民事诉讼法》第19条规定:"高级人民法院管辖在本辖区有重大影响的第一审民事案件。"因此,C项错误。《民事诉讼法》第20条规定:"最高人民法院管辖下列第一审民事案件:(一)在全国有重大影响的案件;(二)认为应当由本院审理的案件。"根据上述规定可知,最高人民法院管辖的一审民事案件有两类,而非仅限于在全国有重大影响的民事案件。因此,D项错误。(答案:A)

三、提示与预测

1. 针对考查内容综合性的趋势,首先,要掌握级别管辖与移送管辖、管辖权转移以及管辖权异议制度的关系;第二,还要掌握各级法院的职能,可以作为二审法院的中级人民法院、高级人民法院和最高人民法院,除了具有审判职能外,还具有纠错职能;此外,最高人民法院还具有司法解释的职能。

2. 掌握级别管辖的确定标准为:案件的影响力,案件的性质。只有中级人民法院审理的第一审民事案件,涉及适用案件的性质和案件的影响力两个标准;其他的均以案件的影响力作为级别管辖的标准。需要注意,最高人民法院还可以审理其认为应当由自己审理的案件。

3. 注意:并不是所有专利权、著作权、商标权案件都由中级人民法院及以上的法院管辖。高院可以指定部分基层法院管辖著作权、商标权案件;最高院可以指定部分基层法院管辖专利权案件。

考点 6 一般地域管辖

一、精讲

一般地域管辖是以当事人所在地为标准确定的管辖。对公民提起的民事诉讼,由被告住所地人民法院管辖;被告住所地与经常居住地不一致的,由经常居住地人民法院管辖。对法人或者其他组织提起的民事诉讼,由被告住所地人民法院管辖。

对一般地域管辖的考点,集中为以下五点。

1. 住所地与经常居住地的判断

(1) 当事人是自然人的,住所地是指自然人的户籍所在地;经常居住地是公民离开住所地至起诉时已连续居住1年以上的地方,但公民住院就医的地方除外。

如果公民住所地与经常居住地不一致的,经常居住地的适用优先于住所地,即当公民的住所地与经常居住地不一致时,由经常居住地人民法院管辖。(《民事诉讼法》第22条)

【注意】当事人的户籍迁出后尚未落户,有经常居住地的,由该地人民法院管辖;没有经常居住地的,由其原户籍所在地人民法院管辖。(《民诉司法解释》第7条)

(2) 当事人是法人或其他组织的,住所地是法人或者其他组织的主要办事机构所在地;主要办事机构所在地不能确定的,其注册地或者登记地为住所地。(《民诉司法解释》第3条)

对于法人和其他组织而言,只能以住所地确定管辖。

2. 一般地域管辖的原则:被告所在地人民法院有管辖权

【注意】没有办事机构的公民合伙、合伙型联营体提起的诉讼,由被告注册登记地人民法院管辖。没有注册登记,几个被告又不在同一辖区的,被告住所地的人民法院都有管辖权。(《民诉司法解释》第5条)

3. 一般地域管辖的例外规定:原告所在地人民法院管辖有管辖权

根据《民事诉讼法》及相关司法解释的规定,原告住所地人民法院有管辖权的案件包括:

(1) 对不在中华人民共和国领域内居住的人提起的有关身份关系的诉讼;该规定中的身份关系,是指与人的身份相关的各种关系,如婚姻关系、亲子关系、收养关系等。

(2) 对下落不明或者宣告失踪的人提起的有关身份关系的诉讼。

(3) 对被采取强制性措施的人提起的诉讼。

(4) 对被监禁的人提起的诉讼。

【注意】双方当事人都被监禁或者被采取强制性教育措施的,由被告原住所地人民法院管辖。被告被监禁或者被采取强制性教育措施1年以上的,由被告被监禁地或者被采取强制性教育措施地人民法院管辖。(《民诉司法解释》第8条)

(5) 被告被注销户籍的,由原告住所地法院管辖。

【注意】原告、被告均被注销户籍的,由被告居住地人民法院管辖。(《民诉司法解释》第6条)

4. 追索赡养费、抚育费、扶养费案件的管辖(《民诉司法解释》第9条)

追索赡养费、抚育费、扶养费案件的几个被告住所地不在同一辖区的,可以由原告住所地人民法院管辖。

5. 离婚案件的管辖:被告住所地

特殊规定:

(1) 对不在中华人民共和国领域内居住的人,下落不明或者宣告失踪的人提起的离婚诉讼,由原告住所地法院管辖。

(2) 公民离开住所地超过1年的离婚案件(《民诉司法解释》第12条)

夫妻一方离开住所地超过1年,另一方起诉离婚的案件,可以由原告住所地人民法院管辖。

夫妻双方离开住所地超过1年,一方起诉离婚的案件,由被告经常居住地人民法院管辖;

没有经常居住地的,由原告起诉时被告居住地人民法院管辖。

（3）涉外离婚案件的管辖(《民诉司法解释》第13—16条)

【注意】已经离婚的中国公民,双方均定居国外,仅就国内财产分割提起诉讼的,由主要财产所在地人民法院管辖。

二、例题

1. A市东区居民朱某(男)与A市西县刘某结婚,婚后双方住A市东区。一年后,公司安排刘某赴A市南县分公司工作。三年之后,因感情不合朱某向A市东区法院起诉离婚。东区法院受理后,发现刘某经常居住地在南县,其对该案无管辖权,遂裁定将案件移送南县法院。南县法院收到案件后,认为无管辖权,将案件移送刘某户籍所在地西县法院。西县法院收到案件后也认为无管辖权。关于本案的管辖问题,下列哪些说法是正确的?（2016年真题,多选）

   A. 东区法院有管辖权

   B. 南县法院有管辖权

   C. 西县法院有管辖权

   D. 西县法院认为自己没有管辖权,应当裁定移送有管辖权的法院

   [释疑] 本题考查离婚案件的管辖和移送管辖。根据《民诉司法解释》第12条第1款的规定,夫妻一方离开住所地超过一年,另一方起诉离婚的案件,可以由原告住所地人民法院管辖。即在此种情形下,原告住所地与被告住所地均有管辖权。由于经常居住地优先适用于住所地,因此,本案东区法院和南县法院有管辖权,AB正确,C错误。法律规定移送管辖只能移送一次,对于接受移送的法院认为移送错误的,应当报请上一级法院指定管辖,而不得自行移送,D错误。（答案:AB）

2. 关于管辖制度的表述,下列哪些选项是不正确的?（2013年真题,多选）

   A. 对下落不明或者宣告失踪的人提起的民事诉讼,均应由原告住所地法院管辖

   B. 因共同海损或者其他海损事故请求损害赔偿提起的诉讼,被告住所地法院享有管辖权

   C. 甲区法院受理某技术转让合同纠纷案后,发现自己没有级别管辖权,将案件移送至甲市中院审理,这属于管辖权的转移

   D. 当事人可以书面约定纠纷的管辖法院,这属于选择管辖

   [释疑] 根据《民事诉讼法》第22条的规定,只有对下落不明或者宣告失踪的人提起的有关身份关系的民事诉讼,应由原告住所地法院管辖,其他财产案件依然应当由被告住所地法院管辖,A项错误。根据《民事诉讼法》第32条的规定,因共同海损或者其他海损事故请求损害赔偿提起的诉讼,船舶最先到达地、共同海损理算地或者航程终止地的人民法院有管辖权,被告住所地法院不享有管辖权,B项错误。甲区法院受理某技术转让合同纠纷案后,发现自己没有级别管辖权,将案件移送至甲市中院审理,属于移送转移。移送管辖的前提是案件受理后发现自己没有级别管辖权或地域管辖权,而将案件移送到有管辖权的法院,C项错误。当事人可以书面约定纠纷的管辖法院,是协议管辖,D项错误。（答案:ABCD）

3. 常年居住在Y省A县的王某早年丧妻,独自一人将两个儿子和一个女儿抚养成人。大儿子王甲居住在Y省B县,二儿子王乙居住在Y省C县,女儿王丙居住在W省D县。2000年以来,王某的日常生活费用主要来自大儿子王甲每月给的800元生活费。2003年12月,由于物价上涨,王某要求二儿子王乙每月也给一些生活费,但王乙以自己没有固定的工作、收入

不稳定为由拒绝。于是,王某将王乙告到法院,要求王乙每月支付给自己赡养费500元。根据上述事实,请回答问题。

关于对本案享有管辖权的法院,下列选项正确的是?(2009年真题,不定选)

A. Y省A县法院   B. Y省B县法院   C. Y省C县法院   D. W省D县法院

[释疑] 本题考查追索赡养费案件的管辖。《民诉司法解释》第9条规定:"追索赡养费、抚育费、扶养费案件的几个被告住所地不在同一辖区的,可以由原告住所地人民法院管辖。"本案属于追索赡养费的案件,且几个被告住所地不在同一辖区内,原告住所地和各个被告住所地的法院都有管辖权。因此,A、B、C、D项都正确。(答案:ABCD)

三、提示与预测

1. 对地域管辖的考查,侧重于从不同的角度综合考查,考生应当总结记忆。对于被告住所地人民法院有管辖权的案件,除法律规定的原告住所地人民法院有管辖权的案件和因公司设立、确认股东资格等纠纷案件、因海难救助费用或共同海损的案件,被告住所地法院没有管辖权之外,其他案件被告住所地法院均有管辖权。

2. 需要注意:法律规定"可以由原告住所地法院管辖"的案件,其前提是认可被告住所地或经常居住地有管辖权。例如:追索赡养费、抚育费、扶养费案件的管辖,被告住所地人民法院有管辖权;追索赡养费、抚育费、扶养费案件的几个被告住所地不在同一辖区的,可以由原告住所地人民法院管辖。此时,法律赋予原告对管辖法院有选择权,其仍然可以选择被告住所地的法院管辖。这类案件与原告住所地人民法院有管辖权的案件不同,注意区别记忆。

考点 7 合同纠纷案件的管辖

一、精讲

因合同纠纷提起的诉讼,由被告住所地或合同履行地人民法院管辖,这是对合同案件管辖的一般性规定。如果合同没有实际履行,且当事人双方所在地又都不在合同约定的履行地的,只能由被告住所地人民法院管辖。

被告住所地的确定,参照一般地域管辖的规定。这里主要掌握合同履行地的确定。合同履行地的具体确定如下:

根据《民诉司法解释》第18条的规定,合同约定履行地点的,以约定的履行地点为合同履行地。

合同对履行地点没有约定或者约定不明确,争议标的为给付货币的,接收货币的一方所在地为合同履行地;交付不动产的,不动产所在地为合同履行地;其他标的,履行义务一方所在地为合同履行地;即时结清的合同,交易行为地为合同履行地。

合同没有实际履行,当事人双方住所地都不在合同约定的履行地的,由被告住所地人民法院管辖。

此外,《民诉司法解释》还明确规定了一些具体合同中合同履行地的确定:

(1) 财产租赁合同、融资租赁合同以租赁物使用地为合同履行地。合同对履行地有约定的,从其约定。(《民诉司法解释》第19条)

(2) 以信息网络方式订立的买卖合同,通过信息网络交付标的的,以买受人住所地为合同

履行地;通过其他方式交付标的的,收货地为合同履行地。合同对履行地有约定的,从其约定。(《民诉司法解释》第 20 条)

此外,《民事诉讼法》和《民诉司法解释》特别规定了一些特殊合同纠纷的管辖,如下:

(1) 保险合同纠纷案件的管辖(《民事诉讼法》第 24 条、《民诉司法解释》第 21 条)

由被告住所地或者保险标的物所在地人民法院管辖。但如果保险标的物是运输工具或者运输中的货物,则由被告住所地或者运输工具登记注册地、运输目的地、保险事故发生地的人民法院管辖。

因人身保险合同纠纷提起的诉讼,可以由被保险人住所地人民法院管辖。

(2) 票据纠纷案件的管辖:由票据支付地或者被告住所地人民法院管辖。(《民事诉讼法》第 25 条)

(3) 因公司设立、确认股东资格、分配利润、解散等纠纷提起的诉讼,由公司住所地人民法院管辖。(《民事诉讼法》第 26 条)

因股东名册记载、请求变更公司登记、股东知情权、公司决议、公司合并、公司分立、公司减资、公司增资等纠纷提起的诉讼,依照《民事诉讼法》第 26 条规定确定管辖。(《民诉司法解释》第 22 条)

(4) 运输合同纠纷案件的管辖:因铁路、公路、水上、航空运输和联合运输合同纠纷提起的诉讼,由运输始发地、目的地或者被告住所地人民法院管辖。(《民事诉讼法》第 27 条)

二、例题

1. 住所地在 H 省 K 市 L 区的甲公司与住所地在 F 省 E 市 D 区的乙公司签订了一份钢材买卖合同,价款数额为 90 万元。合同在 B 市 C 区签订,双方约定合同履行地为 W 省 Z 市 Y 区,同时约定如因合同履行发生争议,由 B 市仲裁委员会仲裁。合同履行过程中,因钢材质量问题,甲公司与乙公司发生争议,甲公司欲申请仲裁解决。因 B 市有两个仲裁机构,分别为丙仲裁委员会和丁仲裁委员会(两个仲裁委员会所在地都在 B 市 C 区),乙公司认为合同中的仲裁条款无效,欲向有关机构申请确认仲裁条款无效。(2016 年真题,不定选)

如仲裁条款被确认无效,甲公司与乙公司又无法达成新的协议,甲公司欲向法院起诉乙公司。关于对本案享有管辖权的法院,下列选项正确的是:

A. H 省 K 市 L 区法院 B. F 省 E 市 D 区法院
C. W 省 Z 市 Y 区法院 D. B 市 C 区法院

[释疑] 本题考查合同纠纷案件的管辖。对于合同纠纷案件,被告住所地与合同履行地享有管辖权,本案中 F 省 E 市 D 区为被告住所地,W 省 Z 市 Y 区法院为约定的合同履行地,该两地的法院对案件享有管辖权,BC 正确。(答案:BC)

2. 甲县的葛某和乙县的许某分别拥有位于丙县的云峰公司 50% 的股份。后由于二人经营理念不合,已连续 4 年未召开股东会,无法形成股东会决议。许某遂向法院请求解散公司,并在法院受理后申请保全公司的主要资产(位于丁县的一块土地的使用权)。依据法律,对本案享有管辖权的法院是:(2014 年真题,不定选)

A. 甲县法院 B. 乙县法院 C. 丙县法院 D. 丁县法院

[释疑] 本题考查公司解散案件的管辖。《民事诉讼法》第 26 条规定:"因公司设立、确认股东资格、分配利润、解散等纠纷提起的诉讼,由公司住所地人民法院管辖。"(答案:C)

3. 2009年2月,家住甲市A区的赵刚向家住甲市B区的李强借了5 000元,言明2010年2月之前偿还。到期后赵刚一直没有还钱。

2010年3月,李强找到赵刚家追讨该债务,发生争吵。赵刚因所率宠物狗易受惊,遂对李强说:"你不要大声喊,狗会咬你。"李强不理,仍然叫骂,并指着狗叫喊。该狗受惊,扑向李强并将其咬伤。李强治伤花费6 000元。

李强起诉要求赵刚返还欠款5 000元、支付医药费6 000元,并向法院提交了赵刚书写的借条、其向赵刚转账5 000元的银行转账凭证、本人病历、医院的诊断书(复印件)、医院处方(复印件)、发票等……请回答下列问题。

关于李强与赵刚之间欠款的诉讼管辖,下列选项正确的是(2012年真题,不定选):

A. 甲市A区法院　　　　　　　　B. 甲市B区法院
C. 甲市中级法院　　　　　　　　D. 应当专属甲市A区法院

[释疑]　本题考查借款合同案件的管辖。本题没有约定合同履行地,争议标的为给付货币,接受货币的一方所在地为合同履行地,因此,A项为被告住所地,B项为合同履行地。(答案:AB)

三、提示与预测

合同纠纷案件的管辖是高频率考点,考生必须掌握《民诉司法解释》中对合同履行地的判定,以及特殊类型合同管辖的特别规定。

考点 8　侵权纠纷案件的管辖

一、精讲

侵权纠纷案件管辖的一般性规定为:由侵权行为地或者被告住所地人民法院管辖。侵权行为地包括侵权行为实施地和侵权结果发生地。

对于某些具体侵权案件,《民诉司法解释》明确界定了侵权行为地:

(1) 信息网络侵权案件的侵权行为地:《民诉司法解释》第25条对信息网络侵权行为地作了明确界定,即信息网络侵权行为实施地包括实施被诉侵权行为的计算机等信息设备所在地,侵权结果发生地包括被侵权人住所地。

(2) 名誉权侵权案件的侵权行为地:侵权行为地包括侵权行为实施地、侵权结果发生地。名誉侵权案件管辖的特殊之处在于,侵权行为地具有广泛性,即凡是报刊、书籍发行和销售的地方,均可视为侵权行为地。而被侵权的公民、法人或其他组织的住所地,视为侵权结果发生地。

此外,法律还规定了一些特殊侵权案件的管辖,包括:

(1) 因铁路、公路、水上和航空事故请求损害赔偿提起的诉讼,由事故发生地或者车辆、船舶最先到达地、航空器最先降落地或者被告住所地人民法院管辖。(《民事诉讼法》第29条)

(2) 因船舶碰撞或者其他海事损害事故请求损害赔偿提起的诉讼,由碰撞发生地、碰撞船舶最先到达地、加害船舶被扣留地或者被告住所地人民法院管辖。(《民事诉讼法》第30条)

(3) 因海难救助费用提起的诉讼,由救助地或者被救助船舶最先到达地人民法院管辖。(《民事诉讼法》第31条)

（4）因共同海损提起的诉讼，由船舶最先到达地、共同海损理算地或者航程终止地人民法院管辖。(《民事诉讼法》第 32 条)

（5）因产品、服务质量不合格造成他人财产、人身损害提起的诉讼，产品制造地、产品销售地、服务提供地、侵权行为地和被告住所地人民法院都有管辖权。(《民诉司法解释》第 26 条)

（6）因侵犯著作权行为提起的民事诉讼，由侵权行为的实施地、侵权复制品储藏地或者查封扣押地、被告住所地人民法院管辖。侵权复制品储藏地，是指大量或者经常性储存、隐匿侵权复制品所在地；查封扣押地，是指海关、版权、工商等行政机关依法查封、扣押侵权复制品所在地。对涉及不同侵权行为实施地的多个被告提起的共同诉讼，原告可以选择其中一个被告的侵权行为实施地人民法院管辖；仅对其中某一被告提起的诉讼，该被告侵权行为实施地的人民法院有管辖权。

（7）因侵犯注册商标专用权行为提起的民事诉讼，由侵权行为的实施地、侵权商品的储藏地或者查封扣押地、被告住所地人民法院管辖。

二、例题

1. 2009 年 2 月，家住甲市 A 区的赵刚向家住甲市 B 区的李强借了 5 000 元，言明 2010 年 2 月之前偿还。到期后赵刚一直没有还钱。

2010 年 3 月，李强找到赵刚家追讨该债务，发生争吵。赵刚因所牵宠物狗受惊，遂对李强说："你不要大声喊，狗会咬你。"李强不理，仍然叫骂，并指着狗叫喊。该狗受惊，扑向李强并将其咬伤。李强治伤花费 6 000 元。

李强起诉要求赵刚返还欠款 5 000 元、支付医药费 6 000 元，并向法院提交了赵刚书写的借条、其向赵刚转账 5 000 元的银行转账凭证、本人病历、医院的诊断书（复印件）、医院处方（复印件）、发票等……请回答下列问题：

关于李强要求赵刚支付医药费的诉讼管辖，下列选项正确的是(2012 年真题，不定选)

A. 甲市 A 区法院　　　　　　　　　　B. 甲市 B 区法院
C. 甲市中级法院　　　　　　　　　　D. 应当专属甲市 A 区法院

[释疑]　本案考查侵权案件的管辖，参见《民事诉讼法》第 28 条。(答案：A)

2. 某省海兴市的《现代企业经营》杂志刊登了一篇自由撰稿人吕某所写的报道，内容涉及同省龙门市甲公司的经营方式。甲公司负责人汪某看到该篇文章后，认为《现代企业经营》作为一本全省范围内发行的杂志，其所发文章内容严重失实，损害了甲公司的名誉，使公司的经营受到影响。于是甲公司向法院起诉要求《现代企业经营》杂志社和吕某赔偿损失 5 万元，并赔礼道歉。一审法院仅判决杂志社赔偿甲公司 3 万元，未对"赔礼道歉"的请求进行处理。杂志社认为赔偿数额过高，不服一审判决提起上诉。(2008 年真题，不定选)

甲公司提起诉讼时，可以选择的法院有：
A.《现代企业经营》杂志社所在地的海兴市 A 区法院
B. 吕某住所地的海兴市 B 区法院
C. 汪某住所地的龙门市 C 区法院
D. 甲公司所在地的龙门市 D 区法院

[释疑]　名誉侵权案件是司法考试考查频率较高的案件类型，需要考生掌握此类案件在管辖、当事人、执行等方面的特殊规定。本题考查名誉侵权案件的管辖，由侵权行为地和被告

住所地人民法院管辖,侵权行为地包括侵权行为实施地和侵权结果发生地。名誉侵权案件管辖的特殊之处在于侵权行为地具有广泛性,即凡是报刊、书籍发行和销售的地方,均可视为侵权行为地,所以对侵权行为实施地考察没有实际意义,此时,主要是对侵权结果发生地的考察。被侵权的公民、法人或其他组织的住所地,视为侵权结果发生地。本题中,因为撰稿人吕某与《现代企业经营》杂志社无职务关系,因此均为本案的被告,海兴市 A 区、B 区分别为被告住所地,都有管辖权;甲公司所在地龙门市 D 区为侵权结果发生地,该区法院有管辖权。(答案:ABD)

三、提示与预测

侵权纠纷的管辖是高频率考点,特别是特殊侵权纠纷案件的管辖的特殊规定,必须掌握。

在侵权案件中,除了海难救助案件和共同海损案件,被告住所地没有管辖权外,其他侵权案件被告住所地均有管辖权。

考点 9 专属管辖

一、精讲

专属管辖是指法律规定的某些特殊类型的案件专门由特定的人民法院管辖,其他人民法院无权管辖,当事人也不得以协议的方式改变这种管辖。

专属管辖具有两大特征:一是强制性;二是排他性。

《民事诉讼法》第 33 条规定,下列案件,由本条规定的人民法院专属管辖:(1)因不动产纠纷提起的诉讼,由不动产所在地人民法院管辖。《民诉司法解释》第 28 条进一步规定,因不动产引起的纠纷,是指因不动产的权利确认、分割、相邻关系等引起的物权纠纷。农村土地承包经营合同纠纷、房屋租赁合同纠纷、建设工程施工合同纠纷、政策性房屋买卖合同纠纷,按照不动产纠纷确定管辖。不动产已登记的,以不动产登记簿记载的所在地为不动产所在地;不动产未登记的,以不动产实际所在地为不动产所在地。(2)因港口作业中发生纠纷提起的诉讼,由港口所在地人民法院管辖。(3)因继承遗产纠纷提起的诉讼,由被继承人死亡时住所地或者主要遗产所在地人民法院管辖。

二、例题

甲县居民刘某与乙大江房地产公司在丙县售房处签订了房屋买卖合同,购买大江公司在丁县所建住房一套。双方约定合同发生纠纷后,可以向甲县法院或者丙县法院起诉。后因面积发生争议,刘某欲向法院起诉。下列关于管辖权的哪种说法是正确的?(2006 年真题,单选)

A. 甲县和丙县法院有管辖权
B. 只有丁县法院有管辖权
C. 乙县和丁县法院有管辖权
D. 丙县和丁县法院有管辖权

[释疑] 根据《民事诉讼法》第 33 条的规定,因不动产纠纷提起的诉讼,应当专属于不动产所在地人民法院管辖。结合本题,刘某与大江房地产公司因房屋面积所产生的争议属于不

动产纠纷，应当由不动产所在地法院管辖，而本题的不动产所在地在丁县，所以只有丁县法院有管辖权，B项当选。（答案：B）

三、提示与预测

1. 在判断管辖时，应首先考虑是否存在专属管辖，其次看是否存在协议管辖，再次考虑是否存在特殊地域管辖，最后考虑一般地域管辖。
2. 专属管辖不排除仲裁的选择。
3. 必须掌握司法解释对不动产专属管辖案件的规定。
4. 主要遗产所在地是以遗产的数额和价值判断。

考点 10 协议管辖

一、精讲

根据《民事诉讼法》的规定，对合同纠纷以及其他财产权益纠纷的管辖，可分为协议管辖和法定管辖，在没有协议管辖的约定或协议管辖的约定无效时，才适用法定管辖，即协议管辖优先适用于法定管辖。

协议管辖是指双方当事人可以通过约定确定合同纠纷案件的管辖，即双方当事人可以书面协议选择被告住所地、合同履行地、合同签订地、原告住所地、标的物所在地等与争议有实际联系的地点的人民法院管辖，但不得违反本法对级别管辖和专属管辖的规定。

协议管辖的成立需要满足下列条件：

1. 协议管辖适用于合同和其他财产权益纠纷案件

协议管辖的案件适用范围，包括合同纠纷和其他财产权益纠纷。此处的其他财产权益纠纷，主要是指因侵犯财产权益引起的纠纷；也包括当事人因同居或者在解除婚姻、收养关系后发生的财产争议。（《民诉司法解释》第34条）

2. 协议管辖只适用于第一审法院的选择

协议管辖不适用于第二审民事案件及重审、再审、提审民事案件的管辖。法律明确规定，第二审民事案件由第一审法院的上一级法院；重审案件由原审法院管辖；再审申请则应向原审法院或者原审法院的上一级法院提出；提审案件则由原审法院的上一级法院管辖。当事人不得协议变更第二审民事案件及重审、再审、提审民事案件的管辖。

3. 协议管辖必须以书面形式，口头协议无效

根据《合同法》第11条的规定，书面形式是指合同书、信件和数据电文（包括电报、电传、传真、电子数据交换和电子邮件）等可以有形表现所载内容的形式。根据《民诉司法解释》第29条的规定，书面协议，包括书面合同中的协议管辖条款或者诉讼前以书面形式达成的选择管辖的协议。合同中的管辖条款较为常见，单独管辖协议非常少见，两者均符合法律规定的形式。

4. 当事人协议选择管辖法院的范围

只能在与争议有实际联系的地点的人民法院中选择。具体包括被告住所地、合同履行地、合同签订地、原告住所地、标的物所在地的人民法院和其他与争议有实际联系的地点的人民法院。如果当事人选择了与争议没有实际联系地点的人民法院，该协议无效。

1991年《民事诉讼法》对当事人协议选择管辖法院的范围,仅限于被告住所地、合同履行地、合同签订地、原告住所地、标的物所在地,与当时的涉外协议管辖相比,可选择管辖法院的范围比较窄。2012年《民事诉讼法》允许当事人选择与争议有实际联系地点的法院管辖,包括上述五个地点但不限于此。既扩大了当事人选择法院的范围,又给予了必要的限制,实现了在协议管辖上内外立法的一致。

5. 协议管辖不得违反《民事诉讼法》关于级别管辖和专属管辖的规定

《民事诉讼法》关于级别管辖和专属管辖的规定属于强制性法律规定,违反级别管辖和专属管辖规定的管辖协议无效。

二、例题

1. 住所地在H省K市L区的甲公司与住所地在F省E市D区的乙公司签订了一份钢材买卖合同,价款数额为90万元。合同在B市C区签订,双方约定合同履行地为W省Z市Y区,同时约定如因合同履行发生争议,由B市仲裁委员会仲裁。合同履行过程中,因钢材质量问题,甲公司与乙公司发生争议,甲公司欲申请仲裁解决。因B市有两个仲裁机构,分别为丙仲裁委员会和丁仲裁委员会(两个仲裁委员会所在地都在B市C区),乙公司认为合同中的仲裁条款无效,欲向有关机构申请确认仲裁条款无效。

如相关机构确认仲裁条款无效,甲公司欲与乙公司达成协议,确定案件的管辖法院。关于双方可以协议选择的管辖法院,下列选项正确的是:(2016年真题,不定选)

A. H省K市L区法院　　　　　　B. F省E市D区法院
C. B市C区法院　　　　　　　　D. W省Z市Y区法院

[释疑] 本题考查协议管辖的选择法院范围。根据《民事诉讼法》第34条的规定,合同或者其他财产权益纠纷的当事人可以书面协议选择被告住所地、合同履行地、合同签订地、原告住所地、标的物所在地等与争议有实际联系的地点的人民法院管辖,但不得违反本法对级别管辖和专属管辖的规定。本案中,H省K市L区为原告住所地,F省E市D区为被告住所地,B市C区为合同签订地,W省Z市Y区为约定的合同履行地,当事人可以协商从这四个法院中选择管辖法院,因此,ABCD均正确。(答案:ABCD)

2. 主要办事机构在A县的五环公司与主要办事机构在B县的四海公司于C县签订购货合同,约定:货物交付地在D县;若合同的履行发生争议,由原告所在地或者合同签订地的基层法院管辖。现五环公司起诉要求四海公司支付货款。四海公司辩称已将货款交给五环公司业务员付某。五环公司承认付某是本公司业务员,但认为其无权代理本公司收取货款,且付某也没有将四海公司声称的货款交给本公司。四海公司向法庭出示了盖有五环公司印章的授权委托书,证明付某有权代理五环公司收取货款,但五环公司对该授权书的真实性不予认可。根据案情,法院依当事人的申请通知付某参加(参与)了诉讼。对本案享有管辖权的法院包括(2015年真题,不定选)

A. A县法院　　　B. B县法院　　　C. C县法院　　　D. D县法院

[释疑] 本题考查同时约定两个人民法院的协议管辖的效力。《民诉司法解释》第30条规定:根据管辖协议,起诉时能够确定管辖法院的,从其约定;不能确定的,依照民事诉讼法的相关规定确定管辖。管辖协议约定两个以上与争议有实际联系的地点的人民法院管辖,原告可以向其中一个人民法院起诉,也即管辖协议约定两个以上法院管辖的,不再导致管辖协议无

效,而是允许原告选择向其中一个法院起诉。本案中当事人约定原告所在地或者合同签订地的基层法院管辖,A 县为原告住所地、C 县为合同签订地,均有管辖权,由原告选择即可。(答案:AC)

三、提示与预测

协议管辖成立的条件是 2012 年《民事诉讼法》修订的主要内容之一,必须掌握。

1. 2012 年《民事诉讼法》扩大了国内协议管辖适用的案件范围、可选择的法院范围以及协议的方式,实现了协议管辖在立法上内外的一致性,即涉外编中删去协议管辖的规定。

【注意】侵犯财产权益的案件也可以协议管辖。

2. 2012 年《民事诉讼法》第 127 条第 2 款规定了默示管辖,也称应诉管辖,即"当事人未提出管辖异议,并应诉答辩的,视为受诉人民法院有管辖权,但违反级别管辖和专属管辖规定的除外"。《民诉司法解释》第 35 条进一步规定:"当事人在答辩期间届满后未应诉答辩,人民法院在一审开庭前,发现案件不属于本院管辖的,应当裁定移送有管辖权的人民法院。"可见,国内和涉外案件均适用应诉管辖。2012 年《民事诉讼法》在涉外编中删去了应诉管辖的规定。同时,协议管辖的方式,也包括明示书面形式和默示方式两种方式。

3. 根据管辖协议,起诉时能够确定管辖法院的,从其约定;不能确定的,依照民事诉讼法的相关规定确定管辖。管辖协议约定两个以上与争议有实际联系的地点的人民法院管辖,原告可以向其中一个人民法院起诉。(《民诉司法解释》第 30 条)

4. 《民诉司法解释》中关于具体情形下管辖协议效力的规定:

(1) 经营者使用格式条款与消费者订立管辖协议,未采取合理方式提请消费者注意,消费者主张管辖协议无效的,人民法院应予支持。(《民诉司法解释》第 31 条)

(2) 管辖协议约定由一方当事人住所地人民法院管辖,协议签订后当事人住所地变更的,由签订管辖协议时的住所地人民法院管辖,但当事人另有约定的除外。(《民诉司法解释》第 32 条)

(3) 合同转让的,合同的管辖协议对合同受让人有效,但转让时受让人不知道有管辖协议,或者转让协议另有约定且原合同相对人同意的除外。(《民诉司法解释》第 33 条)

(4) 当事人因同居或者在解除婚姻、收养关系后发生的财产争议,约定管辖的,可以适用《民事诉讼法》第 34 条的规定确定管辖。(《民诉司法解释》第 34 条)

考点 11 共同管辖和选择管辖

一、精讲

共同管辖是指两个以上的人民法院对同一纠纷均具有管辖权。

选择管辖是指当事人可以在两个以上有管辖权的法院之中选择其一作为纠纷案件的管辖法院。

共同管辖与选择管辖是一个问题的两个侧面。比如,就合同纠纷案件而言,从法院的角度,被告住所地法院与合同履行地法院对同一案件具有共同管辖权;从当事人的角度,当事人可以在被告住所地法院或合同履行地法院之中选择一个作为本案的管辖法院。但共同管辖是选择管辖的基础。

【注意】在共同管辖的情形下如何确定具体的管辖法院。

(1) 当事人选择一个有管辖权的法院;如果当事人选择了两个以上有管辖权的法院,则由最先立案的人民法院管辖;如果两个法院同时立案,会发生管辖权争议,由法院协商解决;协商不成,由共同上级法院指定管辖。

(2) 跨省或跨区法院之间的管辖权争议,报请上级人民法院指定管辖时,应当逐级进行。

(3) 两个以上人民法院如对管辖权有争议,在争议未解决前,任何一方法院均不得对案件作出判决。对抢先作出判决的,上级人民法院应当以违反法定程序为由撤销该判决,并将案件移送或指定其他人民法院审理,或者由自己提审。

二、提示与预测

在共同管辖的情形下,如何确定具体的管辖法院是高频考点,可见,对共同管辖和选择管辖的考查,往往要与移送管辖、管辖恒定、管辖权争议以及指定管辖结合起来综合考查。

考点 12 移送管辖

一、精讲

移送管辖是指人民法院受理案件后,发现本法院对该案无管辖权,依法将案件移送给有管辖权的人民法院审理。

移送管辖的条件:

(1) 人民法院已经受理案件。

(2) 受理案件的人民法院受理该案时对其无管辖权,包括受理该案时无地域管辖权,或无级别管辖权。

(3) 须向有管辖权的人民法院移送,且接受移送的法院不得再自行移送。

【注意】对于地域管辖的移送,接受移送管辖的人民法院必须接受移送,如果认为地域管辖移送错误的,应报请上级人民法院指定管辖;对于因当事人级别管辖异议成立而发生的级别管辖的移送,当事人未提出上诉,但受移送的上级人民法院认为确有错误的,可以依职权裁定撤销。

(4) 移送的次数只能是一次。

不得移送管辖的情形:两个以上人民法院均有管辖权的诉讼,先立案的人民法院不得将案件移送给另一有管辖权的人民法院。

二、例题

1. 根据《民事诉讼法》和相关司法解释的规定,法院的下列哪些做法是违法的?(2014年真题,多选)

A. 在一起借款纠纷中,原告张海起诉被告李河时,李河居住在甲市 A 区。A 区法院受理案件后,李河搬到甲市 D 区居住,该法院知悉后将案件移送 D 区法院

B. 王丹在乙市 B 区被黄玫打伤,以为黄玫住乙市 B 区,遂向该区法院提起侵权诉讼。乙市 B 区法院受理后,查明黄玫的居住地是乙市 C 区,遂将案件移送乙市 C 区法院

C. 丙省高院规定,本省中院受理诉讼标的额 1000 万元至 5000 万元的财产案件。丙省 E

市中院受理一起标的额为 5 005 万元的案件后,向丙省高院报请审理该案

D. 居住地为丁市 H 区的孙溪要求居住地为丁市 G 区的赵山依约在丁市 K 区履行合同。后因赵山下落不明,孙溪以赵山为被告向丁市 H 区法院提起违约诉讼,该法院以本院无管辖权为由裁定不予受理

[释疑] 本题考查管辖恒定、移送管辖以及法院在受理审查时对无管辖权案件的处理。管辖恒定是指确定案件的管辖权,以起诉时为标准,起诉时对案件享有管辖权的法院,不因确定管辖的相关因素在诉讼过程中发生变化而影响其管辖权。选项 A 因被告住所地在起诉后变化而移送错误。移送管辖的适用情形只能是法院认为本院对案件无管辖权。乙县 B 区法院作为侵权行为地的法院对本案有管辖权,其移送不正确,B 项错误;而 C 项中,法院受理案件后发现该案件超出本院受案标的额的范围,应将案件移送至有管辖权的上级人民法院,非报请审理该案,C 项错误。丁市 H 区作为原告住所地对该案无管辖权,因此丁市 H 区裁定不予受理的做法正确,D 项正确。(答案:ABC)

2. 某省甲市 A 区法院受理一起保管合同纠纷案件,根据被告管辖权异议,A 区法院将案件移送该省乙市 B 区法院审理。乙市 B 区法院经审查认为,A 区法院移送错误,本案应归甲市 A 区法院管辖,发生争议。关于乙市 B 区法院的做法,下列哪一选项是正确的?(2010 年真题,单选)

  A. 将案件退回甲市 A 区法院
  B. 将案件移送同级第三方法院管辖
  C. 报请乙市中级法院指定管辖
  D. 与甲市 A 区法院协商不成,报请该省高级法院指定管辖

[释疑] 本题考查地域移送后,接受移送的法院认为自己没有管辖权时的处理。根据《民事诉讼法》第 36 条的规定:"人民法院发现受理的案件不属于本院管辖的,应当移送有管辖权的人民法院,受移送的人民法院应当受理。受移送的人民法院认为受移送的案件依照规定不属于本院管辖的,应当报请上级人民法院指定管辖,不得再自行移送。"据此可知,本案中 A 区法院基于管辖权异议成立将案件移送 B 区法院,也即认为受理的案件不属于本院管辖,接受案件移送的 B 区法院,认为移送错误,不得自行移送,应当报请乙市中级人民法院指定管辖。(答案:C)

注:本题司法部公布答案为 D。该题焦点在于"是移送管辖还是管辖权争议的问题"。并非题干中提到"发生争议",就要理解为"管辖权争议",到底属于何种性质,需要看其具备了法定的何种条件。本题中,明显具备移送管辖的条件,受移送的法院认为移送错误,应当依据《民事诉讼法》第 36 条规定进行。管辖权争议,前提是两个法院对该案件均有管辖权,既然管辖权异议成立,也即意味着其中一个法院对案件没有管辖权了,何来争议?

3. 2008 年 7 月,家住 A 省的陈大因赡养费纠纷,将家住 B 省甲县的儿子陈小诉至甲县法院,该法院受理了此案。2008 年 8 月,经政府正式批准,陈小居住的甲所属区域划归乙县管辖。甲县法院以管辖区域变化对该案不再具有管辖权为由,将该案移送至乙县法院。乙县法院则根据管辖恒定原则,将案件送还至甲县法院。下列哪些说法是正确的?(2009 年真题,多选)

  A. 乙县法院对该案没有管辖权 B. 甲县法院的移送管辖是错误的
  C. 乙县法院不得将该案送还甲县法院 D. 甲县法院对该案没有管辖权

[释疑] 本题考查移送管辖与管辖恒定原则。《民诉司法解释》第38条规定:"有管辖权的人民法院受理案件后,不得以行政区域变更为由,将案件移送给变更后有管辖权的人民法院。判决后的上诉案件和依审判监督程序提审的案件,由原审人民法院的上级人民法院进行审判;上级人民法院指令再审、发回重审的案件,由原审人民法院再审或者重审。"

本题中,陈小居住的甲县所属区域是在案件受理后划归乙县管辖,所以,该案件依然由甲县法院管辖,乙县法院没有管辖权,甲县法院将案件移送给乙县法院的做法是错误的。因此,A、B项正确,D项错误。

《民事诉讼法》第36条规定:"人民法院发现受理的案件不属于本院管辖的,应当移送有管辖权的人民法院,受移送的人民法院应当受理。受移送的人民法院认为受移送的案件依照规定不属于本院管辖的,应当报请上级人民法院指定管辖,不得再自行移送。"据此可知,本案中虽然乙县法院没有管辖权,但是它接到移送的案件后应当报请上级人民法院指定管辖,不得再自行移送。因此,C项正确。(答案:ABC)

三、提示与预测

移送管辖往往与指定管辖、管辖恒定、管辖权转移制度结合或对比起来考查,考生除需掌握移送管辖的条件及不发生移送管辖的情形外,还应当掌握:

1. 管辖恒定

管辖恒定是指人民法院对民事案件管辖权的确定,以起诉时为标准,起诉时对案件享有管辖权的人民法院,不因确定管辖的事实在诉讼过程中发生变化而影响其管辖权。确立管辖恒定的原则,可以避免已经确定的管辖因无法预料情形的发生而可能随时变动的风险,减少因管辖变动而造成的司法资源的浪费,减轻当事人的讼累,推动诉讼迅速、经济地进行。

管辖恒定主要指地域管辖恒定。

地域管辖恒定是指某一案件在起诉时按照法律规定确定了管辖法院后,不因在诉讼过程中确定管辖因素的变动而改变。例如,当事人住所地或者法院辖区的行政区域的变更均不影响受诉人民法院的管辖权。

我国《民事诉讼法》没有明确规定管辖恒定,但《民诉司法解释》第37条规定:"案件受理后,受诉人民法院的管辖权不受当事人住所地、经常居住地变更的影响。"第38条规定:"有管辖权的人民法院受理案件后,不得以行政区域变更为由,将案件移送给变更后有管辖权的人民法院。判决后的上诉案件和依审判监督程序提审的案件,由原审人民法院的上级人民法院进行审判;上级人民法院指令再审、发回重审的案件,由原审人民法院再审或者重审。"

总结:起诉时对案件没有管辖权的法院,可以直接裁定不予受理,告知向有管辖权的法院起诉;如果受理后才发现对该案件没有管辖权,则要移送管辖。而受理时如果法院有管辖权,则管辖权恒定。

2. 指定管辖

指定管辖是指上级人民法院以裁定的方式,指定下一级人民法院对某一案件行使管辖权。指定管辖包括报请上级人民法院指定管辖和上级人民法院直接指定管辖。对报请上级人民法院指定管辖的案件,下级人民法院应当中止审理。指定管辖裁定作出前,下级人民法院对案件作出判决、裁定的,上级人民法院应当在裁定指定管辖的同时,一并撤销下级人民法院的判决、裁定。(《民诉司法解释》第41条第2款)

指定管辖的适用范围：
（1）受移送的人民法院认为自己对移送来的案件无管辖权。
（2）有管辖权的法院因为特殊原因不能行使管辖权。
【注意】这里的特殊原因包括事实上的原因，如法院遇到不可抗力事由，如地震、水灾等；或者法律上的原因，如受诉法院的审判人员因回避等原因无法行使审判权。
（3）管辖权发生争议，而又协商不成的。根据《民诉司法解释》第40条的规定：发生管辖权争议的两个人民法院因协商不成报请它们的共同上级人民法院指定管辖时，双方为同属一个地、市辖区的基层人民法院的，由该地、市的中级人民法院及时指定管辖；同属一个省、自治区、直辖市的两个人民法院的，由该省、自治区、直辖市的高级人民法院及时指定管辖；双方为跨省、自治区、直辖市的人民法院，高级人民法院协商不成的，由最高人民法院及时指定管辖。依照前款规定报请上级人民法院指定管辖时，应当逐级进行。
《民诉司法解释》第41条第1款进一步规定，对于人民法院因管辖权争议协商不成指定管辖的，应当作出裁定。

3. 管辖权转移

管辖权转移，也称移转管辖，是指经上级人民法院决定或同意，将某个案件的管辖权由上级人民法院转交给下级人民法院或者由下级人民法院转交上级人民法院。

管辖权的转移包括自上而下的转移和自下而上的转移两种。

对于自上而下的转移，《民事诉讼法》第38条第1款明确规定了条件，即确有必要将本院管辖的第一审民事案件交下级人民法院审理的，应当报请其上级人民法院批准。《民诉司法解释》第42条进一步规定："下列第一审民事案件，人民法院依照民事诉讼法第三十八条第一款规定，可以在开庭前交下级人民法院审理：（一）破产程序中有关债务人的诉讼案件；（二）当事人人数众多且不方便诉讼的案件；（三）最高人民法院确定的其他类型案件。人民法院交下级人民法院审理前，应当报请其上级人民法院批准。上级人民法院批准后，人民法院应当裁定将案件交下级人民法院审理。"

对于应由上级人民法院管辖的第一审民事案件，下级人民法院不得报请上级人民法院交其审理。

对于自下而上的转移，有两种方式：
（1）提审，即上级人民法院对下级人民法院管辖的第一审民事案件，有权决定由本院审理，下级人民法院不得拒绝；
（2）报请，即下级人民法院对它所管辖的第一审民事案件，认为需要由上级人民法院审理的，可以报请上级人民法院审理。

此外，我国民事诉讼法还设立了管辖权转移制度，考生可以将管辖权转移制度与移送管辖制度对比记忆：

区别	移送管辖	管辖权转移
性质不同	移送的仅仅是案件	转移的是管辖权
作用不同	主要纠正地域管辖的错误，也包括纠正级别管辖的错误	级别管辖的变通

(续表)

区别	移送管辖	管辖权转移
程序不同	为单方行为,移送人民法院作出移送裁定,无须经过受移送人民法院的同意,且受移送人民法院必须接受移送	包括因上级人民法院单方决定的转移和因下级人民法院报请与上级人民法院同意双方行为而为的转移。对于上级人民法院将案件管辖权转移下级人民法院的,认为确有必要,并应当报请其上级人民法院批准。

注意:(1) 管辖权转移,转移的是案件的管辖权,即将案件的管辖权由有法定管辖权的法院转移到无管辖权的法院,主要解决的是管辖不方便的问题。

(2) 管辖权转移表现在级别管辖中,即管辖权的转移只限于上下级法院之间的转移。特别提示:① 对于上级人民法院将案件管辖权转移下级人民法院的,认为确有必要,并应当报请其上级人民法院批准。② 对于应由上级人民法院管辖的第一审民事案件,下级人民法院不得报请上级人民法院交其审理。

考点 13 管辖权异议

一、精讲

管辖权异议是指在人民法院受理案件后,当事人依法提出该人民法院对本案无管辖权的主张和意见。

1. 提出管辖权异议的条件

(1) 提出管辖权异议的主体是当事人。具体讲,提出异议人通常是本案的被告及其法定诉讼代理人。有独立请求权的第三人和无独立请求权的第三人无权提出管辖权异议。

(2) 异议的对象只能是一审案件的管辖权,包括地域管辖权和级别管辖权。

(3) 提出异议的期间是在提交答辩状期间。

【注意】提出异议期间不受提交答辩状期间限制的唯一情形:原告增加诉讼请求金额致使案件标的额超过受诉人民法院级别管辖标准,被告可以在提交答辩状期间届满后提出管辖权异议。

法定期间不提出异议的法律后果:当事人未在法定期间提出管辖异议,并应诉答辩的,视为受诉人民法院有管辖权,但违反级别管辖和专属管辖规定的除外(《民事诉讼法》第127条第2款)。这里的应诉答辩主要指是否参与开庭审理,即当事人未提出管辖异议,就案件实体内容进行答辩、陈述或者反诉的,可以认定为《民事诉讼法》第127条第2款规定的应诉答辩(《民诉司法解释》第223条第2款)。同时,《民诉司法解释》第35条第1款还规定:"当事人在答辩期间届满后未应诉答辩,人民法院在一审开庭前,发现案件不属于本院管辖的,应当裁定移送有管辖权的人民法院。"

(4) 异议应当以书面形式提出。

2. 管辖权异议的处理

人民法院对当事人提出的异议,应当审查。异议成立的,裁定将案件移送有管辖权的人民法院;异议不成立的,裁定驳回。对该驳回管辖权异议的裁定不服的,当事人可以依法上诉,但不能申请再审。

【注意】

(1) 被告以受诉人民法院同时违反级别管辖和地域管辖规定为由提出管辖权异议的,受诉人民法院应当一并作出裁定。

(2) 在管辖权异议裁定作出前,原告申请撤回起诉,受诉人民法院作出准予撤回起诉裁定的,对管辖权异议不再审查,并在裁定书中一并写明。

(3) 对于因当事人级别管辖异议成立而发生的级别管辖的移送,当事人未提出上诉,但受移送的上级人民法院认为确有错误的,可以依职权裁定撤销。

(4) 人民法院对当事人提出的管辖权异议,未经审查或审查后尚未作出裁定的,不得进入对该案的实体审理。

(5) 人民法院对管辖异议审查后确定有管辖权的,不因当事人提出反诉、增加或者变更诉讼请求等改变管辖,但违反级别管辖、专属管辖规定的除外。人民法院发回重审或者按第一审程序再审的案件,当事人提出管辖异议的,人民法院不予审查。(《民诉司法解释》第39条)

二、例题

1. 住所在A市B区的甲公司与住所在A市C区的乙公司签订了一份买卖合同,约定履行地为D县。合同签订后尚未履行,因货款支付方式发生争议,乙公司诉至D县法院。甲公司就争议的付款方式提交了答辩状。经审理,法院判决甲公司败诉。甲公司不服,以一审法院无管辖权为由提起上诉,要求二审法院撤销一审判决,驳回起诉。关于本案,下列哪一表述是正确的?(2017/3/36)

A. D县法院有管辖权,因D县是双方约定的合同履行地
B. 二审法院对上诉人提出的管辖权异议不予审查,裁定驳回异议
C. 二审法院应裁定撤销一审判决,发回一审法院重审
D. 二审法院应裁定撤销一审判决,裁定将案件移送有管辖权的法院审理

[释疑] 本题考查二审法院对逾期提出管辖权异议的处理。管辖权异议应当在提交答辩状期间提出,逾期提出的,包括逾期向第一审法院提出,以及一审判决作出后向第二审法院提出,此时人民法院对该管辖权异议不予审查,并裁定驳回异议。所以B项正确。(答案:B)

2. 法院受理案件后,被告提出管辖异议,依据法律和司法解释规定,其可以采取下列哪些救济措施?(2016年真题,多选)

A. 向受诉法院提出管辖权异议,要求受诉法院对管辖权的归属进行审查
B. 向受诉法院的上级法院提出异议,要求上级法院对案件的管辖权进行审查
C. 在法院对管辖异议驳回的情况下,可以对该裁定提起上诉
D. 在法院对案件审理终结后,可以以管辖错误作为法定理由申请再审

[释疑] 本题考查对管辖权异议的审查与救济。管辖权异议是指当事人认为对受诉法院无管辖权,要求法院对其管辖权的归属进行审查的意见,受诉法院应当对管辖权异议进行审查,在法院对管辖异议驳回的情况下,当事人可以对该裁定提起上诉,AC正确;管辖权异议只能向受诉法院提出,B错误;2012年《民事诉讼法》修订,已经将管辖错误的再审事由删除,因此,D项错误。(答案:AC)

3. 2011年7月11日,A市升湖区法院受理了黎明丽(女)诉张成功(男)离婚案。7月13日,升湖区法院向张成功送达了起诉状副本。7月18日,张成功向升湖区法院提交了答辩状,

未对案件的管辖权提出异议。8月2日,张成功向升湖区法院提出管辖权异议申请,称其与黎明丽已分居2年,分别居住在A市安平区各自父母家中。A市升湖区法院以申请管辖权异议超过申请期限为由,裁定驳回张成功管辖权异议申请。后,升湖区法院查明情况,遂裁定将案件移送安平区法院。安平区法院接受移送,确定适用简易程序审理此案。(后文案情省略)(2011年真题,不定选)

关于本案管辖,下列选项正确的是:

A. 张成功行使管辖异议权符合法律的规定
B. 张成功主张管辖异议的理由符合法律规定
C. 升湖区法院驳回张成功的管辖异议符合法律规定
D. 升湖区法院对案件进行移送符合法律规定

[释疑] 本题考查管辖权异议的条件、异议处理以及移送管辖。《民事诉讼法》第127条第1款规定:"人民法院受理案件后,当事人对管辖权有异议的,应当在提交答辩状期间提出。人民法院对当事人提出的异议,应当审查。异议成立的,裁定将案件移送有管辖权的人民法院;异议不成立的,裁定驳回。"依据此条规定,提出管辖权异议的期间是在提交答辩状期间,本案中,张成功提出异议的时间超过法定申请期限,人民法院驳回其异议正确。但张成功提出管辖权异议的理由"其与黎明丽已分居2年,分别居住在A市安平区各自父母家中"是成立的,即A市安平区构成被告的经常居住地,因此,升湖区法院对案件移送A市安平区法院符合法律规定。(答案:BCD)

4. 红光公司起诉蓝光公司合同纠纷一案,A市B区法院受理后,蓝光公司提出管辖权异议,认为本案应当由A市中级法院管辖。B区法院裁定驳回蓝光公司异议,蓝光公司提起上诉。此时,红光公司向B区法院申请撤诉,获准。关于本案,下列哪一选项是正确的?(2010年真题,单选)

A. B区法院裁定准予撤诉是错误的,因为蓝光公司已经提起上诉
B. 红光公司应当向A市中级法院申请撤诉,并由其裁定是否准予撤诉
C. B区法院应当待A市中级法院就蓝光公司的上诉作出裁定后,再裁定是否准予撤诉
D. B区法院裁定准予撤诉后,二审法院不再对管辖权异议的上诉进行审查

[释疑] 本题考查人民法院对管辖权异议处理后,原告申请撤诉的处理。最高人民法院《关于审理民事级别管辖异议案件若干问题的规定》第2条规定:"在管辖权异议裁定作出前,原告申请撤回起诉,受诉人民法院作出准予撤回起诉裁定的,对管辖权异议不再审查,并在裁定书中一并写明。"即在管辖权异议裁定作出前,原告申请撤回起诉,先处理撤诉;如果在管辖权异议裁定作出后,原告申请撤回起诉,则应当由有管辖权的法院做撤诉处理。本案中,蓝光公司对B区法院管辖权异议的裁定不服上诉,上诉期间本案的管辖权尚未确定归属哪个法院,此时,红光公司申请撤诉,因为只有有管辖权的法院才有撤诉处理权,所以,正确的处理应当是B区法院应当待A市中级法院就蓝光公司的上诉作出裁定后,再裁定是否准予撤诉,即C项正确。(司法部公布答案:D)

三、提示与预测

管辖权异议制度是高频考点,可以单独考查管辖权异议的主体、期间、异议对象及对管辖权异议的处理;还可以与移送管辖结合考查。此外,考生还应当掌握上文中【注意】提示下的内容。

第四章 诉

本章知识体系：

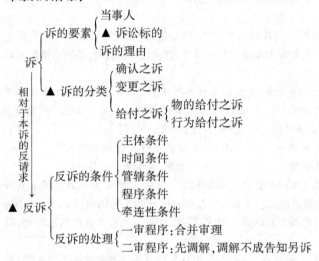

考点 1 诉的要素

一、精讲

诉的要素是指构成一个诉所不可缺少之因素。它包括诉的主体、诉讼标的和诉讼理由。

诉的主体，即诉的当事人，也就是为解决民事权利义务争议而参加诉讼的原告及其相对人。当事人是否适格，是法院审理案件首先要解决的问题。

诉讼标的是指存在于当事人之间，发生争议并要求法院以裁判的形式予以解决的民事法律关系。

诉讼理由，又称事实理由，是指使当事人提出的诉讼请求得以成立的根据，包括事实根据和法律根据两方面的内容。

二、例题

1. 李某驾车不慎追尾撞坏刘某轿车，刘某向法院起诉要求李某将车修好。在诉讼过程中，刘某变更诉讼请求，要求李某赔偿损失并赔礼道歉。针对本案的诉讼请求变更，下列哪一说法是正确的？（2015年真题，单选）

   A. 该诉的诉讼标的同时发生变更
   B. 法院应依法不允许刘某变更诉讼请求
   C. 该诉成为变更之诉
   D. 该诉仍属给付之诉

[释疑] 本题考查人民法院对诉讼请求的变更的处理以及与诉讼请求的变更诉的种类的关系。本案中诉讼标的是李某驾车撞坏刘某轿车的侵权关系,刘某起诉要求李某修车是诉讼请求,属于给付之诉。后刘某要求李某赔偿损失并赔礼道歉,仍然是基于前面的侵权关系,因此诉讼标的没有变化,仅是诉讼请求发生变化。变更后的诉讼请求,仍为给付之诉。人民法院对于诉讼请求的增加、变更,只要在法定的期间内提出,均应准许。所以 D 项正确。(答案:D)

[提示] 诉的种类是以诉讼请求的性质来判断的,诉讼请求的变更,只有涉及性质发生变化,才会影响诉的种类。例如,由要求继续履行合同变更为解除合同,此时,该诉由给付之诉变为变更之诉。

2. 甲因乙久拖房租不付,向法院起诉,要求乙支付半年房租 6 000 元。在案件开庭审理前,甲提出书面材料,表示时间已过去 1 个月,乙应将房租增至 7 000 元。关于法院对甲增加房租的要求的处理,下列哪一选项是正确的?(2011 年真题,单选)

A. 作为新的诉讼受理,合并审理
B. 作为诉讼标的变更,另案审理
C. 作为诉讼请求增加,继续审理
D. 不予受理,告知甲可以另行起诉

[释疑] 根据《民诉证据规定》第 34 条第 3 款的规定:"当事人增加、变更诉讼请求或者提起反诉的,应当在举证期限届满前提出。"本案中,乙在案件开庭审理前将房租增至 7 000 元,属于诉讼请求数额的增加,并非提出新的诉讼请求,因此,法院应当作为诉讼请求增加,继续审理该案。(答案:C)

3. 刘某习惯每晚将垃圾袋放在家门口,邻居王某认为会招引苍蝇并影响自己出入家门。王某为此与刘某多次交涉未果,遂向法院提起诉讼,要求刘某不得将垃圾袋放在家门口,以保证自家的正常通行和维护环境卫生。关于本案的诉讼标的,下列哪一选项是正确的?(2009 年真题,单选)

A. 王某要求刘某不得将垃圾袋放在家门口的请求
B. 王某要求法院保障自家正常通行权的请求
C. 王某要求刘某维护环境卫生的请求
D. 王某和刘某之间的相邻关系

[释疑] 本题考查诉讼标的。诉讼标的是指存在于当事人之间、发生争议并要求法院以裁判的形式予以解决的民事法律关系,本题中 D 项正确。本案中当事人是基于相邻权法律关系发生争议,并请求人民法院作出裁判。本题中"不得将垃圾放在自家门前"是原告通过法院向对方当事人提出的要求,为诉讼请求,而"保护环境卫生和自家通行权"是原告诉讼请求所依据的事实和理由。(答案:D)

三、提示与预测

诉讼标的与诉讼请求、诉讼理由等的区别,是历年司法考试反复考查的内容,考生应予掌握。

诉讼标的是指存在于当事人之间、发生争议并要求法院以裁判的形式予以解决的民事法律关系。诉讼标的物则是指作为诉讼标的的民事法律关系中的权利义务所指向的对象,它总是表现为一定的金钱、物或行为。诉讼请求则是一方当事人通过人民法院向对方当事人所主张的具体权利。诉讼理由是指使当事人提出的诉讼请求得以成立的根据。

在民事诉讼中,任何一种诉均具有诉讼标的;但并不是每一个诉都具有诉讼标的物,如确认之诉、变更之诉有诉讼标的,但不具有诉讼标的物。在民事诉讼中,诉讼标的不能变更,若诉讼标的被变更则原来之诉被新诉所替代;诉讼请求可以变更,而且诉讼请求还可以放弃,也可以增加或减少诉讼请求的数额,但是,增加或者变更诉讼请求应当在举证期限届满前提出。

考点 2　诉的分类

一、精讲

根据诉的具体内容,可以将诉分为三种,即确认之诉、变更之诉与给付之诉。给付之诉,其最大的特点是生效裁判的可执行性。通常可以将给付之诉分为物的给付之诉与行为的给付之诉;至于行为的给付,则既包括积极作为的行为给付,也包括消极不作为的行为给付,如停止某种侵权行为的实施等。

二、例题

1. 关于诉的分类的表述,下列哪一选项是正确的?(2013年真题,单选)

A. 孙某向法院申请确认其妻无民事行为能力,属于确认之诉

B. 周某向法院申请宣告自己与吴某的婚姻无效,属于变更之诉

C. 张某在与王某协议离婚后,又向法院起诉,主张离婚损害赔偿,属于给付之诉

D. 赵某代理女儿向法院诉请前妻将抚养费从每月1000元增加为2000元,属于给付之诉

[释疑]　诉的分类仅是针对诉讼案件进行的,对于特别程序、督促程序以及公示催告程序审理的案件,不属于诉的分类中的诉。A、B两项的案件属于特别程序审理的案件,因此不属于某种类型的诉,A、B项错误;张某在与王某协议离婚后,又向法院起诉,主张离婚损害赔偿,属于给付之诉,C项正确;赵某代理女儿向法院诉请前妻将抚养费从每月1000元增加为2000元,该诉强调的是抚养费用的增加与否,非给付与否,因此属于变更之诉更为准确,D项错误。(答案:C)

2. 关于诉的种类的表述,下列哪些选项是正确的?(2008年真题,多选)

A. 甲公司以乙公司违约为由,诉至法院要求解除合同,属于变更之诉

B. 甲公司以乙公司的履行不符合约定为由,诉至法院要求乙公司继续履行,属于给付之诉

C. 甲向法院起诉乙,要求返还借款1000元,乙称自己根本没有向甲借过钱,该诉讼属于确认之诉

D. 甲公司起诉乙公司,要求乙公司立即停止施工或采取有效措施降低噪声,属于变更之诉

[释疑]　本题考查诉的种类,需要考生掌握各种诉的基本特征,以此来判定选项中的表述是否正确。确认之诉是当事人向法院提出的要求确认某种法律关系存在或者不存在的诉。可见,C项不符合确认之诉的特征,表述错误。变更之诉是当事人向法院提出的改变现存的某种法律关系的请求。可见,A项符合变更之诉的特征,表述正确;而D项不符合变更之诉的特

征,表述错误。给付之诉是当事人向法院提出的,要求法院责令义务人履行一定的实体义务,以实现自己合法权益的请求。可见,B项符合给付之诉的特征,表述正确。(答案:AB)

三、提示与预测

对诉的种类会结合实际情况考查对其的判定,考生需掌握各类型诉的特征。需要注意:

(1)诉的分类仅是针对诉讼案件进行的,对于特别程序、督促程序以及公示催告程序审理的案件,不属于诉的分类中的诉。

(2)确认之诉和变更之诉的判决没有强制执行力,变更之诉的判决一经生效,法律关系即产生变更的法律效力,不需要强制执行。

考点 3 反诉

一、精讲

反诉是指在诉讼进行过程中,本诉的被告以本诉原告为被告,向受理本诉的人民法院提出与本诉具有牵连关系的,目的在于抵消或者吞并本诉原告诉讼请求的独立的反请求。

1. 提起反诉的条件

除具备诉的要素外,还须具备:

(1)主体条件:反诉的当事人必须是本诉的当事人。双方当事人不增加、不减少,只是诉讼地位互换。

(2)时间条件:只能在本诉进行中提出,且应当在举证期限届满前提出。

(3)管辖条件:只能向审理本诉的人民法院提起。只有这样,才能达到本诉与反诉的合并审理,达到反诉的目的。本诉法院对反诉案件行使管辖权,涉及牵连管辖的问题。在实践中,受理本诉的法院对反诉不一定有管辖权,为了方便反诉的进行,法律规定了牵连管辖,即受理本诉的法院可以基于本反诉之间的牵连关系,而对本无管辖权的反诉行使管辖权。

如甲区张三和乙区李四在丙区打架,张三向乙区法院(被告住所地)起诉,诉讼中,李四提出反诉。即本来李四起诉张三,乙区法院没有管辖权的,但是基于本反诉之间的牵连关系,受理本诉的乙区法院取得反诉管辖权。

需要注意的是,如果反诉应由其他人民法院专属管辖,则人民法院应当裁定不予受理,告知另行起诉。此时不适用牵连管辖。

(4)反诉必须与本诉为同一诉讼程序。反诉只适用于普通程序和简易程序,不适用于特别程序。

(5)反诉与本诉应在诉讼标的和诉讼理由上有法律或事实上的牵连。《民诉司法解释》第233条对反诉与本诉的牵连性作了明确的规定,即诉讼标的及诉讼请求所依据的事实、理由有关联,具体讲反诉与本诉的诉讼请求基于相同法律关系、诉讼请求之间具有因果关系,或者反诉与本诉的诉讼请求基于相同事实的。

2. 对反诉的处理

在民事诉讼中,无论在一审程序、二审程序还是再审程序中,都允许当事人提起反诉,但法院对不同审理程序中反诉的处理是不同的:在一审程序中,人民法院应当将本诉和反诉合并审理,如果本诉撤诉,反诉另行进行;在二审程序中,当事人也可以提出反诉,但是法院处理方式与一审中的反诉不同,即应当在自愿、合法的基础上以调解的方式结案,如果调解不成,则就反诉部分告知当事人另行起诉。如果双方当事人同意由第二审人民法院一并审理的,第二审人民法院也可以一并裁判。在再审程序中,对当事人提起的反诉的处理,同二审程序一样。

二、例题

1. 刘某与曹某签订房屋租赁合同,后刘某向法院起诉,要求曹某依约支付租金。曹某向法院提出的下列哪一主张可能构成反诉?(2014年真题,单选)

A. 刘某的支付租金请求权已经超过诉讼时效
B. 租赁合同无效
C. 自己无支付能力
D. 自己已经支付了租金

[释疑] 本题考查反诉的构成条件,主要是与反驳的区别。反诉,是指在诉讼程序进行中,本诉被告针对本诉原告向法院提出的独立的反诉请求,可见,反诉首先是一个独立的诉,所以必须提出一个独立的反请求。反诉不同于反驳,反驳是一方当事人驳斥对方当事人诉讼主张的一种诉讼手段和诉讼权利,可以从实体和程序上、从事实和法律上予以辩驳。反驳的目的虽然也在于使原告的诉讼目的无法实现,但是它并非是向原告提出独立的诉讼请求,不具有诉的性质。本题中A、C、D项均为反驳,不具有诉的性质。(答案:B)

2. 关于反诉,下列哪些表述是正确的?(2013年真题,多选)

A. 反诉的原告只能是本诉的被告
B. 反诉与本诉必须适用同一种诉讼程序
C. 反诉必须在答辩期届满前提出
D. 反诉与本诉之间须存在牵连关系,因此必须源于同一法律关系

[释疑] 本题考查反诉的条件。(答案:AB)

3. 关于反诉,下列哪些表述是正确的?(2012年真题,多选)

A. 反诉应当向受理本诉的法院提出,且该法院对反诉所涉及的案件也享有管辖权
B. 反诉中的诉讼请求是独立的,它不会因为本诉的撤销而撤销
C. 反诉如果成立,将产生本诉的诉讼请求被依法驳回的法律后果
D. 本诉与反诉的当事人具有同一性,因此,当事人在本诉与反诉中诉讼地位是相同的

[释疑] 本题考查反诉的条件。(答案:AB)

4. ……李强起诉要求赵刚返还欠款5 000元、支付医药费6 000元,并向法院提交了赵刚书写的借条、其向赵刚转账5 000元的银行转账凭证、本人病历、医院的诊断书(复印件)、医院处方(复印件)、发票等。

赵刚称,其向李强借款是事实,但在2010年1月卖给李强一块玉石,价值5 000元,说好用玉石货款清偿借款。当时李强表示同意,并称之后会把借条还给赵刚,但其一直未还该借条……

关于赵刚"用玉石货款清偿借款"的辩称,下列选项正确的是(2012年真题,多选):

A. 将该辩称作为赵刚偿还借款的反驳意见来审查,审查的结果可以作为判决的根据

B. 赵刚应当以反诉的形式提出请求,法院可以与本诉合并进行审理

C. 赵刚必须另行起诉,否则法院不予处理

D. 赵刚既可以反诉的形式提出,也可另行起诉

[释疑] 本题考查反诉的条件及对反诉的处理。因为反诉是一个独立的诉,既可以在一审程序中以反诉的形式提出,法院对反诉与本诉合并审理,也可以另行起诉。(答案:BD)

5. 丙承租了甲、乙共有的房屋,因未付租金被甲、乙起诉。一审法院判决丙支付甲、乙租金及利息共计1万元,分5个月履行,每月给付2000元。甲、乙和丙均不服该判决,提出上诉:乙请求改判丙一次性支付所欠的租金1万元。甲请求法院判决解除与丙之间的租赁关系。丙认为租赁合同中没有约定利息,甲、乙也没有要求给付利息,一审法院不应当判决自己给付利息,请求判决变更一审判决的相关内容。丙还提出,为修缮甲、乙的出租房自己花费了3000元,请求抵消部分租金。关于丙提出用房屋修缮款抵消租金的请求,二审法院正确的处理办法是:(2010年真题,不定选)

A. 查明事实后直接判决

B. 不予审理

C. 经当事人同意进行调解解决,调解不成的,发回重审

D. 经当事人同意进行调解解决,调解不成的,告知丙另行起诉

[释疑] 本题考查二审中对反诉的处理。在二审过程中,原审被告可以提出反诉,但是,二审法院不能对该反诉直接作出判决,否则违反两审终审制度。二审法院对二审程序中的反诉,应当在当事人自愿的原则上进行调解,调解不成的,告知另行诉讼。此次新《民事诉讼司法解释》增加了一项内容,即在二审中,双方当事人就反诉事项达不成调解协议的,如果双方当事人同意由第二审人民法院一并审理的,第二审人民法院可以一并裁判。(答案:D)

6. 甲公司起诉要求乙公司交付货物。被告乙公司向法院主张合同无效,应由原告甲公司承担合同无效的法律责任。关于本案被告乙公司主张的性质,下列哪一说法是正确的?(2009年真题,单选)

A. 该主张构成了反诉   B. 该主张是一种反驳

C. 该主张仅仅是一种事实主张   D. 该主张是一种证据

[释疑] 本题考查反诉与反驳的区别。反诉,是指在诉讼程序进行中,本诉被告针对本诉原告向法院提出的独立的反诉请求。反诉不同于反驳,反驳是指被告针对原告提出的诉讼请求和理由,从实体和程序上、从事实上和法律上予以辩驳。反驳的目的虽然也在于使原告的诉讼目的无法实现,但是它并非是向原告提出独立的诉讼请求。本题中,被告乙公司向法院提出合同无效的同时,向法院提出了独立的诉讼请求,即要求原告承担合同无效的法律责任。故本题中乙公司的主张是反诉,而非反驳。因此,本题的正确答案是A项。(答案:A)

三、提示与预测

对反诉的考查,集中在提起反诉的条件和对反诉的处理,出题频率比较高,考生必须掌握。此外,还需要注意下列知识点:

1. 反诉与反驳的区别

区别	反诉	反驳
性质不同	独立的诉讼,具有诉的性质	是一方当事人驳斥对方当事人诉讼主张的一种诉讼手段和诉讼权利,不具有诉的性质
诉讼地位不同	当事人的诉讼地位互换,具有双重性	当事人的诉讼地位不发生变化
提出的主体不同	只能是本诉的被告	双方当事人
提出的前提不同	反诉的提起必须以本诉的存在为前提,被告提出一项独立的诉讼请求,并不直接否定原告的诉讼请求	反驳是以直接否定原告提出诉讼请求的全部或一部分为前提
提出的时间不同	原则上只能在一审程序中举证期限届满之前提出	可以在一审、二审、再审程序中提出
目的不同	除了抵消、吞并原告的诉讼请求,使原告败诉之外,还提出了一项独立的诉讼请求	只在于否定原告提出的诉讼请求,并未提出独立的诉讼请求
共同点	都是被告可以行使的诉讼权利,被告可以通过这两者来推翻原告的诉讼请求,保护自己的合法权益	

2. 反诉是一个独立的诉,当事人既可以选择在一审程序中以反诉的形式提出,法院对反诉与本诉合并审理,也可以选择另行起诉的方式。需要注意的是:有些反诉必须与本诉一并提出,另行诉讼有可能构成重复起诉,而不被人民法院受理。即有些反诉是强制反诉。例如:原告要求被告给付,被告要求确认法律关系无效的诉就必须以反诉的形式提出,而不能另行诉讼。如果此时被告向其他法院另行起诉要求确认法律关系无效,因为符合《民诉司法解释》第247条明确规定的重复起诉标准,即 ① 后诉与前诉的当事人相同;② 后诉与前诉的诉讼标的相同;③ 后诉的诉讼请求实质上否定前诉裁判结果。人民法院对被告的该项起诉,裁定不予受理;已经受理的,裁定驳回起诉。因此,属于后诉的诉讼请求实质上否定前诉裁判结果的反诉必须在本诉过程中一并提出,而不能另行诉讼。

3. 注意二审中反诉的处理。《民诉司法解释》第328条规定:"在第二审程序中,原审原告增加独立的诉讼请求或者原审被告提出反诉的,第二审人民法院可以根据当事人自愿的原则就新增加的诉讼请求或者反诉进行调解;调解不成的,告知当事人另行起诉。双方当事人同意由第二审人民法院一并审理的,第二审人民法院可以一并裁判。"

4. 注意二审发回重审和再审发回重审时,原审被告提起反诉的处理。二审发回重审原审被告提起反诉的,与本诉合并审理;再审发回重审原审被告提起反诉的,无法通过另行诉讼解决的,与本诉合并审理。

考点 4　发回重审时诉讼请求增加、变更以及提起反诉的处理

一、精讲

发回重审是指在二审或再审程序中,如果具备法定发回重审的情形,上级法院将案件发回第一审人民法院按照第一审程序重新审理该案件的程序。重审程序必须组成合议庭审理,不适用独任制。同时,应当另行组成合议庭。

既然案件是发回第一审人民法院按照第一审程序重新审理,那么对于在重审程序中增加诉讼请求、变更以及提起反诉应当如何处理,因是二审发回重审还是再审发回重审而不同。

1. 二审发回重审当事人诉求变化的处理:二审裁定撤销一审判决发回重审的案件,当事人申请变更、增加诉讼请求或者提出反诉,第三人提出与本案有关的诉讼请求的,依照民事诉讼法第 140 规定处理。(《民诉司法解释》第 251 条)

2. 再审发回重审当事人诉求变化的处理:《民诉司法解释》第 252 条规定,再审裁定撤销原判决、裁定发回重审的案件,当事人申请变更、增加诉讼请求或者提出反诉,符合下列情形之一的,人民法院应当准许:

(1) 原审未合法传唤缺席判决,影响当事人行使诉讼权利的;

(2) 追加新的诉讼当事人的;

(3) 诉讼标的物灭失或者发生变化致使原诉讼请求无法实现的;

(4) 当事人申请变更、增加的诉讼请求或者提出的反诉,无法通过另诉解决的。

二、例题

章俊诉李泳借款纠纷案在某县法院适用简易程序审理。县法院判决后,章俊上诉,二审法院以事实不清为由发回重审。县法院征得当事人同意后,适用简易程序重审此案。在答辩期间,李泳提出管辖权异议,县法院不予审查。案件开庭前,章俊增加了诉讼请求,李泳提出反诉,县法院受理了章俊提出的增加诉讼请求,但以重审不可提出反诉为由拒绝受理李泳的反诉。关于本案,该县法院的下列哪些做法是正确的?(2015 年真题,多选)

A. 征得当事人同意后,适用简易程序重审此案

B. 对李泳提出的管辖权异议不予审查

C. 受理章俊提出的增加诉讼请求

D. 拒绝受理李泳的反诉

[释疑]　本题考查二审发回重审时当事人增加诉讼请求、提起反诉人民法院的处理。首先,对于发回重审的案件,一律组成合议庭审理,不能适用简易程序审理,因此,A 选项错误;对于管辖权异议的提出,法律明确规定为第一审程序中递交答辩状期间,也即管辖权异议的提出,仅限于第一审程序,而不包括适用第一审程序审理的情形,B 选项正确;对于二审发回重审的案件,当事人申请变更、增加诉讼请求或者提出反诉,应当准予,并且合并审理。C 项正确,D 项错误。(答案:BC)

三、提示与预测

在再审发回重审时,对于当事人申请变更、增加的诉讼请求或者提出的反诉,只有无法通过另诉解决的,才可以合并审理。

第五章 诉讼参加人

本章知识体系:

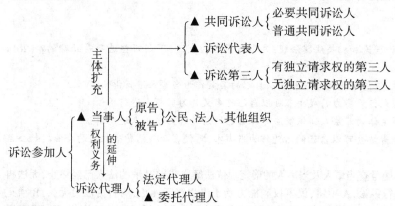

考点 1 民事诉讼权利能力和民事诉讼行为能力

一、精讲

民事诉讼权利能力和民事诉讼行为能力在考试中没有单独命题,但作为当事人知识体系中的基础理论之一,考生应当了解和掌握。

1. 民事诉讼权利能力

民事诉讼权利能力,又称当事人能力,是能够成为民事诉讼当事人,享有诉讼权利,承担诉讼义务的资格。民事诉讼权利能力,解决的是能够成为当事人的法律资格问题,与能否以自己的行为行使诉讼权利和承担诉讼义务没有关系。

对于自然人而言,其民事诉讼权利能力始于出生,终于死亡;对于法人、其他组织而言,始于依法成立,终于终止,如法人合并、分立等。

民事诉讼权利能力与民事权利能力是联系紧密的两个概念。在一般情况下,具有民事权利能力的人,就有民事诉讼权利能力。但在特殊情况下,民事权利能力和民事诉讼权利能力是分离的:没有民事权利能力的人,却有诉讼权利能力,即这些人虽然不能作为独立的民事主体进行民事活动,承担民事责任,但是如果在其活动的过程中发生争议,却可以作为独立的民事诉讼主体,享有诉讼权利,承担诉讼义务,如民法中所谓的非法人团体,可以构成民事诉讼中的其他组织。

2. 民事诉讼行为能力

民事诉讼行为能力是当事人亲自进行诉讼活动,以自己的行为行使诉讼权利和承担诉讼义务的能力。

对于自然人而言,只有具有完全民事行为能力人才具有诉讼行为能力,无民事行为能力人或限制民事行为能力人都不具有诉讼行为能力,必须由其法定代理人代为行使诉讼行为;对于法人、其他组织而言,其诉讼权利能力和诉讼行为能力同时产生、同时消灭,不存在诉讼权利能力与诉讼行为能力分离的问题。

民事诉讼行为能力与民事行为能力是紧密联系的两个概念,有完全民事行为能力的人,是具有民事诉讼行为能力的人;无民事行为能力或者限制民事行为能力人是无民事诉讼行为能力的人,只能由其法定诉讼代理人代为诉讼。

二、例题

根据民事诉讼理论和相关法律法规,关于当事人的表述,下列哪些选项是正确的?(2014年真题,多选)

A. 依法解散、依法被撤销的法人可以自己的名义作为当事人进行诉讼
B. 被宣告为无行为能力的成年人可以自己的名义作为当事人进行诉讼
C. 不是民事主体的非法人组织依法可以自己的名义作为当事人进行诉讼
D. 中国消费者协会可以自己的名义作为当事人,对侵害众多消费者权益的企业提起公益诉讼

[释疑] 本题考查当事人及当事人的确定。依法解散或被撤销的法人已经终止,无法再以自己的名义进行诉讼,A项错;民事权利能力始于出生终于死亡,与行为能力无关,B项正确;非法人组织虽然不是民事主体,但民诉法赋予其他组织作为诉讼主体的资格,即《民事诉讼法》第3条规定:"人民法院受理公民之间、法人之间、其他组织之间以及他们相互之间因财产关系和人身关系提起的民事诉讼,适用本法的规定。"C项正确;2013年10月第二次修正后的《中华人民共和国消费者权益保护法》第47条,明确赋予中国消费者协会以及在省、自治区、直辖市设立的消费者协会,对于侵害众多消费者权益的案件,可以依法提起公益诉讼,D项正确。(答案:BCD)

三、提示与预测

对于自然人,其民事诉讼权利能力与民事诉讼行为能力对于完全民事行为能力人而言是一致的;无民事行为能力或者限制民事行为能力人是无民事诉讼行为能力的人,这两种能力是分离的。

对于法人和其他组织,其民事诉讼权利能力与民事诉讼行为能力是一致的,他们的民事诉讼行为能力,由法定代理人或主要负责人具体实施。

考点 2 当事人适格

一、精讲

当事人适格,又称正当当事人,是指当事人就特定的诉讼,有资格以自己的名义成为原告或者被告,因而受本案判决拘束的当事人。

当事人是否适格,需要有一定的标准加以判断。一般来讲,应当以当事人是否是本案诉讼标的(即发生争执的实体法律关系)的主体作为判断当事人适格的标准。依据这一标准,只要是民事法律关系或民事权利的主体,以该民事法律关系或民事权利为诉讼标的进行诉讼,一般就是适格的当事人。此外,法律也明确规定了一些非实体权利义务主体成为适格当事人的

情形。

二、例题

1. 关于当事人能力和正当当事人的表述,下列哪一选项是正确的?(2013年真题,单选)
   A. 一般而言,应以当事人是否对诉讼标的有确认利益,作为判断当事人适格与否的标准
   B. 一般而言,诉讼标的的主体即是本案的正当当事人
   C. 未成年人均不具有诉讼行为能力
   D. 破产企业清算组对破产企业财产享有管理权,可以该企业的名义起诉或应诉

   [释疑] 本题考查诉讼行为能力、正当当事人的判定标准以及法律明确规定的正当当事人。一般而言,应以当事人是否对诉讼标的有实体利益,作为判断当事人适格与否的标准,而非确认利益,A项错误。一般而言,诉讼标的的主体即是本案的正当当事人正确,因为正当当事人的判定标准即为是否为诉讼标的的主体,B项正确。未成年人包括年满16周岁,且以自己的劳动收入养活自己的人。这部分人在年龄上虽然属于未成年,因其已经自食其力,法律赋予其成年人的权利,这部分人享有诉讼行为能力,C项错误。根据《民诉司法解释》企业法人解散,依法清算并注销前,以该企业法人为当事人;未依法清算即被注销的,以该企业法人的股东、发起人或者出资人为当事人。可见该法人尚未注销,应当以该企业法人为当事人,所以D选项正确。

   说明:根据1996年《民诉意见》的规定破产企业清算组对破产企业财产享有管理权,可以以自己的名义起诉或应诉,而根据新的《民诉司法解释》的规定,清算组则不能以自己的名义起诉与应诉,因此,根据现行的规定,D项正确。(司法部答案:B;正确答案:BD)

2. 关于当事人能力与当事人适格的概念,下列哪些表述是正确的?(2012年真题,多选)
   A. 当事人能力又称当事人诉讼权利能力,当事人适格又称正当当事人
   B. 有当事人能力的人一定是适格当事人
   C. 适格当事人一定具有当事人能力
   D. 当事人能力与当事人适格均由法律明确加以规定

   [释疑] 本题考查当事人能力与当事人适格的区别。当事人能力又称当事人诉讼权利能力,是作为民事诉讼主体的资格,由民事诉讼法明确加以规定;当事人适格又称正当当事人,首先需要具备当事人能力,其次需要与案件有利害关系。因此,AC正确,BD错误。(答案:AC)

3. 关于当事人适格的表述,下列哪一选项是错误的?(2008年真题,单选)
   A. 当事人的诉讼权利能力是指抽象的诉讼当事人的资格,它与具体的诉讼没有直接联系;当事人适格是作为具体的诉讼当事人资格,是针对具体的诉讼而言的
   B. 一般来讲,应当以当事人是否所争议的民事法律关系的主体,作为判断当事人是否适格的标准,但在某些例外情况下,非民事法律关系或民事权利主体,也可以作为适格当事人
   C. 清算组织、遗产管理人、遗嘱执行人是适格的当事人,原因在于根据权利主体意思或法律规定,其对他人的民事法律关系享有管理权
   D. 检察院就生效民事判决提起抗诉,抗诉的检察院是适格的当事人

   [释疑] 本题考查当事人适格。当事人适格是指在具体的案件中,与案件有直接的或法律规定的利害关系,能够成为本案原告或被告,并受裁判约束的人。本案中,检察院是与案件没有利害关系的主体,因此,D项错误,符合题意。(答案:D)

三、提示与预测

当事人能力与当事人适格的关系是高频考点,考生必须掌握。

1. 注意当事人诉讼权利能力和当事人适格的区别

当事人诉讼权利能力,又称当事人能力,是指能够成为民事诉讼当事人,享有诉讼权利,承担诉讼义务的资格。它是作为抽象的诉讼当事人的资格,与具体的诉讼没有直接联系,与能否以自己的行为行使诉讼权利和承担诉讼义务没有关系,解决的仅是能够成为当事人的法律资格问题。

当事人适格,又称正当当事人,是指当事人就特定的诉讼,有资格以自己的名义成为原告或者被告,因而受本案判决拘束的当事人,也即当事人适格是作为具体的诉讼当事人资格,是针对具体诉讼而言的,因此还需要掌握判定当事人适格的标准问题。一般来讲,应当以当事人是否为所争议的民事法律关系的主体,作为判断当事人适格的标准,但在某些例外情况下,非民事法律关系或民事权利主体,也可以基于法律的规定作为适格当事人。

2. 法律规定的正当当事人

法律明确规定为正当当事人的情形,也即非实体权利义务主体成为适格当事人的法定情形,主要包括:

(1) 基于身份关系取得的诉讼实施权。包括公民基于身份权、继承权等权利,为维护死者或胎儿的民事权益而充当当事人。我国法律规定死者的著作权、名誉权应受法律保护,其配偶、父母、子女等近亲属可以原告身份起诉;在涉及胎儿的继承诉讼中,由于胎儿不是法律意义上的人,故不能成为诉讼当事人。《继承法》规定应当为胎儿保留适当的份额,侵犯胎儿的继承权的,胎儿的母亲有诉讼实施权。

(2) 基于财产管理权,为维护财产所有人或财产经营人的民事权益而进行诉讼担当,充任代位当事人。财产管理权是根据实体法的规定或民事法律行为而产生的,前者如破产清算组织、失踪人的财产代管人、遗嘱执行人或遗产管理人、依法设立的著作权集体管理组织等,后者如,因委托管理合同而产生的代管权。

▲(3) 公益诉讼中的适格原告。2012 年《民事诉讼法》第 55 条增加了对公益诉讼案件中具有原告资格主体的规定,即"对污染环境、侵害众多消费者合法权益等损害社会公共利益的行为,法律规定的机关和有关组织可以向人民法院提起诉讼"。根据《民诉司法解释》第 284 条的规定,公益诉讼案件的适格原告为"环境保护法、消费者权益保护法等法律规定的机关和有关组织"。

3. 清算组不能成为当事人

《民诉司法解释》第 64 条规定,企业法人解散的,依法清算并注销前,以该企业法人为当事人;未依法清算即被注销的,以该企业法人的股东、发起人或者出资人为当事人。公司成立清算组的,由清算组负责人代表公司参加诉讼。

考点 3　当事人恒定与当事人变更

一、精讲

(一) 当事人恒定

当事人恒定是指争议的民事实体权利义务转移的,不影响当事人的诉讼主体资格和诉讼地位。《民诉司法解释》第249条规定:"在诉讼中,争议的民事权利义务转移的,不影响当事人的诉讼主体资格和诉讼地位。人民法院作出的发生法律效力的判决、裁定对受让人具有拘束力。受让人申请以无独立请求权的第三人身份参加诉讼的,人民法院可予准许。受让人申请替代当事人承担诉讼的,人民法院可以根据案件的具体情况决定是否准许;不予准许的,可以追加其为无独立请求权的第三人。"

(二)当事人变更

当事人变更,是指在诉讼过程中,根据法律规定或当事人的意思,原诉讼的当事人被变更或变动为新的当事人的一种诉讼现象。包括法定的当事人变更和任意的当事人变更。

1. 任意的当事人变更:《民诉司法解释》第250条规定:"依照本解释第二百四十九条规定,人民法院准许受让人替代当事人承担诉讼的,裁定变更当事人。变更当事人后,诉讼程序以受让人为当事人继续进行,原当事人应当退出诉讼。原当事人已经完成的诉讼行为对受让人具有拘束力。"

2. 法定的当事人变更,又称诉讼权利义务的承担,是指在民事诉讼进行过程中,由于特殊原因的出现,一方当事人的诉讼权利义务转移给案外人,由案外人承受原当事人的诉讼权利和义务,作为当事人继续进行诉讼。

在民事诉讼中,发生诉讼权利义务承担的主要有以下两种:

(1)作为一方当事人的自然人死亡,有继承人的,人民法院应裁定中止诉讼并及时通知其继承人作为当事人参加诉讼,被继承人已经进行的诉讼行为对继承人有效。但是,如果实体权利义务是专属于死亡当事人的,即基于身份而产生的案件,则不能发生权利义务承担,诉讼应当终结,如甲起诉要求与乙解除婚姻关系。

(2)作为一方当事人的法人或其他组织终止的,其权利义务继受人作为当事人承担诉讼。具体讲:法人分立、合并的,由分立、合并后的新法人承担;法人被人民法院宣告破产后,由清算组接替原法人继续进行诉讼;在法人撤销的情况下,如果有清算组,由清算组接替继续进行诉讼;如果没有清算组,则由决定撤销的机构接替继续进行诉讼。

二、例题

1. 程某诉刘某借款诉讼过程中,程某将对刘某因该借款而形成的债权转让给了谢某。依据相关规定,下列哪些选项是正确的?(2016年真题,多选)

A. 如程某撤诉,法院可以准许其撤诉
B. 如谢某申请以无独立请求权第三人身份参加诉讼,法院可予以准许
C. 如谢某申请替代程某诉讼地位的,法院可以根据案件的具体情况决定是否准许
D. 如法院不予准许谢某申请替代程某诉讼地位的,可以追加谢某为无独立请求权的第三人

[释疑] 本题考查当事人的恒定。《民诉法司法解释》第249条规定了当事人恒定,即在诉讼中,争议的民事权利义务转移的,不影响当事人的诉讼主体资格和诉讼地位。人民法院作出的发生法律效力的判决、裁定对受让人具有拘束力。受让人申请以无独立请求权的第三人身份参加诉讼的,人民法院可予准许。受让人申请替代当事人承担诉讼的,人民法院可以根据案件的具体情况决定是否准许;不予准许的,可以追加其为无独立请求权的第三人。本案在诉讼过程中,程某将其债权转让给谢某,根据当事人核定原则,程某依然是本案的原告,其享有撤

诉的权利，A 项正确；谢某作为权利的受让人，申请以无独立请求权的第三人身份参加诉讼的，人民法院可予准许。谢某申请替代当事人承担诉讼的，人民法院可以根据案件的具体情况决定是否准许；不予准许的，可以追加其为无独立请求权的第三人。BCD 正确。（答案：ABCD）

2. 2010 年 7 月，甲公司不服 A 市 B 区法院对其与乙公司买卖合同纠纷的判决，上诉至 A 市中级法院，A 市中级法院经审理维持原判决。2011 年 3 月，甲公司与丙公司合并为丁公司。之后，丁公司法律顾问在复查原甲公司的相关材料时，发现上述案件具备申请再审的法定事由。关于该案件的再审，下列哪一说法是正确的？（2012 年真题，单选）

  A. 应由甲公司向法院申请再审
  B. 应由甲公司与丙公司共同向法院申请再审
  C. 应由丁公司向法院申请再审
  D. 应由丁公司以案外人身份向法院申请再审

  [释疑]　本题考查当事人的变更，也即诉讼权利义务的承担。企业合并的，以合并后的法人承担其权利、义务，进行诉讼，因此，C 正确。（答案：C）

3. 三合公司诉两江公司合同纠纷一案，经法院审理后判决两江公司败诉。此后，两江公司与海大公司合并成立了大江公司。在对两江公司财务进行审核时，发现了一份对前述案件事实认定极为重要的证据。关于该案的再审，下列哪一说法是正确的（2011 年真题，单选）

  A. 应当由两江公司申请再审并参加诉讼
  B. 应当由海大公司申请再审并参加诉讼
  C. 应当由大江公司申请再审并参加诉讼
  D. 应当由两江公司申请再审，但必须由大江公司参加诉讼

  [释疑]　本题为当事人变更情形，考点与上例完全相同。法人合并后，由合并后的法人承担其权利、义务，进行诉讼。当然，本题在不懂该知识点的情况下可以巧解，题目表述"两江公司与海大公司合并成立了大江公司"，凭常识可知，两江公司与海大公司已经不存在了，所以凡是选项中出现这两家公司的均为错误选项，即直接排除 ABD 选项，答案选 C 选项。（答案：C）

三、提示与预测

  当事人恒定与任意的当事人变更是新增加的内容，应当掌握。此外，需要注意法定的当事人变更时，如果继承人或继受人无法确定，诉讼程序中止；如果继承人或继受人可以确定，直接裁定变更当事人即可，程序不需要中止。无论是在第一审程序，还是在第二审程序或再审程序，均可发生当事人的变更。

考点 4　原告和被告的具体确定

一、精讲

  原告是指因民事权利发生争议，以自己的名义向人民法院提起民事诉讼，并引起诉讼程序发生的人；被告是指被原告指称侵犯其合法权利或者与原告发生权利义务争议，被人民法院通知应诉的人。

  在民事诉讼中，可以作为当事人的包括公民、法人和其他组织。

注意以下具体情形下原告、被告的确定。

（一）法人非依法设立的分支机构，或者虽依法设立，但没有领取营业执照的分支机构，以设立该分支机构的法人为当事人。（《民诉司法解释》第53条）

（二）行为人作为当事人（《民诉司法解释》第62条）

1. 法人或者其他组织应登记而未登记，行为人即以该法人或者其他组织名义进行民事活动的；

2. 行为人没有代理权、超越代理权或者代理权终止后以被代理人名义进行民事活动的，但相对人有理由相信行为人有代理权的除外；

3. 法人或者其他组织依法终止后，行为人仍以其名义进行民事活动的。

（三）劳务关系中当事人的确定（《民诉司法解释》第56—58条，《侵权责任法》第34条、第35条）

《民诉司法解释》第56条规定："法人或者其他组织的工作人员执行工作任务造成他人损害的，该法人或者其他组织为当事人。"

《民诉司法解释》第57条规定："提供劳务一方因劳务造成他人损害，受害人提起诉讼的，以接受劳务一方为被告。"

《民诉司法解释》第58条规定："在劳务派遣期间，被派遣的工作人员因执行工作任务造成他人损害的，以接受劳务派遣的用工单位为当事人。当事人主张劳务派遣单位承担责任的，该劳务派遣单位为共同被告。"

【提示】 对于在劳务派遣期间，被派遣的工作人员因执行工作任务造成他人损害的，应当以接受派遣单位为被告，劳务派遣单位有过错的，承担补充赔偿责任。即在劳务派遣期间，被派遣的工作人员因执行工作任务造成他人损害的，应当以接受派遣的用人单位为当事人；如果赔偿权利人起诉劳动派遣单位的，应当将接受派遣单位作为共同被告。

（四）企业法人解散的当事人的确定（《民诉司法解释》第64条）

企业法人解散的，依法清算并注销前，以该企业法人为当事人；未依法清算即被注销的，以该企业法人的股东、发起人或者出资人为当事人。

（五）保证关系中当事人的确定（《民诉司法解释》第66条，《担保法解释》第124—126条）

1. 一般保证关系：

（1）债权人仅起诉被保证人（债务人）的，可只列被保证人为被告；

（2）债权人仅起诉保证人的，人民法院应当通知被保证人（债务人）作为共同被告参加诉讼；

（3）一般保证的债权人向债务人和保证人一并提起诉讼的，人民法院应当将债务人和保证人列为共同被告参加诉讼（《民诉司法解释》第66条）。

2. 连带责任保证的债权人有权选择：

（1）可以将债务人或者保证人作为单一被告提起诉讼；

（2）也可以将债务人和保证人作为共同被告提起诉讼。此处与一般保证的不同在于：如果债权人只起诉保证人，无须将债务人列为共同被告。

3. 企业法人的分支机构为他人提供保证的，人民法院在审理保证纠纷案件中可以将该企业法人作为共同被告参加诉讼。但是商业银行、保险公司的分支机构提供保证的除外，即只以分支机构作为被告。

（六）村民委员会或者村民小组与他人发生民事纠纷的案件（《民事司法解释》第 68 条）

村民委员会或者有独立财产的村民小组为当事人

（七）侵害死者权利的案件（《民诉司法解释》第 69 条）

对侵害死者遗体、遗骨以及姓名、肖像、名誉、荣誉、隐私等行为提起诉讼的，死者的近亲属为当事人。

（八）因新闻报道或其他作品发生的名誉权侵权中当事人的确定

应根据原告的起诉确定被告：

（1）只诉作者的，列作者为被告；

（2）只诉新闻出版单位的，列新闻出版单位为被告；

（3）对作者和新闻出版单位都提起诉讼的，将作者和新闻出版单位均列为被告，此种情形有个例外，作者与新闻出版单位为隶属关系，作品系作者履行职务所形成的，只列单位为被告，这是因为作者的行为是职务行为，对外应当由单位承担责任。

（九）教育、管理、保护关系案件中当事人的确定（《侵权责任法》第 38—40 条、《人身损害赔偿规定》第 7 条）

1. 无民事行为能力人在幼儿园、学校或者其他教育机构学习、生活期间受到人身损害的，幼儿园、学校或者其他教育机构应当承担责任，但能够证明已尽到教育、管理职责的，不承担责任。

2. 限制民事行为能力人在学校或者其他教育机构学习、生活期间受到人身损害，学校或者其他教育机构未尽到教育、管理职责的，应当承担责任。

3. 第三人侵权致未成年人遭受人身损害的，应当承担赔偿责任。学校、幼儿园等教育机构有过错的，应当承担相应的补充赔偿责任。

【提示】 第三人侵权致未成年人遭受人身损害的，应当以第三人（侵权人）为被告；学校、幼儿园等教育机构有过错的，赔偿权利人可以一并主张第三人与学校、幼儿园等教育机构为共同被告；如果赔偿权利人只起诉学校、幼儿园等教育机构的，应当将第三人作为共同被告。

（十）安全保障关系案件中当事人的确定（《侵权责任法》第 37 条、《人身损害赔偿规定》第 6 条）

1. 从事住宿、餐饮、娱乐等经营活动或者其他社会活动的自然人、法人、其他组织，未尽合理限度范围内的安全保障义务，致使他人遭受人身损害，赔偿权利人请求其承担相应赔偿责任的，人民法院应予支持。

2. 因第三人侵权导致损害结果发生的，由实施侵权行为的第三人承担赔偿责任。安全保障义务人有过错的，应当在其能够防止或者制止损害的范围内承担相应的补充赔偿责任。安全保障义务人承担责任后，可以向第三人追偿。赔偿权利人起诉安全保障义务人的，应当将第三人作为共同被告，但第三人不能确定的除外。

（十一）帮工关系中当事人的确定（《人身损害赔偿规定》第 13 条、第 14 条）

1. 为他人无偿提供劳务的帮工人，在从事帮工活动中致人损害的，被帮工人应当承担赔偿责任。被帮工人明确拒绝帮工的，不承担赔偿责任。

2. 帮工人存在故意或者重大过失，赔偿权利人请求帮工人和被帮工人承担连带责任的，人民法院应予支持。

3. 帮工人因帮工活动遭受人身损害的,被帮工人应当承担赔偿责任。被帮工人明确拒绝帮工的,不承担赔偿责任,但可以在受益范围内予以适当补偿。

4. 帮工人因第三人侵权遭受人身损害的,由第三人承担赔偿责任。第三人不能确定或者没有赔偿能力的,可以由被帮工人予以适当补偿。

(十二)共同侵权和共同危险行为中当事人的确定

1. 共同侵权人承担连带责任。二人以上共同实施侵权行为,造成他人损害的,应当承担连带责任。(《侵权责任法》第8条)

2. 行为人承担连带责任。二人以上实施危及他人人身、财产安全的行为,其中一人或者数人的行为造成他人损害,能够确定具体侵权人的,由侵权人承担责任;不能确定具体侵权人的,行为人承担连带责任。(《侵权责任法》第10条)

【注意】《侵权责任法》第13条规定,法律规定承担连带责任的,被侵权人有权请求部分或者全部连带责任人承担责任。也即,在共同侵权或共同危险行为案件中,被告的确定取决于原告的选择,原告选择起诉一部分侵权人或危险人的,这部分侵权人或危险人是本案的被告,法院不依职权追加另一部分侵权人或危险人为本案共同被告。这部分人承担赔偿责任后,可以向未承担责任的侵权人或危险人进行追偿。

(十三)交通事故案件中当事人的确定(《侵权责任法》第49条)

因租赁、借用等情形机动车所有人与使用人不是同一人时,发生交通事故后属于该机动车一方责任的,由保险公司在机动车强制保险责任限额范围内予以赔偿。不足部分,由机动车使用人承担赔偿责任;机动车所有人对损害的发生有过错的,承担相应的赔偿责任。

(十四)动物致害案件中当事人的确定(《侵权责任法》第78条、第83条)

1. 饲养的动物造成他人损害的,动物饲养人或者管理人应当承担侵权责任。

2. 因第三人的过错致使动物造成他人损害的,被侵权人可以向动物饲养人或者管理人请求赔偿,也可以向第三人请求赔偿。动物饲养人或者管理人赔偿后,有权向第三人追偿。

(十五)解散公司诉讼中当事人的确定

《公司法解释(二)》第4条规定:"股东提起解散公司诉讼应当以公司为被告。原告以其他股东为被告一并提起诉讼的,人民法院应当告知原告将其他股东变更为第三人;原告坚持不予变更的,人民法院应当驳回原告对其他股东的起诉。原告提起解散公司诉讼应当告知其他股东,或者由人民法院通知其参加诉讼。其他股东或者有关利害关系人申请以共同原告或者第三人身份参加诉讼的,人民法院应予准许。"

例如:甲县的葛某和乙县的许某分别拥有位于丙县的云峰公司50%的股份。后由于二人经营理念不合,已连续4年未召开股东会,无法形成股东会决议。许某遂向法院请求解散公司,并在法院受理后申请保全公司的主要资产(位于丁县的一块土地的使用权)。本案中,原告为许某,被告应为云峰公司,葛某可以作为无独立请求权第三人参加诉讼。

对于股东具备什么条件才能提起解散公司的诉讼,《公司法解释(二)》第1条作了明确的规定:"单独或者合计持有公司全部股东表决权百分之十以上的股东,以下列事由之一提起解散公司诉讼,并符合公司法第一百八十三条规定的,人民法院应予受理:(一)公司持续两年以上无法召开股东会或者股东大会,公司经营管理发生严重困难的;(二)股东表决时无法达到法定或者公司章程规定的比例,持续两年以上不能作出有效的股东会或者股东大会决议,公司经营管理发生严重困难的;(三)公司董事长期冲突,且无法通过股东会或者股东大会解决,公司经营管理发生严重困难的；（四）经营管理发生其他严重困难，公司继续存续会使股东利益受到重大损失的情形。股东以知情权、利润分配请求权等权益受到损害，或者公司亏损、财产不足以偿还全部债务，以及公司被吊销企业法人营业执照未进行清算等为由，提起解散公司诉讼的，人民法院不予受理。"

（十六）撤销股东会、董事会的决议诉讼中当事人的确定

《公司法》第22条第2款规定："股东会或者股东大会、董事会的会议召集程序、表决方式违反法律、行政法规或者公司章程，或者决议内容违反公司章程的，股东可以自决议作出之日起六十日内，请求人民法院撤销。"

二、例题

1. 马迪是由阳光劳务公司派往五湖公司担任驾驶员。因五湖公司经常要求加班，且不发加班费，马迪与五湖公司发生争议，向劳动争议仲裁委员会申请仲裁。关于本案仲裁当事人的确定，下列哪一表述是正确的？（2017/3/37）

A. 马迪是申请人，五湖公司为被申请人
B. 马迪是申请人，五湖公司和阳光劳务公司为被申请人
C. 马迪是申请人，五湖公司为被申请人，阳光劳务公司可作为第三人参加诉讼
D. 马迪和阳光劳务公司为申请人，五湖公司为被申请人

[释疑] 本题劳务派遣劳资争议中当事人的确定。本题题干中虽然涉及的是劳动仲裁案件，考生需要明确的是，劳动仲裁中当事人的确定适用民事诉讼中当事人的确定。同时，本案是因劳务派遣过程中的劳资争议，并非侵权，但该争议当事人的确定参照劳务派遣中侵权争议中当事人的确定。因此，马迪可以同时向派遣单位和接受派遣的单位提起仲裁申请，答案为B。（答案：B）

2. 精神病人姜某冲入向阳幼儿园将入托的小明打伤，小明的父母与姜某的监护人朱某及向阳幼儿园协商赔偿事宜无果，拟向法院提起诉讼。关于本案当事人的确定，下列哪一选项是正确的？（2016年真题，单选）

A. 姜某是被告，朱某是无独立请求权第三人
B. 姜某与朱某是共同被告，向阳幼儿园是无独立请求权第三人
C. 向阳幼儿园与姜某是共同被告
D. 姜某、朱某、向阳幼儿园是共同被告

[释疑] 本题考查无、限制明示行为能力人在教育管理场所侵权案件中当事人的确定。首先，根据《民事诉讼司法解释》第67条的规定，无民事行为能力人、限制民事行为能力人造成他人损害的，无民事行为能力人、限制民事行为能力人和其监护人为共同被告。本案中，姜某和其监护人朱某应当为共同被告；其次，姜某是在幼儿园将小明打伤，根据《侵权责任法》第40条的规定，第三人侵权致未成年人遭受人身损害的，应当承担赔偿责任。学校、幼儿园等教育机构有过错的，应当承担相应的补充赔偿责任。姜某和幼儿园可以作为共同被告，正确答案为D。（答案：D）

3. 小桐是由菲特公司派遣到苏拉公司工作的人员，在一次完成苏拉公司分配的工作任务时，失误造成路人周某受伤，因赔偿问题周某起诉至法院。关于本案被告的确定，下列哪一选项是正确的？（2016年真题，单选）

A. 起诉苏拉公司时，应追加菲特公司为共同被告

B. 起诉苏拉公司时，应追加菲特公司为无独立请求权第三人

C. 起诉菲特公司时，应追加苏拉公司为共同被告

D. 起诉菲特公司时，应追加苏拉公司为无独立请求权第三人

[释疑] 本题考查在劳务派遣期间，被派遣的工作人员因执行工作任务造成他人损害时被告的确定。在劳务派遣期间，被派遣的工作人员因执行工作任务造成他人损害的，接受劳务派遣单位为直接责任人，可以作为单一被告；赔偿权利人也可以将接受劳务派遣单位和劳务派遣单位作为共同被告起诉，但是劳务派遣单位仅在其过错范围内承担补充责任，享有先诉抗辩权；如果赔偿权利人仅起诉劳务派遣单位，则应当追加接受劳务派遣单位为共同被告。因此，本案 C 项正确。(答案：C)

4. 甲县的葛某和乙县的许某分别拥有位于丙县的云峰公司 50% 的股份。后由于二人经营理念不合，已连续 4 年未召开股东会，无法形成股东会决议。许某遂向法院请求解散公司，并在法院受理后申请保全公司的主要资产(位于丁县的一块土地的使用权)。关于本案当事人的表述，下列说法正确的是：(2014 年真题，不定选)

A. 许某是原告　　　　　　　　　B. 葛某是被告

C. 云峰公司可以是无独立请求权第三人　　D. 云峰公司可以是有独立请求权第三人

[释疑] 本题考查股东提起解散公司诉讼中当事人的确定。《公司法解释(二)》第 4 条："股东提起解散公司诉讼应当以公司为被告。原告以其他股东为被告一并提起诉讼的，人民法院应当告知原告将其他股东变更为第三人；原告坚持不予变更的，人民法院应当驳回原告对其他股东的起诉。原告提起解散公司诉讼应当告知其他股东，或者由人民法院通知其参加诉讼。其他股东或者有关利害关系人申请以共同原告或者第三人身份参加诉讼的，人民法院应予准许。" A 项正确。(答案：A)

5. 王甲两岁，在幼儿园入托。一天，为幼儿园送货的刘某因王甲将其衣服弄湿，便打了王甲一记耳光，造成王甲左耳失聪。王甲的父亲拟代儿子向法院起诉。关于本案被告的确定，下列哪一选项是正确的？(2009 年真题，单选)

A. 刘某是本案唯一的被告

B. 幼儿园是本案唯一的被告

C. 刘某和幼儿园是本案共同被告

D. 刘某是本案被告，幼儿园是本案无独立请求权第三人

[释疑] 本题考查民事诉讼的被告。根据最高人民法院《关于审理人身损害赔偿案件适用法律若干问题的解释》第 7 条的规定，对未成年人依法负有教育、管理、保护义务的学校、幼儿园或者其他教育机构，未尽职责范围内的相关义务致使未成年人遭受人身损害，或者未成年人致他人人身损害的，应当承担与其过错相应的赔偿责任。

第三人侵权致未成年人遭受人身损害的，应当承担赔偿责任。学校、幼儿园等教育机构有过错的，应当承担相应的补充赔偿责任。

根据上述规定可知，在本案中，刘某是实际的侵权人，需要承担民事赔偿责任，是本案的被告。另外，幼儿园对王甲负有安保义务，幼儿园没有尽到责任造成王甲人身受到侵害，应当承担补充赔偿责任，也是本案的被告。因此，C 项正确。(答案：C)

6. 李某和张某到华美购物中心采购结婚物品。张某因购物中心打蜡地板太滑而摔倒，致

使左臂骨折,住院治疗花费了大量医疗费,婚期也因而推迟。当时,购物中心负责地板打蜡的郑某目睹事情的发生经过。受害人认为购物中心存在过错,于是,起诉要求其赔偿经济损失以及精神损害赔偿。关于本案诉讼参与人,下列哪些选项是正确的?(2008年真题,多选)

A. 李某、张某应为本案的共同原告 B. 李某、郑某可以作为本案的证人
C. 华美购物中心为本案的被告 D. 华美购物中心与郑某为本案共同被告

[释疑] 本题考查诉讼参与人。诉讼参与人包括:当事人、诉讼代理人以及鉴定人员、证人、翻译人员等其他诉讼参与人。当事人又包括原告、被告和第三人。在具体案件中,对于原告和被告而言,要求其与本案有直接的利害关系或法律规定的利害关系,也即在具体案件中,要求当事人适格。本案中张某是在华美购物中心摔倒受伤的,因此,适格的原告只能是张某,适格的被告只能是华美购物中心。而李某和郑某与本案没有利害关系,但目睹了张某摔倒的经过,是本案的证人。(答案:BC)

三、提示与预测

1. 原告和被告的具体确定是高频考点,应当掌握具体情形下被告的确定。

2. 侵权法中规定补充责任的情形,在程序法中如何确定当事人:侵权人可以作为单一被告;补充责任人不能作为单一被告,只能作为共同被告。

所谓补充赔偿责任,是指多个行为人基于各自不同的发生原因而产生数个责任,造成直接损害的直接责任人按照第一顺序承担全部责任,承担补充责任的责任人在第一顺序的责任人无力赔偿、赔偿不足或者下落不明的情况下,在能够防止或减少损害的范围内承担相应责任,且可以向第一顺序的直接责任人请求追偿的侵权责任形态。补充赔偿责任人享有先诉抗辩权,因此,赔偿权利人可以将直接责任人和补充责任人作为共同被告起诉,如果只起诉补充责任人,应当将直接责任人追加为共同被告。

侵权责任法中规定承担补充责任的情形具体包括:(1) 在劳务派遣期间,被派遣的工作人员因执行工作任务造成他人损害的,接受劳务派遣的用工单位为直接责任人。劳务派遣单位承担相应的过错补充责任。(2) 在教育、管理关系中,第三人侵权致未成年人遭受人身损害的,应当承担赔偿责任。学校、幼儿园等教育机构有过错的,应当承担相应的补充赔偿责任。(3) 第三人在安全保障义务场所侵权的,第三人应当承担赔偿责任,安全保障义务人在过错范围内承担相应的补充赔偿责任。

3. 侵权法中规定补充责任的情形,在程序法中如何确定当事人:赋予原告选择权。

在侵权行为中,法律规定承担连带责任的,被侵权人有权请求部分或者全部连带责任人承担责任(《侵权责任法》第13条)——被告的确定由原告选择。

考点 5 必要共同诉讼

一、精讲

必要共同诉讼即当事人一方或双方为两人以上,诉讼标的是共同的,人民法院必须合并审理的诉讼。必要共同诉讼属于诉的主体合并。

1. 法律规定的必要共同诉讼情形

(1) 挂靠关系。《民诉司法解释》第54条规定:"以挂靠形式从事民事活动,当事人请求由挂靠人和被挂靠人依法承担民事责任的,该挂靠人和被挂靠人为共同诉讼人。"

（2）个体工商户业主与实际经营者不一致。《民诉司法解释》第 59 条第 1 款规定："在诉讼中，个体工商户以营业执照上登记的经营者为当事人。有字号的，以营业执照上登记的字号为当事人，但应同时注明该字号经营者的基本信息。"

（3）个人合伙问题。《民诉司法解释》第 60 条规定："在诉讼中，未依法登记领取营业执照的个人合伙的全体合伙人为共同诉讼人。个人合伙有依法核准登记的字号的，应在法律文书中注明登记的字号。全体合伙人可以推选代表人；被推选的代表人，应由全体合伙人出具推选书。"

（4）企业法人分立问题。《民诉司法解释》第 63 条规定："企业法人分立的，因分立前的民事活动发生的纠纷，以分立后的企业为共同诉讼人。"

（5）借用关系。《民诉司法解释》第 65 条规定："借用业务介绍信、合同专用章、盖章的空白合同书或者银行账户的，出借单位和借用人为共同诉讼人。"

（6）一般保证关系。《民诉司法解释》第 66 条规定："因保证合同纠纷提起的诉讼，债权人向保证人和被保证人一并主张权利的，人民法院应当将保证人和被保证人列为共同被告。保证合同约定为一般保证，债权人仅起诉保证人的，人民法院应当通知被保证人作为共同被告参加诉讼；债权人仅起诉被保证人的，可以只列被保证人为被告。"

（7）监护关系。《民诉司法解释》第 67 条规定："无民事行为能力人、限制民事行为能力人造成他人损害的，无民事行为能力人、限制民事行为能力人和其监护人为共同被告。"

（8）继承关系。《民诉司法解释》第 70 条规定："在继承遗产的诉讼中，部分继承人起诉的，人民法院应通知其他继承人作为共同原告参加诉讼；被通知的继承人不愿意参加诉讼又未明确表示放弃实体权利的，人民法院仍应将其列为共同原告。"（遗嘱继承中可以出现有独立请求权的第三人）。

（9）代理关系。《民诉司法解释》第 71 条规定："原告起诉被代理人和代理人，要求承担连带责任的，被代理人和代理人为共同被告。"

（10）共有财产关系。《民诉司法解释》第 72 条规定："共有财产权受到他人侵害，部分共有权人起诉的，其他共有权人为共同诉讼人。"

（11）安全保障关系中，因第三人侵权导致损害结果发生的，由实施侵权行为的第三人承担赔偿责任。安全保障义务人有过错的，应当在其能够防止或者制止损害的范围内承担相应的补充赔偿责任。安全保障义务人承担责任后，可以向第三人追偿。赔偿权利人起诉安全保障义务人的，应当将第三人作为共同被告，但第三人不能确定的除外。

2. 必要共同诉讼人的追加

在必要共同诉讼中，共同诉讼人应当一起参加诉讼，法院应当合并作出裁判。对于共同诉讼中没有参加诉讼的当事人，加入诉讼的方式有两种：

（1）人民法院应当通知其参加。人民法院追加共同诉讼的当事人时，应通知其他当事人。应当追加的原告，已明确表示放弃实体权利的，可不予追加；既不愿意参加诉讼，又不放弃实体权利的，仍追加为共同原告，其不参加诉讼，不影响人民法院对案件的审理和判决。

（2）当事人也可以申请追加。人民法院对当事人提出的申请，应当进行审查，申请无理的，裁定驳回；申请有理的，书面通知被追加的当事人。

3. 必要共同诉讼人之间的关系

基于标的的同一性，必要共同诉讼人内部的关系具有牵连性。《民事诉讼法》第 52 条第 2

款规定:"共同诉讼的一方当事人对诉讼标的有共同权利义务的,其中一人的诉讼行为经其他共同诉讼人承认,对其他共同诉讼人发生效力",即共同诉讼的一方当事人对诉讼标的有共同权利义务的,其中一人的诉讼行为经其他共同诉讼人承认,才能发生法律效力,否则,该诉讼行为不发生法律效力。

二、例题

1. 徐某开设打印设计中心并以自己名义登记领取了个体工商户营业执照,该中心未起字号。不久,徐某应征入伍,将该中心转让给同学李某经营,未办理工商变更登记。后该中心承接广告公司业务,款项已收却未能按期交货,遭广告公司起诉。下列哪一选项是本案的适格被告?(2015年真题,单选)

A. 李某
B. 李某和徐某
C. 李某和该中心
D. 李某、徐某和该中心

[释疑] 本案考查个体工商户的问题。个体工商户以营业执照上登记的经营者为当事人。有字号的,以营业执照上登记的字号为当事人,但应同时注明经营者的基本信息。营业执照上登记的经营者与实际经营者不一致的,以登记的经营者和实际经营者为共同诉讼人。本案应以李某和徐某为共同被告,B正确。(答案:B)

2. 甲向大恒银行借款100万元,乙承担连带保证责任,甲到期未能归还借款,大恒银行向法院起诉甲乙二人,要求其履行债务。关于诉的合并和共同诉讼的判断,下列哪些选项是正确的?(2013年真题,多选)

A. 本案属于诉的主体的合并
B. 本案属于诉的客体的合并
C. 本案属于必要共同诉讼
D. 本案属于普通共同诉讼

[释疑] 关于连带保证责任中,如果债权人以债务人和保证人作为共同被告起诉,则人民法院应当按照必要共同诉讼进行审理。必要共同诉讼属于诉的主体合并,因此,A、C项正确。(答案:AC)

3. 甲、乙、丙三人合伙开办电脑修理店,店名为"一通电脑行",依法登记。甲负责对外执行合伙事务。顾客丁进店送修电脑时,被该店修理人员戊的工具碰伤。丁拟向法院起诉。关于本案被告的确定,下列哪一选项是正确的?(2010年真题,单选)

A. "一通电脑行"为被告
B. 甲为被告
C. 甲、乙、丙三人为共同被告,并注明"一通电脑行"字号
D. 甲、乙、丙、戊四人为共同被告

[释疑] 本题考查个人合伙问题。
《民诉司法解释》第60条规定:"在诉讼中,未依法登记领取营业执照的个人合伙的全体合伙人为共同诉讼人。个人合伙有依法核准登记的字号的,应在法律文书中注明登记的字号。全体合伙人可以推选代表人;被推选的代表人,应由全体合伙人出具推选书。"(答案:C)

4. 甲在丽都酒店就餐,顾客乙因地板湿滑不慎滑倒,将热汤洒到甲身上,甲被烫伤。甲拟向法院提起诉讼。关于本案当事人的确定,下列哪一说法是正确的?(2010年真题,单选)

A. 甲起诉丽都酒店,乙是第三人
B. 甲起诉乙,丽都酒店是第三人

C. 甲起诉，只能以乙或丽都酒店为单一被告

D. 甲起诉丽都酒店，乙是共同被告

[释疑] 本题考查安全保障关系中，因第三人侵权导致损害结果发生的案件中当事人的确定。因第三人侵权导致损害结果发生的，由实施侵权行为的第三人承担赔偿责任。安全保障义务人有过错的，应当在其能够防止或者制止损害的范围内承担相应的补充赔偿责任。安全保障义务人承担责任后，可以向第三人追偿。赔偿权利人起诉安全保障义务人的，应当将第三人作为共同被告，但第三人不能确定的除外。正确答案为 D 项。(答案：D)

5. 二审法院审理继承纠纷上诉案时，发现一审判决遗漏了另一继承人甲。关于本案，下列哪一说法是正确的？(2010 年真题，多选)

A. 为避免诉讼拖延，二审法院可依职权直接改判

B. 二审法院可根据自愿原则进行调解，调解不成的，裁定撤销原判决发回重审

C. 甲应列为本案的有独立请求权的第三人

D. 甲应是本案的共同原告

[释疑] 本题考查对二审中遗漏必要共同诉讼人的处理。根据《民诉司法解释》第 327 条的规定，必须参加诉讼的当事人或者有独立请求权的第三人，在第一审程序中未参加诉讼，第二审人民法院可以根据当事人自愿的原则予以调解；调解不成的，发回重审。正确答案为 B 项。(答案：B)

6. 丙承租了甲、乙共有的房屋，因未付租金，被甲、乙起诉。一审法院判决丙支付甲、乙租金及利息共计 1 万元，分 5 个月履行，每月给付 2 000 元。甲、乙和丙均不服该判决，提出上诉：乙请求改判丙一次性支付所欠的租金 1 万元。甲请求法院判决解除与丙之间的租赁关系。丙认为租赁合同中没有约定利息，甲、乙也没有要求给付利息，一审法院不应当判决自己给付利息，请求判决变更一审判决的相关内容。丙还提出，为修缮甲、乙的出租房，自己花费了 3 000 元，请求抵消部分租金。关于甲上诉请求解除与丙的租赁关系，下列选项正确的是：(2010 年真题，不定选)

A. 二审法院查明事实后直接判决

B. 二审法院直接裁定发回重审

C. 二审法院经当事人同意进行调解解决

D. 甲在上诉中要求解除租赁关系的请求，须经乙同意

[释疑] 本题考查必要共同诉讼人之间的关系。根据《民事诉讼法》第 52 条第 2 款的规定："共同诉讼的一方当事人对诉讼标的有共同权利义务的，其中一人的诉讼行为经其他共同诉讼人承认，对其他共同诉讼人发生效力。"本题选项正确的是 D 项。(答案：D)

三、提示与预测

1. 可能出现必要共同诉讼人的情形是考查的重点，除上述列明法律规定的必要共同诉讼的情形外，还包括实体法中规定承担连带责任的案件，这类案件是否构成必要共同诉讼，取决于原告如何起诉，如果原告选择将承担连带责任的人一并作为被告起诉，则构成必要共同诉讼。常见的情形有：名誉侵权案件中作者非基于职务行为，受害人以作者和出版单位为共同被告起诉的情形；第三人在教育管理机构侵权的案件中，赔偿权利人以第三人和教育管理机构为共同被告起诉的情形；第三人在安全保障义务场所侵权的案件中，赔偿权利人以第三人和安全

保障义务人为共同被告起诉的情形;在一般保证关系中,债权人以债务人和保证人为共同被告起诉的情形;在连带保证关系中,债权人以债务人和保证人为共同被告起诉的情形等,人民法院都应当按照必要共同诉讼进行审理。

2. 法院对必要共同诉讼人的追加及其程序处理也是高频考点,必须掌握。

(1) 一审程序中的追加:人民法院追加共同诉讼的当事人时,如果应当追加的原告已明确表示放弃实体权利的,可不予追加;既不愿意参加诉讼,又不放弃实体权利的,仍追加为共同原告,其不参加诉讼,不影响人民法院对案件的审理和依法作出判决;如果是应当追加的被告,无论其愿不愿意参加诉讼,都要追加为共同被告。

(2) 二审程序中对遗漏的必要共同诉讼人的处理:必须参加诉讼的当事人在一审中未参加诉讼,第二审人民法院可以根据当事人自愿的原则予以调解,调解不成的,发回重审。发回重审的裁定书不列应当追加的当事人。

考点 6 普通共同诉讼

一、精讲

普通共同诉讼,是指当事人一方或者双方为二人以上,其诉讼标的是同一种类,人民法院认为可以合并审理,而且当事人也同意合并审理的诉讼。

普通共同诉讼是数个独立的诉的合并。因此,普通共同之诉既可以单独起诉,也可以共同起诉。共同起诉的,法院认为可以合并审理,当事人也同意合并审理的,就形成了普通共同诉讼。可见,普通共同诉讼是一种可分之诉,普通共同诉讼人之间的内部关系主要体现为独立性,即共同诉讼人各自的行为独立,诉讼中止与诉讼终结独立,裁判结果独立。

二、例题

1. 张某将邻居李某和李某的父亲打伤,李某以张某为被告向法院提起诉讼。在法院受理该案时,李某的父亲也向法院起诉,对张某提出了索赔请求。法院受理了李某父亲的起诉,在征得当事人同意的情况下决定将上述两案并案审理。在本案中,李某的父亲居于什么诉讼地位?(2008年真题,单选)

A. 必要共同诉讼的共同原告　　　B. 有独立请求权的第三人
C. 普通共同诉讼的共同原告　　　D. 无独立请求权的第三人

[释疑] 本题考查共同诉讼人。本案中,李某和李某的父亲均被张某打伤,诉讼标的是同一种类的而非同一的,符合普通共同诉讼人的主体和客体条件,而不符合必要共同诉讼的客体条件。在征得当事人同意后,法院可以将两案合并审理,构成普通共同诉讼,李某和李某的父亲为普通共同诉讼人。(答案:C)

2. 关于必要共同诉讼与普通共同诉讼的区别,下列哪些选项是正确的?(2007年真题,多选)

A. 必要共同诉讼的诉讼标的是共同的,普通共同诉讼的诉讼标的是同种类的
B. 必要共同诉讼的诉讼标的只有一个,普通共同诉讼的诉讼标的有若干个
C. 必要共同诉讼的诉讼请求只有一个,普通共同诉讼的诉讼请求有若干个
D. 必要共同诉讼中共同诉讼人的诉讼行为必须一致,普通共同诉讼中共同诉讼人的诉讼行为不需要一致

[释疑] 本题考查的是必要共同诉讼与普通共同诉讼的区别。(答案:AB)

必要共同诉讼和普通共同诉讼的比较：

比较内容	必要共同诉讼	普通共同诉讼
标的性质	同一标的	同一种类标的
诉的特征	不可分之诉	可分之诉
标的数量	一个	若干个
合并不同	强制合并（必须一同起诉或应诉）	任意合并（可以共同起诉或应诉，也可以分别起诉或应诉；法院可以合并审理，也可以分开审理）
内部关系不同	牵连性（一人的诉讼行为经全体承认后，对全体诉讼人发生法律效力）	独立性（诉讼行为、特殊情形）
裁判不同	合一判决，结果同一	分别判决，裁判结果独立

考点 7 诉讼代表人

一、精讲

代表人诉讼实际上是在共同诉讼的基础上，因为当事人一方人数太多，无法都参加诉讼而形成的。如因产品质量、虚假广告、环境污染等引起的民事案件，受害人可能是一个人数众多的群体，这么多当事人不可能都去法院，只能推选代表，由代表人代为诉讼，由此产生的结果对其他未参加诉讼的当事人均有效。

诉讼代表人不是高频考点，但作为当事人的一种，应当掌握以下知识。

1. 诉讼代表人的确定

诉讼代表人的确定方式因代表人诉讼的种类不同而不同，具体如下表：

种类	代表人的确定方式	未推选代表的当事人的行为起诉时人数确定的
代表人诉讼（《民诉司法解释》第76条）	全体当事人推选共同的代表人	必要共同诉讼中自己参加诉讼
	部分当事人推选自己的代表人	普通共同诉讼中可以另行起诉
起诉时人数不确定代表人诉讼（《民诉司法解释》第77条）管辖→发布公告→权利人登记（证明）→推选或商定代表人→审理和裁判→判决公告→扩张	当事人推选代表→推不出	未登记的权利人在诉讼时效期间内另行起诉【注意】此时人民法院认定其诉讼请求成立的，可以不实质审理，直接裁定适用人民法院已作出的判决和裁定（裁判效力的扩张性）
	法院提出人选与当事人协商→协商不成	
	法院在起诉的当事人中指定	

2. 诉讼代表人的权限

诉讼代表人的权限因其所行使诉讼权利性质的不同而有所不同：

（1）对于一般性诉讼权利，如委托诉讼代理人、提供证据、参与庭审等，诉讼代表人可以自行行使，并且对被代表的当事人有效。

（2）对于特殊性诉讼权利，如变更、放弃诉讼请求或者承认对方当事人的诉讼请求，进行和解，必须经被代表的当事人同意。这里应理解为诉讼代表人行使特殊诉讼权利所产生的法律后果，经被代表当事人同意后对其有效；如果被代表的当事人不同意，则该行为所产生的后果仅对代表人本人及其对方当事人有效。

3. 代表人诉讼与共同诉讼的区别

项 目	代表人诉讼	共同诉讼
主体人数不同	10人以上	2人以上，10人以下
当事人是否全体参加诉讼不同	由诉讼代表人作为形式上的诉讼主体进行诉讼活动	全体当事人共同进行诉讼
诉讼行为效力不同	诉讼代表人实施的诉讼行为，除涉及处分实体利益的诉讼行为，一般须征得全体被代表人的同意，不仅及于代表人本人，还及于被代表的众多当事人	在必要共同诉讼中，其中一人的诉讼行为经全体承认，对全体发生效力；在普通共同诉讼中，其中一人的诉讼行为只对其本人发生效力
裁判的效力不同	对代表人本人，以及被代表的众多当事人有约束力；对未参加诉讼的人在诉讼时效内起诉的，可以直接裁定适用该裁判	对共同诉讼人有约束力

二、例题

1. 某企业使用霉变面粉加工馒头，潜在受害人不可确定。甲、乙、丙、丁等20多名受害者提起损害赔偿诉讼，但未能推选出诉讼代表人。法院建议由甲、乙作为诉讼代表人，但丙、丁等人反对。关于本案，下列哪一选项是正确的？（2011年真题，单选）

A. 丙、丁等人作为诉讼代表人参加诉讼

B. 丙、丁等人推选代表人参加诉讼

C. 诉讼代表人由法院指定

D. 在丙、丁等人不认可诉讼代表人的情况下，本案裁判对丙、丁等人没有约束力

［释疑］ 本案考查诉讼代表人的确定。依照《民诉司法解释》第77条的规定："当事人一方人数众多在起诉时不确定的，由当事人推选代表人。当事人推选不出的，可以由人民法院提出人选与当事人协商；协商不成的，也可以由人民法院在起诉的当事人中指定代表人。"本案属于起诉时人数不确定的代表人诉讼，因未能推选出诉讼代表人，且法院建议由甲、乙作为诉讼代表人，遭丙、丁等人反对。因此，由人民法院在起诉的当事人中指定代表人。（答案：C）

2. A厂生产的一批酱油由于香精投放过多，对人体有损害。报纸披露此消息后，购买过该批酱油的消费者纷纷起诉A厂，要求赔偿损失。甲和乙被推选为诉讼代表人参加诉讼。下列哪一选项是正确的？（2008年真题，单选）

A. 甲和乙因故不能参加诉讼,法院可以指定另一名当事人为诉讼代表人代表当事人进行诉讼

B. 甲因病不能参加诉讼,可以委托一至两人作为诉讼代理人,而无须征得被代表的当事人的同意

C. 甲和乙可以自行决定变更诉讼请求,但事后应当及时告知其他当事人

D. 甲和乙经超过半数原告方当事人同意,可以和A厂签订和解协议

[释疑] 本题考查诉讼代表人的权限。根据《民事诉讼法》第54条的规定:"诉讼标的是同一种类、当事人一方人数众多在起诉时人数尚未确定的,人民法院可以发出公告,说明案件情况和诉讼请求,通知权利人在一定期间向人民法院登记。向人民法院登记的权利人可以推选代表人进行诉讼;推选不出代表人的,人民法院可以与参加登记的权利人商定代表人。代表人的诉讼行为对其所代表的当事人发生效力,但代表人变更、放弃诉讼请求或者承认对方当事人的诉讼请求,进行和解,必须经被代表的当事人同意。"A、C、D项错误;《民诉司法解释》第78条规定:"民事诉讼法第五十三条和第五十四条规定的代表人为二至五人,每位代表人可以委托一至二人作为诉讼代理人。"据此,B项是正确的。(答案:B)

三、提示与预测

在起诉时人数不确定的代表人诉讼中,如何选诉讼代表人、诉讼代表人的权限以及裁判效力扩张是高频考点,考生应当掌握。

考点 8 有独立请求权的第三人

一、精讲

有独立请求权的第三人就是对他人之间争议的标的主张独立的请求权,因而参加到他人已经开始的诉讼中的第三方当事人。

1. 参诉根据:对本诉原、被告争议的标的主张独立的请求权。
2. 参诉地位:参加之诉的原告。有独立请求权的第三人参加诉讼后,实际上处于参加之诉的原告地位,即形成两个独立之诉的合并,其一是本诉;其二是第三人参加之诉。因此,有独立请求权的第三人作为参加之诉的原告,享有与本诉原告完全相同的诉讼权利。

【注意】撤诉权的行使,即有独立请求权的第三人撤销参加之诉,本诉可以继续审理;本诉原告撤销本诉,有独立请求权的第三人作为另案原告,原案原告、被告作为另案被告,诉讼继续进行。

3. 参诉方式:申请参加诉讼,或者由人民法院通知参加诉讼。
4. 参诉的时间:第一审程序和第二审程序。

二、例题

1. 李立与陈山就财产权属发生争议提起确权诉讼。案外人王强得知此事,提起诉讼主张该财产的部分产权,法院同意王强参加诉讼。诉讼中,李立经法院同意撤回起诉。关于该案,下列哪些选项是正确的?(2017/3/78)

A. 王强是有独立请求权的第三人

B. 王强是必要的共同诉讼人

C. 李立撤回起诉后,法院应裁定终结诉讼

D. 李立撤回起诉后,法院应以王强为原告、李立和陈山为被告另案处理,诉讼继续进行

[释疑] 本题考查有独立请求权第三人的判断与本诉撤诉后参加之诉的处理。有独立请求权第三人是指对本诉当事人争议的诉讼标的享有独立的请求权,为维护自己的权利,以本诉的原告和被告为共同被告,以起诉的方式参加到本诉中的人。有独立请求权第三人是参加之诉的原告,因此,当本诉撤诉后,有独立请求权第三人应当作为另案原告,本诉的原被告作为另案被告,诉讼继续进行。本案中,王强对李立与陈山的财产权权属争议中的财产主张部分产权,符合有独立请求权第三人,因此,AD项正确。(答案:AD)

2. 丁一诉弟弟丁二继承纠纷一案,在一审中,妹妹丁爽向法院递交诉状,主张应由自己继承系争之遗产,并向法院提供了父亲生前所立的其过世后遗产全部由丁爽继承的遗嘱。法院予以合并审理,开庭审理前,丁一表示撤回起诉,丁二认为该遗嘱是伪造的,要求继续进行诉讼。法院裁定准予丁一撤诉后,在程序上,下列哪一选项是正确的?(2016年真题,单选)

A. 丁爽为另案原告,丁二为另案被告,诉讼继续进行

B. 丁爽为另案原告,丁一、丁二为另案被告,诉讼继续进行

C. 丁一、丁爽为另案原告,丁二为另案被告,诉讼继续进行

D. 丁爽、丁二为另案原告,丁一为另案被告,诉讼继续进行

[释疑] 本题考查有独立请求权第三人的判断以及本诉撤诉后的处理。有独立请求权第三人是指对本诉当事人争议的诉讼标的享有独立的请求权,为维护自己的权利,以本诉的原告和被告为共同被告,以起诉的方式参加到本诉中的人。有独立请求权第三人是参加之诉的原告,因此,当本诉撤诉后,有独立请求权第三人应当作为另案原告,本诉的原被告作为另案被告,诉讼继续进行。本案中,B项正确。(答案:B)

3. 赵某与刘某将共有商铺出租给陈某。刘某瞒着赵某,与陈某签订房屋买卖合同,将商铺转让给陈某,后因该合同履行发生纠纷,刘某将陈某诉至法院。赵某得知后,坚决不同意刘某将商铺让与陈某。关于本案相关人的诉讼地位,下列哪一说法是正确的?(2015年真题,单选)

A. 法院应依职权追加赵某为共同原告

B. 赵某应以刘某侵权起诉,陈某为无独立请求权第三人

C. 赵某应作为无独立请求权第三人

D. 赵某应作为有独立请求权第三人

[释疑] 本案中赵某对刘某与陈某签订的房屋买卖合同中的商铺享有部分所有权,因而参加到刘某与陈某的诉讼中是因为该二人的买卖行为侵害了其所有权,因此,赵某为有独立请求权第三人,D项正确。(答案:A)

4. 甲与乙对一古董所有权发生争议诉至法院。在诉讼过程中,丙声称古董属自己所有,主张对古董的所有权。下列哪一说法是正确的?(2009年真题,单选)

A. 如丙没有起诉,法院可以依职权主动追加其作为有独立请求权的第三人

B. 如丙起诉后认为受案法院无管辖权,可以提出管辖权异议

C. 如丙起诉后经法院传票传唤,无正当理由拒不到庭,应当视为撤诉

D. 如丙起诉后,甲与乙达成协议经法院同意而撤诉,应当驳回丙的起诉

[释疑] 本题考查有独立请求权的第三人。有独立请求权的第三人,是指对原告和被告争议的诉讼标的有独立的请求权,而参加诉讼的人。本案中,丙声称古董属于自己所有,提出了独立的诉讼请求,属于有独立请求权的第三人。有独立请求权的第三人是以起诉的方式参加诉讼的,不能由法院依职权主动追加其作为有独立请求权的第三人参加诉讼。因此,A项错误。

有独立请求权的第三人是以起诉的方式参加诉讼的,因此,在第三人参加诉讼的同时就默认受案法院有管辖权了,不可以再提出管辖权异议。因此,B项错误。

根据《民诉司法解释》第236条的规定:"有独立请求权的第三人经人民法院传票传唤,无正当理由拒不到庭的,或者未经法庭许可中途退庭的,比照民事诉讼法第一百四十三条的规定,按撤诉处理。"因此,C项正确。根据《民诉司法解释》第237条的规定:"有独立请求权的第三人参加诉讼后,原告申请撤诉,人民法院在准许原告撤诉后,有独立请求权的第三人作为另案原告,原案原告、被告作为另案被告,诉讼继续进行。"因此,D项错误。(答案:C)

5. 甲有两子乙和丙,甲死亡后留有住房3间。乙乘丙长期外出之机,将3间房屋卖给丁,后因支付房款发生纠纷,乙将丁诉至法院。在诉讼过程中,丙知道了这一情况,要求参加诉讼。关于丙在诉讼中的地位,下列哪一选项是正确的?(2007年真题,单选)

A. 必要的共同原告　　　　　　B. 普通的共同原告
C. 有独立请求权的第三人　　　D. 无独立请求权的第三人

[释疑] 本题考查的是有独立请求权的第三人与共同诉讼人的区别。
有独立请求权的第三人与必要共同诉讼人的比较:

比较项	有独立请求权的第三人	必要共同诉讼人
参诉依据	有独立的请求权	存在共同的权利义务关系
参诉地位	原告	可为共同原告,也可为共同被告
参诉方式	以起诉的方式主动参加	可主动参加,也可被法院通知参加
参诉时间	一审、二审均可 主要是在一审开始后,结束之前	可在一审、二审、再审的各阶段
参诉目的	仅维护自己的合法权益	维护自己及共同诉讼人的合法权益
争议对象	本诉的原、被告双方当事人	仅为对方当事人
合并种类	两个独立之诉的合并	诉讼主体的合并
审理方式	可以合并审理	必须合并审理

有独立请求权的第三人与普通共同诉讼人的主要区别在于:
(1)参诉的地位:前者只能是原告,后者可为共同原告,也可为共同被告;
(2)争议对象:前者为本诉的原、被告双方当事人,后者仅为对方当事人。(答案:C)

三、提示与预测

有独立请求权的第三人的判断、参诉时间、参诉地位是高频考点,应当掌握。
此外,还要注意有独立请求权第三人在第一审程序加入和在第二审程序加入的处理方式不同:在第一审程序中,以起诉的方式加入,构成参加之诉和本诉的合并审理;在第二程序中申请加入,人民法院应当对有独立请求权第三人提起的事项进行调解,调解不成的,裁定撤销第一审判决,发回重审。

考点 9 无独立请求权的第三人

一、精讲

无独立请求权的第三人是指对他人之间的诉讼标的虽然没有独立的请求权,但是案件最后的处理结果与其有法律上的利害关系,因而参加到他人已经开始的诉讼中去的人。

1. 参诉根据:与案件处理结果有法律上的利害关系

【注意】法律上的利害关系,是指实体上相牵连的权利义务关系,不是事实上的利害关系,应注意两点:第一,三个主体之间存在两个内容、客体相牵连的法律关系;第二,无独立请求权的第三人与本诉一方当事人之间的法律关系有发生争议的可能,并且该争议直接影响本诉当事人之间的法律关系。

2. 参诉地位:不完全当事人

无独立请求权的第三人是一个诉讼权利受到极大限制的当事人。其诉讼权利分为三类:

(1) 有权行使的诉讼权利:无独立请求权的第三人有权行使一般性的诉讼权利,如提供证据、委托诉讼代理人、参与庭审、进行辩论等。

(2) 无权行使的诉讼权利:《民诉司法解释》第82条规定:"在一审诉讼中,无独立请求权的第三人无权提出管辖异议,无权放弃、变更诉讼请求或者申请撤诉,被判决承担民事责任的,有权提起上诉。"

(3) 附条件行使的诉讼权利:根据《民诉司法解释》第82条与第150条的规定,无独立请求权的第三人行使上诉权与对调解的同意权,以及对调解书的签收权,取决于是否由其直接承担义务。

3. 参诉方式:申请参加或被通知参加。

二、例题

1. 关于无独立请求权第三人,下列哪些说法是错误的?(2011年真题,多选)

A. 无独立请求权第三人在诉讼中有自己独立的诉讼地位

B. 无独立请求权第三人有权提出管辖异议

C. 一审判决没有判决无独立请求权第三人承担民事责任的,无独立请求权的第三人不可以作为上诉人或被上诉人

D. 无独立请求权第三人有权申请参加诉讼和参加案件的调解活动,与案件原、被告达成调解协议

[释疑] 本题考查无独立请求权第三人的权限和诉讼地位。根据《民诉司法解释》第82条的规定:"在一审诉讼中,无独立请求权的第三人无权提出管辖异议,无权放弃、变更诉讼请求或者申请撤诉,被判决承担民事责任的,有权提起上诉。"可知,本题中B、C选项错误。在诉讼中,无独立请求权第三人虽然权限有一定的限制,但其具有独立的诉讼地位,即当事人中的第三人,A项正确。自愿调解是当事人的一项基本权利,作为当事人的无独立请求权第三人也

应享有,因此 D 项正确。(答案:BC)

2. 2011 年 7 月 11 日,A 市升湖区法院受理了黎明丽(女)诉张成功(男)离婚案。7 月 13 日,升湖区法院向张成功送达了起诉状副本。7 月 18 日,张成功向升湖区法院提交了答辩状,未对案件的管辖权提出异议。8 月 2 日,张成功向升湖区法院提出管辖权异议申请,称其与黎明丽已分居 2 年,分别居住于 A 市安平区各自父母家中。A 市升湖区法院以申请管辖权异议超过申请期限为由,裁定驳回张成功管辖权异议申请。后,升湖区法院查明情况,遂裁定将案件移送安平区法院。安平区法院接受移送,确定适用简易程序审理此案。

安平区法院在案件开庭审理时组织调解。

黎明丽声称:2005 年 12 月,其与张成功结婚,后因张成功有第三者陈佳,感情已破裂,现要求离婚。黎明丽提出,离婚后儿子张好帅由其行使监护权,张成功每月支付抚养费 1 500 元。现双方存款 36 万元(存折在张成功手中),由 2 人平分,生活用品归各自所有,不存在其他共有财产分割争议。

张成功承认:2005 年 12 月,其与黎明丽结婚,自己现在有了第三者,36 万元存款在自己手中,同意离婚,同意生活用品归各自所有,同意不存在其他共有财产分割争议。不同意支付张好帅抚养费,因其是黎明丽与前男友所生。

黎明丽承认:张好帅是其与前男友所生,但在户籍登记上,张成功与张好帅为父子关系,多年来父子相称,形成事实上的父子关系,故要求张成功支付抚养费。

调解未能达成协议。在随后的庭审中,黎明丽坚持提出的请求;张成功对调解中承认的多数事实和同意的请求予以认可,但否认了有第三者一事,仍不同意支付张好帅抚养费。黎明丽要求法院通知第三者陈佳以无独立请求权的第三人身份参加诉讼……(2011 年真题,不定选)

对黎明丽要求陈佳以无独立请求权第三人参加诉讼的请求,下列选项正确的是:

A. 法院可以根据黎明丽的请求,裁定追加陈佳为无独立请求权第三人

B. 如张成功同意,法院可通知陈佳以无独立请求权第三人名义参加诉讼

C. 无论张成功是否同意,法院通知陈佳以无独立请求权第三人名义参加诉讼都是错误的

D. 如陈佳同意,法院可通知陈佳以无独立请求权第三人名义参加诉讼

[释疑] 本题考查无独立请求权第三人的判定。无独立请求权的第三人是指对他人之间的诉讼标的虽然没有独立的请求权,但是案件最后的处理结果与其有法律上的利害关系,因而参加到他人已经开始的诉讼中去的人。本案中,黎明丽与张成功离婚,与陈佳不存在任何法律上的利害关系,因此,法院不能裁定追加陈佳为无独立请求权第三人。(答案:C)

3. 甲为有独立请求权第三人,乙为无独立请求权第三人,关于甲、乙诉讼权利和义务,下列哪一说法是正确的?(2010 年真题,单选)

A. 甲只能以起诉的方式参加诉讼,乙以申请或经法院通知的方式参加诉讼

B. 甲具有当事人的诉讼地位,乙不具有当事人的诉讼地位

C. 甲的诉讼行为可对本诉的当事人发生效力,乙的诉讼行为对本诉的当事人不发生效力

D. 任何情况下,甲有上诉权,而乙无上诉权

[释疑] 本题考查有独立请求权第三人与无独立请求权第三人诉讼权利与义务的不同。有独立请求权第三人是参加之诉的原告,只能以起诉的方式参诉,并享有当事人享有的一切诉讼权利;而无独立请求权第三人在诉讼上是不完全的当事人,只能通过法院通知参加或申请参加的方式参诉,其诉讼权利也受到一定的限制。本题正确选项为 A 项。(答案:A)

三、提示与预测

对法律规定可以或不可以作为无独立请求权第三人的情形，无独立请求权第三人的参诉方式，以及参诉地位和权限是高频考点，也是难点之一，需要在理解的基础上掌握。

1. 法律规定可以作为第三人的情形

（1）代位权诉讼中的第三人。债权人以次债务人为被告向人民法院提起代位权诉讼，未将债务人列为第三人的，人民法院可以追加债务人为第三人。

（2）因缺陷产品引起的侵权诉讼。消费者、用户因为使用不合格的产品造成本人或第三人人身伤害、财产损失的，受害人可以向产品制造者或销售者要求赔偿。因此提起的诉讼，由被告所在地或侵权行为地人民法院管辖。运输者和仓储者对产品质量负有责任，制造者或销售者请求赔偿损失的，可以另案处理，也可以将运输者和仓储者列为第三人，一并处理。

（3）撤销权诉讼中的第三人。债权人依照《合同法》第74条的规定提起撤销权诉讼的，由被告住所地人民法院管辖。债权人依照《合同法》第74条的规定提起撤销权诉讼时，只以债务人为被告，未将受益人或者受让人列为第三人的，人民法院可以追加该受益人或者受让人为第三人。两个或者两个以上债权人以同一债务人为被告，就同一标的提起撤销权诉讼的，人民法院可以合并审理。

（4）合同转让中的第三人。债权人转让合同权利后，债务人与受让人之间因履行合同发生纠纷诉至人民法院，债务人对债权人的权利提出抗辩的，可以将债权人列为第三人。经债权人同意，债务人转移合同义务后，受让人与债权人之间因履行合同发生纠纷诉至人民法院，受让人就债务人对债权人的权利提出抗辩的，可以将债务人列为第三人。合同当事人一方经对方同意将其在合同中的权利义务一并转让给受让人，对方与受让人因履行合同发生纠纷诉至人民法院，对方就合同权利义务提出抗辩的，可以将出让方列为第三人。

（5）保证合同中的第三人。债务人对债权人提起诉讼，债权人反诉的，保证人可以作为第三人参加诉讼。注意与债权人直接起诉债务人的区别。

2. 法律规定不得作为无独立请求权第三人的情形

（1）受诉人民法院对与原、被告双方争议的诉讼标的无直接牵连和不负有返还或赔偿等义务的人，以及与原告或被告约定仲裁或有约定管辖的案外人，或者专属管辖案件的一方当事人，均不得作为无独立请求权的第三人通知其参加诉讼。

（2）人民法院在审理产品质量纠纷案件中，对原、被告之间法律关系以外的人，有证据证明其已经提供了合同约定或者符合法律规定的产品的，或者案件中的当事人未在规定的质量异议期内提出异议的，或者作为收货方已经认可该产品质量的，不得作为无独立请求权的第三人通知其参加诉讼。

（3）人民法院对已经履行了义务，或者依法取得了一方当事人的财产，并支付了相应对价的原、被告以外的人，不得通知其作为无独立请求权的第三人参加诉讼。

3. 无独立请求权的第三人在诉讼中有独立的诉讼地位，但是诉讼权限不完整，并不当然享有当事人的所有诉讼权限。

无独立请求权的第三人在一审中，无权对案件的管辖权提出异议，无权放弃、变更诉讼请求或者申请撤诉。而无独立请求权的第三人行使上诉权与对调解的同意权，以及对调解书的签收权，取决于是否由其直接承担义务。

考点 10　法定诉讼代理人的权限

一、精讲

法定诉讼代理人是依据法律规定，代理无民事诉讼行为能力的当事人进行诉讼活动的人。在我国，能够成为法定诉讼代理人的人员范围与无民事行为能力人和限制民事行为能力人的监护人一致。

法定诉讼代理人的代理权限是依据法律规定而产生的，具体包括两方面：一是依据实体法律规定取得监护权，如父母基于子女出生事实而取得对子女的监护权等；二是依据民事诉讼法的规定，享有监护权的人取得法定代理权。

《民诉司法解释》第 83 条规定："在诉讼中，无民事行为能力人、限制民事行为能力人的监护人是他的法定代理人。事先没有确定监护人的，可以由有监护资格的人协商确定；协商不成的，由人民法院在他们之中指定诉讼中的法定代理人。当事人没有民法通则第十六条第一款、第二款或者第十七条第一款规定的监护人的，可以指定该法第十六条第四款或者第十七条第三款规定的有关组织担任诉讼中的法定代理人。"

法定诉讼代理人是全权代理人，即法定诉讼代理人不仅能够行使一般性的诉讼权利，如提供证据、委托诉讼代理人等，而且可以自由行使一些涉及实体利益处分的特殊诉讼权利，如提出、放弃、变更诉讼请求，自行和解，请求调解等，其在诉讼中享有当事人所享有的一切诉讼权利，承担当事人所承担的一切诉讼义务。

二、例题

1. 关于法定诉讼代理人，下列哪些认识是正确的？（2011 年真题，多选）
   A. 代理权的取得不是根据其所代理的当事人的委托授权
   B. 在诉讼中可以按照自己的意志代理被代理人实施所有诉讼行为
   C. 在诉讼中死亡的，产生与当事人死亡同样的法律后果
   D. 所代理的当事人在诉讼中取得行为能力的，法定诉讼代理人则自动转化为委托代理人

   [释疑]　本题考查的是法定代理权限及其取得。法定诉讼代理人是依据法律规定，代理无民事诉讼行为能力的当事人进行诉讼活动的人。因此，A 项正确；法定诉讼代理人是全权代理人，在诉讼中享有当事人所享有的一切诉讼权利，承担当事人所承担的一切诉讼义务，即可以按照自己的意志代理被代理人实施所有诉讼行为，B 项正确；法定代理人虽然与当事人享有同样的诉讼权限，但其诉讼地位不同，因此，法定代理人在诉讼中死亡，不会产生与当事人死亡同样的法律后果，C 项错误；委托代理人的权限来源于当事人的委托授权，没有授权委托，法定代理人在所代理的当事人在诉讼中取得行为能力时则丧失代理权，D 项错误。（答案：AB）

2. 关于民事诉讼中的法定代理人，下列哪些选项是正确的？（2007 年真题，多选）
   A. 法定代理人的被代理人都是无诉讼行为能力或限制行为能力的人
   B. 法定代理人与诉讼当事人在诉讼上具有相同的诉讼地位
   C. 法定代理人在诉讼中所实施的行为和发生的诉讼事件的法律后果与当事人所实施的行为和发生的诉讼事件的法律后果相同

D. 法定代理人与当事人都属于诉讼参加人的范畴

[释疑] 本题考查的是法定代理人。能够成为法定代理人的人员范围与无民事行为能力人和限制民事行为能力人的监护人一致,被代理人都是无诉讼行为能力人,也即无民事行为能力和限制民事行为能力人。法定代理人与当事人都属于诉讼参加人,但法定代理人在诉讼中虽然享有广泛的诉讼权利,但是为维护当事人的合法权益而代为进行诉讼活动的人,不能取代当事人。并且,其代理行为的后果由当事人承担。据此,A、D两项正确。(答案:AD)

考点 11 委托代理人

一、精讲

委托诉讼代理人是基于当事人、法定代理人或法定代表人的授权委托而代为进行诉讼活动的人。

1. 委托诉讼代理人的范围

律师、基层法律服务工作者;当事人的近亲属或者工作人员;当事人所在社区、单位以及有关社会团体推荐的公民。

《民诉司法解释》又作了进一步的解释。根据《民诉司法解释》第85条的规定,与当事人有夫妻、直系血亲、三代以内旁系血亲、近姻亲关系以及其他有抚养、赡养关系的亲属,可以当事人近亲属的名义作为诉讼代理人。根据《民诉司法解释》第86条的规定,与当事人有合法劳动人事关系的职工,可以当事人工作人员的名义作为诉讼代理人。《民诉司法解释》第87条对社会团体推荐的公民担任诉讼代理人应当符合的条件作出了如下规定:(1) 社会团体属于依法登记设立或者依法免予登记设立的非营利性法人组织;(2) 被代理人属于该社会团体的成员,或者当事人一方住所地位于该社会团体的活动地域;(3) 代理事务属于该社会团体章程载明的业务范围;(4) 被推荐的公民是该社会团体的负责人或者与该社会团体有合法劳动人事关系的工作人员。专利代理人经中华全国专利代理人协会推荐,可以在专利纠纷案件中担任诉讼代理人。

【注意】无民事行为能力人、限制民事行为能力人以及依法不能作为诉讼代理人的,当事人不得委托其作为诉讼代理人。

2. 委托诉讼代理权限

(1) 一般代理权限:代理人只能进行一般性诉讼权利的代理,如代理起诉、提供证据等。

(2) 特殊代理权限:特殊诉讼权利的代理必须要有明确的授权,如果授权委托书中仅写全权代理而无具体授权,视为一般代理,诉讼代理人无权代为承认、放弃、变更请求,进行和解,提起反诉或者上诉。

当事人委托诉讼代理人后,本人可以出庭参加诉讼,也可以不出庭参加诉讼。但是,离婚案件例外,根据我国《民事诉讼法》第62条的规定,委托了诉讼代理人的离婚诉讼的当事人,本人除了不能表达意思的以外,仍应当出庭参加诉讼。确因特殊情况无法出庭的,必须向人民法院提交书面意见。

3. 递交委托书的途径

对于侨居在国外的中华人民共和国公民从国外寄交或者托交的授权委托书,必须经中华人民共和国驻该国的使领馆证明;没有使领馆的,由与中华人民共和国有外交关系的第三国驻该国的使领馆证明,再转由中华人民共和国驻该第三国使领馆证明,或者由当地的爱国华侨团体证明。

对于在中华人民共和国领域内没有住所的外国人、无国籍人、外国企业和组织委托中华人民共和国律师或者其他人代理诉讼,从中华人民共和国领域外寄交或者托交的授权委托书,应当经所在国公证机关证明,并经中华人民共和国驻该国使领馆认证;或者履行中华人民共和国与该所在国订立的有关条约中规定的证明手续后,才具有效力。

《民诉司法解释》明确规定了两种简化外国当事人授权委托手续的方式:

(1)外国人、外国企业或者组织的代表人在人民法院法官的见证下签署授权委托书,委托代理人进行民事诉讼的,人民法院应予认可。

(2)外国人、外国企业或者组织的代表人在中华人民共和国境内签署授权委托书,委托代理人进行民事诉讼,经中华人民共和国公证机构公证的,人民法院应予认可。

二、例题

1. 律师作为委托诉讼代理人参加诉讼,应向法院提交下列哪些材料?(2015年真题,单选)

A. 律师所在的律师事务所与当事人签订的协议书

B. 当事人的授权委托书

C. 律师的执业证

D. 律师事务所的证明

[释疑] 本题难度不大,直接考查法条的规定,即《民诉司法解释》第88条规定:"诉讼代理人除根据民事诉讼法第五十九条规定提交授权委托书外,还应当按照下列规定向人民法院提交相关材料:(一)律师应当提交律师执业证、律师事务所证明材料;(二)基层法律服务工作者应当提交法律服务工作者执业证、基层法律服务所出具的介绍信以及当事人一方位于本辖区内的证明材料;(三)当事人的近亲属应当提交身份证件和与委托人有近亲属关系的证明材料;(四)当事人的工作人员应当提交身份证件和与当事人有合法劳动人事关系的证明材料;(五)当事人所在社区、单位推荐的公民应当提交身份证件、推荐材料和当事人属于该社区、单位的证明材料;(六)有关社会团体推荐的公民应当提交身份证件和符合本解释第八十七条规定条件的证明材料。"可见,BCD正确。(答案:BCD)

2. 某市法院受理了中国人郭某与外国人珍妮的离婚诉讼,郭某委托黄律师作为代理人,授权委托书中仅写明代理范围为"全权代理"。关于委托代理的表述,下列哪一选项是正确的?(2013年真题,单选)

A. 郭某已经委托了代理人,可以不出庭参加诉讼

B. 法院可以向黄律师送达诉讼文书,其签收行为有效

C. 黄律师可以代为放弃诉讼请求

D. 如果珍妮要委托代理人代为诉讼,必须委托中国公民

[释疑] 本题考查的是委托诉讼代理人的权限。根据《民诉司法解释》第89条第1款的

规定,授权委托书仅写"全权代理"而无具体授权的,诉讼代理人无权代为承认、放弃、变更诉讼请求,进行和解,提出反诉或者提起上诉。即全权代理仅意味着一般委托代理,代理人只能代为进行除承认、放弃、变更诉讼请求,进行和解,提起反诉或者上诉之外的诉讼行为。B 项正确(答案:B)

三、提示与预测

委托诉讼代理权限是高频考点,考生应当掌握特殊代理权限的内容,授权方式以及"全权代理"的含义。特殊代理权限的内容为代为承认、放弃、变更请求,进行和解,提起反诉或者上诉;委托特殊权限的方式为明确列明具体授权事项;授权委托书仅写"全权代理"而无具体授权的,该全权代理仅意味着一般委托代理,代理人只能代为进行除承认、放弃、变更诉讼请求,进行和解,提起反诉或者上诉之外的诉讼行为。

此外,考生还应当了解诉讼代表人与诉讼代理人之间权限的区别。

项目	诉讼代表人	诉讼代理人
产生的依据不同	由当事人推选或由人民法院与当事人协商产生或由人民法院指定	基于法律规定或当事人的委托授权而产生
与诉讼标的的利益关系不同	与诉讼标的有着利益关系,其本身是当事人	与诉讼标的没有任何利益关系,其本身不是当事人
诉讼行为的后果不同	后果及于本人以及被代表的众多当事人	后果由被代理人承担
参加诉讼的目的不同	为了维护自己的和其所代表的众多当事人的合法权益	为了维护被代理人的合法权益
需同意或特别授权的权限不同	变更、放弃诉讼请求、承认对方当事人的诉讼请求,进行和解	承认、放弃、变更请求,进行和解,提起反诉或者上诉
人数不同	2—5 人	1—2 人

第六章 民事证据

本章知识体系:

民事证据
- 法定种类:书证、物证、电子数据、视听资料、▲证人证言、▲当事人陈述
- ▲鉴定结论、勘验笔录
- ▲学理分类
  - 本证与反证
  - 直接证据和间接证据
  - 原始证据和传来证据

考点 1 民事证据的法定种类

一、精讲

我国《民事诉讼法》将民事证据划分为八种，即：当事人陈述、书证、物证、视听资料、电子数据、证人证言、鉴定意见、勘验笔录。

1. 当事人陈述

当事人陈述是指当事人在诉讼中就与本案有关的事实，尤其是作为诉讼请求根据或反驳诉讼请求根据的事实，向法院所作的陈述。

当事人陈述的证据效力：

（1）具有免除对方当事人证明的效力。当事人如在诉讼中以承认对方当事人所主张的事实的方式作出了不利于己的陈述，该陈述一般具有免除对方当事人证明的效力。

（2）具有证据效力。当事人所作的对自己有利的陈述，经其他证据证明为真实后，法院可以把当事人的陈述作为认定案件事实的根据之一。

（3）不具有证据效力。当事人所作的有利于己的陈述，如果未得到其他证据证实，法院不得将该陈述作为认定案件事实的根据，该陈述也就无任何证据效力。

《民诉证据规定》第76条："当事人对自己的主张，只有本人陈述而不能提出其他相关证据的，其主张不予支持。但对方当事人认可的除外。"

【注意】《民诉司法解释》第110条规定："人民法院认为有必要的，可以要求当事人本人到庭，就案件有关事实接受询问。在询问当事人之前，可以要求其签署保证书。保证书应当载明据实陈述、如有虚假陈述愿意接受处罚等内容。当事人应当在保证书上签名或者捺印。负有举证证明责任的当事人拒绝到庭、拒绝接受询问或者拒绝签署保证书，待证事实又欠缺其他证据证明的，人民法院对其主张的事实不予认定。"

2. 书证

书证是指以文字、符号、图形等形式所记载的内容或表达的思想来证明案件事实的证据。

【注意】

（1）书证的提交

① 当书证为对方当事人或第三人持有时，当事人可以该书证作为当事人因客观原因不能收集的证据为由，向法院提出申请，由法院根据当事人的申请予以收集。

② 书证在对方当事人控制之下的，承担举证证明责任的当事人可以在举证期限届满前书面申请人民法院责令对方当事人提交。

申请理由成立的，人民法院应当责令对方当事人提交，因提交书证所产生的费用，由申请人负担。对方当事人无正当理由拒不提交的，人民法院可以认定申请人所主张的书证内容为真实（《民诉司法解释》第112条）。

（2）持有书证的当事人毁灭书证的后果

持有书证的当事人以妨碍对方当事人使用为目的，毁灭有关书证或者实施其他致使书证不能使用行为的，人民法院可以依照《民事诉讼法》第111条规定，对其处以罚款、拘留。

3. 物证

物证是指以其形状、质量、规格、受损坏的程度等证明案件事实的物品。

4. 视听资料

视听资料是指利用录音、录像等资料证明案件事实的证据。《民诉司法解释》第116条第1款规定,视听资料包括录音资料和影像资料。

5. 电子数据

电子数据,是指随着计算机及互联网络的发展,在计算机或计算机系统运行过程中,因电子化数据交换等产生的证明案件事实的信息。电子数据是此次民事诉讼法修订新增加的证据种类。《民诉司法解释》第116条对于电子数据作出了如下规定:"电子数据是指通过电子邮件、电子数据交换、网上聊天记录、博客、微博客、手机短信、电子签名、域名等形成或者存储在电子介质中的信息。存储在电子介质中的录音资料和影像资料,适用电子数据的规定。"

6. 证人证言

证人是指知晓案件事实并应当事人的要求和法院的传唤到法庭作证的人。证人就案件事实向法院所作的陈述称为证人证言。

(1) 证人的资格。我国民事诉讼中的证人,包括单位和个人两大类,即凡是知道案件情况的单位和个人都有义务出庭作证。个人作为证人,除了解案件事实外,还须能够正确表达自己的意志。

在我国,下列人员不得作为证人:

① 不能正确表达意思的人。能够向法庭正确表达自己的意思,是作为证人的必备条件。精神病人、生理上有缺陷的人、年幼的人,如果不具备这一条件,就不能作为证人。他们如果对与其年龄、智力状况或者精神状况相适应的待证事实提供证据,可以作为证人。

② 本案的诉讼代理人。对同一案件,诉讼代理人的身份与证人的身份是相互冲突的,因而不能既担任诉讼代理人又作证人。

③ 办理本案的法官、书记员、鉴定人、翻译人员和勘验人员。办理本案的上述人员如同时作为案件的证人,就有可能影响司法的公正,所以不得作为本案的证人。

与当事人有亲属关系和其他密切关系的人如果了解案件事实,可以作为证人出庭作证,但他们所提供的对该当事人有利的证言,可信度和证明力较低,一般低于其他证人提供的证言。在缺乏其他证据印证的情况下,不得单独将上述证言作为认定案件事实的依据。

(2) 证人应当出庭作证原则(《民诉司法解释》第117条)。申请证人出庭:应当在举证期限届满前提出。法院依职权收集证据的:可以依职权通知证人出庭作证。未经人民法院通知,证人不得出庭作证,但双方当事人同意并经人民法院准许的除外。

【注意】证人出庭作证的例外。证人有出庭作证的义务,无正当理由未出庭作证的证人证言,不能单独作为认定案件事实的依据。作为例外,证人可以用提交书面证言等方式替代出庭作证。

证人确有困难不能出庭的,经人民法院许可,可以通过书面证言、视听传输技术或者视听资料等方式作证。所谓"证人确有困难不能出庭",根据《民事诉讼法》第73条的规定,主要是指以下情形:① 因健康原因不能出庭的;② 因路途遥远,交通不便不能出庭的;③ 因自然灾害等不可抗力不能出庭的;④ 其他有正当理由不能出庭的。

(3) 证人因履行出庭作证义务而支出的交通、住宿、就餐等必要费用以及误工损失,由败诉一方当事人负担。当事人申请证人作证的,由该当事人先行垫付;当事人没有申请,人民法院通知证人作证的,由人民法院先行垫付。

《民诉司法解释》第 118 条进一步规定了费用的标准,即证人因履行出庭作证义务而支出的交通、住宿、就餐等必要费用,按照机关事业单位工作人员差旅费用和补贴标准计算;误工损失按照国家上年度职工日平均工资标准计算。

（4）证人如实作证的义务包括签署保证书(《民诉司法解释》第 119 条、第 120 条)。人民法院在证人出庭作证前应当告知其如实作证的义务以及作伪证的法律后果,并责令其签署保证书,但无民事行为能力人和限制民事行为能力人除外。证人签署保证书适用本解释关于当事人签署保证书的规定。证人拒绝签署保证书的,不得作证,并自行承担相关费用。

7. 鉴定意见

鉴定意见是指鉴定人运用专业知识、专门技术对案件中的专门性问题进行分析、鉴别、判断后作出的意见。

（1）启动方式。既可由当事人申请,法院也可以依职权决定。当事人申请鉴定,可以在举证期限届满前提出。申请鉴定的事项与待证事实无关联,或者对证明待证事实无意义的,人民法院不予准许。

（2）鉴定人的确定。前提是鉴定人必须具备资格。当事人申请鉴定的,应当组织双方当事人协商确定具备相应资格的鉴定人。协商不成的,由人民法院指定(《民事诉讼法》第 76 条、《民诉司法解释》第 121 条)。

符合依职权调查收集证据条件的,人民法院应当依职权委托鉴定,在询问当事人的意见后,指定具备相应资格的鉴定人。

（3）鉴定人的权利和义务。权利包括:有权了解进行鉴定所需要的案件材料,必要时可以询问当事人、证人。义务包括:① 鉴定人应当提出书面鉴定意见,在鉴定书上签名或者盖章。② 出庭义务。当事人对鉴定意见有异议或者人民法院认为鉴定人有必要出庭的,鉴定人应当出庭作证。违反出庭义务的法律后果:经人民法院通知,鉴定人拒不出庭作证的,鉴定意见不得作为认定事实的根据;支付鉴定费用的当事人可以要求返还鉴定费用。

（4）重新鉴定。当事人对人民法院委托的鉴定部门作出的鉴定结论有异议的,可以申请重新鉴定。但必须具备以下法定情形时,才能获得人民法院的准许:① 鉴定机构或者鉴定人员不具备相关的鉴定资格的;② 鉴定程序严重违法的;③ 鉴定结论明显依据不足的;④ 经过质证认定,不能作为证据使用的其他情形。

对有缺陷的鉴定结论,可以通过补充鉴定、重新质证或者补充质证等方法解决的,不予重新鉴定。

（5）自行鉴定的效力。一方当事人自行委托有关部门作出的鉴定结论,另一方当事人有证据足以反驳并申请重新鉴定的,人民法院应予准许。(《民诉证据规定》第 28 条)

二、例题

1. 叶某诉汪某借款纠纷案,叶某向法院提交了一份内容为汪某向叶某借款 3 万元并收到该 3 万元的借条复印件,上有"本借条原件由汪某保管,借条复印件与借条原件具有同等效力"字样,并有汪某的署名。法院据此要求汪某提供借条原件,汪某以证明责任在原告为由拒不提供,后又称找不到借条原件。证人刘某作证称,他是汪某向叶某借款的中间人,汪某向叶某借款的事实确实存在;另外,汪某还告诉刘某,他在叶某起诉之后把借条原件烧毁,汪某在法

院质证中也予以承认。在此情况下,下列哪些选项是正确的?(2017/3/80)

A. 法院可根据叶某提交的借条复印件,结合刘某的证言对案涉借款事实进行审查判断
B. 叶某提交给法院的借条复印件是案涉借款事实的传来证据
C. 法院可认定汪某向叶某借款3万元的事实
D. 法院可对汪某进行罚款、拘留

[释疑] 本题考查书证的提交与当事人对重要证据毁损的法律后果。根据《民诉司法解释》第111条的规定,"民事诉讼法第七十条规定的提交书证原件确有困难,包括下列情形:(一)书证原件遗失、灭失或者毁损的;(二)原件在对方当事人控制之下,经合法通知提交而拒不提交的;(三)原件在他人控制之下,而其有权不提交的;(四)原件因篇幅或者体积过大而不便提交的;(五)承担举证证明责任的当事人通过申请人民法院调查收集或者其他方式无法获得书证原件的。前款规定情形,人民法院应当结合其他证据和案件具体情况,审查判断书证复制品等能否作为认定案件事实的根据"。A项正确;根据证据的法理分类,传来证据是指不是直接来源于案件的证据,主要包括复印件、复制品等,本案叶某提交的借条为复印件,属于传来证据,B项正确;根据《民诉法解释》第112条的规定,书证在对方当事人控制之下的,承担举证证明责任的当事人可以在举证期限届满前书面申请人民法院责令对方当事人提交。申请理由成立的,人民法院应当责令对方当事人提交,因提交书证所产生的费用,由申请人负担。对方当事人无正当理由拒不提交的,人民法院可以认定申请人所主张的书证内容为真实。C项正确;根据《民诉法解释》第113条,持有书证的当事人以妨碍对方当事人使用为目的,毁灭有关书证或者实施其他致使书证不能使用行为的,人民法院可以依照《民事诉讼法》第111条规定,对其处以罚款、拘留。D项正确。(答案:ABCD)

2. 杨青(15岁)与何翔(14岁)两人经常嬉戏打闹,一次,杨青失手将何翔推倒,致何翔成了植物人。当时在场的还有何翔的弟弟何军(11岁)。法院审理时,何军以证人身份出庭。关于何军作证,下列哪些说法不能成立?(2017/3/79)

A. 何军只有11岁,无诉讼行为能力,不具有证人资格,故不可作为证人
B. 何军是何翔的弟弟,应回避
C. 何军作为未成年人,其所有证言依法都不具有证明力
D. 何军作为何翔的弟弟,证言具有明显的倾向性,其证言不能单独作为认定案件事实的根据

[释疑] 本题考查证人的资格与证人证言的证明力。在民事诉讼中,了解案件事实的单位和个人均可以作为证人,对于个人而言,是否具有证人资格,取决于能否正确表达意思。无诉讼行为能力人,只要能够正确表达意思,即可以作为证人,其证言具有证明力,但超出其年龄和智力范围的证人证言不能单独作为定案依据,AC表述错误,但符合题意;回避对象仅包括审判人员、书记员、鉴定人员、翻译人员以及勘验人等,证人不属于回避的对象,B项表述错误,但符合题意;根据《民诉证据规定》第69条的规定,与当事人有利害关系的证人证言,不能单独作为定案依据,D项表述正确。(答案:ABC)

3. 哥哥王文诉弟弟王武遗产继承一案,王文向法院提交了一份其父生前关于遗产分配方案的遗嘱复印件,遗嘱中有"本遗嘱的原件由王武负责保管"字样,并有王武的签名。王文在举证责任期间书面申请法院责令王武提交遗嘱原件,法院通知王武提交,但王武无正当理由拒绝提交。在此情况下,依据相关规定,下列哪些行为是合法的?(2016年真题,多选)

A. 王文可只向法院提交遗嘱的复印件
B. 法院可依法对王武进行拘留
C. 法院可认定王文所主张的该遗嘱能证明的事实为真实
D. 法院可根据王武的行为而判决支持王文的各项诉讼请求

[释疑] 本题考查书证在对方当事人控制下的提交以及不利推定。根据《民诉司法解释》第112条的规定,书证在对方当事人控制之下的,承担举证明责任的当事人可以在举证期限届满前书面申请人民法院责令对方当事人提交。申请理由成立的,人民法院应当责令对方当事人提交,因提交书证所产生的费用,由申请人负担。对方当事人无正当理由拒不提交的,人民法院可以认定申请人所主张的书证内容为真实。因此,AC 正确,BD 错误。(答案:AC)

4. 张志军与邻居王昌因琐事发生争吵并相互殴打,之后,张志军诉至法院要求王昌赔偿医药费等损失共计3000元。在举证期限届满前,张志军向法院申请事发时在场的方强(26岁)、路芳(30岁)、蒋勇(13岁)出庭作证,法院准其请求。开庭时,法院要求上列证人签署保证书,方强签署了保证书,路芳拒签保证书,蒋勇未签署保证书。法院因此允许方强、蒋勇出庭作证,未允许路芳出庭作证。张志军在开庭时向法院提供了路芳的书面证言,法院对该证言不同意组织质证。关于本案,法院的下列哪些做法是合法的?(2015年真题,多选)

A. 批准张志军要求事发时在场人员出庭作证的申请
B. 允许蒋勇出庭作证
C. 不允许路芳出庭作证
D. 对路芳的证言不同意组织质证

[释疑] 本题考查证人出庭作证、证人签署保证书以及拒签的法律后果。《民诉司法解释》第117条规定,当事人申请证人出庭,应当在举证期限届满前提出。法院依职权收集证据的,可以依职权通知证人出庭作证。未经人民法院通知,证人不得出庭作证,但双方当事人同意并经人民法院准许的除外。A 正确。《民诉司法解释》第119条和120条规定了证人具结以及拒绝具结的法律后果的规定,即人民法院在证人出庭作证前应当告知其如实作证的义务以及作伪证的法律后果,并责令其签署保证书,但无民事行为能力人和限制民事行为能力人除外。证人拒绝签署保证书的,不得作证,并自行承担相关费用。BC 项合法。因为不允许路芳作证,当然对其证言不组织质证,D 项正确。(答案:ABCD)

5. 在一起侵权诉讼中,原告申请由其弟袁某(某大学计算机系教授)作为专家辅助人出庭对专业技术问题予以说明。下列哪一表述是正确的?(2014年真题,单选)

A. 被告以袁某是原告的近亲属为由申请其回避,法院应批准
B. 袁某在庭上的陈述是一种法定证据
C. 被告可对袁某进行询问
D. 袁某出庭的费用,由败诉方当事人承担

[释疑] 本题考查专家辅助人。《民事诉讼法》第79条规定:"当事人可以申请人民法院通知有专门知识的人出庭,就鉴定人作出的鉴定意见或者专业问题提出意见。"可见,目前我国立法对专家辅助人在法庭上的陈述没有归为法定证据的种类,只规定专家辅助人由当事人委托,费用也应当由委托人支付;同时,专家辅助人出庭就案件的专门性问题进行说明,接受审判人员和当事人的询问。本案中袁某作为专家辅助人,不属于回避的对象,其提供的意见也不

属于法定证据的一种,袁某出庭的费用,应当由委托人支付,所以 A、B、D 项错误;而袁某出庭,可以接受双方当事人以及法官的询问,C 项正确。(答案:C)

6. 张某驾车与李某发生碰撞,交警赶到现场后用数码相机拍摄了碰撞情况,后李某提起诉讼,要求张某赔偿损失,并向法院提交了一张光盘,内附交警拍摄的照片。该照片属于下列哪一种证据?(2014 年真题,单选)

  A. 书证   B. 鉴定意见   C. 勘验笔录   D. 电子数据

[释疑] 本题考查证据种类的电子数据。电子数据是 2012 年《民事诉讼法》修订新增加的证据种类,是指随着计算机及互联网络的发展,在计算机或计算机系统运行过程中,因电子化数据交换等产生的证明案件事实的信息。电子数据的具体形式多样,凡是与数码、电子数据交换等有关的产生的信息,均可纳入电子数据的范围,因此本案数码相机拍摄了碰撞情况,以及提交的光盘,属于电子数据。(答案:D)

《民诉司法解释》第 116 条规定:"电子数据是指通过电子邮件、电子数据交换、网上聊天记录、博客、微博客、手机短信、电子签名、域名等形成或者存储在电子介质中的信息。存储在电子介质中的录音资料和影像资料,适用电子数据的规定。"

7. 甲公司诉乙公司专利侵权,乙公司是否侵权成为焦点。经法院委托,丙鉴定中心出具了鉴定意见书,认定侵权。乙公司提出异议,并申请某大学燕教授出庭说明专业意见。关于鉴定的说法,下列哪一选项是正确的?(2013 年真题,单选)

  A. 丙鉴定中心在鉴定过程中可以询问当事人

  B. 丙鉴定中心应当派员出庭,但有正当理由不能出庭的除外

  C. 如果燕教授出庭,其诉讼地位是鉴定人

  D. 燕教授出庭费用由乙公司垫付,最终由败诉方承担

[释疑] 本题考查鉴定人的权利与义务以及专家辅助人。根据《民事诉讼法》第 77 条第 1 款的规定,鉴定人有权了解进行鉴定所需要的案件材料,必要时可以询问当事人、证人。A 项正确;根据《民事诉讼法》第 78 条的规定:"当事人对鉴定意见有异议或者人民法院认为鉴定人有必要出庭的,鉴定人应当出庭作证。经人民法院通知,鉴定人拒不出庭作证的,鉴定意见不得作为认定事实的根据;支付鉴定费用的当事人可以要求返还鉴定费用。"B 项错误。根据《民事诉讼法》第 79 条的规定:"当事人可以申请人民法院通知有专门知识的人出庭,就鉴定人作出的鉴定意见或者专业问题提出意见。"C、D 项错误。(答案:A)

8. 根据证据理论和《民事诉讼法》以及相关司法解释,关于证人证言,下列哪些选项是正确的?(2011 年真题,多选)

  A. 限制行为能力的未成年人可以附条件地作为证人

  B. 证人因出庭作证而支出的合理费用,由提供证人的一方当事人承担

  C. 证人在法院组织双方当事人交换证据时出席陈述证言的,可视为出庭作证

  D. 未成年人所作的与其年龄和智力状况不相当的证言,不能单独作为认定案件事实的依据,是关于证人证言证明力的规定

[释疑] 根据《民诉证据规定》第 53 条的规定:"不能正确表达意志的人,不能作为证人。待证事实与其年龄、智力状况或者精神健康状况相适应的无民事行为能力人和限制民事行为能力人,可以作为证人。"A 项正确。第 54 条第 3 款规定:"证人因出庭作证而支出的合理费用,由提供证人的一方当事人先行支付,由败诉一方当事人承担。"B 项错误。第 55 条第 2 款

规定:"证人在人民法院组织双方当事人交换证据时出席陈述证言的,可视为出庭作证。"C 项正确。能否单独作为认定案件事实的依据,均为证据证明力的认定问题,D 项正确。(答案:ACD)

9. 关于证人的表述,下列哪一选项是正确的?(2008 年真题,单选)
A. 王某是未成年人,因此,王某没有证人资格,不能作为证人
B. 原告如果要在诉讼中申请证人出庭作证,应当在举证期限届满前提出,并经法院许可
C. 甲公司的诉讼代理人乙律师是目击案件情况发生的人,对方当事人丙可以向法院申请乙作为证人出庭作证,如法院准许,则乙不得再作为甲公司的诉讼代理人
D. 李某在法庭上宣读未到庭的证人的书面证言,该书面证言能够代替证人出庭作证

[释疑]　本题考查证人。对于自然人做证人的资格,仅限于不能正确表达意志,如果未成年人能够正确表达意志,可以作为证人,A 项错误。当事人申请证人出庭,应当在举证期限届满 10 日前提出,这里明确规定了具体的提出期限,即举证期限届满 10 日前,是便于法院通知证人以及证人能够安排好相关事宜及时出庭,B 项错误。在民事诉讼中,诉讼代理人的身份和证人的身份是相冲突的,只能选择其中一种身份,如果法院准许委托代理人作证人,其就不能再作诉讼代理人,C 项正确。证人应当出庭作证,除非确有困难不能出庭,并经法院许可,才可以提交书面证言,D 项错误。(答案:C)

三、提示与预测

1. 2012 年修法新增加电子数据作为独立的证据种类,应掌握电子数据与书证、视听资料的区别。电子证据必须是储存在计算机中,通过一定手段转换成能为人们直接感知的形式。电子证据表现形式具有多样性(如文本、图形、动画、音频及视频等多种媒体信息)。视听资料是以音响、图像所表达的内容证明案件事实的,而书证则是以文字、符号、图形等所记载的内容或表达的内容证明案件事实。电子数据,就其必须通过一定手段转换成能为人们直接感知的形式而言,与视听资料有着相似之处;但电子数据又存在自己的独特性:一方面,视听资料的受众广、门槛低,在数码化时代的今天,一般人都可以轻易地摄制、播放视听资料,而电子数据往往存在代码性特征,接触、阅读、获取、复制、展示电子数据都需要比视听资料更复杂的软硬件,因而在证据的搜集、审查上,往往需要借助专业机构的辅助;另一方面,视听资料具有形象性,诉讼主体能够比较容易地认知视听资料的内容,而电子数据具有更强的抽象性,在阅读和理解上往往也需要专业人士的判断。

可见,电子数据作为一种法定证据种类后,视听资料在现实生活中的范围大大减小,仅限于传统的录音录像,而凡是来源于数码产品、数据交换产生的信息,都归于电子数据。

电子数据经计算机输出后,以文本的形式表现,则与书证相似。

2. 证人证言是高频考点,特别是证人的资格以及证人证言的证明力,必须掌握。
3. 此次修法,鉴定意见修订的内容比较多,应当掌握鉴定意见的启动方式、鉴定人的确定、鉴定人的权利与义务以及违反出庭义务的法律后果。
4. 掌握专家辅助人制度。专家辅助人制度是 2012 年修法新增加的制度,《民诉司法解释》又对其作了进一步明确,考生应当掌握下列内容:
《民事诉讼法》第 79 条规定:"当事人可以申请人民法院通知有专门知识的人出庭,就鉴定人作出的鉴定意见或者专业问题提出意见。"
《民诉司法解释》第 122 条规定:"当事人可以依照民事诉讼法第七十九条的规定,在举证

期限届满前申请一至二名具有专门知识的人出庭,代表当事人对鉴定意见进行质证,或者对案件事实所涉及的专业问题提出意见。具有专门知识的人在法庭上就专业问题提出的意见,视为当事人的陈述。人民法院准许当事人申请的,相关费用由提出申请的当事人负担。"

《民诉司法解释》第123条规定:"人民法院可以对出庭的具有专门知识的人进行询问。经法庭准许,当事人可以对出庭的具有专门知识的人进行询问,当事人各自申请的具有专门知识的人可以就案件中的有关问题进行对质。具有专门知识的人不得参与专业问题之外的法庭审理活动。"

5. 鉴定人与专家辅助人的区别。专家辅助人与鉴定人都是某些专业性问题方面的专家,但其在民事诉讼中是有区别的:

(1) 专家辅助人受当事人委托,非由法院聘请。

(2) 专家辅助人出庭就鉴定人作出的鉴定意见或者专业问题提出意见,不仅可以提供事实证据,还可以提供意见证据。而鉴定不能提供意见证据。

(3) 专家辅助人必须出庭就案件的专门性问题进行说明。审判人员和当事人可以对出庭的专家辅助人进行询问。经人民法院准许,可以由当事人各自申请的专家辅助人就案件中的问题进行对质。专家辅助人可以对鉴定人进行询问。

(4) 专家辅助人就专业问题提出的意见,视为当事人的陈述。而鉴定人意见则是法定的证据种类之一。

考点 2 民事证据在理论上的分类

一、精讲

根据不同的划分标准,在学理上将民事证据分为:本证和反证、直接证据和间接证据、原始证据和传来证据。

1. 按照证据与证明责任的关系,可以把证据分为本证和反证

(1) 本证是指对待证事实负有证明责任一方当事人提出的、用于证明待证事实的证据。

(2) 反证则是指对待证事实不负证明责任的一方当事人,为证明该事实不存在或不真实而提供的证据。

2. 根据证据与待证事实之间联系的不同,可以把证据分为直接证据和间接证据

(1) 直接证据是指与待证的案件事实具有直接联系,能够单独证明案件事实的证据。

(2) 间接证据是指与待证的案件事实之间具有间接联系,不能单独证明案件事实,因而需要与其他证据结合起来才能证明案件事实的证据。

3. 按照证据来源的不同,即按照是否来自原始出处,可以把证据分为原始证据和传来证据

(1) 原始证据是直接来源于案件原始事实的证据,是第一手证据材料。当事人建立合同关系时制作的合同书、立遗嘱人亲笔所书的遗嘱、证人亲眼所见的侵权事实等,都属于原始证据。

(2) 传来证据又称派生证据,是指由原始证据衍生出来的证据,是经过复制、转述等中间环节而形成的证据。相对于原始证据而言,是第二手证据材料。合同的抄本、物证的复制品、证人转述他人所见的案件事实等,都属于传来证据,与原始证据相比,其证明力较弱。

二、例题

1. 王某诉钱某返还借款案审理中,王某向法院提交了一份有钱某签名、内容为钱某向王

某借款5万元的借条,证明借款的事实;钱某向法院提交了一份有王某签名、内容为王某收到钱某返还借款5万元并说明借条因王某过失已丢失的收条。经法院质证,双方当事人确定借条和收条所说的5万元是相对应的款项。关于本案,下列哪一选项是错误的?(2017/3/39)

A. 王某承担钱某向其借款事实的证明责任
B. 钱某自认了向王某借款的事实
C. 钱某提交的收条是案涉借款事实的反证
D. 钱某提交的收条是案涉还款事实的本证

[释疑] 本题综合考查证明责任的分配与本证和反证的判断。本案涉及借款主张与还款主张的证明责任以及与之相关的证据种类划分。本案中,王某提出借款主张,其对借款事实承担举证责任,A表述正确;钱某提出已经还款主张,其对还款事实承担举证责任,而其提交的收条能够证明还款事实,因此属于本证,而非反证,C表述错误,D正确;"经法院质证,双方当事人确定借条和收条所说的5万元是相对应的款项。"说明钱某自认了借款的事实,B项正确。因本题要求选择错误项,正确答案为C。(答案:C)

2. 战某打电话向牟某借款5万元,并发短信提供账号,牟某当日即转款。之后,因战某拒不还款,牟某起诉要求战某偿还借款。在诉讼中,战某否认向牟某借款的事实,主张牟某转的款是为偿还之前向自己借的款,并向法院提交了证据;牟某也向法院提供了一些证据,以证明战某向其借款5万元的事实。关于这些证据的种类和类别的确定,下列哪一选项是正确的?(2016年真题,单选)

A. 牟某提供的银行转账凭证属于书证,该证据对借款事实而言是直接证据
B. 牟某提供的记载战某表示要向其借款5万元的手机短信属于电子数据,该证据对借款事实而言是间接证据
C. 牟某提供的记载战某表示要向其借款5万元的手机通话录音属于电子数据,该证据对借款事实而言是直接证据
D. 战某提供一份牟某书写的向其借款10万元的借条复印件,该证据对牟某主张战某借款的事实而言属于反证

[释疑] 本题考查证据的分类和种类。在借贷案件中,银行转账凭证对于借款事实而言,无法单独、直接证明,属于间接证据,A项错误;牟某提供的记载战某表示要向其借款5万元的手机短信,手机的通话录音均属于电子数据,但该证据对借款事实而言是间接证据,不是直接证据,B正确,C错误;战某虽然对牟某主张其借款的事实不负有举证责任,但其提供的牟某书写的向其借款10万元的借条复印件,并不能够证明牟某主张其借款的事实不成立,因此不构成反证,D错误。(答案:B)

3. 2009年2月,家住甲市A区的赵刚向家住甲市B区的李强借了5000元,言明2010年2月之前偿还。到期后赵刚一直没有还钱,在李强向赵刚要求归还欠款时,被赵刚家的狗咬伤……

李强起诉要求赵刚返还欠款5000元、支付医药费6000元,并向法院提交了赵刚书写的借条、其向赵刚转账5000元的银行转账凭证、本人病历、医院的诊断书(复印件)、医院处方(复印件)、发票等。

赵刚称,其向李强借款是事实,但在2010年1月卖给李强一块玉石,价值5000元,说好用玉石货款清偿借款。当时李强表示同意,并称之后会把借条还给赵刚,但其一直未还该借条。……

关于赵刚向李强借款5 000元的证据证明问题,下列选项正确的是:(2012年真题,多选)

A. 李强提出的借条是本证
B. 李强提出的其向赵刚转账5 000元的银行转账凭证是直接证据
C. 赵刚承认借款事实属于自认
D. 赵刚所言已用卖玉石的款项偿还借款属于反证

[释疑] 本题考查证据的分类和自认的对象,本证是指负有举证责任的人提出的支持自己主张事实的证据,因此,A 正确;根据《民诉证据规定》第 8 条第 1 款的规定,在诉讼中,一方当事人对另一方当事人陈述的案件事实明确表示承认的,构成自认。C项正确。(答案:AC)

4. 案情:居住在甲市A区的王某驾车以60公里时速在甲市B区行驶,突遇居住在甲市C区的刘某骑自行车横穿马路,王某紧急刹车,刘某在车前倒地受伤。王某被送往甲市B区医院治疗,疗效一般,留有一定后遗症。之后,双方就王某开车是否撞倒刘某,以及相关赔偿事宜发生争执,无法达成协议。

刘某诉至法院,主张自己被王某开车撞伤,要求赔偿。刘某提交的证据包括:甲市B区交警大队的交通事故处理认定书(该认定书没有对刘某倒地受伤是否为王某开车所致作出认定)、医院的诊断书(复印件)、处方(复印件)、药费和住院费的发票等。王某提交了自己在事故现场用数码摄像机拍摄的车与刘某倒地后状态的视频资料。图像显示,刘某倒地位置与王某车距离1米左右。王某以该证据证明其车没有撞到刘某……

问题:本案所列当事人提供的证据,属于法律规定中的哪种证据?属于理论上的哪类证据?(2012年卷四案例分析题第2问)

[释疑] 根据《民事诉讼法》关于证据的分类:本案中,交通大队的事故认定书、医院的诊断书(复印件)、处方(复印件)、药费和住院费的发票都属于书证,王某在事故现场用数码摄像机拍摄的、就他的车与刘某倒地之后的状态的视频资料属于视听资料。根据理论上对证据的分类:上述证据都属于间接证据;甲市 B 区交通大队的交通事故处理认定书、药费和住院费的发票,王某自己在事故现场用数码摄像机拍摄的就他的车与刘某倒地之后的状态的视频资料属于原始证据,医院的诊断书(复印件)、处方(复印件)属于传来证据;就证明王某的车撞到刘某并致刘受伤的事实而言,刘某提供的各类证据均为本证,王某提供的证据为反证。

5. 周某与某书店因十几本工具书损毁发生纠纷,书店向法院起诉,并向法院提交了被损毁图书以证明遭受的损失。关于本案被损毁图书,属于下列哪些类型的证据?(2010年真题,多选)

A. 直接证据   B. 间接证据   C. 书证   D. 物证

[释疑] 本题考查证据的分类和种类。本题中被损毁图书是以其外观特征来证明图书馆遭受了损失,在证据种类上属于物证;而被损毁图书可以单一证明损毁图书的事实,在证据分类上属于直接证据。本题答案为A、D项。(答案:AD)

6. 关于证据理论分类的表述,下列哪一选项是正确的?(2009年真题,单选)

A. 传来证据有可能是直接证据
B. 诉讼中原告提出的证据都是本证,被告提出的证据都是反证
C. 证人转述他人所见的案件事实都属于间接证据
D. 一个客观与合法的间接证据可以单独作为认定案件事实的依据

[释疑] 本题考查证据的分类。根据证据的来源不同,将证据分为原始证据和传来证

据。原始证据是直接来源于案件事实而未经中间环节传播的证据;传来证据是指经过中间环节辗转得来,非直接来源于案件事实的证据。根据证据与案件事实的关系可以将证据分为直接证据和间接证据。直接证据是指能单独、直接证明案件主要事实的证据;间接证据是指不能单独、直接证明案件主要事实的证据。如果是经过了中间环节辗转得来,但是单独可以直接证明案件主要事实的证明,则该证据既是传来证据也是直接证据。因此,A项正确。

根据证据与证明责任承担者的关系,将证据分为本证与反证。本证,是指在民事诉讼中负有证明责任的一方当事人提出的用于证明自己所主张事实的证据;反证,是指没有证明责任的一方当事人提出的用于证明对方主张事实不真实的证据。本证与反证与当事人在诉讼中是原告还是被告没有关系,而与证据是否由承担证明责任的人提出有直接关系。因此,B项错误。

证人所转述他人所见的案件事实都属于传来证据,传来证据也可能是直接证据,而非都属于间接证据。因此,C项错误。

间接证据是指不能单独、直接证明案件主要事实的证据。根据间接证据的定义可知,间接证据本身就是不能单独、直接证明案件的主要事实,因此,无论什么样的间接证据,都不能单独作为认定案件事实的依据。因此,D项错误。(答案:A)

7. 原告诉请被告返还借款5万元,为证明这一事实,原告向法院提交了被告书写的"借据",被告则主张"借款已经清偿",并向法院出示了原告交给他的"收据"。关于原、被告双方的证据,下列哪些选项是正确的?(2007年真题,多选)

A. "借据"是本证,"收据"是反证
B. "借据"是本证,"收据"也是本证
C. "借据"是直接证据,"收据"是间接证据
D. "借据"是直接证据,"收据"也是直接证据

[释疑] 本题考查的是本证和反证、直接证据和间接证据的划分。本证和反证的划分标准:举证人与证明责任的关系。对待证事实负有证明责任的一方当事人提出的、用于证明待证事实的证据为本证。对待证事实不负证明责任的一方当事人,为证明该事实不存在或不真实而提供的证据为反证。它与举证人在诉讼中处于原告还是被告的诉讼地位无关。原告和被告在诉讼中都可能提出本证。

直接证据和间接证据的划分标准:能否单独证明案件事实。能够单独证明案件事实的证据为直接证据,不能单独证明案件事实,需要与其他证据结合起来才能证明案件事实的证据为间接证据。(答案:BD)

三、提示与预测

证据的种类是高频考点之一,考生需要掌握证据种类划分的依据,并能在案例中准确判断属于何种类型的证据。

第七章 民事诉讼中的证明

本章知识体系：

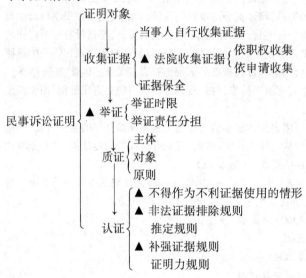

考点 1 证明对象

一、精讲

证明对象是指在民事诉讼中需要证明主体运用证据加以证明的案件事实。

1. 实体法事实

民事实体法律事实是指引起民事法律关系发生、变更或消灭的事实或者事实的组合。该实体法事实通常包括以下两种：

（1）实体法律关系构成所需要的要件事实，如构成侵权法律关系所需要的四要件，即违法行为、过错行为、损害后果以及上述行为与损害后果之间的因果关系。

（2）影响民事责任的事实，如第三人过错、受害人本人过错以及意外事件等事实。

2. 程序法事实

程序法事实，是指能够引起民事诉讼法律关系发生、变更或消灭的事实，即诉讼上的法律事实。

3. 外国法律和地方性法规、习惯

法官应当知悉本国的法律，因此本国法律不应成为诉讼中的证明对象，但外国法律不属于法官职务上应当知悉的范围。地方性法规数量多、变化快，本地的法官往往不了解外地制定的地方性法规。存在于某一地方的习惯一般只为本地人所知悉，审理案件的法官可能并不清楚。所以，在当事人主张适用外国法、地方性法规或要求从习惯时，它们也成为证明的对象。

4. 证据事实

证据事实是指作为法定证据种类的书证、物证等是否客观真实,所反映的内容与本案待证事实之间是否有关联性的问题。

二、提示与预测

证明对象,是判定证明责任的承担以及本证和反证区分的基础,特别是实体法事实,考生需要掌握证明对象在实际案件中的运用。

考点 2 无需证明的事实

一、精讲

在民事诉讼中,并不是所有的与案件相关的事实都需要证明,法律规定了无需证明的事实。

1. 诉讼上自认的事实

诉讼上自认,是指一方当事人在诉讼中向法院承认对方当事人所主张的不利于自己的案件主要事实。诉讼上自认的对象必须是案件事实,对方当事人关于适用或解释法律的陈述不能成为自认的对象。此外,自认的对象还必须是具体化了的案件的主要事实,间接事实一般不能成为自认的对象,辅助事实也不能成为自认的对象。

根据《民诉司法解释》第 92 条的规定,诉讼中是指在法庭审理中,或者在起诉状、答辩状、代理词等书面材料中。

(1) 当事人自认和诉讼代理人的自认。依据自认的主体不同,可分为当事人自认与诉讼代理人自认。前者为当事人和法定代理人作出的自认,后者为委托代理人作出的自认。在当事人与诉讼代理人共同出庭时,当事人认为诉讼代理人自认有误时,有权及时予以更正。《民诉证据规定》第 8 条第 3 款关于诉讼代理人自认的规定是:"当事人委托诉讼代理人参加诉讼的,代理人的承认视为当事人的承认。但未经特别授权的代理人对事实的承认直接导致承认对方诉讼请求的除外;当事人在场但对其代理人的承认不作否认表示的,视为当事人的承认。"

(2) 明示自认和默示自认。依据作出自认的方式不同,可分为明示自认与默示自认。前者指当事人以口头或书面方式明确表示承认;后者则是对不利于自己的事实保持沉默,不予争执与反驳。《民诉证据规定》第 8 条第 2 款增设了默示自认的规定:"对一方当事人陈述的事实,另一方当事人既未表示承认也未否认,经审判人员充分说明并询问后,其仍不明确表示肯定或者否定的,视为对该项事实的承认。"

(3) 诉讼上自认的效力。在诉讼过程中,一方当事人对另一方当事人陈述的案件事实明确表示承认的,另一方当事人无需举证。

根据《民诉司法解释》第 92 条的规定,一方当事人在法庭审理中,或者在起诉状、答辩状、代理词等书面材料中,对于己不利的事实明确表示承认的,另一方当事人无需举证证明。

注意不免除对方举证责任的情形:

(1) 涉及身份关系、国家利益、社会公共利益等应当由人民法院依职权调查的事实;

(2) 诉讼和解或调解中的不利陈述不得在其后的诉讼中作为不利证据。

《民诉司法解释》第107条规定:"在诉讼中,当事人为达成调解协议或者和解协议作出妥协而认可的事实,不得在后续的诉讼中作为对其不利的根据,但法律另有规定或者当事人均同意的除外。"

(3) 自认的事实与查明的事实不符的,人民法院不予确认。

(4) 自认的撤回。在通常情况下,当事人在诉讼中作出自认后,是不允许将其撤回的。但在当事人满足《民诉证据规定》第8条第4款规定的条件:"当事人在法庭辩论终结前撤回承认并经对方当事人同意,或者有充分证据证明其承认行为是在受到胁迫或者重大误解情况下作出且与事实不符的",允许将自认撤回。

2. 法定的免证事实

《民诉司法解释》第93条规定:"下列事实,当事人无须举证证明:(一)自然规律以及定理、定律;(二)众所周知的事实;(三)根据法律规定推定的事实;(四)根据已知的事实和日常生活经验法则推定出的另一事实;(五)已为人民法院发生法律效力的裁判所确认的事实;(六)已为仲裁机构生效裁决所确认的事实;(七)已为有效公证文书所证明的事实。前款第二项至第四项规定的事实,当事人有相反证据足以反驳的除外;第五项至第七项规定的事实,当事人有相反证据足以推翻的除外。"

二、例题

1. 下列哪一情形可以产生自认的法律后果?(2015年真题,单选)

A. 被告在答辩状中对原告主张的事实予以承认

B. 被告在诉讼调解过程中对原告主张的事实予以承认,但该调解最终未能成功

C. 被告认可其与原告存在收养关系

D. 被告承认原告主张的事实,但该事实与法院查明的事实不符

[释疑] 本题考查自认的构成。根据《民诉司法解释》第92条的规定,一方当事人在法庭审理中,或者在起诉状、答辩状、代理词等书面材料中,对于己不利的事实明确表示承认的,另一方当事人无需举证证明。对于涉及身份关系、国家利益、社会公共利益等应当由人民法院依职权调查的事实,不适用前款自认的规定。自认的事实与查明的事实不符的,人民法院不予确认。A正确,CD错误。《民诉司法解释》第107条:在诉讼中,当事人为达成调解协议或者和解协议作出妥协而认可的事实,不得在后续的诉讼中作为对其不利的根据,但法律另有规定或者当事人均同意的除外。B错误。(答案:A)

2. 2011年7月11日,A市升湖区法院受理了黎明丽(女)诉张成功(男)离婚案。7月13日,升湖区法院向张成功送达了起诉状副本。7月18日,张成功向升湖区法院提交了答辩状,未对案件的管辖权提出异议。8月2日,张成功向升湖区法院提出管辖权异议申请,称其与黎明丽已分居2年,分别居住于A市安平区各自父母家中。A市升湖区法院以申请管辖权异议超过申请期限为由,裁定驳回张成功管辖权异议申请。后,升湖区法院查明情况,遂裁定将案件移送安平区法院。安平区法院接受移送,确定适用简易程序审理此案。

安平区法院在案件开庭审理时组织调解。

黎明丽声称:2005年12月,其与张成功结婚,后因张成功有第三者陈佳,感情已破裂,现要求离婚。黎明丽提出,离婚后儿子张好帅由其行使监护权,张成功每月支付抚养费1500元。现双方存款36万元(存折在张成功手中),由2人平分,生活用品归各自所有,不存在其

他共有财产分割争议。

张成功承认:2005 年 12 月,其与黎明丽结婚,自己现在有了第三者,36 万元存款在自己手中,同意离婚,同意生活用品归各自所有,同意不存在其他共有财产分割争议。不同意支付张好帅抚养费,因其是黎明丽与前男友所生。

黎明丽承认:张好帅是其与前男友所生,但在户籍登记上,张成功与张好帅为父子关系,多年来父子相称,形成事实上的父子关系,故要求张成功支付抚养费。

调解未能达成协议。在随后的庭审中,黎明丽坚持提出的请求;张成功对调解中承认的多数事实和同意的请求予以认可,但否认了有第三者一事,仍不同意支付张好帅抚养费。黎明丽要求法院通知第三者陈佳以无独立请求权的第三人身份参加诉讼。

安平区法院作出判决:解除黎明丽、张成功婚姻关系;张好帅由黎明丽行使监护权,张成功每月支付抚养费 700 元;存款双方平分,生活用品归个人所有,不存在其他共有财产分割争议。法院根据调解中被告承认自己有第三者的事实,认定双方感情破裂,张成功存在过失。(2011年真题,不定选)

下列双方当事人的承认,不构成证据制度中自认的是:

A. 张成功承认与黎明丽存在婚姻关系
B. 张成功承认家中存款 36 万在自己手中
C. 张成功同意生活用品归各自所有
D. 黎明丽承认张成功不是张好帅的亲生父亲

[释疑] 本题考查的是自认的对象。根据《民诉司法解释》第 92 条的规定,一方当事人在法庭审理中,或者在起诉状、答辩状、代理词等书面材料中,对于己不利的事实明确表示承认的,另一方当事人无需举证证明。对于涉及身份关系、国家利益、社会公共利益等应当由人民法院依职权调查的事实,不适用前款自认的规定。当事人自认的对象只能针对法律允许自认的事实,超出法律允许范围的自认不具有法律效力。在我国民事诉讼中,不允许当事人对涉及身份关系的案件的事实进行自认,例如,涉及婚姻关系和亲子关系的案件不能由当事人自认。本案属于离婚案件,张成功承认与黎明丽存在婚姻关系以及黎明丽承认张成功不是张好帅的亲生父亲均不构成自认,A、D 项合题意;张成功承认家中存款 36 万元在自己手中,是对案件中财产事实的承认,构成自认,B 项不合题意;张成功同意生活用品归各自所有是对财产的分配意见,不构成自认,C 项合题意。(答案:ACD)

3. 下列关于民事诉讼自认及其法律后果的说法,哪些是错误的?(2005 年真题,多选)

A. 老张诉小张的赡养纠纷案件中,小张对老张陈述的收养事实明确表示承认,老张对形成收养关系的事实无需举证

B. 对原告甲陈述的事实,被告乙不置可否,法官充分说明并询问后,乙仍不予回答,视为对该项事实的承认

C. 经当事人特别授权的代理律师在诉讼中对案件事实的承认,视为当事人的承认,但因此而导致承认对方诉讼请求的除外

D. 被告只要在法庭辩论终结前声明撤回承认,其在庭审过程中的承认即无效

[释疑] 本题考查的是诉讼上的自认。根据《民诉司法解释》第 92 条的规定,一方当事人在法庭审理中,或者在起诉状、答辩状、代理词等书面材料中,对于己不利的事实明确表示承认的,另一方当事人无需举证证明。对于涉及身份关系、国家利益、社会公共利益等应当由人

民法院依职权调查的事实,不适用前款自认的规定。A项中的案件属于涉及身份关系的案件,即使小张对老张陈述的收养事实明确表示承认,仍不能免除老张对形成收养关系的事实的举证责任,A项错误。《民诉证据规定》第8条第2款规定:"对一方当事人陈述的事实,另一方当事人既未表示承认也未否认,经审判人员充分说明并询问后,其仍不明确表示肯定或者否定的,视为对该项事实的承认。"B项正确,不合题意。

《民诉证据规定》第8条第3款规定:"当事人委托代理人参加诉讼的,代理人的承认视为当事人的承认。但未经特别授权的代理人对事实的承认直接导致承认对方诉讼请求的除外;当事人在场但对其代理人的承认不作否认表示的,视为当事人的承认。"在诉讼中,判断是否为特别授权的标准是是否明确列明授权事项,明确列明授权事项的,方为特别授权;没有列明授权事项的,及时表述为特别授权,也应视为一般委托授权。因此,C项中的所指并不属于除外的情形,会导致自认的后果,所以C项正确,不合题意。《民诉证据规定》第8条第4款规定:"当事人在法庭辩论终结前撤回承认并经对方当事人同意,或者有充分证据证明其承认行为是在受胁迫或者重大误解情况下作出且与事实不符的,不能免除对方当事人的举证责任。"在本题中,被告只有在法庭辩论终结前声明撤回承认并得到原告同意的情况下,其在庭审过程中的承认才无效,D项错误。(答案:AD)

三、提示与预测

诉讼上自认的构成要件、自认的分类、自认的效力是高频考点,必须掌握。

考点 3 法院调查、收集证据

一、精讲

由于我国确立了"谁主张、谁举证"的证明责任分担原则,相应的证据一般要由当事人自行收集,也即我国民事诉讼法确定以当事人举证为主,但同时也规定,人民法院认为审理案件需要的证据,可以自行收集;对当事人难以收集的证据,法院也可以根据当事人的申请调查收集证据。

1. 法院自行调查、收集证据(《民诉司法解释》第96条)
(1) 涉及可能损害国家利益、社会公共利益的;
(2) 涉及身份关系的;
(3) 涉及《民事诉讼法》第55条规定诉讼的;
(4) 当事人有恶意串通损害他人合法权益可能的;
(5) 涉及依职权追加当事人、中止诉讼、终结诉讼、回避等程序性事项的。
除上述规定外,人民法院调查收集证据,应当依照当事人的申请进行。
2. 法院依据当事人的申请调查、收集证据(《民诉司法解释》第94条)
(1) 证据由国家有关部门保存,当事人及其诉讼代理人无权查阅调取的;
(2) 涉及国家秘密、商业秘密或者个人隐私的;
(3) 当事人及其诉讼代理人因客观原因不能自行收集的其他证据。

二、例题

关于民事诉讼中的证据收集,下列哪些选项是正确的?(2008 年真题,多选)

A. 在王某诉齐某合同纠纷一案中,该合同可能存在损害第三人利益的事实,在此情况下,法院可以主动收集证据

B. 在胡某诉黄某侵权一案中,因客观原因,胡某未能提供一项关键证据,在此情况下,胡某可以申请法院收集证据

C. 在周某诉贺某借款纠纷一案中,周某因自己没有时间收集证据,于是申请法院调查收集证据,在此情况下,法院应当进行调查和收集证据工作

D. 在武某诉赵某一案中,武某申请法院调查、收集证据,但未获法院准许,武某可以向受案法院申请复议一次

[释疑] 本题考查法院收集证据的情形。首先需要明确,法院收集证据的情形包括两种:一为法院依职权收集证据,参见《民诉司法解释》第 96 条;二为法院依当事人及其诉讼代理人的申请收集证据,参见《民诉司法解释》第 94 条。依据《民诉司法解释》第 96 条的规定,A 项正确。依据《民诉司法解释》第 94 条的规定,B 项正确,C 项错误。对法院就是否准许当事人申请法院调查收集证据的决定,当事人可以申请复议,D 项正确。(答案:ABD)

三、提示与预测

法院调查取证不是考试重点,考生只需掌握:

(1) 人民法院依申请调查取证的前提是当事人及其诉讼代理人因客观原因无法收集证据。

(2) 当事人及其诉讼代理人申请人民法院调查收集证据,可以在举证期限届满前提出书面申请。

(3) 当事人及其诉讼代理人向人民法院申请调查收集证据未获准许的,当事人及其代理人可以向受案法院申请复议一次。

考点 4 证据保全的条件和分类

一、精讲

证据保全是指在证据可能灭失或以后难以取得的情况下,法院根据申请人的申请或依职权,对证据加以固定和保护的制度。证据保全既是保全证据的手段,也是当事人以及人民法院收集证据的一种方式。

以采取时间的不同为标准,可将证据保全分为诉前的证据保全和诉讼中的证据保全。

1. 诉前证据保全

2012 年《民事诉讼法》第 81 条第 2 款增加了法院的诉前证据保全制度。对诉前证据保全制度,应当掌握下列内容:

(1) 法定事由:因情况紧急,证据可能灭失或者以后难以取得;

(2) 申请人:只能由利害关系人提出申请,人民法院不能依职权进行;

(3) 申请时间:提起诉讼前和申请仲裁前;

(4)向哪里申请:只能向证据所在地、被申请人住所地或者对案件有管辖权的人民法院申请保全证据。

2. 诉讼中的证据保全

(1)法定事由:证据可能灭失或者以后难以取得。"证据可能灭失",是指证人可能因病死亡,物证和书证可能会腐烂、销毁。证据"以后难以取得",是指虽然证据没有灭失,但如果不采取保全措施,以后取得该证据可能会成本过高或者难度很大,如证人出国定居或留学。

(2)申请人:当事人提出申请,或人民法院依职权进行。

(3)申请时间:举证期限届满前书面提出。

(4)向哪里申请:只能向受诉法院提出申请。

二、例题

1. 甲县的佳华公司与乙县的亿龙公司订立的烟叶买卖合同中约定,如果因为合同履行发生争议,应提交A仲裁委员会仲裁。佳华公司交货后,亿龙公司认为烟叶质量与约定不符,且正在霉变,遂准备提起仲裁,并对烟叶进行证据保全。关于本案的证据保全,下列哪些表述是正确的?(2014年真题,多选)

A. 在仲裁程序启动前,亿龙公司可直接向甲县法院申请证据保全

B. 在仲裁程序启动后,亿龙公司既可直接向甲县法院申请证据保全,也可向A仲裁委员会申请证据保全

C. 法院根据亿龙公司申请采取证据保全措施时,可要求其提供担保

D. A仲裁委员会收到保全申请后,应提交给烟叶所在地的中级法院

[释疑] 本题考查仲裁前的证据保全。根据《民事诉讼法》第81条第2款的规定:"因情况紧急,在证据可能灭失或者以后难以取得的情况下,利害关系人可以在提起诉讼或者申请仲裁前向证据所在地、被申请人住所地或者对案件有管辖权的人民法院申请保全证据。"A项正确;根据《仲裁法》第46条的规定:"在证据可能灭失或者以后难以取得的情况下,当事人可以申请证据保全。当事人申请证据保全的,仲裁委员会应当将当事人的申请提交证据所在地的基层人民法院。"B、D项错误;根据《民事诉讼法》第81条第3款的规定:"证据保全的其他程序,参照适用本法第九章保全的有关规定。"根据《民事诉讼法》第101条第1款的规定:"利害关系人因情况紧急,不立即申请保全将会使其合法权益受到难以弥补的损害的,可以在提起诉讼或者申请仲裁前向被保全财产所在地、被申请人住所地或者对案件有管辖权的人民法院申请采取保全措施。申请人应当提供担保,不提供担保的,裁定驳回申请。"C项正确。(答案:AC)

2. 甲县吴某与乙县宝丰公司在丙县签订了甜橙的买卖合同,货到后,吴某发现甜橙开始腐烂,未达到合同约定的质量标准。退货无果,吴某拟向法院起诉,为了证明甜橙的损坏状况,向法院申请诉前证据保全。关于诉前保全,下列哪一表述是正确的?(2013年真题,单选)

A. 吴某可以向甲、乙、丙县法院申请诉前证据保全

B. 法院应当在收到申请15日内裁定是否保全

C. 法院在保全证据时,可以主动采取行为保全措施,减少吴某的损失

D. 如果法院采取了证据保全措施,可以免除吴某对甜橙损坏状况提供证据的责任

[释疑] 根据《民事诉讼法》第81条第2款的规定:"因情况紧急,在证据可能灭失或者

以后难以取得的情况下,利害关系人可以在提起诉讼或者申请仲裁前向证据所在地、被申请人住所地或者对案件有管辖权的人民法院申请保全证据。"因此,A、C 项错误;根据《民事诉讼法》第 101 条第 2 款的规定:"人民法院接受申请后,必须在四十八小时内作出裁定;裁定采取保全措施的,应当立即开始执行。"因此,B 项错误。证据保全是利害关系人或当事人收集证据的一种方式,因此,如果法院采取了证据保全措施,可以免除申请人就申请保全事项提供证据的责任,D 项正确。(答案:D)

三、提示与预测

诉前和仲裁前的证据保全是 2012 年《民事诉讼法》增加的内容,考生应当掌握。同时需要注意:

(1)仲裁前证据保全,申请人在采取保全措施 30 日之内应当向仲裁机构申请仲裁,因此,对仲裁前证据保全有管辖权的人民法院只有证据所在地和被申请人住所地的人民法院。

(2)诉前证据保全,申请人在采取保全措施 30 日之内应当向有管辖权的人民法院起诉。

考点 5 举证时限的确定及其法律后果

一、精讲

举证时限,是指民事诉讼当事人向法院提供证据的期限。当事人必须在规定的时间期限内提供证据,逾期提出证据,将承担对其不利的法律后果。

《民诉诉讼法》第 65 条规定:"当事人对自己提出的主张应当及时提供证据。人民法院根据当事人的主张和案件审理情况,确定当事人应提供的证据及其期限。当事人在该期限内提供证据确有困难的,可以向人民法院申请延长期限,人民法院根据当事人的申请适当延长。当事人逾期提供证据的,人民法院应当责令其说明理由;拒不说明理由或者理由不成立的,人民法院根据不同情形可以不予采纳该证据,或者采纳该证据但予以训诫、罚款。"

《民诉司法解释》第 99 条至第 102 条对举证时限制度又作了进一步的规定。

1. 举证期限的确定方式(《民诉司法解释》第 99 条第 1、2 款)

(1)当事人协商,人民法院认可;

(2)人民法院确定。人民法院确定举证期限,第一审普通程序案件不得少于 15 日,当事人提供新的证据的第二审案件不得少于 10 日。

【注意】人民法院依据当事人的主张和案件审理情况,在审理前的准备阶段确定当事人提交证据的举证期限。

2. 举证时限的再次确定(《民诉司法解释》第 99 条第 3 款)

举证期限届满后,当事人对已经提供的证据,申请提供反驳证据或者对证据来源、形式等方面的瑕疵进行补正的,人民法院可以酌情再次确定举证期限,该期限不受前款规定的限制。

3. 举证期限的延长(《民诉诉讼法》第 65 条、《民事司法解释》第 100 条)

当事人在该期限内提供证据确有困难的,可以向人民法院申请延长期限,人民法院根据当事人的申请适当延长。

当事人在举证期限内提交证据材料确有困难的,应当在举证期限内向人民法院申请延期举证,经人民法院准许,可以适当延长举证期限。当事人在延长的举证期限内提交证据材料仍有困难的,可以再次提出延期申请,是否准许由人民法院决定。

延长的举证期限也适用于其他当事人。

4. 逾期举证的法律后果(《民事诉讼法》第 65 条,《民诉司法解释》第 101 条、第 102 条)

(1) 当事人逾期提供证据的,人民法院应当责令其说明理由;必要时可以要求其提供相应的证据。

例外:当事人因客观原因逾期提供证据,或者对方当事人对逾期提供证据未提出异议的,视为未逾期。

(2) 拒不说明理由或者理由不成立的,人民法院根据不同情形可以不予采纳该证据,或者采纳该证据但予以训诫、罚款。

具体情形包括:

(1) 当事人因故意或者重大过失逾期提供的证据,人民法院不予采纳。但该证据与案件基本事实有关的,人民法院应当采纳,并依照《民事诉讼法》第 65 条、第 115 条第 1 款的规定予以训诫、罚款。

(2) 当事人非因故意或者重大过失逾期提供的证据,人民法院应当采纳,并对当事人予以训诫。

当事人一方要求另一方赔偿因逾期提供证据致使其增加的交通、住宿、就餐、误工、证人出庭作证等必要费用的,人民法院可予支持。

【注意】这里说明的理由包括"新证据"以及其他理由。《民诉证据规定》第 41—44 条,《审监程序解释》第 10 条,最高人民法院《关于适用〈关于民事诉讼证据的若干规定〉中有关举证时限规定的通知》(以下简称《举证时限通知》)第 10 条分别规定了新证据的界定。包括:① 一审中的新证据包括两种情形:一是当事人在一审举证期限届满后新发现的证据;二是当事人因客观原因无法在举证期限内提供,申请延期后,经法院准许,但在延长的期限内仍然无法提供的证据。② 二审中的新证据包括两种情形:一是一审庭审结束后新发现的证据;二是当事人在一审举证期限届满前申请人民法院调查取证未获准许,二审法院经审查认为应当准许并依当事人申请调取的证据。③ 再审中的新证据,是指原审庭审结束后新发现的证据。④ 视为新证据,当事人经人民法院准许延期举证,但因客观原因未能在准许的期限内提供,且不审理该证据可能导致裁判明显不公的,其提供的证据可视为新的证据。

此外,《举证时限通知》第 10 条规定了关于新的证据的认定问题,即"人民法院对于'新的证据',应当依照《证据规定》第四十一条、第四十二条、第四十三条、第四十四条的规定,结合以下因素综合认定:(一) 证据是否在举证期限或者《证据规定》第四十一条、第四十四条规定的其他期限内已经客观存在;(二) 当事人未在举证期限或者司法解释规定的其他期限内提供证据,是否存在故意或者重大过失的情形"。

二、例题

1. 李某起诉王某要求返还 10 万元借款并支付利息 5 000 元,并向法院提交了王某亲笔书写的借条。王某辩称,已还 2 万元,李某还出具了收条,但王某并未在法院要求的时间内提交证据。法院一审判决王某返还李某 10 万元并支付 5 000 元利息,王某不服提起上诉,并称一审期间未找到收条,现找到了并提交法院。关于王某迟延提交收条的法律后果,下列哪一选项是正确的?(2016 年真题,单选)

A. 因不属于新证据,法院不予采纳
B. 法院应采纳该证据,并对王某进行训诫
C. 如果李某同意,法院可以采纳该证据
D. 法院应当责令王某说明理由,视情况决定是否采纳该证据

[释疑] 本题考查逾期举证的法律后果。根据《民事诉讼法》第65条以及《民诉司法解释》的相关规定,对于逾期提交的证据,人民法院应当责令其说明理由,理由成立的,例如属于法律规定的新证据,则视为未逾期。拒不说明理由或者理由不成立的,当事人非因故意或者重大过失逾期提供的证据,人民法院应当采纳,并对当事人予以训诫。本案中,王某二审中提交的收条,不属于新证据的范畴,但与案件基本事实有关,并且王某已经说明逾期提交的原因,因此,ACD项错误,B项正确。(答案:B)

2. 大皮公司因买卖纠纷起诉小华公司,双方商定了25天的举证时限,法院认可。时限届满后,小华公司提出还有一份发货单没有提供,申请延长举证时限,被法院驳回。庭审时,小华公司向法庭提交该发货单。尽管大皮公司反对,但法院在对小华公司予以罚款后,仍对该证据进行了质证。下列哪一诉讼行为不符合举证时限的相关规定?(2013年真题,单选)

A. 双方当事人协议确定举证时限
B. 双方确定了25天的举证时限
C. 小华公司在举证时限届满后申请延长举证时限
D. 法院不顾大皮公司反对,依然组织质证

[释疑] 本题考查举证时限的相关规定。根据《民诉司法解释》第99条的规定,举证时限的确定有两种方式,即双方当事人协议确定,人民法院认可,以及人民法院确定。前者没有时限长短的规定,而后者不得少于15天。A、B项正确;根据《民诉司法解释》第100条的规定:"当事人在举证期限内提供证据材料确有困难的,应当在举证期限内向人民法院申请延期举证。"C项错误;根据《民事诉讼法》第65条的规定,当事人逾期提交的证据,依然可以组织质证,并不必然失权,D项正确。(答案:C)

3. 关于举证时限和证据交换的表述,下列哪一选项是正确的?(2009年真题,单选)

A. 证据交换可以依当事人的申请而进行,也可以由法院依职权决定而实施
B. 民事诉讼案件在开庭审理前,法院必须组织证据交换
C. 当事人在举证期限内提交证据确有困难的,可以在举证期限届满之后申请延长,但只能申请延长一次
D. 当事人在举证期限内未向法院提交证据材料的,在法庭审理过程中无权再提交证据

[释疑] 本题考查举证时限和证据交换的相关知识点。《民诉证据规定》第37条规定:"经当事人申请,人民法院可以组织当事人在开庭审理前交换证据。人民法院对于证据较多或者复杂疑难的案件,应当组织当事人在答辩期届满后、开庭审理前交换证据。"根据上述规定可知,证据交换可以依当事人申请而进行,也可以由法院依职权决定而实施。因此,A项正确。

根据《民诉证据规定》第37条第1款的规定,经当事人申请的,法院可以组织当事人在开庭审理前交换证据,而非应当或必须在开庭审理前组织证据交换。另外,《民诉证据规定》第38条规定:"交换证据的时间可以由当事人协商一致并经人民法院认可,也可以由人民法院指定。人民法院组织当事人交换证据的,交换证据之日举证期限届满。当事人申请延期举证经

人民法院准许的,证据交换日相应顺延。"因此,B项说法错误。

《民诉证据规定》第36条规定:"当事人在举证期限内提供证据材料确有困难的,应当在向人民法院申请延期举证,经人民法院准许,可以适当延长举证期限。当事人在延长的举证期限内提交证据材料仍有困难的,可以再次提出延期申请,是否准许由人民法院决定。"据此可知,申请延期举证的次数并不限于一次,只是从第二次开始,是否准许由法院决定。因此,C项错误。

《民诉证据规定》第41条第(一)项规定:"一审程序中的新的证据包括:当事人在一审举证期限届满后新发现的证据;当事人确因客观原因无法在举证期限内提供,经人民法院准许,在延长的期限内仍无法提供的证据。"据此可知,当事人在举证期限内未向法院提交证据材料的,如果该证据材料属于法定的"新证据",仍然可以在法庭审理过程中提出。因此,D项错误。(答案:A)

三、提示与预测

1. 举证时限制度是高频考点。2012年《民事诉讼法》修订,明确规定了举证时限制度,对违反举证期限后果的规定,与2002年《民诉证据规定》中违反举证期限的后果截然相反,即逾期举证并不视为当事人放弃举证权利,逾期提交的证据也并不必然导致证据失权的后果。但是,对于当事人逾期提供证据的,由人民法院责令说明理由,理由成立的,接受该证据;拒不说明理由或者理由不成立的,则存在两种可选择的做法:一是不予采纳证据;二是接受证据但对逾期举证的当事人施以训诫、罚款。而《民诉司法解释》又对逾期提交证据作了进一步细化,考生应当掌握。

2. 证据交换制度

与举证时限制度相关,《民诉证据规定》第37条至第40条确立了证据交换制度,《民诉司法解释》第224、第225条的内容对证据交换也作出了规定。对于证据交换制度,考生需要掌握以下内容:

(1) 证据交换的启动方式:当事人申请或人民法院依职权启动。

(2) 交换证据的时间的确定:当事人协商一致并经人民法院认可,也可以由人民法院指定。人民法院组织当事人交换证据的,交换证据之日举证期限届满。

(3) 交换证据应当在审判人员主持下进行。

(4) 证据交换一般不超过两次,但重大、疑难和案情特别复杂的案件,人民法院认为确有必要再次进行证据交换的除外。

(5) 证据交换不是案件的必经程序。

【注意】当事人在证据交换过程中,认可(没有异议)并记录在卷的证据,经审判人员在庭审中说明后,可以作为认定案件事实的依据。

通过证据交换,要确定双方当事人争议的主要问题。

考点 6 证明责任的分配

一、精讲

证明责任,是民事诉讼当事人对自己提出的主张加以证明的责任;如果当事人不尽举证责任,或提供的证据无法证明其主张时,应当承担法律后果。

证明责任的功能在于:确定由何方当事人提供证据证明实体要件事实,为人民法院在实体要件事实真伪不明的情形下,作出判决提供正当依据。

证明责任包含两层内涵,即行为证明责任和结果证明责任。行为证明责任,是指当事人对自己主张的事实或反驳对方主张的事实有责任提出证据加以证明,也称为"提供证据责任"。行为证明责任的功能在于通过行为证明责任的分配和承担,确定由何方当事人提供证据来证明案件事实。当事人提供证据证明自己提出的有利于己方的实体要件事实,受到举证时限制度的规制,属于诉讼法的范畴。行为证明责任可以在双方当事人之间转移。结果证明责任,是指在案件审理终结时,法律所允许的证据或证明手段已经用尽,实体要件事实依然真伪不明的,由负有举证责任的当事人承担不利判决,即败诉风险。结果证明责任,是由法律预先规定的,在实体要件事实经过证明依然真伪不明时,实体法上的不利后果(败诉)由某方当事人承担,在诉讼中不得转移给对方当事人。

1. 证明责任的分担原则:谁主张、谁举证

谁主张、谁举证,即当事人对自己所主张的并作为证明对象的事实,应当提供证据加以证明。原告、有独立请求权的第三人必然有举证责任;被告是否有举证责任,取决于其是否提出需要作为证明对象的主张。

《民诉司法解释》第91条对于举证责任的承担作出了如下规定:"人民法院应当依照下列原则确定举证证明责任的承担,但法律另有规定的除外:(一)主张法律关系存在的当事人,应当对产生该法律关系的基本事实承担举证证明责任;(二)主张法律关系变更、消灭或者权利受到妨害的当事人,应当对该法律关系变更、消灭或者权利受到妨害的基本事实承担举证证明责任。"

2. 证明责任分担的具体规定

(1)在合同纠纷案件中,主张合同关系成立并生效的一方当事人,对合同订立和生效的事实承担举证责任;主张合同关系变更、解除、终止、撤销的一方当事人,对引起合同关系变动的事实承担举证责任;对合同是否履行发生争议的,由负有履行义务的当事人承担举证责任;对代理权发生争议的,由主张有代理权的一方当事人承担举证责任。

(2)在劳动争议纠纷案件中,因用人单位作出开除、除名、辞退、解除劳动合同、减少劳动报酬、计算劳动者工作年限等决定而发生劳动争议的,由用人单位负举证责任。

(3)在法律没有具体规定,依本规定及其他司法解释无法确定举证责任承担时,人民法院可以根据公平原则和诚实信用原则,综合当事人举证能力等因素,确定举证责任的承担。

3. 证明责任负担的例外——举证责任的倒置

(1)因新产品制造方法、发明专利引起的专利侵权诉讼,由制造同样产品的单位或者个人对其产品制造方法不同于专利方法承担举证责任。

(2)高度危险作业致人损害的侵权诉讼,由加害人就受害人故意造成损害的事实承担举证责任。

(3)因环境污染引起的损害赔偿诉讼,由加害人就法律规定的免责事由及其行为与损害结果之间不存在因果关系承担举证责任。

(4)建筑物或者其他设施以及建筑物上的搁置物、悬挂物发生倒塌、脱落、坠落致人损害的侵权诉讼,所有人或者管理人对其无过错承担举证责任。

(5) 饲养动物致人损害的侵权诉讼,由动物饲养人或者管理人就受害人有过错或者第三人有过错承担举证责任。

(6) 因缺陷产品致人损害的侵权诉讼,由产品的生产者就法律规定的免责事由承担举证责任。

(7) 因共同危险行为致人损害的侵权诉讼,由实施危险行为的人就其行为与损害结果之间不存在因果关系承担举证责任。

(8) 因医疗行为引起的侵权诉讼,由医疗机构就医疗行为与损害结果之间不存在因果关系承担举证责任。

【注意】在特殊侵权案件举证责任倒置的规定中,仅限于主观过错或因果关系的倒置,而损害事实和侵权行为不发生倒置,均由受害人举证证明。

二、例题

1. 刘月购买甲公司的化肥,使用后农作物生长异常。刘月向法院起诉,要求甲公司退款并赔偿损失。诉讼中甲公司否认刘月的损失是因其出售的化肥质量问题造成的,刘月向法院提供了本村吴某起诉甲公司损害赔偿案件的判决书,以证明甲公司出售的化肥有质量问题且与其所受损害有因果关系。关于本案刘月所受损害与使用甲公司化肥因果关系的证明责任分配,下列哪一选项是正确的?(2016年真题,单选)

A. 应由刘月负担有因果关系的证明责任
B. 应由甲公司负担无因果关系的证明责任
C. 应由法院依职权裁量分配证明责任
D. 应由双方当事人协商分担证明责任

[释疑] 本题考查证明责任的分配。证明责任分配的一般原则为谁主张,谁举证,对于一般侵权案件而言,侵权行为、损害结果、加害人主管过错以及侵权行为与损害结果之间存在因果关系均由受害人举证证明,《民诉证据规定》第4条规定了八类特殊侵权案件证明责任倒置的情形。本案是化肥存在质量问题导致农作物生长异常而发生的侵权案件,不属于证明责任倒置的案件类型,因此,对于刘月所受损害与使用甲公司化肥因果关系的证明责任应当由刘月承担,A项正确(答案:A,司法部公布答案为B)。

2. 主要办事机构在A县的五环公司与主要办事机构在B县的四海公司于C县签订购货合同,约定:货物交付地在D县;若合同的履行发生争议,由原告所在地或者合同签订地的基层法院管辖。现五环公司起诉要求四海公司支付货款。四海公司辩称已将货款交给五环公司业务员付某。五环公司承认付某是本公司业务员,但认为其无权代理本公司收取货款,且付某也没有将四海公司声称的货款交给本公司。四海公司向法庭出示了盖有五环公司印章的授权委托书,证明付某有权代理五环公司收取货款,但五环公司对该授权书的真实性不予认可。根据案情,法院依当事人的申请通知付某参加(参与)了诉讼。本案需要由四海公司承担证明责任的事实包括:(2015年真题,不定选)

A. 四海公司已经将货款交付给了五环公司业务员付某
B. 付某是五环公司业务员
C. 五环公司授权付某代理收取货款
D. 付某将收取的货款交到五环公司

[释疑] 本题考查举证责任的分配。对于被告四海公司而言,其主张的事实有已经将货款交付给了五环公司业务员付某,并且付某有权代理公司收款,因此,需要四海公司举证的事

实包括：AC(答案：AC)

3. 下列关于证明的哪一表述是正确的？(2014年真题，单选)
   A. 经过公证的书证，其证明力一般大于传来证据和间接证据
   B. 经验法则可验证的事实都不需要当事人证明
   C. 在法国居住的雷诺委托赵律师代理在我国的民事诉讼，其授权委托书需要经法国公证机关证明，并经我国驻法国使领馆认证后，方发生效力
   D. 证明责任是一种不利的后果，会随着诉讼的进行，在当事人之间来回移转

   [释疑] 本题考查证明中的证明力大小、免证事实、涉外诉讼委托书的递交程序以及证明责任。公证的书证属于公文书，公文书的证明力大小只能和私文书进行比较，公文书的证明力一般大于私文书，A项错误；经验法则可验证的事实只有上升到众所周知的事实，才能免除当事人的举证责任，B项错误；《民事诉讼法》第64条规定，在中华人民共和国领域内没有住所的外国人、无国籍人、外国企业和组织委托中华人民共和国律师或者其他人代理诉讼，从中华人民共和国领域外寄交或者托交的授权委托书，应当经所在国公证机关证明，并经中华人民共和国驻该国使领馆认证，或者履行中华人民共和国与该所在国订立的有关条约中规定的证明手续后，才具有效力。C项正确；通常说的证明责任，是指结果意义的证明责任，即经过所有证明手段后待证事实依然真伪不明时，败诉风险由谁承担。结果责任是法律预先设置的，不在当事人之间移转，D项错误。(答案：C)

4. 甲路过乙家门口，被乙垒放在门口的砖头砸伤，甲起诉要求乙赔偿。关于本案的证明责任分配，下列哪一说法是错误的？(2012年真题，单选)
   A. 乙垒放砖头倒塌的事实，由原告甲承担证明责任
   B. 甲受损害的事实，由原告甲承担证明责任
   C. 甲所受损害是由于乙垒放砖头倒塌砸伤的事实，由原告甲承担证明责任
   D. 乙有主观过错的事实，由原告甲承担证明责任

   [释疑] 本题考查搁置物倒塌致人伤害案件的举证责任分配，根据《民诉证据规定》第4条第1款第(四)项的规定："建筑物或者其他设施以及建筑物上的搁置物、悬挂物发生倒塌、脱落、坠落致人损害的侵权诉讼，由所有人或者管理人对其无过错承担举证责任。"(答案：D)

5. 2009年2月，家住甲市A区的赵刚向家住甲市B区的李强借了5000元钱，言明2010年2月之前偿还。到期后赵刚一直没有还钱。

   2010年3月，李强找到赵刚家追讨该债务，发生争吵。赵刚因所牵宠物狗易受惊，遂对李强说："你不要大声喊，狗会咬你。"李强不理，仍然叫骂，并指着狗叫喊。该狗受惊，扑向李强并将其咬伤。李强治伤花费6000元。

   李强起诉要求赵刚返还欠款5000元、支付医药费6000元，并向法院提交了赵刚书写的借条、其向赵刚转账5000元的银行转账凭证、本人病历、医院的诊断书(复印件)、医院处方(复印件)、发票等。

   赵刚称，其向李强借款是事实，但在2010年1月卖给李强一块玉石，价值5000元，说好用玉石货款清偿借款。当时李强表示同意，并称之后会把借条还给赵刚，但其一直未归还该借条。

   赵刚还称，李强故意激怒狗，被狗咬伤的责任应由李强自己承担。对此，赵刚提交了邻居孙某出具的书面证词，该证词描述了李强当时骂人和骂狗的情形。

赵刚认为,李强提交的诊断书、医院处方均为复印件,没有证明力。

关于本案李强被狗咬伤的证据证明问题,下列选项正确的是:(2012年真题,多选)

A. 赵刚的证人提出的书面证词属于书证
B. 李强提交的诊断书、医院处方为复印件,肯定无证明力
C. 李强是因为激怒赵刚的狗而被狗咬伤的事实的证明责任由赵刚承担
D. 李强受损害与被赵刚的狗咬伤之间具有因果关系的证明责任由李强承担

[释疑] 本题考查饲养动物致人伤害案件的证明责任分配。根据《民诉证据规定》第4条第1款第(五)项的规定,饲养动物致人损害的侵权诉讼,由动物饲养人或者管理人就受害人有过错或者第三人有过错承担举证责任。(答案:CD)

6.关于证明责任,下列哪些说法是正确的?(2011年真题,多选)

A. 只有在待证事实处于真伪不明的情况下,证明责任的后果才会出现
B. 对案件中的同一事实,只有一方当事人负有证明责任
C. 当事人对其主张的某一事实没有提供证据证明,必将承担败诉的后果
D. 证明责任的结果责任不会在原、被告间相互转移

[释疑] 本题考查证明责任。证明责任,又称举证责任,是指诉讼当事人在诉讼中应当承担的举出证据证明其主张的事实,以及不能证明时所要承担的不利后果。证明责任的功能在于:确定何方当事人提供证据证明实体要件事实,为人民法院在实体要件事实真伪不明的情形下,作出判决提供正当依据。证明责任包含两层内涵,即行为证明责任和结果证明责任。

行为证明责任,是指当事人对自己主张的事实或反驳对方主张的事实有责任提出证据加以证明,也称为"提供证据责任"。行为证明责任的功能在于通过行为证明责任的分配和承担,确定由何方当事人提供证据证明案件事实。当事人提供证据证明自己提出的有利于己方的实体要件事实,受到举证时限制度的规制,属于诉讼法的范畴。行为证明责任可以在双方当事人之间转移。

结果证明责任,是指在案件审理终结时,法律所许可的证据或证明手段已经用尽,实体要件事实依然真伪不明的,由负有举证责任的当事人承担不利判决,即败诉风险。结果证明责任,是由法律预先规定的在实体要件事实经过证明依然真伪不明时,实体法上的不利后果(败诉)由某方当事人承担,在诉讼中不得转移给对方当事人。(答案:ABD)

7.王某承包了20亩鱼塘。某日,王某发现鱼塘里的鱼大量死亡,王某认为鱼的死亡是因为附近的腾达化工厂排污引起,遂起诉腾达化工厂请求赔偿。腾达化工厂辩称,根本没有向王某的鱼塘排污。关于化工厂是否向鱼塘排污的事实举证责任,下列哪一选项是正确的?(2008年真题,单选)

A. 根据"谁主张、谁举证"原则,应当由主张存在污染事实的王某负举证责任
B. 根据"谁主张、谁举证"原则,应当由主张自己没有排污行为的腾达化工厂负举证责任
C. 根据"举证责任倒置"规则,应当由腾达化工厂负举证责任
D. 根据本证与反证的分类,应当由腾达化工厂负举证责任

[释疑] 本题考查举证责任的分配。根据《民诉证据规定》第4条第1款第(三)项的规定:"(三)因环境污染引起的损害赔偿诉讼,由加害人就法律规定的免责事由及其行为与损害结果之间不存在因果关系承担举证责任。"也即法律仅将行为与损害后果之间的因果关系举证责任倒置给加害人一方,对于其他的侵权要件,则要适用"谁主张、谁举证"的原则。(答案:A)

三、提示与预测

举证责任分担的原则及其例外是高频考点,必须掌握。

此外,考生还需要掌握《侵权责任法》中对一些特殊侵权案件举证责任分担的规定,具体如下:

1. 医疗侵权纠纷

《侵权责任法》第54条对医疗侵权纠纷中民事责任的承担作了规定,即"患者在诊疗活动中受到损害,医疗机构及其医务人员有过错的,由医疗机构承担赔偿责任"。也即在医疗侵权案件中,医疗过错是由受害人举证的,而非倒置给医疗机构。所以,在医疗侵权案件中,医疗机构仅就医疗行为与损害结果之间不存在因果关系承担举证责任。《民诉证据规定》第4条第1款第(八)项"因医疗行为引起的侵权诉讼,由医疗机构就医疗行为与损害结果之间不存在因果关系及不存在医疗过错承担举证责任"的规定失效。《侵权责任法》第58条规定:"患者有损害,因下列情形之一的,推定医疗机构有过错:(一)违反法律、行政法规、规章以及其他有关诊疗规范的规定;(二)隐匿或者拒绝提供与纠纷有关的病历资料;(三)伪造、篡改或者销毁病历资料。"

2. 共同危险行为致人伤害案件

《侵权责任法》第10条规定:"二人以上实施危及他人人身、财产安全的行为,其中一人或者数人的行为造成他人损害,能够确定具体侵权人的,由侵权人承担责任;不能确定具体侵权人的,行为人承担连带责任。"也就是说,共同危险行为致人伤害的案件,危险行为要对谁是侵权人承担举证责任。

《侵权责任法》第87条规定:"从建筑物中抛掷物品或者从建筑物上坠落的物品造成他人损害,难以确定具体侵权人的,除能够证明自己不是侵权人的外,由可能加害的建筑物使用人给予补偿。"也就是说,在建筑物中抛掷物品或者从建筑物上坠落的物品造成他人损害的案件中,危险人对自己不是侵权人承担举证责任。

【注意】无论是危险行为人要对谁是侵权人承担举证责任,还是危险行为人对自己不是侵权人承担举证责任,均属于危险行为人对自己的行为与损害结果之间不存在因果关系承担举证责任。

3. 动物园饲养动物致害案件

《侵权责任法》第81条规定了动物园饲养动物致害案件中动物园的免责事由,即"动物园的动物造成他人损害的,动物园应当承担侵权责任,但能够证明尽到管理职责的,不承担责任"。也就是说,在动物园饲养动物致害案件中,动物园承担过错推定责任,但法律规定了免责事由为证明已尽到管理职责。

考点 7 质证的主体和对象

一、精讲

质证是指诉讼当事人、诉讼代理人在法庭的主持下,对所提供的证据进行宣读、展示、辨认、质疑、说明、辩驳等活动。

(1) 质证的主体是当事人和诉讼代理人。当事人包括原告、被告、第三人等。

(2) 质证的客体是进入诉讼程序的各种证据，既包括当事人向法庭提供的证据，又包括法院依职权调查收集的证据。前者由双方当事人互相质证；后者则在审判人员出示后，由当事人进行质证。根据《民诉司法解释》第 104 条的规定，人民法院应当组织当事人围绕证据的真实性、合法性以及与待证事实的关联性进行质证，并针对证据有无证明力和证明力大小进行说明和辩论。能够反映案件真实情况、与待证事实相关联、来源和形式符合法律规定的证据，应当作为认定案件事实的根据。

(3) 质证的原则为公开质证，但涉及国家秘密、商业秘密和个人隐私或者法律规定的其他应当保密的证据除外(《民诉司法解释》第 103 条)。

二、提示与预测

质证不是考试重点，考生只需掌握质证的主体、客体以及不公开质证的情形即可。

考点 8 认证的规则

一、精讲

认证是指法庭对经过质证的各种证据材料作出判断和决定，确认其能否作为认定案件事实的根据。

1. 不得作为不利证据使用的情形(《民诉司法解释》第 107 条)

在诉讼中，当事人为达成调解协议或者和解协议作出妥协而认可的事实，不得在后续的诉讼中作为对其不利的根据，但法律另有规定或者当事人均同意的除外。

2. 非法证据排除规则(《民诉司法解释》第 106 条)

人民法院对以严重侵害他人合法权益、违反法律禁止性规定或者严重违背公序良俗的方法形成或者获取的证据，不得作为认定案件事实的根据。

3. 推定规则

有证据证明一方当事人持有证据无正当理由拒不提供，如果对方当事人主张该证据的内容不利于证据持有人，可以推定该主张成立。

《民诉司法解释》第 112 条也规定，书证在对方当事人控制之下的，承担举证证明责任的当事人可以在举证期限届满前书面申请人民法院责令对方当事人提交。

申请理由成立的，人民法院应当责令对方当事人提交，因提交书证所产生的费用，由申请人负担。对方当事人无正当理由拒不提交的，人民法院可以认定申请人所主张的书证内容为真实。

4. 不能单独作为认定案件事实的依据的证据(补强证据规则)

(1) 未成年人所作的与其年龄和智力状况不相当的证言；

(2) 与一方当事人或者其代理人有利害关系的证人出具的证言；

(3) 存有疑点的视听资料；

(4) 无法与原件、原物核对的复印件、复制品；

(5) 无正当理由未出庭作证的证人证言。

人民法院对以侵害他人合法权益或者违反法律禁止性规定的方法取得的证据，不能作为认定案件事实的依据。

5. 数个证据对同一事实的证明力的排序规则
(1) 国家机关、社会团体依职权制作的公文书证的证明力一般大于其他书证;
(2) 物证、档案、鉴定结论、勘验笔录或者经过公证、登记的书证,其证明力一般大于其他书证、视听资料和证人证言;
(3) 原始证据的证明力一般大于传来证据;
(4) 直接证据的证明力一般大于间接证据;
(5) 证人提供的对与其有亲属或者其他密切关系的当事人有利的证言,其证明力一般小于其他证人的证言。

6. 证明标准

《民诉司法解释》第108条和第109条分别明确规定了高度盖然性证明标准以及特殊情形下排除合理怀疑之高度盖然性证明标准。

《民诉司法解释》第108条规定:"对负有举证证明责任的当事人提供的证据,人民法院经审查并结合相关事实,确信待证事实的存在具有高度可能性的,应当认定该事实存在。对一方当事人为反驳负有举证证明责任的当事人所主张事实而提供的证据,人民法院经审查并结合相关事实,认为待证事实真伪不明的,应当认定该事实不存在。法律对于待证事实所应达到的证明标准另有规定的,从其规定。"

《民诉司法解释》第109条规定:"当事人对欺诈、胁迫、恶意串通事实的证明,以及对口头遗嘱或者赠与事实的证明,人民法院确信该待证事实存在的可能性能够排除合理怀疑的,应当认定该事实存在。"

二、例题

1. 郭某诉张某财产损害一案,法院进行了庭前调解,张某承认对郭某财产造成损害,但在赔偿数额上双方无法达成协议。关于本案,下列哪一选项是正确的?(2010年真题,单选)

A. 张某承认对郭某财产造成损害,已构成自认
B. 张某承认对郭某财产造成损害,可作为对张某不利的证据使用
C. 郭某仍需对张某造成财产损害的事实举证证明
D. 法院无需开庭审理,本案事实清楚可直接作出判决

[释疑] 本题考查认证中不能作为不利证据使用的情形。根据《民诉司法解释》第107条的规定:"在诉讼中,当事人为达成调解协议或者和解协议作出妥协而认可的事实,不得在后续的诉讼中作为对其不利的根据,但法律另有规定或者当事人均同意的除外。"正确选项为C项。(答案:C)

2. 某省海兴市的《现代企业经营》杂志刊登了一篇自由撰稿人吕某所写的报道,内容涉及同省龙门市甲公司的经营方式。甲公司负责人汪某看到该篇文章后,认为《现代企业经营》作为一本全省范围内发行的杂志,其所发文章内容严重失实,损害了甲公司的名誉,使公司的经营受到了影响。于是甲公司向法院起诉要求《现代企业经营》杂志社和吕某赔偿损失5万元,并赔礼道歉。一审法院仅判决杂志社赔偿甲公司3万元,未对"赔礼道歉"的请求进行处理。杂志社认为赔偿数额过高,不服一审判决提起上诉。根据上述事实,请回答:

在案件的一审过程中,关于本案的证据,下列选项正确的是:(2008年真题,不定选)

A. 因旷工而被甲公司开除了的甲公司员工于某所提供的证言不能单独作为认定案件事

实的证据

B. 吕某在采访甲公司某名保安时,采用录音笔偷录下双方的谈话,因该录音比较模糊,所以不能单独作为认定案件事实的证据

C. 甲公司提供的考勤数据表,属于一方当事人提出的证据,不能单独作为认定案件事实的证据

D.《现代企业经营》杂志社在庭审过程中,收到了甲公司员工刚刚提供的反映甲公司员工作息时间的一份材料,该材料可以作为新证据提交法庭

[释疑] 本题考查新证据、认证中的补强证据规则。《民诉证据规定》第76条规定:"当事人对自己的主张,只有本人陈述而不能提出其他相关证据的,其主张不予支持。但对方当事人认可的除外。"A项正确。《民诉证据规定》第69条规定:"下列证据不能单独作为认定案件事实的依据:(一) 未成年人所作的与其年龄和智力状况不相当的证言;(二) 与一方当事人或者其代理人有利害关系的证人出具的证言;(三) 存有疑点的视听资料;(四) 无法与原件、原物核对的复印件、复制品;(五) 无正当理由未出庭作证的证人证言。"B项正确,C项错误。根据《民诉证据规定》第41条的规定:"'新的证据',是指以下情形:……当事人在一审举证期限届满后新发现的证据;当事人确因客观原因无法在举证期限内提供,经人民法院准许,在延长的期限内仍无法提供的证据……"故D项正确。(答案:ABD)

三、提示与预测

不能单独作为认定案件事实依据的证据、推定的适用、非法证据排除规则是高频考点,必须掌握。

第八章 期间与送达

本章知识体系:

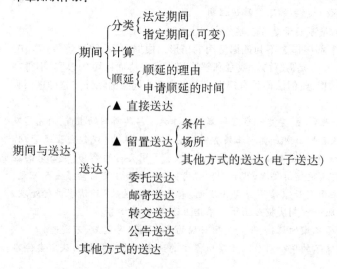

考点 1 期间的分类、计算和顺延

一、精讲

期间,是人民法院或者诉讼参与人进行或者完成某种诉讼行为应遵守的期限和日期。

1. 期间的分类

期间可以按照不同的标准进行分类。以法律规定还是法院指定为标准,可以把期间分为法定期间和指定期间;以期间设定后是否可以变更为标准,可以把期间分为不变期间和可变期间。

根据我国《民事诉讼法》第 82 条第 1 款的规定,民事诉讼中的期间包括法定期间和指定期间。

法定期间,是指由法律明文规定的诉讼期间。这里的法律应作广义理解,包括法律及其司法解释等。对于法定期间,除法律另有规定外,受诉法院不得依职权或者应当事人和其他诉讼参与人的申请而予以变更。所谓法律另有规定,是指法律针对诉讼中的某些特殊情况对法定期间所作的调节性规定。例如,《民事诉讼法》第 149 条规定:"人民法院适用普通程序审理的案件,应当在立案之日起六个月内审结。有特殊情况需要延长的,由本院院长批准,可以延长六个月;还需要延长的,报请上级人民法院批准。"

指定期间,是指人民法院根据案件的具体情况和审理案件的实际需要,依职权指定当事人或其他诉讼参与人实施或完成某项诉讼行为的期间。指定期间是法定期间的必要补充,是一种可变期间。人民法院在作出指定后,如遇有正当理由时,人民法院可以根据情况的变化重新指定期间,或延长原指定期间。

【特别提示】 法定期间既包括不变期间,也包括可变期间;指定期间都是可变期间。《民诉司法解释》第 127 条明确规定了不变期间,包括《民事诉讼法》第 56 条第 3 款的提起第三人撤销之诉期间、第 205 条当事人申请再审的期间以及本解释第 374 条利害关系人对确认调解协议效力、实现担保物权裁定提出异议期间、第 384 条调解书的申请再审期间、第 401 条撤回再审申请后,再次申请再审的期间、第 422 条案外人申请再审的期间、第 423 条执行中案外人对异议不服申请再审的期间(以上期间均规定为 6 个月),以及《民事诉讼法》第 223 条规定的除权判决作出后利害关系人起诉的 1 年期间。

2. 期间的计算

(1)期间以时、日、月、年为计算单位。

(2)期间开始的时、日,不计算在期间内。期间以月、年为计算单位,期间届满日为开始日的对应日,没有对应日的,以最后一个月的最后一天为期间届满日。例如:当事人申请执行的期限为 2 年,如果申请执行期于 2010 年 7 月 31 日开始,则 2012 年 7 月 31 日届满。

期间的最后一日为法定节假日的,以节假日后的第一个工作日为期间届满日。诉讼文书的在途期间不包括在内,如诉讼文书通过邮局邮寄的,以邮戳为准。

3. 期间的顺延

(1)申请顺延的事由:如果当事人有正当理由在规定的期间内没有完成应进行的诉讼行为,可以申请顺延期间。该正当理由包括:① 不可抗拒的事由:不能预见、不能避免和无法克服的客观情况;② 其他正当事由,即不可抗拒的事由以外的事由。

(2)申请顺延的时间:当事人因不可抗拒的事由或者其他正当理由耽误期限的,在障碍消除后的 10 日内,可以申请顺延期限,是否准许,由人民法院决定。

二、例题

1. 张兄与张弟因遗产纠纷诉至法院,一审判决张兄胜诉。张弟不服,却在赴法院提交上诉状的路上被撞昏迷,待其经抢救苏醒时已超过上诉期限一天。对此,下列哪一说法是正确的?(2015年真题,单选)

   A. 法律上没有途径可对张弟上诉权予以补救
   B. 因意外事故耽误上诉期限,法院应依职权决定顺延期限
   C. 张弟可在清醒后10日内,申请顺延期限,是否准许,由法院决定
   D. 上诉期限为法定期间,张弟提出顺延期限,法院不应准许

   [释疑] 本题考查期间的顺延。期间的顺延制度主要是针对当事人有正当理由在规定的期间内没有完成应进行的诉讼行为的在期间上的救济。A错误;期间的顺延,只能由当事人在障碍消除后10日内申请,法院不能依职权决定,B错误,C正确。期间的顺延中包括法定期间,D错误。(答案:C)

2. 关于《民事诉讼法》规定的期间制度,下列哪一选项是正确的?(2012年真题,单选)

   A. 法定期间都属于绝对不可变期间
   B. 涉外案件的审理不受案件审结期限的限制
   C. 当事人从外地到法院参加诉讼的,在途期间不包括在期间内
   D. 当事人有正当理由耽误了期间,法院应当依职权为其延展期间

   [释疑] 本题考查的是期间的相关规定。我国民事诉讼实行双轨制,即国内和涉外分别进行规定。法律明确规定了不同审级的国内案件的审限,但对涉外案件没有审限的规定,因此,B正确。(答案:B)

3. 根据《民事诉讼法》和民事诉讼理论,关于期间,下列哪一选项是正确的?(2011年真题,单选)

   A. 法定期间都是不可变期间,指定期间都是可变期间
   B. 法定期间的开始日及期间中遇有节假日的,应当在计算期间时予以扣除
   C. 当事人参加诉讼的在途期间不包括在期间内
   D. 遇有特殊情况,法院可依职权变更原确定的指定期间

   [释疑] 本题考查期间的分类以及计算。《民事诉讼法》第82条规定:"期间包括法定期间和人民法院指定的期间。期间以时、日、月、年计算。期间开始的时和日,不计算在期间内。期间届满的最后一日是节假日的,以节假日后的第一日为期间届满的日期。期间不包括在途时间,诉讼文书在期满前交邮的,不算过期。"B、C项错误;根据可否适用中止、中断以及延长,期间分为不变期间和可变期间。不变期间不适用中止、中断以及延长。可见,法定期间与指定期间,不可变期间与可变期间是根据不同标准对期间的划分,法定期间包括不可变期间与可变期间,A项错误。指定期间是人民法院依职权指定的期间,例如举证期限,遇有特殊情况,法院也可依职权变更原确定的指定期间,D项正确。(答案:D)

三、提示与预测

期间的分类、期间的计算以及期间的顺延必须掌握。此外,该考点考查时会结合具体的制度,例如:在涉外民事诉讼案件中,在中华人民共和国境内没有住所的被告,提交答辩状、上诉

期、被上诉人提交答辩状的期间均为 30 日,当事人可以申请顺延期限,是否准许,由人民法院决定。

考点 2 直接送达、留置送达与电子送达

一、精讲

送达是人民法院依法定程序和方式,向当事人及其他参与诉讼人送交诉讼文书的行为。送达的主体(送达人)是人民法院。我国《民事诉讼法》明确规定了 7 种送达方式:直接送达、留置送达、电子送达、委托送达、邮寄送达、转交送达和公告送达。

1. 直接送达

直接送达是最基本的送达方式,送达诉讼文书,应当直接送交受送达人。一般情况下,受送达人是公民的,由该公民直接签收,该公民不在时交他的同住成年家属签收。受送达人是法人或者其他组织的,应当由法人的法定代表人、其他组织的主要负责人或者该法人、组织负责收件的人签收;受送达人有诉讼代理人的,可以送交其代理人签收;受送达人已向人民法院指定代收人的,送交代收人签收。

《民诉司法解释》第 131 条规定:"人民法院直接送达诉讼文书的,可以通知当事人到人民法院领取。当事人到达人民法院,拒绝签署送达回证的,视为送达。审判人员、书记员应当在送达回证上注明送达情况并签名。人民法院可以在当事人住所地以外向当事人直接送达诉讼文书。当事人拒绝签署送达回证的,采用拍照、录像等方式记录送达过程即视为送达。审判人员、书记员应当在送达回证上注明送达情况并签名。"

2. 留置送达

(1)留置送达是人民法院在送达时,在受送达人或其他代收人无理拒收诉讼文书的情况下,送达人依照法定程序将诉讼文书放置于送达人的住所并产生送达法律效力的送达方式。

(2)适用留置送达的条件:① 受送达人或其同住成年家属拒绝签收诉讼文书;法人的法定代表人、其他组织的主要负责人或者办公室、收发室、值班室等负责收件的人,拒绝签收或者盖章;受送达人指定诉讼代理人为代收人的,向诉讼代理人送达时其拒收的。② 送达人可以邀请有关基层组织或者所在单位的代表到场,说明情况,在送达回证上记明拒收事由和日期,由送达人、见证人签名或者盖章,把诉讼文书留在受送达人的住所。③ 也可以把诉讼文书留在受送达人的住所,并采用拍照、录像等方式记录送达过程,即视为送达。

【注意】《民诉司法解释》第 132 条规定:"受送达人有诉讼代理人的,人民法院既可以向受送达人送达,也可以向其诉讼代理人送达。受送达人指定诉讼代理人为代收人的,向诉讼代理人送达时,适用留置送达。"

(3)留置地点:应当将诉讼文书放在受送达人的住所,而不得放在非住所的其他地方。

【注意】《简易程序规定》第 11 条规定了适用简易程序的诉讼文书,可以留置在受送达人的住所或者从业场所,即受送达的自然人以及他的同住成年家属拒绝签收诉讼文书的,或者法人、其他组织负责收件的人拒绝签收诉讼文书的,送达人应当依据 2012 年《民事诉讼法》第 86 条的规定邀请有关基层组织或者所在单位的代表到场见证,被邀请的人不愿到场见证的,送达人应当在送达回证上记明拒收事由、时间和地点以及被邀请人不愿到场见证的情形,将诉讼文书留在受送达人的住所或者从业场所,即视为送达。

3. 电子送达

电子送达是 2012 年《民事诉讼法》修订新增加的法定送达方式,《民事诉讼法》第 87 条规定:"经受送达人同意,人民法院可以采用传真、电子邮件等能够确认其收悉的方式送达诉讼文书,但判决书、裁定书、调解书除外。采用前款方式送达的,以传真、电子邮件等到达受送达人特定系统的日期为送达日期。"

(1) 电子送达的前提:经受送达人同意,并应当在送达地址确认书中予以确认。(《民诉司法解释》第 136 条)。

(2) 电子送达的诉讼文书:判决书、裁定书、调解书之外的其他诉讼文书。

(3) 电子送达的方式。可以采用传真、电子邮件、移动通信等即时收悉的特定系统作为送达媒介(《民诉司法解释》第 135 条)。

(4) 电子送达的送达日期。以传真、电子邮件等到达受送达人特定系统的日期为送达日期。"到达受送达人特定系统的日期",为人民法院对应系统显示发送成功的日期,但受送达人证明到达其特定系统的日期与人民法院对应系统显示发送成功的日期不一致的,以受送达人证明到达其特定系统的日期为准(《民诉司法解释》第 135 条)。

二、例题

1. 张某诉美国人海斯买卖合同一案,由于海斯在我国无住所,法院无法与其联系,遂要求张某提供双方的电子邮件地址,电子送达了诉讼文书,并在电子邮件中告知双方当事人在收到诉讼文书后予以回复,但开庭之前法院只收到张某的回复,一直未收到海斯的回复。后法院在海斯缺席的情况下,对案件作出判决,驳回张某的诉讼请求,并同样以电子送达的方式送达判决书。关于本案诉讼文书的电子送达,下列哪一做法是合法的?(2014 年真题,单选)

A. 向张某送达举证通知书 B. 向张某送达缺席判决书
C. 向海斯送达举证通知书 D. 向海斯送达缺席判决书

[释疑] 本题考查电子送达的适用范围。根据《民事诉讼法》第 87 条的规定:"经受送达人同意,人民法院可以采用传真、电子邮件等能够确认其收悉的方式送达诉讼文书,但判决书、裁定书、调解书除外。"可见,电子送达仅适用于除判决书、裁定书和调解书之外的诉讼文书,A 正确。(答案:A)

2. 关于法院的送达行为,下列哪一选项是正确的?(2013 年真题,单选)

A. 陈某以马某不具有选民资格向法院提起诉讼,由于马某拒不签收判决书,法院向其留置送达
B. 法院通过邮寄方式向葛某送达开庭传票,葛某未寄回送达回证,送达无效,应当重新送达
C. 法院在审理张某和赵某借款纠纷时,委托赵某所在学校代为送达起诉状副本和应诉通知
D. 经许某同意,法院用电子邮件方式向其送达证据保全裁定书

[释疑] 本题考查留置送达、邮寄送达、委托送达以及电子送达的条件。根据《民事诉讼法》第 86 条的规定:"受送达人或者他的同住成年家属拒绝接收诉讼文书的,送达人可以邀请有关基层组织或者所在单位的代表到场,说明情况,在送达回证上记明拒收事由和日期,由送达人、见证人签名或者盖章,把诉讼文书留在受送达人的住所;也可以把诉讼文书留在受送达人的住所,并采用拍照、录像等方式记录送达过程,即视为送达。"A 项正确;根据《民事诉讼法》第 88 条的规定:"直接送达诉讼文书有困难的,可以委托其他人民法院代为送达,或者邮

寄送达。邮寄送达的,以回执上注明的收件日期为送达日期。"B、C 项错误;根据《民事诉讼法》第 87 条第 1 款的规定:"经受送达人同意,人民法院可以采用传真、电子邮件等能够确认其收悉的方式送达诉讼文书,但判决书、裁定书、调解书除外。"D 项错误。(答案:A)

3. 甲起诉要求与妻子乙离婚,法院经审理判决不予准许。书记员两次到甲住所送达判决书,甲均拒绝签收。书记员的下列哪一做法是正确的?(2009 年真题,单选)

A. 将判决书交给甲的妻子乙转交
B. 将判决书交给甲住所地居委会转交
C. 请甲住所地居委会主任到场见证并将判决书留在甲住所
D. 将判决书交给甲住所地派出所转交

[释疑] 本题考查诉讼文书的送达。《民事诉讼法》第 86 条规定:"受送达人或者他的同住成年家属拒绝接收诉讼文书的,送达人应当邀请有关基层组织或者所在单位的代表到场,说明情况,在送达回证上记明拒收事由和日期,由送达人、见证人签名或者盖章,把诉讼文书留在受送达人的住所……即视为送达。"据此可知,本题的正确答案是 C 项。(答案:C)

三、提示与预测

1. 调解书的送达、离婚判决的送达、留置送达是高频考点,必须掌握。
2. 2012 年《民事诉讼法》修订新增加了其他方式的送达,也称为电子送达,应当掌握。
3. 《民诉司法解释》增加了送达地址恒定的规定。《民诉司法解释》第 137 条规定:"当事人在提起上诉、申请再审、申请执行时未书面变更送达地址的,其在第一审程序中确认的送达地址可以作为第二审程序、审判监督程序、执行程序的送达地址。"
4. 委托送达的受托主体只能是其他人民法院,而非其他机构。
5. 转交送达限于受送达人是军人、被监禁的人以及被采取强制性教育措施的人,由其所在部队团以上单位的政治机关、其所在监所以及其所在强制性教育机构转交。
6. 受送达人下落不明,或者用其他方式无法送达的,公告送达。自发出公告之日起,经过 60 日,即视为送达。

第九章 法院调解

本章知识体系:

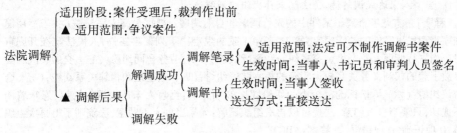

考点 1　法院调解的适用案件范围和阶段

一、精讲

1. 法院调解适用的案件范围

（1）法院调解是我国法院行使审判权解决纠纷的一种方式，因此，所有纠纷案件均可以根据当事人的自愿进行调解，也就是所有经过审判程序（一审程序、二审程序和再审程序）审理的纠纷案件，均适用法院调解。

（2）不适用调解的案件。适用特别程序、督促程序、公示催告程序、执行案件、婚姻等身份关系确认案件以及其他依案件性质不能进行调解的民事案件，人民法院不予调解。

2. 法院调解适用的具体阶段

法院调解在诉讼各阶段均可以进行，具体而言，在答辩期满后、裁判作出前进行调解。在征得当事人各方同意后，人民法院可以在答辩期进行调解。

二、例题

1. 2011年7月11日，A市升湖区法院受理了黎明丽（女）诉张成功（男）离婚案。7月13日，升湖区法院向张成功送达了起诉状副本。7月18日，张成功向升湖区法院提交了答辩状，未对案件的管辖权提出异议。8月2日，张成功向升湖区法院提出管辖权异议申请，称其与黎明丽已分居2年，分别居住于A市安平区各自父母家中。A市升湖区法院以申请管辖权异议超过申请期限为由，裁定驳回张成功管辖权异议申请。后，升湖区法院查明情况，遂裁定将案件移送安平区法院。安平区法院接受移送，确定适用简易程序审理此案。

安平区法院在案件开庭审理时组织了调解。

……

调解未能达成协议。在随后的庭审中，黎明丽坚持提出的请求；张成功对调解中承认的多数事实和同意的请求予以认可，但否认了有第三者一事，仍不同意支付张好帅抚养费。黎明丽要求法院通知第三者陈佳以无独立请求权的第三人身份参加诉讼。……（2011年真题，不定选）

关于本案调解，下列选项正确的是：

A. 法院在开庭审理时先行调解的做法符合法律或司法解释规定

B. 法院在开庭审理时如不先行组织调解，将违反法律或司法解释规定

C. 当事人未达成调解协议，法院在当事人同意的情况下可以再次组织调解

D. 当事人未达成调解协议，法院未再次组织调解违法

[释疑]　本题考查离婚案件中的先行调解和自愿调解。根据最高人民法院《关于适用简易程序审理民事案件的若干规定》第14条第1款的规定：“下列民事案件，人民法院在开庭审理时应当先行调解：（一）婚姻家庭纠纷和继承纠纷；（二）劳务合同纠纷；（三）交通事故和工伤事故引起的权利义务关系较为明确的损害赔偿纠纷；（四）宅基地和相邻关系纠纷；（五）合伙协议纠纷；（六）诉讼标的额较小的纠纷。"A、B项正确；当事人未达成调解协议，意味着调解不成功，只要当事人同意，法院可以再次组织调解；如果当事人不同意，法院则不得再次组织调解，C项正确，D项错误。（答案：ABC）

三、提示与预测

法院调解适用的案件范围是高频考点，必须掌握。

另外，2012 年《民事诉讼法》修订，新增立案前的先行调解。《民事诉讼法》第 122 条规定："当事人起诉到人民法院的民事纠纷，适宜调解的，先行调解，但当事人拒绝调解的除外。"立案前的先行调解，由于诉讼程序还没有开始，所以其在性质上属于诉讼外的调解，不属于法院调解的范围。

考点 2　法院调解的结束以及调解书的生效

一、精讲

法院调解的结束有两种情况：因调解无效而结束；因调解达成调解协议而结束。

1. 调解无效而结束的情形

（1）经过调解，双方当事人不能达成协议，调解结束，法院应当及时作出判决。

（2）当事人双方虽已达成协议，但协议内容不合法，当事人又不愿修改的，人民法院应当及时判决。根据最高人民法院《关于人民法院民事调解工作若干问题的规定》（以下简称《调解规定》）第 12 条的规定："调解协议具有下列情形之一的，人民法院不予确认：① 侵害国家利益、社会公共利益的；② 侵害案外人利益的；③ 违背当事人真实意思的；④ 违反法律、行政法规禁止性规定的。"

（3）当事人在调解书送达前一方反悔的，人民法院应当及时判决。

2. 调解成立而结束

双方当事人经法院调解后，达成了调解协议，经过人民法院审查，协议内容符合国家法律政策的，应予以批准。调解成立后，需制作调解书的，应制作调解书并发给双方当事人。对不需要制作调解书的，协议内容应记入笔录，并由双方当事人、审判人员和书记员签名盖章，从而结束案件的审理程序。

（1）调解协议内容超出诉讼请求的，人民法院可以准许（《调解规定》第 9 条）。

（2）调解协议约定一方不履行协议应当承担民事责任的，应予准许。

调解协议约定一方不履行协议，另一方可以请求人民法院对案件作出裁判的条款，人民法院不予准许（《调解规定》第 10 条）。

（3）调解协议约定一方提供担保或者案外人同意为当事人提供担保的，人民法院应当准许。

案外人提供担保的，人民法院制作调解书应当列明担保人，并将调解书送交担保人。担保人不签收调解书的，不影响调解书生效。当事人或者案外人提供的担保符合《担保法》规定的条件时生效（《调解规定》第 11 条）。

双方当事人经法院调解后，达成了调解协议，经过人民法院审查，协议内容符合国家法律政策的，应予以批准。

3. 调解书的生效

（1）不需要制作调解书的案件，如调解和好的离婚案件、调解维持收养关系的案件、能够即时履行的案件以及其他不需要制作调解书的案件，自双方当事人及审判人员、书记员在协议上签字盖章,调解协议即具有法律效力。

对于其他不需要制作调解书的案件,当事人请求制作调解书的,人民法院应当制作调解书送交当事人。当事人拒收调解书的,不影响调解协议的效力。一方不履行调解协议的,另一方可以持调解书向人民法院申请执行(《民诉司法解释》第151条也作了同样的规定)。

(2)需要制作调解书的案件,自双方当事人签收调解书后生效。如果调解书不能当庭送达双方当事人的,应以后收到调解书的当事人签收的日期为调解书生效日期。

调解书与生效判决具有同样的法律效力。

二、例题

1. 甲公司因合同纠纷向法院提起诉讼,要求乙公司支付货款280万元。在法院的主持下,双方达成调解协议。协议约定:乙公司在调解书生效后10日内支付280万元本金,另支付利息5万元。为保证协议履行,双方约定由丙公司为乙公司提供担保,丙公司同意。法院据此制作调解书送达各方,但丙公司反悔拒绝签收。关于本案,下列哪一选项是正确的?(2016年真题,单选)

A. 调解协议内容尽管超出了当事人诉讼请求,但仍具有合法性
B. 丙公司反悔拒绝签收调解书,法院可以采取留置送达
C. 因丙公司反悔,调解书对其没有效力,但对甲公司、乙公司仍具有约束力
D. 因丙公司反悔,法院应当及时作出判决

[释疑] 本题考查调解协议的内容、调解书的送达以及调解书对担保人的效力。法院调解是当事人行使处分权和法院行使审判权相结合的纠纷解决方式,调解协议的内容,只要符合当事人处分权的行使,就受到尊重。《调解规定》第9条也规定,调解协议内容超出诉讼请求的,人民法院可以准许,A项正确;调解书签收生效,所以调解书只能直接送达当事人或当事人指定的代收人,不适用留置送达,B项错误;根据《调解规定》第11条的规定,案外人提供担保的,人民法院制作调解书应当列明担保人,并将调解书送交担保人。担保人不签收调解书的,不影响调解书生效。当事人或者案外人提供的担保符合担保法规定的条件时生效,C、D错误。(答案:A)

2. 达善公司因合同纠纷向甲市A区法院起诉美国芙泽公司,经法院调解双方达成调解协议。关于本案的处理,下列哪些选项是正确的?(2016年真题,多选)

A. 法院应当制作调解书
B. 法院调解书送达双方当事人后即发生法律效力
C. 当事人要求根据调解协议制作判决书的,法院应当予以准许
D. 法院可以将调解协议记入笔录,由双方签字即发生法律效力

[释疑] 本题考查涉外案件调解及其特殊规定。根据《民事诉讼法》第97条的规定,调解达成协议的,人民法院应当制作调解书,调解书经双方当事人签收后,即具有法律效力。送达与签收是同样的含义,因此,AB正确。根据《民诉司法解释》第530条的规定,涉外民事诉讼中,经调解双方达成协议,应当制发调解书。当事人要求发给判决书的,可以依协议的内容制作判决书送达当事人,C正确。根据《民事诉讼法》第98条的规定,下列案件调解达成协议,人民法院可以不制作调解书:(1)调解和好的离婚案件;(2)调解维持收养关系的案件;(3)能够即时履行的案件;(4)其他不需要制作调解书的案件。对不需要制作调解书的协议,

应当记入笔录,由双方当事人、审判人员、书记员签名或者盖章后,即具有法律效力。本案不属于法律规定可以不制作调解书,由双方签字即发生法律效力的情形,D项错误。(答案:ABC)

3. 关于法院制作的调解书,下列哪一说法是正确的?(2015年真题,单选)

A. 经法院调解,老李和小李维持收养关系,可不制作调解书
B. 某夫妻解除婚姻关系的调解书生效后,一方以违反自愿为由可申请再审
C. 检察院对调解书的监督方式只能是提出检察建议
D. 执行过程中,达成和解协议的,法院可根据当事人的要求制作成调解书

[释疑] 民事诉讼法明确规定,对于达成维持收养关系的调解协议,可以不制作调解书,A正确;对于解除婚姻关系的调解书,甚至判决书,只要发生法律效力,则不得申请再审,B错误;对于调解书的检察监督,可以用抗诉和检察建议的方式进行,C错误;调解书只能在诉讼程序中作出,具有解决争议的功能。执行程序中虽然当事人可以达成和解,但其不是解决争议,因此不得依据其制作调解书。(答案:A)

4. 甲诉乙损害赔偿一案,双方在诉讼中达成和解协议。关于本案,下列哪一说法是正确的?(2012年真题,单选)

A. 当事人无权向法院申请撤诉
B. 因当事人已达成和解协议,法院应当裁定终结诉讼程序
C. 当事人可以申请法院依和解协议内容制作调解书
D. 当事人可以申请法院依和解协议内容制作判决书

[释疑] 根据《调解规定》第4条,当事人在诉讼中自行达成和解协议的,人民法院可以根据当事人的申请,依法确认和解协议制作调解书。(答案:C)

5. 根据《民事诉讼法》及相关司法解释,关于法院调解,下列哪一选项是错误的?(2011年真题,单选)

A. 法院可以委托与当事人有特定关系的个人进行调解,达成协议的,法院应当依法予以确认
B. 当事人在诉讼中自行达成和解协议的,可以申请法院依法确认和解协议并制作调解书
C. 法院制作的调解书生效后都具有执行力
D. 法院调解书确定的担保条款的条件成就时,当事人申请执行的,法院应当依法执行

[释疑] 根据最高人民法院《调解规定》第3条的规定:"根据民事诉讼法第八十七条(新法第九十五条)的规定,人民法院可以邀请与当事人有特定关系或者与案件有一定联系的企业事业单位、社会团体或者其他组织,和具有专门知识、特定社会经验、与当事人有特定关系并有利于促成调解的个人协助调解工作。经各方当事人同意,人民法院可以委托前款规定的单位或者个人对案件进行调解,达成调解协议后,人民法院应当依法予以确认。"A项正确。第4条第1款规定:"当事人在诉讼过程中自行达成和解协议的,人民法院可以根据当事人的申请依法确认和解协议制作调解书。双方当事人申请庭外和解的期间,不计入审限。"B项正确。第11条规定:"调解协议约定一方提供担保或者案外人同意为当事人提供担保的,人民法院应当准许。案外人提供担保的,人民法院制作调解书应当注明担保人,并将调解书送交担保人。担保人不签收调解书的,不影响调解书生效。当事人或者案外人提供的担保符合担保法规定的条件时生效。"D项正确。只有具有给付性质的生效法律文书才具有执行力,因此,法院制作的调解书生效后,只有具有给付内容的才具有执行力,C项错误。(答案:C)

6. 某借款纠纷案二审中,双方达成调解协议,被上诉人当场将欠款付清。关于被上诉人请求二审法院制作调解书,下列哪一选项是正确的?(2009年真题,单选)

　　A. 可以不制作调解书,因为当事人之间的权利义务已经实现

　　B. 可以不制作调解书,因为本案属于法律规定可以不制作调解书的情形

　　C. 应当制作调解书,因为二审法院的调解结果除解决纠纷外,还具有对一审法院的判决效力发生影响的功能

　　D. 应当制作调解书,因为被上诉人已经提出请求,法院应当尊重

　　[释疑]　本题考查二审中调解的相关问题。《民事诉讼法》第172条规定:"第二审人民法院审理上诉案件,可以进行调解。调解达成协议,应当制作调解书,由审判人员、书记员署名,加盖人民法院印章。调解书送达后,原审人民法院的判决即视为撤销。"据此可知,调解也是二审程序中的结案方式之一,但是在二审程序中达成调解协议的都应当制作调解书,调解书应由审判员和书记员署名,并加盖人民法院的印章。因此,本题的正确答案是C项。(答案:C)

7. 关于民事诉讼中的法院调解与诉讼和解的区别,下列哪些选项是正确的?(2009年真题,多选)

　　A. 法院调解是法院行使审判权的一种方式,诉讼和解是当事人对自己的实体权利和诉讼权利进行处分的一种方式

　　B. 法院调解的主体包括双方当事人和审理该案件的审判人员,诉讼和解的主体只有双方当事人

　　C. 法院调解以《民事诉讼法》为依据,具有程序上的要求,诉讼和解没有严格的程序要求

　　D. 经过法院调解达成的调解协议生效后,如有给付内容则具有强制执行力,经过诉讼和解达成的和解协议即使有给付内容,也不具有强制执行力

　　[释疑]　本题考查民事诉讼中法院调解与诉讼和解的区别。法院调解,又称诉讼中调解,是指在民事诉讼中双方当事人在法院审判人员的主持和协调下,就案件争议的问题进行协商,从而解决纠纷所进行的活动。诉讼和解是指当事人在诉讼过程中通过自行协商,就案件争议问题达成协议,并共同向法院陈述协议的内容,要求结束诉讼从而终结诉讼的制度。法院调解与诉讼和解相比,有以下三点区别:

　　(1)性质不同。前者含有人民法院行使审判权的性质;后者则是当事人在诉讼中对自己的诉讼权利和实体权利的处分。因此,A项正确。

　　(2)参加主体不同。前者有人民法院和双方当事人共同参加;后者只有双方当事人自己参加。因此,B项正确。

　　(3)效力不同。根据法院调解达成协议制作的调解书生效后,诉讼归于终结,有给付内容的调解书具有执行力;当事人在诉讼中和解的,则由原告申请撤诉,经法院裁定准许后结束诉讼,和解协议不具有执行力。因此,D项正确。

　　另外,诉讼中的法院调解要遵循一定的法律原则和程序。在我国,根据《民事诉讼法》的规定,法院调解要遵循当事人自愿和合法原则,且法院在组织调解时还需要有一定的程序。而诉讼和解则没有相关的程序性规定和要求。因此,C项正确。(答案:ABCD)

三、提示与预测

法院调解是高频考点，考生应当掌握。同时，需要注意下列内容：

1. 调解的主持人：审判员或合议庭、法院邀请的社会人士或单位或委托相关的社会人士或单位（委托调解、协助调解）。

2. 调解的方式：人民法院审理民事案件，调解过程不公开，但当事人同意公开的除外。

调解协议内容不公开，但为保护国家利益、社会公共利益、他人合法权益，人民法院认为确有必要公开的除外。

主持调解以及参与调解的人员，对调解过程以及调解过程中获悉的国家秘密、商业秘密、个人隐私和其他不宜公开的信息，应当保守秘密，但为保护国家利益、社会公共利益、他人合法权益的除外。（《民诉司法解释》第146条）

3. 不制作调解书的情形，并非适用所有的调解案件，仅限于法律明确规定的情形；不制作调解书适用的程序仅限于第一审程序，第二审程序中达成调解协议都应当制作调解书，因为二审法院的调解结果除解决纠纷外，还具有对一审法院的判决效力发生影响的功能。

4. 简易程序中赋予当事人约定调解书生效时间的权利。《简易程序规定》第15条规定："调解达成协议并经审判人员审核后，双方当事人同意该调解协议经双方签名或者捺印生效的，该调解协议自双方签名或者捺印之日起发生法律效力。当事人要求摘录或者复制该调解协议的，应予准许。"

5. 调解书的补正。《调解规定》第16条规定："当事人以民事调解书与调解协议的原意不一致为由提出异议，人民法院审查后认为异议成立的，应当根据调解协议裁定补正民事调解书的相关内容。"

6. 部分调解成功先行制作调解书。《调解规定》第17条规定："当事人就部分诉讼请求达成调解协议的，人民法院可以就此先行确认并制作调解书。当事人就主要诉讼请求达成调解协议，请求人民法院对未达成协议的诉讼请求提出处理意见并表示接受该处理结果的，人民法院的处理意见是调解协议的一部分内容，制作调解书的记入调解书。"

7. 当事人自行和解或者调解达成协议后，请求人民法院按照和解协议或者调解协议的内容制作判决书的，人民法院不予准许。无民事行为能力人的离婚案件，由其法定代理人进行诉讼。法定代理人与对方达成协议要求发给判决书的，可根据协议内容制作判决书。（《民诉司法解释》第148条）。在涉外民事诉讼中，经调解双方达成协议，应当制发调解书。当事人要求发给判决书的，可以依协议的内容制作判决书送达当事人。（《民诉司法解释》第530条）

8. 调解书确定的担保条款条件或承担民事责任的条件成就时，当事人可以申请执行；但对已经承担了调解书确定的民事责任后，对方当事人又要求承担迟延履行责任的，人民法院不予支持。（《调解规定》第19条）

9. 调解书的送达只适用直接送达，且只能直接送达本人或本人指定的代收人。

10. 诉讼调解和诉讼和解是两个诉讼过程中当事人行使实体处分权的制度，应当掌握其区别（见例题释疑）。

第十章 保全和先予执行

本章知识体系：

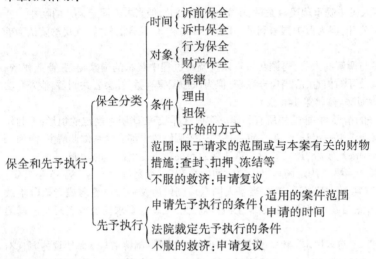

考点 1 保全的分类以及适用条件

一、精讲

1. 保全的分类

保全是指人民法院在利害关系人起诉前或者当事人起诉后，为保障将来生效判决能够得到执行或者避免财产遭受损失，或者避免对当事人其他权益造成损害，对对方当事人的财产或者争议的标的物，或者对对方当事人的侵害或有侵害之虞的行为采取的强制措施。

依据保全对象的不同，保全可以划分为财产保全和行为保全。财产保全，是指人民法院在诉讼过程中，或者诉讼开始前，根据当事人或利害关系人的申请，或者必要时依职权对当事人争议的财产或者与本案有关的财产采取强制性保护措施，以保证将来生效判决能顺利执行的法律制度。财产保全仅适用于财产给付之诉，这里的财产包括有形财产和无形财产。行为保全是指在民事诉讼中，为避免当事人或者利害关系人的利益受到不应有的损害或进一步损害，法院依据申请，对对方当事人的侵害或有侵害之虞的行为采取的强制措施。行为保全包括作为保全和不作为保全。行为保全是 2012 年《民事诉讼法》修订新增加的内容，考生应当注意。

依据申请保全时间的不同，保全可以划分为诉前保全和诉中保全。其中诉前保全包括诉讼前的保全和仲裁前的保全。仲裁前的保全是 2012 年《民事诉讼法》修订新增加的内容。

2. 诉前保全与诉讼中保全的区别

区别项	区别项	诉讼中保全
时间不同	诉讼或仲裁开始之前	诉讼进行过程中（受理后判决生效前）
管辖不同	被保全财产所在地、被申请人住所地或者对案件有管辖权的人民法院管辖。但 30 天内只能向有管辖权的法院提起诉讼。	在一审诉讼中，由第一审法院保全；在当事人提起上诉以后，二审法院接到报送的案件之前，由第一审法院保全；在第二审诉讼中，由第二审法院保全。
开始方式不同	利害关系人提出申请	当事人提出申请或者法院依职权保全
理由不同	利害关系人面临紧急情况、不立即申请保全将会使合法权益受到难以弥补的损害。	因一方当事人的行为或者其他原因，使判决难以执行或者造成当事人其他损害。
担保不同	应当提供担保	法院可以责令当事人提供担保，但是代位权诉讼中，债权人请求人民法院对次债务人的财产采取保全措施的，应当提供相应的担保。
处理时间	48 小时内作出裁定	情况紧急的，48 小时内作裁定，非紧急情况除外
解除保全不同	人民法院采取保全措施后 30 日内不依法提起诉讼或者申请仲裁的	财产案件对方当事人提供担保的

相同点：
保全范围：限于请求的范围或者与本案有关的财物。
保全措施：查封、扣押、冻结以及法律规定的其他方式。
保全程序：当事人申请→法院裁定→采取保全措施。
错误申请的救济：由申请人赔偿被申请人因保全错误所受到的损失对保全裁定不服，可以申请复议一次。

3. 保全的担保
（1）担保的数额
《民诉司法解释》第 152 条和最高人民法院《关于人民法院办理财产保全案件若干问题的规定》(2016 年 12 月 1 日起施行，下文简称《财产保全问题规定》）规定了保全担保的数额，具体如下：

利害关系人申请诉前保全的，应当提供担保。申请诉前财产保全的，应当提供相当于请求保全数额的担保；情况特殊的，人民法院可以酌情处理。申请诉前行为保全的，担保的数额由人民法院根据案件的具体情况决定。

在诉讼中，人民法院依申请或者依职权采取保全措施的，应当根据案件的具体情况，决定当事人是否应当提供担保以及担保的数额：

第一，诉中人民法院责令申请保全人提供财产保全担保的，担保数额不超过请求保全数额的百分之三十；申请保全的财产系争议标的的，担保数额不超过争议标的价值的百分之三十。财产保全期间，申请保全人提供的担保不足以赔偿可能给被保全人造成的损失的，人民法院可

以责令其追加相应的担保；拒不追加的，可以裁定解除或者部分解除保全。(《财产保全问题规定》第5条)

第二，诉讼中申请财产保全，人民法院可以不要求提供担保的情形：(《财产保全问题规定》第9条)

① 追索赡养费、扶养费、抚育费、抚恤金、医疗费用、劳动报酬、工伤赔偿、交通事故人身损害赔偿的；

② 婚姻家庭纠纷案件中遭遇家庭暴力且经济困难的；

③ 人民检察院提起的公益诉讼涉及损害赔偿的；

④ 因见义勇为遭受侵害请求损害赔偿的；

⑤ 案件事实清楚、权利义务关系明确，发生保全错误可能性较小的；

⑥ 申请保全人为商业银行、保险公司等由金融监管部门批准设立的具有独立偿付债务能力的金融机构及其分支机构的。

法律文书生效后，进入执行程序前，债权人申请财产保全的，人民法院可以不要求提供担保。

(2) 担保的形式

申请财产保全中，提供担保的财产可以是法院认可的财产，包括现金、有价证券、车辆、房产等。可以是申请人的，也可以是第三人的。此外，《财产保全问题规定》第7条增加财产保全责任险合同担保方式，即保险人以其与申请保全人签订财产保全责任险合同的方式为财产保全提供担保的，应当向人民法院出具担保书。担保书应当载明，因申请财产保全错误，由保险人赔偿被保全人因保全所遭受的损失等内容，并附相关证据材料。第8条增加金融机构的独立保函形式，即金融监管部门批准设立的金融机构以独立保函形式为财产保全提供担保的，人民法院应当依法准许。

4. 特殊的保全措施

(1) 财产已被查封、冻结的，可以轮候查封、冻结，不得重复查封、冻结。

(2) 人民法院对不动产和特定的动产(如车辆、船舶等)进行财产保全，可以采用扣押有关财产权证照并通知有关产权登记部门不予办理该项财产的转移手续的财产保全措施；必要时，也可以查封或扣押该项财产。

(3) 人民法院对抵押物、留置物可以采取财产保全措施，但抵押权人、留置权人有优先受偿权。(《民诉司法解释》第157条)

(4) 人民法院对债务人到期应得的收益，可以采取财产保全措施，限制其支取，通知有关单位协助执行。(《民诉司法解释》第158条)

(5) 债务人的财产不能满足保全请求，但对第三人有到期债权的，人民法院可以依债权人的申请裁定该第三人不得对本案债务人清偿。该第三人要求偿付的，由人民法院提存财物或价款。(《民诉司法解释》第159条)

(6) 人民法院对季节性商品、鲜活、易腐烂变质以及其他不宜长期保存的物品采取保全措施时，可以责令当事人及时处理，由人民法院保存价款；必要时，人民法院可予以变卖，保存价款。(《民诉司法解释》第153条)

5. 保全措施的解除

有解除权的法院：根据《民诉司法解释》第165条的规定，人民法院裁定采取保全措施后，除作出保全裁定的人民法院自行解除或者其上级人民法院决定解除外,在保全期限内,任何单位不得解除保全措施。

解除保全措施的法定情形,主要包括:

(1) 根据《民事诉讼法》第 104 条的规定,财产纠纷案件被申请人提供担保的人民法院应当解除财产保全。

【注意】该项只限于财产保全的解除,不适用于行为保全的解除

(2) 根据《财产保全问题规定》第 23 条的规定,人民法院采取财产保全措施后,有下列情形之一的,申请保全人应当及时申请解除保全:

① 采取诉前财产保全措施后三十日内不依法提起诉讼或者申请仲裁的;
② 仲裁机构不予受理仲裁申请、准许撤回仲裁申请或者按撤回仲裁申请处理的;
③ 仲裁申请或者请求被仲裁裁决驳回的;
④ 其他人民法院对起诉不予受理、准许撤诉或者按撤诉处理的;
⑤ 起诉或者诉讼请求被其他人民法院生效裁判驳回的;
⑥ 申请保全人应当申请解除保全的其他情形。

人民法院收到解除保全申请后,应当在 5 日内裁定解除保全;对情况紧急的,必须在 48 小时内裁定解除保全。申请保全人未及时申请人民法院解除保全,应当赔偿被保全人因财产保全所遭受的损失。被保全人申请解除保全,人民法院经审查认为符合法律规定的,应当在本条第 2 款规定的期间内裁定解除保全。

(3) 根据《民诉司法解释》第 163 条的规定,法律文书生效后,进入执行程序前,债权人因对方当事人转移财产等紧急情况,不申请保全将可能导致生效法律文书不能执行或者难以执行的,可以向执行法院申请采取保全措施。债权人在法律文书指定的履行期间届满后五日内不申请执行的,人民法院应当解除保全。

6. 保全裁定的救济

《财产保全问题规定》第 25 条至第 27 条对保全裁定的救济做了详细的规定:

(1) 申请保全人、被保全人对保全裁定或者驳回申请裁定不服的,可以自裁定书送达之日起 5 日内向作出裁定的人民法院申请复议一次。人民法院应当自收到复议申请后 10 日内审查。对保全裁定不服申请复议的,人民法院经审查,理由成立的,裁定撤销或变更;理由不成立的,裁定驳回。对驳回申请裁定不服申请复议的,人民法院经审查,理由成立的,裁定撤销,并采取保全措施;理由不成立的,裁定驳回。

(2) 申请保全人、被保全人、利害关系人认为保全裁定实施过程中的执行行为违反法律规定,提出书面异议的,人民法院应当依照《民事诉讼法》第 225 条规定(执行行为异议)审查处理。

(3) 人民法院对诉讼争议标的以外的财产进行保全,案外人对保全裁定或者保全裁定实施过程中的执行行为不服,基于实体权利对被保全财产提出书面异议的,人民法院应当依照《民事诉讼法》第 227 条规定(执行异议)审查处理并作出裁定。案外人、申请保全人对该裁定不服的,可以自裁定送达之日起 15 日内向人民法院提起执行异议之诉。

人民法院裁定案外人异议成立后,申请保全人在法律规定的期间内未提起执行异议之诉的,人民法院应当自起诉期限届满之日起 7 日内对该被保全财产解除保全。

二、例题

1. 李某与温某之间债权债务纠纷经甲市 M 区法院审理作出一审判决,要求温某在判决生效后 15 日内偿还对李某的欠款。双方均未提起上诉。判决履行期内,李某发现温某正在转移财产,温某位于甲市 N 区有可供执行的房屋一套,故欲申请法院对该房屋采取保全措施。关于本案,下列哪一选项是正确的?(2016 年真题,单选)

  A. 此时案件已经审理结束且未进入执行阶段,李某不能申请法院采取保全措施
  B. 李某只能向作出判决的甲市 M 区法院申请保全
  C. 李某可向甲市 M 区法院或甲市 N 区法院申请保全
  D. 李某申请保全后,其在生效判决书指定的履行期间届满后 15 日内不申请执行的,法院应当解除保全措施

  [释疑] 本题考查执行前的保全。根据《民诉司法解释》第 163 条的规定,法律文书生效后,进入执行程序前,债权人因对方当事人转移财产等紧急情况,不申请保全将可能导致生效法律文书不能执行或者难以执行的,可以向执行法院申请采取保全措施。债权人在法律文书指定的履行期间届满后五日内不申请执行的,人民法院应当解除保全。本案中,具有执行管辖权的法院包括作出判决的甲市 M 区法院和财产所在地甲市 N 区法院,因此,C 项正确,ABD 项错误。(答案:C)

2. 李根诉刘江借款纠纷一案在法院审理,李根申请财产保全,要求法院扣押刘江向某小额贷款公司贷款时质押给该公司的两块名表。法院批准了该申请,并在没有征得该公司同意的情况下采取保全措施。对此,下列哪些选项是错误的?(2015 年真题,多选)

  A. 一般情况下,某小额贷款公司保管的两块名表应交由法院保管
  B. 某小额贷款公司因法院采取保全措施而丧失了对两块名表的质权
  C. 某小额贷款公司因法院采取保全措施而丧失了对两块名表的优先受偿权
  D. 法院可以不经某小额贷款公司同意对其保管的两块名表采取保全措施

  [释疑] 根据《民诉司法解释》第 154 条第 3 款的规定,查封、扣押、冻结担保物权人占有的担保财产,一般由担保物权人保管,由人民法院保管的,质权、留置权不因采取保全措施而消灭。ABC 错误;根据《民诉法解释》第 157 条的规定,人民法院可以对抵押物、留置物采取保全措施,抵押权人、留置权人有优先受偿权。D 正确(答案:ABC)

3. 甲公司生产的"晴天牌"空气清新器销量占据市场第一,乙公司见状,将自己生产的同类型产品注册成"清天牌",并全面仿照甲公司产品,使消费者难以区分。为此,甲公司欲起诉乙公司侵权,同时拟申请诉前禁令,禁止乙公司销售该产品。关于诉前保全,下列哪些选项是正确的?(2015 年真题,多选)

  A. 甲公司可向有管辖权的法院申请采取保全措施,并应当提供担保
  B. 甲公司可向被申请人住所地法院申请采取保全措施,法院受理后,须在 48 小时内作出裁定
  C. 甲公司可向有管辖权的法院申请采取保全措施,并应当在 30 天内起诉
  D. 甲公司如未在规定期限内起诉,保全措施自动解除

  [释疑] 关于诉前保全,根据《民事诉讼法》第 101 条的规定,利害关系人因情况紧急,不立即申请保全将会使其合法权益受到难以弥补的损害的,可以在提起诉讼或者申请仲裁前向

被保全财产所在地、被申请人住所地或者对案件有管辖权的人民法院申请采取保全措施。申请人应当提供担保,不提供担保的,裁定驳回申请。人民法院接受申请后,必须在48小时内作出裁定;裁定采取保全措施的,应当立即开始执行。ABC项正确;申请人在人民法院采取保全措施后三十日内不依法提起诉讼或者申请仲裁的,人民法院应当解除保全。D项错误。(答案:ABC)

4. 甲县的葛某和乙县的许某分别拥有位于丙县的云峰公司50%的股份。后由于二人经营理念不合,已连续4年未召开股东会,无法形成股东会决议。许某遂向法院请求解散公司,并在法院受理后申请保全公司的主要资产(位于丁县的一块土地的使用权)。关于许某的财产保全申请,下列说法正确的是:(2014年真题,不定选)
   A. 本案是给付之诉,法院可作出保全裁定
   B. 本案是变更之诉,法院不可作出保全裁定
   C. 许某在申请保全时应提供担保
   D. 如果法院认为采取保全措施将影响云峰公司的正常经营,应驳回保全申请

[释疑] 本题考查解散公司诉讼中对财产保全的特殊规定。本案属于变更之诉,法院可以作出保全裁定,A、B项错误;《公司法解释(二)》第3条规定:"股东提起解散公司诉讼时,向人民法院申请财产保全或者证据保全的,在股东提供担保且不影响公司正常经营的情形下,人民法院可予以保全。"可见,解散公司之诉比一般的诉中保全要求更高。股东申请保全应满足两个条件:一是提供担保;二是不影响公司运作。C、D项正确。(答案:CD)

5. 甲公司以乙公司为被告向法院提起诉讼,要求乙公司支付拖欠的货款100万元。在诉讼中,甲公司申请对乙公司一处价值90万元的房产采取保全措施,并提供担保。一审法院在作出财产保全裁定之后发现,乙公司在向丙银行贷款100万元时,已将该房产和一辆小轿车抵押给丙银行。关于本案,下列哪一说法是正确的?(2008年真题,单选)
   A. 一审法院不能对该房产采取保全措施,因为该房产已抵押给丙银行
   B. 一审法院可以对该房产采取保全措施,但是需要征得丙银行的同意
   C. 一审法院可以对该房产采取保全措施,但是丙银行仍然享有优先受偿权
   D. 一审法院可以对该房产采取保全措施,同时丙银行的优先受偿权丧失

[释疑] 本题考查财产保全措施中特殊的规定。《民诉司法解释》第157条规定:"人民法院对抵押物、留置物可以采取财产保全措施,但不影响抵押权人、债权人留置权人的优先受偿权。"(答案:C)

6. A地甲公司与B地乙公司签订买卖合同,约定合同履行地在C地,乙到期未能交货。甲多次催货未果,便向B地基层法院起诉,要求判令乙按照合同约定交付货物,并支付违约金。法院受理后,甲得知乙将货物放置于其设在D地的仓库,并且随时可能转移。下列哪些选项是错误的?(2008年真题,多选)
   A. 甲如果想申请财产保全,必须向货物所在地的D地基层法院提出
   B. 甲如果要向法院申请财产保全,必须提供担保
   C. 受诉法院如果认为确有必要,可以直接作出财产保全裁定
   D. 法院受理甲的财产保全申请后,应当在48小时内作出财产保全裁定

[释疑] 本题考查财产保全的管辖法院、条件以及作出保全裁定的时间要求。《民事诉讼法》第100条规定:"人民法院对于可能因当事人一方的行为或者其他原因,使判决难以执

行或者造成当事人其他损害的案件,根据对方当事人的申请,可以裁定对其财产进行保全、责令其做出一定行为或者禁止其做出一定行为;当事人没有提出申请的,人民法院在必要时也可以裁定采取财产保全措施。人民法院采取财产保全措施,可以责令申请人提供担保,申请人不提供担保的,裁定驳回申请。人民法院接受申请后,对情况紧急的,必须在四十八小时内作出裁定;裁定采取保全措施的,应当立即开始执行。"

可知,诉中财产保全的管辖法院是受诉法院,非财产所在地法院,A项错误,符合题意;当事人申请诉中财产保全,法院可以责令提供担保,非必须提供担保,B项错误,符合题意;诉中财产保全,受诉人民法院可以在必要时直接裁定采取保全措施,C项正确,但不符合题意;法院受理甲的财产保全申请后,只有针对情况紧急的,才必须在48小时内作出裁定,D项错误,符合题意。(答案:ABD)

三、提示与预测

1. 诉前保全和诉中保全的区别

诉中财产保全和行为保全的区别,以及财产保全的特殊措施是高频考点,应当掌握。

2. 诉中财产保全和行为保全的区别

(1) 申请保全的案件类型不同:财产保全仅限于财产案件;而行为保全则发生在财产案件和非财产案件中,例如:仅涉及行为禁止或行为履行的案件。

(2) 申请的目的不同:财产保全的目的是为了保障将来判决能够顺利执行;行为保全的目的是避免造成当事人的其他损害。

(3) 执行内容和方式不同:财产保全执行的内容是财产,可以采用查封、扣押、冻结等方式;行为保全的内容是行为,只能是发布禁令禁止某种行为,或督促实施某种行为。

(4) 担保是否构成解除保全的条件不同:在财产保全中,提供担保构成解除保全的条件;在行为保全中,提供担保并不构成解除保全的条件。

3. 此外,需要注意2012年《民事诉讼法》修订的部分

(1) 增加诉前或仲裁前的保全的管辖法院;

(2) 规定诉前或仲裁前的保全的解除期限为30天;

(3) 增加行为保全。

4. 诉讼中当事人申请保全,人民法院责令提供担保,但在特殊案件中,当事人申请保全应当提供担保。包括:

(1) 代位权诉讼中,债权人请求人民法院对次债务人的财产采取保全措施的,应当提供相应的担保;

(2) 股东提起解散公司诉讼中,向人民法院申请财产保全或者证据保全的,股东应当提供担保且不影响公司的正常经营。

5. 增加法律文书生效后,进入执行程序前的保全。《民诉司法解释》第163条规定,法律文书生效后,进入执行程序前,债权人因对方当事人转移财产等紧急情况,不申请保全将可能导致生效法律文书不能执行或者难以执行的,可以向执行法院申请采取保全措施。

6. 《民诉司法解释》第27条规定了因保全受到损失提起诉讼的管辖,即:"当事人申请诉前保全后没有在法定期间起诉或者申请仲裁,给被申请人、利害关系人造成损失引起的诉讼,由采取保全措施的人民法院管辖。当事人申请诉前保全后在法定期间内起诉或者申请仲裁,

被申请人、利害关系人因保全受到损失提起的诉讼,由受理起诉的人民法院或者采取保全措施的人民法院管辖"。

考点 2 先予执行的条件和程序要求

一、精讲

先予执行,是指人民法院在受理案件后、终审判决作出前,根据一方当事人的申请,裁定对方当事人向提出申请的一方当事人给付一定数额的金钱或其他财物,或者实施或停止某种行为,并立即付诸执行的一种制度。

1. 法院裁定先予执行,必须符合下列条件
(1) 适用的案件范围(《民事诉讼法》第106条)
① 追索赡养费、扶养费、抚育费、抚恤金、医疗费用的。
② 追索劳动报酬的。
③ 因情况紧急需要先予执行的。根据《民诉司法解释》第170条的规定,所谓"情况紧急",具体包括以下5种情形:"(一)需要立即停止侵害、排除妨碍的;(二)需要立即制止某项行为的;(三)追索恢复生产、经营急需的保险理赔费的;(四)需要立即返还社会保险金、社会救助资金的;(五)不立即返还款项,将严重影响权利人生活和生产经营的。"
(2) 当事人之间权利义务关系明确,不先予执行将严重影响申请人的生活或者生产经营的。也就是说,人民法院对当事人申请先予执行的案件,只有在案件的基本事实清楚,当事人间的权利义务关系明确,被申请人负有给付、返还或者赔偿义务,先予执行的财产为申请人生产、生活所急需,不先予执行会造成更大损失的情况下,才能采取先予执行的措施。
(3) 被申请人有履行能力。这是先予执行得以实施的必要基础。

2. 先予执行的程序要求
(1) 人民法院先予执行的裁定,应当由当事人提出书面申请,并经开庭审理后作出。在管辖权尚未确定的情况下,不得裁定先予执行。
(2) 《民事诉讼法》规定的先予执行,人民法院应当在受理案件后终审判决作出前采取。
(3) 人民法院可以责令申请人提供担保,申请人不提供担保的,驳回申请。申请人败诉的,应当赔偿被申请人因先予执行所遭受的财产损失。
(4) 当事人对先予执行的裁定不服,可以自收到裁定书之日起5日内向作出裁定的人民法院申请复议,申请复议一次(《民诉司法解释》第171条)。复议期间不停止裁定的执行。对当事人不服先予执行裁定提出的复议申请,人民法院应当在收到复议申请后10日内审查(《民诉司法解释》第171条)。裁定正确的,通知驳回当事人的申请;裁定不当的,作出新的裁定变更或者撤销原裁定。

二、例题

1. 关于财产保全和先予执行,下列哪些选项是正确的?(2012年真题,多选)
A. 二者的裁定都可以根据当事人的申请或法院依职权作出

B. 二者适用的案件范围相同

C. 当事人提出财产保全或先予执行的申请时，法院可以责令其提供担保，当事人拒绝提供担保的，驳回申请

D. 对财产保全和先予执行的裁定，当事人不可以上诉，但可以申请复议一次

[释疑] 《民事诉讼法》第100条规定："人民法院对于可能因当事人一方的行为或者其他原因，使判决难以执行或者造成当事人其他损害的案件，根据对方当事人的申请，可以裁定对其财产进行保全、责令其做出一定行为或者禁止其做出一定行为；当事人没有提出申请的，人民法院在必要时也可以裁定采取保全措施。人民法院采取保全措施，可以责令申请人提供担保，申请人不提供担保的，裁定驳回申请。人民法院接受申请后，对情况紧急的，必须在四十八小时内作出裁定；裁定采取保全措施的，应当立即开始执行。"第107条2款规定："人民法院可以责令申请人提供担保，申请人不提供担保的，驳回申请。申请人败诉的，应当赔偿被申请人因先予执行遭受的财产损失。"第108条规定："当事人对保全或者先予执行的裁定不服的，可以申请复议一次。复议期间不停止裁定的执行。"（答案：CD）

2. 李某向A公司追索劳动报酬。诉讼中，李某向法院申请先予执行部分劳动报酬，法院经查驳回李某申请。李某不服，申请复议。法院审查后再次驳回李某申请。李某对复议结果仍不服，遂向上一级法院申请再审。关于上一级法院对该再审申请的处理，下列哪一选项是正确的？（2010年真题，单选）

A. 裁定再审　　　B. 决定再审　　　C. 裁定不予受理　　　D. 裁定驳回申请

[释疑] 本题与申请再审的审查程序相结合考查先予执行裁定的救济。先予执行的裁定只能申请复议，不能申请再审。人民法院对于当事人的再审申请，应当受理，受理后经过审查认为其不符合再审的条件，则裁定驳回再审申请，本题正确选项为D项。（答案：D）

3. 常年居住在Y省A县的王某早年丧妻，独自一人将两个儿子和一个女儿抚养成人。大儿子王甲居住在Y省B县，二儿子王乙居住在Y省C县，女儿王丙居住在W省D县。2000年以来，王某的日常生活费用主要来自大儿子王甲每月给的800元生活费。2003年12月，由于物价上涨，王某要求二儿子王乙每月也给一些生活费，但王乙以自己没有固定的工作、收入不稳定为由拒绝。于是，王某将王乙告到法院，要求王乙每月支付给自己赡养费500元。诉讼过程中，Y省适逢十年不遇的冰雪天气，王某急需生煤炉取暖，但已无钱买煤。王某听说王乙准备把自己存折上3 000多元钱转到一个朋友的账户上。对此，王某可以向法院申请采取的措施为何？（2009年真题，不定选）

A. 对妨害民事诉讼的强制措施　　　B. 诉讼保全措施

C. 证据保全措施　　　D. 先予执行措施

[释疑] 本题考查诉讼保全与先予执行。对妨害民事诉讼的强制措施，是指在民事诉讼中，对有妨害民事诉讼秩序的行为人采取的排除其妨害民事诉讼行为的一种强制措施。本案中，王乙转移财产的行为不构成对民事诉讼秩序的妨害，王某不能向法院申请妨害民事诉讼的强制措施。因此，A项错误。

《民事诉讼法》第100条第1款规定："人民法院对于可能因当事人一方的行为或者其他原因，使判决难以执行或者造成当事人其他损害的案件，根据对方当事人的申请，可以裁定对其财产进行保全、责令其作出一定行为或者禁止其作出一定行为；当事人没有提出申请的，人民法院在必要时也可以裁定采取保全措施。"本案中，王乙转移财产的行为可能导致法院对王

某追索赡养费的判决将来难以执行。此种情况下,王某可以申请法院进行财产保全。因此,B项正确。

证据保全是指在证据可能灭失或以后难以取得的情况下,法院根据申请人的申请或依职权,对证据加以固定和保护的制度。本案中,王乙不存在转移证据和毁灭证据的行为,王某不能申请证据保全。因此,C项错误。

《民事诉讼法》第106条第(一)项规定,追索赡养费、扶养费、抚育费、抚恤金、医疗费用的案件,人民法院根据当事人的申请,可以裁定先予执行。因此,D项正确。(答案:BD)

三、提示与预测

该部分应当掌握的高频考点包括:

1. 先予执行的适用案件范围,法院裁定先予执行的条件,以及作出先予执行裁定的法院和裁定的执行法院。

2. 还需要掌握先予执行与行为保全的相同点与区别。

相同点:

(1) 均包括行为的禁止、制止以及排除妨碍;

(2) 对裁定不服的救济方式相同,均为申请复议。

不同点:

(1) 适用的时间不同:先予执行只适用于诉讼过程中;行为保全适用于诉讼开始前和诉讼过程中;

(2) 适用的案件范围不同:先予执行只适用于法律明确规定的案件;行为保全适用于所有的诉讼案件;

(3) 适用的条件不同:裁定先予执行,除需要属于法律规定的适用先予执行的案件范围外,还需要满足当事人之间权利义务关系明确、被申请人有履行能力的条件。裁定行为保全,诉前需要满足因情况紧急,不立即申请保全将会使合法权益受到难以弥补的损失;诉中需要满足给当事人造成其他损害的。

(4) 启动方式和担保不同:先予执行只能由当事人申请启动;而诉中行为保全,既可以由当事人申请启动,也可以由人民法院依职权启动。

第十一章 对妨害民事诉讼的强制措施

考点 1 拘传、罚款和拘留的具体适用

一、精讲

对妨害民事诉讼的强制措施,是指人民法院在民事诉讼中,为了制止和排除诉讼参与人或案外人对民事诉讼的妨害,维护正常的诉讼秩序,保证审判和执行活动的顺利进行,而依法对妨害人所采取的各种强制手段的总称。我国《民事诉讼法》规定了5种强制措施,即拘传、训

诚、责令退出法庭、罚款和拘留。

1. 拘传的适用(《民诉司法解释》第 174 条、第 175 条)

(1) 对必须到庭的被告经人民法院两次传票传唤,无正当理由不到庭时,才能适用。必须到庭的被告包括:① 追索赡养费、抚养费、抚育费案件的被告;② 不到庭无法查明案件事实的被告。

(2) 对必须到庭才能查清案件基本事实的原告,经两次传票传唤,无正当理由拒不到庭的,可以拘传。

(3) 适用拘传必须经院长批准,签发拘传票,并直接送达被拘传人;在拘传前,应当向被拘传人说明拒不到庭的后果,经批评教育仍拒不到庭的,可以拘传其到庭。

2. 罚款的适用

(1) 罚款的数额:对个人的罚款,为 5 万元以下;对单位的罚款为 5 万元以上、100 万元以下。

(2) 罚款由院长批准,制作罚款决定书。被罚款人不服,可以向上级人民法院申请复议 1 次。但是,复议期间不影响罚款决定书的效力。

3. 拘留的适用

拘留只能对严重妨害诉讼的行为人适用,需注意:

(1) 拘留的期限为 15 日以下。

(2) 拘留由人民法院院长批准,制作拘留决定书。对决定不服的,可以向上一级人民法院申请复议一次;被拘留人提出复议申请后,上级人民法院应当及时复议,如果发现拘留不当,应当及时口头通知解除拘留,然后在 3 日内补作复议决定书。

【注意】对同一妨害民事诉讼行为的罚款、拘留不得连续适用。但罚款和拘留可以合并适用。

二、例题

甲在网上发表文章指责某大学教授乙编造虚假的学术经历,乙为此起诉。经审理,甲被判决赔礼道歉,但甲拒绝履行该义务。对此,法院可采取下列哪些措施?(2005 年真题,多选)

A. 由甲支付迟延履行金

B. 采取公告、登报等方式,将判决的主要内容公布于众,费用由甲负担

C. 决定罚款

D. 决定拘留

[释疑] 本题考查的是拒不履行侵害名誉权生效判决的法律后果。《民事诉讼法》第 253 条规定:"被执行人未按判决、裁定和其他法律文书指定的期间履行给付金钱义务的,应当加倍支付迟延履行期间的债务利息。被执行人未按判决、裁定和其他法律文书指定的期间履行其他义务的,应当支付迟延履行金。"A 项正确。

《民事诉讼法》第 111 条规定,诉讼参与人或者其他人有拒不履行人民法院已经发生法律效力的判决、裁定的行为的,人民法院可以根据情节轻重予以罚款、拘留;构成犯罪的,依法追究刑事责任。C、D 两项正确。

最高人民法院《关于审理名誉权案件若干问题的解答》第 11 问：侵权人不执行生效判决，不为对方恢复名誉、消除影响、赔礼道歉的，应如何处理？答：侵权人拒不执行生效判决，不为对方恢复名誉、消除影响的，人民法院可以采取公告、登报等方式，将判决的主要内容及有关情况公布于众，费用由被执行人负担，并可依照《民事诉讼法》第 111 条第(六)项的规定处理。B 项正确。（答案：ABCD）

三、提示与预测

1. 对罚款和拘留的考查，通常和其他知识点相结合，题眼集中在两点：
（1）可以申请复议的决定；
（2）拒不履行生效裁判的法律后果，或拒不履行协助义务的法律后果。

2. 2012 年《民事诉讼法》修订，增加恶意诉讼侵害他人合法利益或逃避履行的行为为妨碍民事诉讼的行为。《民事诉讼法》第 112 条规定："当事人之间恶意串通，企图通过诉讼、调解等方式侵害他人合法权益的，人民法院应当驳回其请求，并根据情节轻重予以罚款、拘留；构成犯罪的，依法追究刑事责任。"第 113 条规定："被执行人与他人恶意串通，通过诉讼、仲裁、调解等方式逃避履行法律文书确定的义务的，人民法院应当根据情节轻重予以罚款、拘留；构成犯罪的，依法追究刑事责任。"考生应当掌握。

3. 此次《民诉司法解释》增加了一些妨害民事诉讼的行为，包括《民诉司法解释》第 176 条的妨害法庭秩序的行为；第 188 条的拒不履行生效裁判的行为；第 189 条的诉讼参与人或其他人的妨害行为以及第 192 条的单位拒不履行协助的行为。对这些行为，考生应当了解。

第十二章　普通程序

本章知识体系：

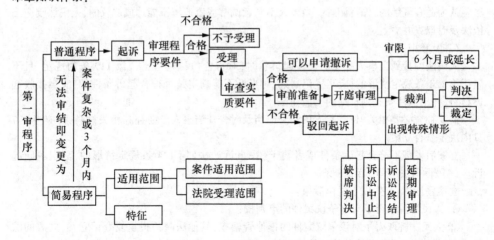

考点 1 起诉与立案

一、精讲

(一) 起诉

1. 起诉的实质条件

根据《民事诉讼法》第 119 条的规定,起诉必须具备以下条件:

(1) 原告是与本案有直接利害关系的公民、法人和其他组织。也就是说,原告必须适格。原告必须是具有诉讼能力的公民、法人或者其他组织,必须与本案有直接利害关系。

(2) 有明确的被告。《民诉司法解释》第 209 条第 1 款规定:"原告提供被告的姓名或者名称、住所等信息具体明确,足以使被告与他人相区别的,可以认定为有明确的被告。"

(3) 有具体的诉讼请求和事实、理由。这是起诉的核心内容,只要有具体的诉讼请求、事实和理由,人民法院才能决定是否受理并启动审判程序。

(4) 属于人民法院受理民事诉讼的范围和受诉人民法院管辖。

2. 起诉的形式条件:递交起诉状

《民事诉讼法》第 120 条规定:"起诉应当向人民法院递交起诉状,并按照被告人数提出副本。书写起诉状确有困难的,可以口头起诉,由人民法院记入笔录,并告知对方当事人。"

根据《民事诉讼法》第 121 条的规定,起诉状应当记明下列事项:(1) 双方当事人的基本情况;(2) 诉讼请求和所根据的事实与理由;(3) 证据和证据来源,证人姓名和住所。

3. 起诉的法律后果:诉讼时效中断。最高人民法院《关于民事诉讼时效的司法解释》(以下简称《诉讼时效解释》)第 12 条作出了明确规定:"当事人一方向人民法院提交起诉状或者口头起诉的,诉讼时效从提交起诉状或者口头起诉之日起中断。"

(二) 先行调解

《民事诉讼法》新增加了立案先行调解制度。《民事诉讼法》第 122 条规定:"当事人起诉到人民法院的民事纠纷,适宜调解的,先行调解,但当事人拒绝调解的除外。"该法律规定主要指向立案前的调解,即当事人向人民法院起诉后,人民法院尚未立案,根据案件具体情况,人民法院认为适宜调解的,先行调解。当事人不同意调解或者调解不能达成协议的,人民法院应当依法及时审查并立案。

(三) 登记立案

人民法院接到当事人提交的民事起诉状时,对符合《民事诉讼法》第 119 条的规定,且不属于第 124 条规定情形的,应当登记立案;对当场不能判定是否符合起诉条件的,应当接收起诉材料,并出具注明收到日期的书面凭证。

需要补充必要相关材料的,人民法院应当及时告知当事人。在补齐相关材料后,应当在 7 日内决定是否立案。

立案后发现不符合起诉条件或者属于《民事诉讼法》第 124 条规定情形的,裁定驳回起诉。(《民诉司法解释》第 208 条)

立案登记后,产生以下法律后果:

① 人民法院取得了对该争议案件的审判权;

② 人民法院取得了对该争议案件的排他管辖权,其他法院不得重复登记立案,立案的法院也不得将案件再移送给其他有管辖权的人民法院;

③ 双方当事人取得相应的原、被告诉讼地位。

二、例题

1. 何某因被田某打伤,向甲县法院提起人身损害赔偿之诉,法院予以受理。关于何某起诉行为将产生的法律后果,下列哪一选项是正确的?(2013年真题,单选)
   A. 何某的诉讼时效中断　　　　B. 田某的答辩期开始起算
   C. 甲县法院取得排他的管辖权　D. 田某成为适格被告

   [释疑]　根据民事诉讼理论,起诉行为产生诉讼时效中断的法律后果,因此,选项 A 是正确的。根据《民事诉讼法》第 125 条第 1 款的规定,被告应当在收到起诉状副本之日起 15 日内提出答辩状,因此,选项 B 是不正确的。根据民事诉讼理论,法院依法受理案件后,产生取得排他管辖权以及当事人取得诉讼地位的法律后果,因此,选项 C 与 D 均是不正确的。(答案:A)

2. 关于民事起诉状应当包括的内容,下列哪些选项是正确的?(2011年真题,多选)
   A. 双方当事人的基本情况　　　B. 案由
   C. 诉讼请求　　　　　　　　　D. 证据和证据来源

   [释疑]　该题直接考查起诉状的内容。根据《民事诉讼法》第 121 条的规定:起诉状应当记明下列事项:(1)原告的姓名、性别、年龄、民族、职业、工作单位、住所、联系方式,法人或者其他组织的名称、住所和法定代表人或者主要负责人的姓名、职务、联系方式。(2)被告的姓名、性别、工作单位、住所等信息,法人或者其他组织的名称、住所等信息;原告提供被告的姓名或者名称、住所等信息具体明确,足以使被告与他人相区别的,可以认定为有明确的被告。(《民诉司法解释》第 209 条)。(3)诉讼请求和所根据的事实与理由。(4)证据和证据来源,证人姓名和住所。选项 A、C 与 D 项是正确的。(答案:ACD)

三、提示与预测

起诉的条件应当掌握。理解该起诉条件时应注意以下几点:(1)原告适格。(2)有明确的被告,即原告提供被告的姓名或者名称、住所等信息具体明确,足以使被告与他人相区别的,可以认定为有明确的被告。(3)权利的可诉性与可保护性不同,即原告的诉讼请求所依据的权利,既可以是现行实体法已保护的权利,也可以是现行实体法尚未保护的权利,如青春损失费的诉讼请求,具有可诉性但不具有可保护性。(4)起诉证据不同于胜诉证据,即起诉证据是符合起诉条件的证据,而胜诉证据是原告的诉讼请求应得到法律保护所需要的证据,换言之,胜诉证据需达到证明标准的要求。

考点 2　对于起诉时特殊情形的处理

一、精讲

《民事诉讼法》第 124 条以及《民诉司法解释》对起诉时特殊情形的处理作了明确规定,主要包括:

1. 不能明确确定被告的,不予受理

起诉状列写被告信息不足以认定明确的被告的,人民法院可以告知原告补正。原告补正

后仍不能确定明确的被告的,人民法院裁定不予受理。(《民诉司法解释》第 209 条第 2 款)

2. 对本院没有管辖权的案件原告坚持起诉的,不予受理

对本院没有管辖权的案件,告知原告向有管辖权的人民法院起诉;原告坚持起诉的,裁定不予受理;立案后发现本院没有管辖权的,应当将案件移送有管辖权的人民法院。(《民诉司法解释》第 211 条)

3. 对有仲裁协议坚持向法院起诉的,不予受理

当事人在书面合同中订有仲裁条款,或者在发生纠纷后达成书面仲裁协议,一方向人民法院起诉的,人民法院应当告知原告向仲裁机构申请仲裁,其坚持起诉的,裁定不予受理,但仲裁条款或者仲裁协议不成立、无效、失效、内容不明确无法执行的除外。(《民诉司法解释》第 215 条)

4. 对于重复起诉的案件,应当不予受理

当事人就已经提起诉讼的事项在诉讼过程中或者裁判生效后再次起诉,同时符合下列条件的,构成重复起诉:① 后诉与前诉的当事人相同;② 后诉与前诉的诉讼标的相同;③ 后诉与前诉的诉讼请求相同,或者后诉的诉讼请求实质上否定了前诉的裁判结果。当事人重复起诉的,裁定不予受理;已经受理的,裁定驳回起诉,但法律、司法解释另有规定的除外。(《民诉司法解释》第 247 条)

5. 依照法律规定,在一定期限内不得起诉的案件,在不得起诉期限内起诉的,不予受理。如女方怀孕期间,男方起诉离婚的,法院不予受理。

6. 判决不准离婚和调解和好的离婚案件,判决、调解维持收养关系的案件,没有新情况、新理由,原告在 6 个月内又起诉的,不予受理。此外,根据《民诉司法解释》第 214 条第 2 款的规定,原告撤诉或者按撤诉处理的离婚案件,没有新情况、新理由,6 个月内又起诉的,可以参照《民事诉讼法》第 124 条第(七)项的规定不予受理。

【特别提示】

判决不准离婚和调解和好的离婚案件,判决、调解维持收养关系的案件,不受一事不再理原则的限制,即这两类案件在判决、调解书发生法律效力后,依然可以以同一事由提出同样的主张,人民法院应当受理,但同时具备"没有新情况、新理由,原告在六个月内又起诉的"条件时,人民法院不予受理,只要上述三个条件有一个条件发生变化,人民法院就应当受理。

7. 裁定不予受理、驳回起诉的案件,原告再次起诉,符合起诉条件且不属于《民事诉讼法》第 124 条规定情形的,人民法院应予受理。(《民诉司法解释》第 212 条)

8. 原告撤诉或者人民法院按撤诉处理后,原告以同一诉讼请求再次起诉的,人民法院应予受理。(《民诉司法解释》第 214 条第 1 款)

9. 夫妻一方下落不明,另一方诉至人民法院,只要求离婚,不申请宣告下落不明人失踪或死亡的案件,人民法院应当受理,对下落不明人用公告送达诉讼文书。(《民诉司法解释》第 217 条)

10. 赡养费、扶养费、抚育费案件,裁判发生法律效力后,因新情况、新理由,一方当事人再行起诉要求增加或减少费用的,人民法院应当作为新案处理。(《民诉司法解释》第 218 条)

11. 当事人超过诉讼时效期间起诉的,人民法院应予以受理。受理后对方当事人提出诉讼时效抗辩,人民法院经审理认为抗辩事由成立的,判决驳回其诉讼请求。(《民诉司法解释》第 219 条)

【特别提示】

当事人超过诉讼时效期间起诉的,人民法院应予以受理。但对是否超诉讼时效,人民法院不得依职权主动审查。根据《诉讼时效解释》第 3 条、第 4 条的规定,当事人未提出诉讼时效抗辩,人民法院不应对诉讼时效问题进行释明及主动适用诉讼时效的规定裁判。当事人在一审期间未提出诉讼时效抗辩,在二审期间提出的,人民法院不予支持,但其基于新的证据能够证明对方当事人的请求权已过诉讼时效期间的除外。

12.裁判发生法律效力后,发生新的事实,当事人再次提起诉讼的,人民法院应当依法受理。(《民诉司法解释》第 248 条)

二、例题

1. 甲、乙两公司签订了一份家具买卖合同,因家具质量问题,甲公司起诉乙公司要求更换家具并支付违约金 3 万元。法院经审理判决乙公司败诉,乙公司未上诉。之后,乙公司向法院起诉,要求确认该家具买卖合同无效。对乙公司的起诉,法院应采取下列哪一处理方式?(2017/3/42)

A. 予以受理　　　　　　　　　B. 裁定不予受理
C. 裁定驳回起诉　　　　　　　D. 按再审处理

[释疑]　本题考查重复起诉的判断及其处理。对于乙公司在甲公司诉其更换质量问题的家具案件胜诉后,又向法院起诉,要求确认该家具买卖合同无效,该案与前一案件当事人相同,诉讼标的相同,其要求确认买卖合同无效的请求实质是否定前诉认定合同有效的裁判结果,构成重复起诉,法院应当裁定不予受理,B 项正确。(答案:B)

2. 张丽因与王旭感情不和,长期分居,向法院起诉要求离婚。法院向王旭送达应诉通知书,发现王旭已于张丽起诉前因意外事故死亡。关于本案,法院应作出下列哪一裁判?(2015年真题,单选)

A. 诉讼终结的裁定　　　　　　B. 驳回起诉的裁定
C. 不予受理的裁定　　　　　　D. 驳回诉讼请求的判决

[释疑]　本题是在案件受理后发现王旭于起诉前就已经死亡,从王旭死亡之日起,张丽与王旭的婚姻关系已经自然解除。因此,本案不存在争议,不符合起诉的条件,但因已经受理,所以应当裁定驳回起诉,B 项正确。(答案:B)

3. 执法为民是社会主义法治的本质要求,据此,法院和法官应在民事审判中遵守诉讼程序,履行释明义务。下列哪一审判行为符合执法为民的要求?(2013 年真题,单选)

A. 在李某诉赵某的欠款纠纷中,法官向赵某释明诉讼时效,建议赵某提出诉讼时效抗辩
B. 在张某追索赡养费的案件中,法官依职权作出先予执行裁定
C. 在杜某诉阎某的离婚案件中,法官向当事人释明可以同时提出离婚损害赔偿
D. 在罗某诉华兴公司房屋买卖合同纠纷中,法官主动走访现场,进行勘察,并据此支持了罗某的请求

[释疑]　该题综合性考查法官审判行为的正当行使问题。根据关于诉讼时效司法解释的规定,法院不应对诉讼时效问题进行释明,因此,选项 A 是错误的。根据《民事诉讼法》第 106 条的规定,法院裁定先予执行应根据当事人的申请,因此,选项 B 是错误的。根据民事诉讼理论,法院可以对案件所涉及的法律关系向当事人进行释明,因此,选项 C 是正确的。根据《民诉证据规定》第 15 条的规定,选项 D 所涉及的房屋买卖合同纠纷不属于法院依职权调查

证据的范围,因此,选项 D 是错误的。(答案:C)

4. 关于起诉与受理的表述,下列哪些选项是正确的?(2012 年真题,多选)

A. 法院裁定驳回起诉的,原告再次起诉符合条件的,法院应当受理

B. 法院按撤诉处理后,当事人以同一诉讼请求再次起诉的,法院应当受理

C. 判决不准离婚的案件,当事人没有新事实和新理由再次起诉的,法院一律不予受理

D. 当事人超过诉讼时效起诉的,法院应当受理

[释疑] 根据《民诉司法解释》第 212 条的规定:"裁定不予受理、驳回起诉的案件,原告再次起诉,符合起诉条件且不属于民事诉讼法第一百二十四条规定情形的,人民法院应予受理。"选项 A 正确;根据《民诉司法解释》第 214 条的规定:"原告撤诉或者人民法院按撤诉处理后,原告以同一诉讼请求再次起诉的,人民法院应予受理。"选项 B 正确;根据《民事诉讼法》第 124 条第(七)项的规定,判决不准离婚和调解和好的离婚案件,判决、调解维持收养关系的案件,没有新情况、新理由,原告在六个月内又起诉的,不予受理。选项 C 是错误的;根据《民诉司法解释》第 219 条的规定:"当事人超过诉讼时效期间起诉的,人民法院应予受理。受理后对方当事人提出诉讼时效抗辩,人民法院经审认为抗辩事由成立的,判决驳回原告的诉讼请求。"选项 D 正确。(答案:ABD)

5. 甲与乙系夫妻关系,4 年前乙下落不明。甲提起离婚之诉。对于该起诉,法院应如何处理?(2007 年真题,单选)

A. 法院应不予受理,并告知甲应当依照特别程序申请宣告乙死亡

B. 法院应不予受理,并告知甲应先依照特别程序申请宣告乙为失踪人

C. 法院应当受理,但在受理后应当裁定中止诉讼,并依照特别程序认定乙为失踪人后,再对离婚之诉作出判决

D. 法院应当受理,并向乙公告送达有关的诉讼文书

[释疑] 本题考查的是起诉时特殊情形的处理。《民诉司法解释》第 217 条规定:"夫妻一方下落不明,另一方诉至人民法院,只要求离婚,不申请宣告下落不明人失踪或死亡的案件,人民法院应当受理,对下落不明人用公告送达诉讼文书。"因此,D 项正确。(答案:D)

6. 根据我国民事诉讼法及相关司法解释的规定,对法院作出的判决、裁定已经发生法律效力的案件,当事人起诉,法院应予受理的有哪些?(2007 年真题,多选)

A. 判决不准离婚,没有新情况、新理由,原告在 6 个月内起诉的

B. 原告撤诉后,没有新情况、新理由,原告又起诉的

C. 已过诉讼时效,法院判决驳回诉讼请求的

D. 追索赡养费案件的判决生效后,有新情况、新理由,当事人起诉要求增加赡养费的

[释疑] 本题考查的是审查与受理时特殊情形的处理。《民事诉讼法》第 124 条第(七)项规定:"判决不准离婚和调解和好的离婚案件,判决、调解维持收养关系的案件,没有新情况、新理由,原告在六个月内又起诉的,不予受理。"因此,A 项不符合要求,不选。

《民诉司法解释》第 214 条第 1 款规定:"原告撤诉或者人民法院按撤诉处理后,当事人以同一诉讼请求再次起诉的,人民法院应予受理。"因为在一审诉讼过程中,撤诉只是意味着当事人放弃了让法院进行审判的诉讼权利,并不意味着当事人放弃了实体权利,因此,当事人可以再次起诉,而且,裁定准许撤回起诉以后,诉讼时效重新开始计算。故 B 项符合题意,当选。

裁定不予受理、裁定驳回起诉、裁定准予撤诉后当事人可以再起诉,但是判决驳回诉讼请求之后当事人不得再起诉。C 项不选。

根据《民诉司法解释》第218条的规定:"赡养费、扶养费、抚育费案件,裁判发生法律效力后,因新情况、新理由,一方当事人再行起诉要求增加或者减少费用的,人民法院应作为新案受理。"D项符合要求,当选。(答案:BD)

三、提示与预测

1. 对于起诉时特殊情形的处理是高频考点,考生必须掌握,特别是下列情形:
(1) 撤诉案件再起诉的问题。
(2) 不受一事不再理原则限制的案件。
判决不准离婚和维持收养关系的案件,判决生效后,原告没有新情况、新理由6个月内又起诉的,人民法院不予受理;但上述条件只要有一个条件变化,人民法院就应当受理。
(3) 赡养费、抚养费、抚育费案件判决生效后,当事人有新情况、新理由起诉要求增加或减少费用的,人民法院作为新案受理。
(4) 超诉讼时效起诉案件的处理。
(5) 裁定不予受理、驳回起诉的案件再起诉,人民法院应当受理。
(6) 重复起诉的界定以及处理。
(7) 裁判发生法律效力后,发生新的事实,当事人再次提起诉讼的。

2. 掌握不予受理、驳回起诉、驳回诉讼请求的区别

比较内容	不予受理	驳回起诉	驳回诉讼请求
适用文书	裁定	裁定	判决
解决问题性质	程序问题	程序问题	实体问题
适用诉讼阶段	登记立案前	登记立案后	登记立案后
适用条件	法律明确规定的情形	起诉不符合条件	起诉符合条件,但丧失实体胜诉权
当事人针对文书的权利	可以上诉、申请再审	可以上诉、申请再审	可以上诉、申请再审
当事人针对案件的权利	可以再起诉	可以再起诉	不得再起诉,因为一事不再理。
上诉期	10日	10日	15日
适用组织	立案庭	审判庭	审判庭

考点 3 审理前的准备

一、精讲

审理前的准备阶段主要包括下列事项
1. 在法定期间送达诉讼文书。
2. 告知当事人诉讼权利义务及合议庭的组成人员。
3. 审阅诉讼材料,调查收集必要的证据。
4. 根据受理案件的具体情况,进行分别处理
根据《民事诉讼法》第133条的规定,人民法院对受理的案件,分别情形,予以处理:

(1) 当事人没有争议,符合督促程序规定条件的,可以转入督促程序;
(2) 开庭前可以调解的,采取调解方式及时解决纠纷;
(3) 根据案件情况,确定适用简易程序或者普通程序;
(4) 需要开庭审理的,通过要求当事人交换证据等方式,明确争议的焦点。

5. 审理前准备方式

《民诉司法解释》第 224 条规定:"依照民事诉讼法第一百三十三条第四项规定,人民法院可以在答辩期届满后,通过组织证据交换、召集庭前会议等方式,作好审理前的准备。"

6. 庭前会议

《民诉司法解释》第 225 条规定:"根据案件具体情况,庭前会议可以包括下列内容:(一)明确原告的诉讼请求和被告的答辩意见;(二)审查处理当事人增加、变更诉讼请求的申请和提出的反诉,以及第三人提出的与本案有关的诉讼请求;(三)根据当事人的申请决定调查收集证据,委托鉴定,要求当事人提供证据,进行勘验,进行证据保全;(四)组织交换证据;(五)归纳争议焦点;(六)进行调解。"

7. 归纳争议焦点并征求当事人意见

《民诉司法解释》第 226 条规定:"人民法院应当根据当事人的诉讼请求、答辩意见以及证据交换的情况,归纳争议焦点,并就归纳的争议焦点征求当事人的意见。"

二、提示与预测

根据受理案件的具体情况,进行分别处理是新增加的内容,应当掌握。同时,2012 年《民事诉讼法》第 133 条和《民事诉讼法》第 217 条 "人民法院收到债务人提出的书面异议后,经审查,异议成立的,应当裁定终结督促程序,支付令自行失效。支付令失效的,转入诉讼程序,但申请支付令的一方当事人不同意提起诉讼的除外" 确立了诉讼程序与督促程序之间的互相转入的机制。

考点 4 开庭审理

一、精讲

开庭审理是在人民法院审判人员的主持下,在当事人和其他诉讼参与人参加下,依照法定程序和顺序,对争议案件进行实体审理,从而查明争议案件事实、分清是非,并在此基础上作出裁判的全过程。开庭审理阶段不仅是当事人诉讼权利的集中体现阶段,而且也是人民法院对争议案件审判权的集中体现阶段。《民诉司法解释》第 228 条规定:"法庭审理应当围绕当事人争议的事实、证据和法律适用等焦点问题进行。"

根据我国民事诉讼法的规定,开庭审理应当按照下列顺序进行:

1. 开庭审理前的准备

《民事诉讼法》第 137 条第 1 款规定:"开庭审理前,书记员应当查明当事人和其他诉讼参与人是否到庭,宣布法庭纪律。"

2. 开庭开始阶段

《民事诉讼法》第 137 条第 2 款规定:"开庭审理时,由审判长核对当事人,宣布案由,宣布审判人员、书记员名单,告知当事人有关的诉讼权利义务,询问当事人是否提出回避申请。"

3. 法庭调查阶段

《民事诉讼法》第 138 条规定:"法庭调查按照下列顺序进行:(一) 当事人陈述;(二) 告知证人的权利义务,证人作证,宣读未到庭的证人证言;(三) 出示书证、物证、视听资料和电子数据;(四) 宣读鉴定意见;(五) 宣读勘验笔录。"

4. 法庭辩论阶段

《民事诉讼法》第 141 条规定:"法庭辩论按照下列顺序进行:(一) 原告及其诉讼代理人发言;(二) 被告及其诉讼代理人答辩;(三) 第三人及其诉讼代理人发言或者答辩;(四) 互相辩论。法庭辩论终结,由审判长按照原告、被告、第三人的先后顺序征询各方最后意见。"

《民诉司法解释》第 230 条规定:"人民法院根据案件具体情况并征得当事人同意,可以将法庭调查和法庭辩论合并进行。"

【注意】《民诉司法解释》增加了在庭审中禁反言的规定,也是诚信原则的体现。第 229 条规定:"当事人在庭审中对其在审理前的准备阶段认可的事实和证据提出不同意见的,人民法院应当责令其说明理由。必要时,可以责令其提供相应证据。人民法院应当结合当事人的诉讼能力、证据和案件的具体情况进行审查。理由成立的,可以列入争议焦点进行审理。"

5. 判决前的调解

《民事诉讼法》第 142 条规定:"法庭辩论终结,应当依法作出判决。判决前能够调解的,还可以进行调解,调解不成的,应当及时判决。"

6. 评议与裁判阶段

合议庭评议案件,应当不公开进行。评议作出裁判时采取少数服从多数的原则,按照多数人的意见作出,少数人的意见应当记入评议笔录,但该审判人员必须在裁判文书上署名。需要注意与仲裁的区别。

7. 宣判

裁判作出后可以采取两种方式宣判:一是定期宣判,并在宣判的同时发送裁判文书;二是当庭宣判,并在宣判后 10 日内发送裁判文书。无论是公开审理还是不公开审理,宣告裁判一律公开进行。

二、例题

1. 下列哪一选项中法院的审判行为,只能发生在开庭审理阶段?(2013 年真题,单选)
   A. 送达诉讼文书 B. 组织当事人进行质证
   C. 调解纠纷,促进当事人达成和解 D. 追加必须参加诉讼的当事人

[释疑] 根据《民事诉讼法》及有关司法解释的规定,开庭审理阶段也就是当事人在法庭的主持之下进行举证与质证的阶段,所以,当事人的举证与质证只能发生在开庭审理阶段,B 项正确;而送达诉讼文书、调解纠纷,促进当事人达成和解、追加必须参加诉讼的当事人主要发生在审前准备阶段,所以,选项 A、C 与 D 均不符合该题要求。(答案:B)

2. 关于法院与仲裁庭在审理案件有关权限的比较,下列哪些选项是正确的?(2012 年真题,多选)
   A. 在一定情况下,法院可以依职权收集证据,仲裁庭也可以自行收集证据
   B. 对专门性问题需要鉴定的,法院可以指定鉴定部门鉴定,仲裁庭也可以指定鉴定部门

鉴定

C. 当事人在诉讼中或仲裁中达成和解协议的,法院可以根据当事人的申请制作判决书,仲裁庭也可以根据当事人的申请制作裁决书

D. 当事人协议不愿写明争议事实和判(裁)决理由的,法院可以在判决书中不予写明,仲裁庭也可以在裁决书中不予写明

[释疑] 该题属于司法考试中典型的综合考查民事诉讼与仲裁相关制度比较的试题。根据2012年《民事诉讼法》第67条第1款的规定:"人民法院有权向有关单位和个人调查取证,有关单位和个人不得拒绝。"根据《仲裁法》第43条的规定:"当事人应当对自己的主张提供证据。仲裁庭认为有必要收集的证据,可以自行收集。"因此,选项A是正确的。根据2012年《民事诉讼法》第76条第2款的规定:"当事人未申请鉴定,人民法院对专门性问题认为需要鉴定的,应当委托具备资格的鉴定人进行鉴定。"根据《仲裁法》第44条的规定,仲裁庭对专门性问题认为需要鉴定的,可以交由当事人约定的鉴定部门鉴定,也可以由仲裁庭指定的鉴定部门鉴定。因此,选项B是正确的。根据《调解规定》第4条的规定:"当事人在诉讼过程中自行达成和解协议的,人民法院可以根据当事人的申请依法确认和解协议制作调解书。"此外,该规定第18条规定:"当事人自行和解或者经调解达成协议后,请求人民法院按照和解协议或者调解协议的内容制作判决书的,人民法院不予支持。"根据《仲裁法》第49条的规定:"当事人申请仲裁后,可以自行和解。达成和解协议的,可以请求仲裁庭根据和解协议作出裁决书,也可以撤回仲裁申请。"因此,选项C是错误的。根据《仲裁法》第54条的规定:"裁决书应当写明仲裁请求、争议事实、裁决理由、裁决结果、仲裁费用的负担和裁决日期。当事人协议不愿写明争议事实和裁决理由的,可以不写。"但是,在民事诉讼中当事人则无此项诉讼权利,因此,选项D是错误的。(答案:AB)

3. 关于民事案件的开庭审理,下列哪一选项是正确的?(2012年真题,单选)

A. 开庭时由书记员核对当事人身份和宣布案由

B. 法院收集的证据是否需要进行质证,由法院决定

C. 合议庭评议实行少数服从多数,形成不了多数意见时,以审判长意见为准

D. 法院定期宣判的,法院应当在宣判后立即将判决书发给当事人

[释疑] 该题考查开庭审理的相关程序规定。根据2012年《民事诉讼法》第137条的规定:"开庭审理前,书记员应当查明当事人和其他诉讼参与人是否到庭,宣布法庭纪律。开庭审理时,由审判长核对当事人,宣布案由,宣布审判人员、书记员名单,告知当事人有关的诉讼权利义务,询问当事人是否提出回避申请。"因此,选项A是错误的。可能考生一般不会注意该法律规定,但根据民事诉讼的一般理论,开庭时核对当事人并宣布案由属于审判权行使的内容,由此也可以推出选项A是错误的。根据《民事诉讼证据规定》第51条第2款、第3款规定:"人民法院依照当事人申请调查收集的证据,作为提出申请的一方当事人提供的证据。人民法院依照职权调查收集的证据应当在庭审时出示,听取当事人意见,并可就调查收集该证据的情况予以说明。"因此,选项B是错误的。根据2012年《民事诉讼法》第42条的规定:"合议庭评议案件,实行少数服从多数的原则。"虽然该条文对无法形成多数意见时如何处理未作出明确规定,但就民事诉讼理论而言,此时不得根据审判长的意见作出判决,因此,选项C是错误的。根据2012年《民事诉讼法》第148条第2款的规定:"当庭宣判的,应当在十日内发送判决书;定期宣判的,宣判后立即发给判决书。"因此,选项D是正确的。(答案:D)

三、提示与预测

1. 开庭审理阶段,也即证明中的质证阶段,考生只要了解开庭审理具体包括哪些阶段和主要内容即可。

2. 当事人可以在举证期间届满前增加、变更诉讼请求,提起反诉,人民法院合并审理。

二审发回重审:二审裁定撤销一审判决发回重审的案件,当事人申请变更、增加诉讼请求或者提出反诉,第三人提出与本案有关的诉讼请求的,依照《民事诉讼法》第140条规定处理。(《民诉司法解释》第251条)

再审发回重审:再审裁定撤销原判决、裁定发回重审的案件,当事人申请变更、增加诉讼请求或者提出反诉,符合下列情形之一的,人民法院应当准许:(1)原审未合法传唤缺席判决,影响当事人行使诉讼权利的;(2)追加新的诉讼当事人的;(3)诉讼标的物灭失或者发生变化致使原诉讼请求无法实现的;(4)当事人申请变更、增加的诉讼请求或者提出的反诉,无法通过另诉解决的。(《民诉司法解释》第252条)

考点 5 诉讼中特殊情形的处理

一、精讲

诉讼中特殊情形包括五种,按撤诉处理、缺席判决、延期审理、诉讼中止和诉讼终结。按撤诉处理、缺席判决、延期审理是开庭审理阶段出现特殊情形的处理。诉讼中止和诉讼终结则是整个诉讼过程中出现特殊情形的处理。

在开庭审理阶段,需要双方当事人到庭,如果当事人基于正当事由或法律规定的事由不能参加庭审,则无论是原告方,还是被告方,均适用延期审理;如果当事人是基于非正当事由,即经人民法院传票传唤,无正当理由拒不到庭的,或者未经法庭许可中途退庭的,对于原告一方按撤诉处理,对于被告一方则缺席判决。

在整个诉讼过程中,如果出现特殊情形,使诉讼程序无法继续进行,需要先停下来等该情形消除后继续进行的,诉讼中止;如果诉讼进行已经毫无意义,则终结诉讼。

1. 按撤诉处理

按撤诉处理是人民法院根据当事人所实施的行为作出的法律上的推断,由于按撤诉处理产生与申请撤诉完全相同的法律后果,因此,只有出现下列法定情形时,人民法院才可以裁定按撤诉处理:

(1)原告或者上诉人接到人民法院预交案件受理费的通知后,既不预交费用,也不申请缓交、减交或者免交诉讼费用,以及申请缓交、减交或者免交未获准许后仍不交费的。

(2)原告经人民法院传票传唤,无正当理由拒不到庭或者未经法庭许可中途退庭的。

(3)有独立请求权的第三人经法院传票传唤,无正当理由拒不到庭或者未经法庭许可中途退庭的。

(4)无民事行为能力的原告的法定代理人,经法院传票传唤,无正当理由拒不到庭的。

【相关制度】 申请撤诉制度

撤诉是民事诉讼中当事人行使其处分权的具体体现,即人民法院受理争议案件后,宣告判决前当事人撤回诉讼的行为。撤诉可以分为申请撤诉与按撤诉处理。

申请撤诉是原告或者上诉人在人民法院受理案件后宣告判决之前,主动要求撤回诉讼的行为。申请撤诉需要符合以下法定条件:

(1) 申请撤诉的主体是原告、上诉人及其法定代理人,其他人无权申请撤诉,这里的原告是广义上的原告,包括本诉的原告、反诉的原告、第三人参加之诉的原告。

(2) 申请撤诉应当在人民法院受理案件后,宣告判决之前。

(3) 申请撤诉应当自愿、合法。

人民法院对于当事人的撤诉申请,应当裁定准许;但当事人申请撤诉的案件,如果当事人有违反法律的行为需要依法处理的,或法庭辩论终结后原告申请撤诉被告不同意的,人民法院可以不准撤诉。

2. 缺席判决

缺席判决是人民法院在仅有一方当事人参与庭审陈述与辩论,并对另一方当事人提供的书面材料进行审查的基础上,对争议案件作出的判决。由于缺席判决实际上是对未到庭一方当事人的惩罚,因此,只有出现以下法定情形时才能作出缺席判决:

(1) 原告经法院传票传唤,无正当理由拒不到庭或者未经法庭许可中途退庭,被告反诉的。需要注意的是,在这种情况下,人民法院只能对反诉作出判决,而不得将本诉与反诉一并作出缺席判决。因为本诉部分,法院应当按撤诉处理。

(2) 被告经传票传唤无正当理由拒不到庭或者未经法庭许可中途退庭的。

(3) 无民事行为能力的被告的法定代理人,经法院传票传唤,无正当理由拒不到庭的。

(4) 宣判前,原告申请撤诉,人民法院裁定不准许撤诉的,原告经传票传唤,无正当理由拒不到庭的,可以缺席判决。

(5) 在借贷纠纷案件中,债权人起诉时,债务人下落不明的,人民法院受理案件后可以公告送达并传唤债务人应诉。公告期限届满,债务人仍然不应诉,借贷关系明确的,经审理后可以作出缺席判决。在审理中债务人出走,下落不明,借贷关系明确的,也可以缺席判决。

(6) 一方下落不明,另一方只起诉离婚的,可以受理后缺席判决。

【注意】

(1) 无独立请求权第三人的问题。《民诉司法解释》第240条规定:"无独立请求权的第三人经人民法院传票传唤,无正当理由拒不到庭,或者未经法庭许可中途退庭的,不影响案件的审理。"

(2) 拘传和缺席判决。适用拘传情形的,不能缺席判决。对于必须到庭的被告和申请撤诉而没有被准许的必须到庭才能查清案件基本事实的原告,经一次传票传唤后,不来参加庭审,人民法院应当延期审理,向其发第二次传票,第二次开庭依然不来参加庭审,则拘传到庭,不能缺席判决。

3. 延期审理

延期审理,是指人民法院确定开庭审理时间后或者在开庭审理的过程中,由于发生某种特殊情况,使开庭审理无法按期或者继续进行,从而将开庭审理推延到下一时间的诉讼制度。

《民事诉讼法》第146条规定:"有下列情形之一的,可以延期开庭审理:(一) 必须到庭的当事人和其他诉讼参与人有正当理由没有到庭的;(二) 当事人临时提出回避申请的;(三) 需要通知新的证人到庭,调取新的证据,重新鉴定、勘验,或者需要补充调查的;(四) 其他需要延期审理的情形。"

4. 诉讼中止

诉讼中止，即在诉讼进行过程中，如果出现一些法定特殊原因，使诉讼程序无法继续进行时，法院裁定暂停诉讼程序，等特殊原因消失以后再行恢复诉讼程序的法律制度。

根据我国《民事诉讼法》第150条的规定，有下列情形之一的，中止诉讼：

（1）一方当事人死亡，需要等待继承人表明是否参加诉讼的。这一情形实际是自然人作为当事人时，其诉讼权利义务承担在民事诉讼中的具体运用。

（2）一方当事人丧失诉讼行为能力，尚未确定法定代理人的。

（3）作为一方当事人的法人或者其他组织终止，尚未确定权利义务承受人的。

（4）一方当事人因不可抗拒的事由，不能参加诉讼的。需要注意这一情形与延期审理中的第一种情形，即必须到庭的当事人有正当理由没有到庭的区别。在这种情况下，应当诉讼中止，因为延期审理是将正在进行的开庭或者准备进行的开庭推延到下一时间，具有可预测性；而诉讼中止后，何时能够恢复诉讼，法院无法预测。

（5）本案必须以另一案的审理结果为依据，而另一案尚未审结的。如在民事诉讼进行过程中，涉及刑事诉讼、行政诉讼、破产程序、特别程序问题等，而该民事诉讼需要以此审理结果为依据的。

（6）其他应当中止诉讼的情形。如最高人民法院司法解释中规定，在借贷案件中，债权人起诉时，债务人下落不明的，法院应要求债权人提供证明借贷关系存在的证据，受理后公告传唤债务人应诉。公告期限届满，债务人仍不应诉，借贷关系无法查明的，裁定中止诉讼；在审理中债务人出走，下落不明，事实难以查清的，裁定中止诉讼。

5. 诉讼终结

诉讼终结，指在诉讼进行过程中，因发生某种法定的特殊原因，使诉讼程序无法继续进行或者继续进行已无必要时，由人民法院裁定终结诉讼程序的法律制度。

根据《民事诉讼法》第151条的规定，有下列情形之一的，终结诉讼：

（1）原告死亡，没有继承人，或者继承人放弃诉讼权利的；

（2）被告死亡，没有遗产，也没有应当承担义务的人的；

（3）离婚案件一方当事人死亡的；

（4）追索赡养费、扶养费、抚育费以及解除收养关系案件的一方当事人死亡的。由于这类案件是基于人的特定身份关系而产生的，在诉讼进行过程中，无论是享有权利的一方当事人死亡，还是需要承担义务的一方当事人死亡，身份关系的消失自然导致基于特定身份关系而产生的实体权利与义务关系的消失，诉讼无法继续进行。

二、例题

1. 对张男诉刘女离婚案（两人无子女，刘父已去世），因刘女为无行为能力人，法院准许其母李某以法定代理人身份代其诉讼。2017年7月3日，法院判决二人离婚，并对双方共有财产进行了分割。该判决同日送达双方当事人，李某对解除其女儿与张男的婚姻关系无异议，但对共有财产分割有意见，拟提起上诉。2017年7月10日，刘女身亡。在此情况下，本案将产生哪些法律后果？(2017/3/81)

A. 本案诉讼中止，视李某是否就一审判决提起上诉而确定案件是否终结

B. 本案诉讼终结

C. 一审判决生效,二人的夫妻关系根据判决解除,李某继承判决分配给刘女的财产

D. 一审判决未生效,二人的共有财产应依法分割,张男与李某对刘女的遗产均有继承权

[释疑]　本题考查诉讼终结。本案属于离婚案件,即使是对财产分割部分不服上诉,其仍以婚姻关系的解除为前提。刘女虽然是在二审中死亡,二审程序中没有规定的,适用第一审普通程序的规定,则解除婚姻关系的案件一方当事人死亡,诉讼终结,财产按照继承分割。BD项正确。(答案:BD)

2. 甲县法院受理居住在乙县的成某诉居住在甲县的罗某借款纠纷案。诉讼过程中,成某出差归途所乘航班失踪,经全力寻找仍无成某生存的任何信息,主管方宣布机上乘客不可能生还,成妻遂向乙县法院申请宣告成某死亡。对此,下列哪一说法是正确的?(2015年真题,单选)

A. 乙县法院应当将宣告死亡案移送至甲县法院审理

B. 借款纠纷案与宣告死亡案应当合并审理

C. 甲县法院应当裁定中止诉讼

D. 甲县法院应当裁定终结诉讼

[释疑]　本案中成妻向法院申请宣告成某死亡的结果,直接导致成某的权利由其继承人继承,其与罗某借款纠纷案发生法定的当事人变更,因此,借款纠纷案必须以宣告死亡案的审理结果为依据,借款案应当中止诉讼。选项C正确(答案:C)

3. 法院开庭审理时一方当事人未到庭,关于可能出现的法律后果,下列哪些选项是正确的?(2011年真题,多选)

A. 延期审理
B. 按原告撤诉处理
C. 缺席判决
D. 采取强制措施拘传未到庭的当事人到庭

[释疑]　本题的题干中一方当事人未到庭,没有说明是原告还是被告,也没有说明是基于何种原因,因此,应当将原告和被告所有不到庭的法律后果均加以选择。根据《民事诉讼法》第146条的规定:"有下列情形之一的,可以延期开庭审理:(一) 必须到庭的当事人和其他诉讼参与人有正当理由没有到庭……"选项A是正确的。根据《民事诉讼法》第143条的规定:"原告经传票传唤,无正当理由拒不到庭的,或者未经法庭许可中途退庭的,可以按撤诉处理;被告反诉的,可以缺席判决。"选项B是正确的。根据《民事诉讼法》第144条的规定:"被告经传票传唤,无正当理由拒不到庭的,或者未经法庭许可中途退庭的,可以缺席判决。"选项C是正确的。根据《民事诉讼法》第109条的规定,人民法院对必须到庭的被告,经两次传票传唤,无正当理由拒不到庭的,可以拘传。选项D是正确的。(答案:ABCD)

4. 甲与乙对一古董所有权发生争议诉至法院。在诉讼过程中,丙声称古董属于自己所有,主张对古董的所有权。下列哪一说法是正确的?(2009年真题,单选)

A. 如丙没有起诉,法院可以依职权主动追加其作为有独立请求权第三人

B. 如丙起诉后认为受案法院无管辖权,可以提出管辖权异议

C. 如丙起诉后经法院传票传唤,无正当理由拒不到庭,应当视为撤诉

D. 如丙起诉后,甲与乙达成协议经法院同意而撤诉,应当驳回丙的起诉

[释疑]　该题综合考查了有独立请求权第三人的参加诉讼方式、诉讼权利、按撤诉处理以及与本诉的关系等程序问题。根据民事诉讼理论,有独立请求权的第三人是参加之诉的原告,故选项A是不正确的;有独立请求权的第三人无权提出管辖权异议,故选项B是不正确

的;根据《民诉司法解释》第236条的规定:"有独立请求权的第三人经人民法院传票传唤,无正当理由拒不到庭的,或者未经法庭许可中途退庭的,比照民事诉讼法第一百四十三条的规定,按撤诉处理。"选项C是正确的。(答案:C)

5. 法院对于诉讼中有关情况的处理,下列哪些做法是正确的?(2009年真题,多选)

A. 甲起诉其子乙请求给付赡养费。开庭审理前,法院依法对甲、乙进行了传唤,但开庭时乙未到庭,也未向法院说明理由。法院裁定延期审理

B. 甲、乙人身损害赔偿一案,甲在前往法院的路上,胃病发作住院治疗。法院决定延期审理

C. 甲诉乙离婚,在案件审理中甲死亡。法院裁定按甲撤诉处理

D. 原告在诉讼中因车祸成为植物人,在原告法定代理人没有确定期间,法院裁定中止诉讼

[释疑] 选项A中的赡养费案件属于被告必须到庭的案件,被告经过一次传票传唤,无正当理由未到庭时,法院应延期审理,但是应当用决定而不是裁定,故选项A是错误的。选项B属于当事人有正当理由未到庭,故根据《民事诉讼法》第146条的规定,法院决定延期审理是正确的。选项C中离婚案件的一方当事人死亡,根据《民事诉讼法》第150条的规定,法院应裁定终结诉讼,而不是裁定按撤诉处理。选项D符合《民事诉讼法》第150条有关诉讼中止的规定,是正确的。(答案:BD)

6. 甲起诉与乙离婚,一审法院判决不予准许。甲不服一审判决提起上诉,在甲将上诉状递交原审法院后的第三天,乙遇车祸死亡。此时,原审法院尚未将上诉状转交给二审法院。关于本案的处理,下列哪一选项是正确的?(2009年真题,单选)

A. 终结诉讼   B. 驳回上诉
C. 不予受理上诉   D. 中止诉讼

[释疑] 根据《民事诉讼法》第151条的规定,有下列情形之一的,终结诉讼:(1)原告死亡,没有继承人,或者继承人放弃诉讼权利的;(2)被告死亡,没有遗产,也没有应当承担义务的人的;(3)离婚案件一方当事人死亡的;(4)追索赡养费、扶养费、抚育费以及解除收养关系案件的一方当事人死亡的。可知,无论在第一审程序,还是在第二审程序,如果离婚案件的一方当事人死亡的,诉讼终结,A项正确。(答案:A,司法部公布答案为D)

三、提示与预测

诉讼中五种特殊情形的处理是高频考点,考生应当掌握其适用的具体情形,此外,还需要注意下列问题:

(1)当事人申请撤诉或者依法可以按撤诉处理的案件,如果当事人有违反法律的行为需要依法处理的,人民法院可以不准撤诉或者不按撤诉处理。法庭辩论终结后原告申请撤诉,被告不同意的,人民法院可以不予准许。(《民诉司法解释》第238条)

(2)无独立请求权的第三人经人民法院传票传唤,无正当理由拒不到庭,或者未经法庭许可中途退庭的,不影响案件的审理。(《民诉司法解释》第240条)

在实务中,无独立请求权的第三人往往是义务型,与被告共同对抗原告,如果判决无独立请求权的第三人承担实体责任的,其相当于被告,所以,在此种情形下,无独立请求权的第三人经人民法院传票传唤,无正当理由拒不到庭,或者未经法庭许可中途退庭的,人民法院可以作

出缺席判决。

(3) 按撤诉处理和缺席判决,是人民法院根据当事人的行为作出的法律上的推断,因此,只有法律明确规定的情形才能适用。

(4) 五种特殊情形适用的法律文书。延期审理用决定,缺席用判决,按撤诉处理、诉讼中止和诉讼终结用裁定。

(5)《民事诉讼法》第 149 条规定,人民法院适用普通程序审理的案件,应当在立案之日起 6 个月内审结。有特殊情况需要延长的,由本院院长批准,可以延长 6 个月;还需要延长的,报请上级人民法院批准。

考点 6 审限

一、精讲

审限,是指从立案的次日起至裁判宣告、调解书送达之日止的期间,但公告、鉴定期间,审理当事人提出的管辖权异议以及处理人民法院之间的管辖争议期间,不应计算在内。

适用程序	审限	延长次数	延长程序
普通程序	6 个月	2 次	院长批准延长 6 个月,第二次由上级法院批准,无时间限制
简易程序	3 个月	可以延长	审理期限到期后,双方当事人同意继续适用简易程序的,由本院院长批准,可以延长审理期限。延长后的审理期限累计不得超过 6 个月(《民诉司法解释》第 258 条)
二审程序	裁定,30 日 判决,3 个月	不得延长 1 次	院长批准
特别程序	30 日,选民资格案件例外	1 次,选民资格案件例外	院长批准
审判监督程序	分别按一审、二审审限	同前	同前

二、提示与预测

对审限的规定,考生应当了解。特别是简易程序的审限,《民诉司法解释》第 258 条第 1 款规定,审理期限到期后,双方当事人同意继续适用简易程序的,由本院院长批准,可以延长审理期限。延长后的审理期限累计不得超过 6 个月。

第十三章 简易程序

考点 1 简易程序的适用范围

一、精讲

1. 适用简易程序的法院和审级

(1) 适用简易程序的人民法院：只能是基层人民法院和它的派出法庭。这里的派出法庭既包括固定设立的人民法庭，也包括为便于审理案件而临时性的派出法庭。

(2) 适用简易程序的审级：只能适用于人民法院审理的第一审民事案件。

2. 适用简易程序的案件范围

(1) 法定适用简易程序的案件：根据《民事诉讼法》第157条第1款的规定"基层人民法院和它派出的法庭审理事实清楚、权利义务关系明确、争议不大的简单民事案件"，适用简易程序的规定。《民事诉讼法》第157条规定的简单民事案件中的事实清楚，是指当事人对争议的事实陈述基本一致，并能提供相应的证据，无须人民法院调查收集证据即可查明事实；权利义务关系明确是指能明确区分谁是责任的承担者，谁是权利的享有者；争议不大是指当事人对案件的是非、责任承担以及诉讼标的争执无原则分歧。（《民诉司法解释》第256条）

(2) 约定适用简易程序的案件：根据《民事诉讼法》第157条第2款的规定，基层人民法院和它派出的法庭审理简单的民事案件以外的民事案件，当事人双方也可以约定适用简易程序。《民诉司法解释》第264条规定，当事人双方根据民事诉讼法第157条第2款规定约定适用简易程序的，应当在开庭前提出。口头提出的，记入笔录，由双方当事人签名或者捺印确认。

3. 不能适用简易程序的案件范围

尽管法律赋予当事人可以通过行使选择权，协商选择普通民事案件通过简易程序审理，但是，《民诉司法解释》第257条规定，有些案件不得适用简易程序审理，包括：

(1) 起诉时被告下落不明的。对于被告下落不明的案件，需要通过公告送达的方式送达各项法律文书，例如送达起诉状副本、开庭传票，一次公告需要60天，两次公告120天，而简易程序的审限是3个月，且不得延长。虽然公告期间不计入审限，但对于这类案件如果适用简易程序审理，与简易程序的设立宗旨不符，因此，不能适用简易程序审理。

(2) 发回重审的。发回重审的案件往往在事实认定或者诉讼程序方面存在错误，为保证案件的审判质量，不宜再适用简易程序审理。

(3) 共同诉讼中一方或者双方当事人人数众多的。该类诉讼因涉及人数众多的一方或者双方当事人的民事权益，因此，不宜适用程序较为简化的简易程序审理。

(4) 法律规定应当适用特别程序、审判监督程序、督促程序、公示催告程序和企业法人破产还债程序的。应当适用审判监督程序的民事案件，其生效裁判确有错误或者生效调解协议违反自愿原则或内容违法，此时，从保证当事人合法权益以及保证案件公正审判的角度，不得再适用简易程序审理。依法应当适用特别程序、督促程序、公示催告程序和企业法人破产还债程序的案件属于非诉讼案件，而适用简易程序只能审理诉讼案件，因此，不得适用简易程序。

(5) 涉及国家利益、社会公共利益的。

(6) 第三人起诉请求改变或者撤销生效判决、裁定、调解书的。
(7) 人民法院认为不宜适用简易程序进行审理的案件。

二、例题

甲与乙因借款合同发生纠纷,甲向某区法院提起诉讼,法院受理案件后,准备适用普通程序审理。甲为了能够尽快结案,建议法院适用简易程序,乙也同意。下列哪一选项是正确的?(2008年真题,单选)

A. 普通程序审理的案件不能适用简易程序,因此,法院不可同意适用简易程序
B. 法院有权将普通程序审理转为简易程序,因此,甲、乙的意见无意义
C. 甲、乙可以自愿协商选择适用简易程序,无须经法院同意
D. 甲、乙有权自愿选择适用简易程序,但需经法院同意

[释疑] 该题考查简易程序的选择适用。根据《民事诉讼法》第157条第2款的规定,基层人民法院和它派出的法庭审理前款规定以外的民事案件,当事人双方也可以约定适用简易程序。可见,当事人双方可以约定适用简易程序审理普通案件,无需经法院同意。C项正确。(答案:C,司法部答案:D)

三、提示与预测

简易程序的适用范围是高频考点,特别是不适用简易程序审理的案件,必须掌握。

考点 2 简易程序的具体程序特点

一、精讲

1. 起诉与送达

(1) 起诉的方式:一般为书面形式;原告本人不能书写起诉状,委托他人代写起诉状确有困难的,可以口头起诉。

(2) 无法通知被告应诉时的处理:最高人民法院《关于依据原告起诉时提供的被告住址无法送达应如何处理问题的批复》(2004年12月)对最高人民法院《关于适用简易程序审理民事案件的若干规定》(以下简称《简易程序规定》)第8条作了修正:"人民法院依据原告起诉时提供的被告住址无法直接送达或者留置送达的,应当要求原告补充材料。原告因客观原因不能补充或者依原告补充的材料仍不能确定被告住址的,人民法院应当依法向被告公告送达诉讼文书。"

(3) 送达地址的确认。《简易程序规定》第5条规定:"当事人应当在起诉或者答辩时向人民法院提供自己准确的送达地址、收件人、电话号码等其他联系方式,并签名或者捺印确认。送达地址应当写明受送达人住所地的邮政编码和详细地址;受送达人是有固定职业的自然人的,其从业的场所可以视为送达地址。"

(4) 被告送达地址的确定。《简易程序规定》第9条规定:"被告到庭后拒绝提供自己的送达地址和联系方式的,人民法院应当告知其不提供送达地址的后果;经人民法院告知后被告仍然拒不提供的,按下列方式处理:(一)被告是自然人的,以其户籍登记中的住所地或者经常居住地为送达地址;(二)被告是法人或者其他组织的,应当以其工商登记或者其他依法登

记、备案中的住所地为送达地址。"

（5）送达方式简便。《民诉司法解释》第 261 条规定："适用简易程序审理案件，人民法院可以采取捎口信、电话、短信、传真、电子邮件等简便方式传唤双方当事人、通知证人和送达裁判文书以外的诉讼文书。"

【注意】简易程序中简便送达与电子送达的区别。

（6）简易程序中留置送达的适用。在简易程序中，适用留置送达时，既可以将诉讼文书留在受送达人的住所，也可以将诉讼文书留在受送达人的从业场所。而在普通程序中，留置送达的地点只能是在受送达人的住所。

2. 审理前的准备

（1）对当事人适用简易程序异议的处理。《民诉司法解释》第 269 条规定："当事人就案件适用简易程序提出异议，人民法院经审查，异议成立的，裁定转为普通程序；异议不成立的，口头告知当事人，并记入笔录。转为普通程序的，人民法院应当将合议庭组成人员及相关事项以书面形式通知双方当事人。转为普通程序前，双方当事人已确认的事实，可以不再进行举证、质证。"

（2）先行调解的案件范围。《简易程序规定》第 14 条规定："下列民事案件，人民法院在开庭审理时应当先行调解：（一）婚姻家庭纠纷和继承纠纷；（二）劳务合同纠纷；（三）交通事故和工伤事故引起的权利义务关系较为明确的损害赔偿纠纷；（四）宅基地和相邻关系纠纷；（五）合伙协议纠纷；（六）诉讼标的额较小的纠纷。但是，根据案件的性质和当事人的实际情况不能调解或者显然没有调解必要的除外。"

3. 举证期限的确定

《民诉司法解释》第 266 条规定："适用简易程序案件的举证期限由人民法院确定，也可以由当事人协商一致并经人民法院准许，但不得超过十五日。被告要求书面答辩的，人民法院可在征得其同意的基础上，合理确定答辩期间。人民法院应当将举证期限和开庭日期告知双方当事人，并向当事人说明逾期举证以及拒不到庭的法律后果，由双方当事人在笔录和开庭传票的送达回证上签名或者捺印。当事人双方均表示不需要举证期限、答辩期间的，人民法院可以立即开庭审理或者确定开庭日期。"

4. 开庭审理与宣判（《民诉司法解释》第 259 条、《简易程序规定》第 23 条、第 27 条）

当事人双方可就开庭方式向人民法院提出申请，由人民法院决定是否准许。经当事人双方同意，可以采用视听传输技术等方式开庭。（《民诉司法解释》第 259 条）

以简便方式送达的开庭通知，未经当事人确认或者没有其他证据证明当事人已经收到的，人民法院不得缺席判决。（《民诉司法解释》第 261 条）

适用简易程序审理的民事案件，应当一次开庭审结，但人民法院认为确有必要再次开庭的除外。

适用简易程序审理的民事案件，除人民法院认为不宜当庭宣判的以外，应当当庭宣判。

5. 裁判文书的制作

适用简易程序审理的民事案件，有下列情形之一的，人民法院在制作裁判文书、调解书时对认定事实或者判决理由部分可以适当简化。《民诉司法解释》第 270 条规定：（1）当事人达成调解协议并需要制作民事调解书的；（2）一方当事人明确表示承认对方全部或者部分诉讼请求的；（3）涉及商业秘密、个人隐私的案件，当事人一方要求简化裁判文书中的相关内容，人民法院认为理由正当的;(4)当事人双方同意简化的。

二、例题

1. 夏某因借款纠纷起诉陈某,法院决定适用简易程序审理。法院依夏某提供的被告地址送达时,发现有误,经多方了解和查证也无法确定准确地址。对此,法院下列哪一处理是正确的?(2017/3/43)

A. 将案件转为普通程序审理 B. 采取公告方式送达
C. 裁定中止诉讼 D. 裁定驳回起诉

[释疑] 本题考查简易程序中送达不能的后果。依据《简易程序规定》第8条的规定,人民法院按照原告提供的被告的送达地送达不能送达的后果因原告是否提供了被告的准确送达地址而不同:(1)原告提供了被告准确的送达地址,但人民法院无法向被告直接送达或者留置送达应诉通知书的,应当将案件转入普通程序审理;(2)原告不能提供被告准确的送达地址,人民法院经查证后仍不能确定被告送达地址的,可以被告不明确为由裁定驳回原告起诉。答案为D。(答案:D)

2. 郑飞诉万雷侵权纠纷一案,虽不属于事实清楚、权利义务关系明确、争议不大的案件,但双方当事人约定适用简易程序进行审理,法院同意并以电子邮件的方式向双方当事人通知了开庭时间(双方当事人均未回复)。开庭时被告万雷无正当理由不到庭,法院作出了缺席判决。送达判决书时法院通过各种方式均未联系上万雷,遂采取了公告送达方式送达了判决书。对此,法院下列的哪些行为是违法的?(2015年真题,多选)

A. 同意双方当事人的约定,适用简易程序对案件进行审理
B. 以电子邮件的方式向双方当事人通知开庭时间
C. 作出缺席判决
D. 采取公告方式送达判决书

[释疑] 根据《民事诉讼法》第157条第2款的规定,基层人民法院和它派出的法庭审理简单的民事案件以外的民事案件,当事人双方也可以约定适用简易程序。A正确;根据《民诉司法解释》第261条的规定,适用简易程序审理案件,人民法院可以采取捎口信、电话、短信、传真、电子邮件等简便方式传唤双方当事人、通知证人和送达裁判文书以外的诉讼文书。以简便方式送达的开庭通知,未经当事人确认或者没有其他证据证明当事人已经收到的,人民法院不得缺席判决。B正确,C错误;简易程序不适用公告送达,这与简易程序审理案件的要求以及审限的要求不符,D错误。(答案:CD)

3. 关于简易程序的简便性,下列哪一表述是不正确的?(2013年真题,单选)

A. 受理程序简便,可以当即受理,当即审理
B. 审判程序简便,可以不按法庭调查、法庭辩论的顺序进行
C. 庭审笔录简便,可以不记录诉讼权利义务的告知、原被告的诉辩意见等通常性程序内容
D. 裁判文书简便,可以简化裁判文书的事实认定或判决理由部分

[释疑] 该题综合考查简易程序的相关规定。根据《民事诉讼法》第158条第1款的规定,当事人双方可以同时到基层人民法院或者它派出的法庭,请求解决纠纷,法院可以当即审理,因此,选项A是正确的。根据该法第160条的规定,适用简易程序审理案件,不受本法关

于法庭调查、法庭辩论顺序的限制,因此,选项 B 是正确的。根据《简易程序规定》的相关规定,适用简易程序审理案件的庭审笔录应记录诉讼权利义务的告知等事项,因此,选项 C 是不正确的。根据《民诉司法解释》第 270 条的规定,在法定情形之下,可以适当简化裁判文书关于事实认定或判决理由部分,因此,选项 D 是正确的。(答案:C)

4. 关于简易程序的表述,下列哪些选项是正确的?(2010 年真题,多选)
A. 基层法院适用普通程序审理的民事案件,当事人双方可协议并经法院同意适用简易程序审理
B. 经双方当事人一致同意,法院制作判决书时可对认定事实或者判决理由部分适当简化
C. 法院可口头方式传唤当事人出庭
D. 当事人对案件事实无争议的,法院可不开庭径行判决

[释疑] 根据《民事诉讼法》第 157 条第 2 款的规定,当事人双方可以约定适用简易程序审理普通案件,无需经法院同意。选项 A 是错误的;根据《民诉司法解释》第 270 条的规定,适用简易程序审理的民事案件,有下列情形之一的,人民法院在制作裁判文书时对认定事实或者判决理由部分可以适当简化:"……(四)当事人双方同意简化的。"选项 B 是正确的;根据《民诉司法解释》第 261 条的规定,以捎口信、电话、传真、电子邮件等形式发送的开庭通知,未经当事人确认或者没有其他证据足以证明当事人已经收到的,人民法院不得将其作为缺席判决的根据。选项 C 是正确的;根据《民事诉讼法》第 169 条,第二审人民法院对上诉案件,应当组成合议庭,开庭审理。经过阅卷、调查和询问当事人,对没有提出新的事实、证据或者理由,合议庭认为不需要开庭审理的,可以不开庭审理。可知,法院可不开庭径行判决的情形只存在二审程序中,一审程序不能适用。选项 D 是错误的。(答案:BC;司法部公布答案:ABC)

三、提示与预测

简易程序的特点是相对普通程序而言的,是考试的出题点,应当掌握简易程序不同于普通程序之处。

掌握简易程序转化为普通程序的法定情形,具体包括:(1) 发现案件不适宜适用简易程序审理;(2) 法院无法直接送达或者留置送达应诉通知书的;(3) 当事人提出的异议成立。

简易程序转化为普通程序后,需注意两点程序事项:(1) 审理期限自立案次日起计算;(2) 应以书面形式告知当事人合议庭组成等相关事项。

适用简易程序审理的案件,审限为 3 个月,审理期限到期后,双方当事人同意继续适用简易程序的,由本院院长批准,可以延长审理期限。延长后的审理期限累计不得超过 6 个月(《民诉司法解释》第 258 条)。

考点 3 小额诉讼程序

一、精讲

2012 年修订后的《民事诉讼法》新增加了关于小额诉讼程序的规定,但仅规定了小额的额度标准以及一审终审。《民诉司法解释》对小额诉讼适用的具体案件范围、审理程序以及小额程序与简易程序的衔接等问题作了进一步的具体规定,考生应当掌握。

(一)小额程序适用的案件范围(重点)

1. 标的额

标的额为各省、自治区、直辖市上年度就业人员年平均工资30%以下的简单民事案件。各省、自治区、直辖市上年度就业人员年平均工资,是指已经公布的各省、自治区、直辖市上一年度就业人员年平均工资。在上一年度就业人员年平均工资公布前,以已经公布的最近年度就业人员年平均工资为准。

2. 适用小额诉讼程序审理的金钱给付案件(《民诉司法解释》第274条)

(1)买卖合同、借款合同、租赁合同纠纷;(2)身份关系清楚,仅在给付的数额、时间、方式上存在争议的赡养费、抚育费、扶养费纠纷;(3)责任明确,仅在给付的数额、时间、方式上存在争议的交通事故损害赔偿和其他人身损害赔偿纠纷;(4)供用水、电、气、热力合同纠纷;(5)银行卡纠纷;(6)劳动关系清楚,仅在劳动报酬、工伤医疗费、经济补偿金或者赔偿金给付数额、时间、方式上存在争议的劳动合同纠纷;(7)劳务关系清楚,仅在劳务报酬给付数额、时间、方式上存在争议的劳务合同纠纷;(8)物业、电信等服务合同纠纷;(9)其他金钱给付纠纷。

3. 不适用小额诉讼程序审理的案件(《民诉司法解释》第275条)

(1)人身关系、财产确权纠纷;(2)涉外民事纠纷;(3)知识产权纠纷;(4)需要评估、鉴定或者对诉前评估、鉴定结果有异议的纠纷;(5)其他不宜适用一审终审的纠纷。

(二)小额案件的审理法院

小额案件的审理法院是基层人民法院和它派出的法庭。

海事法院可以审理海事、海商小额诉讼案件。

(三)小额案件的具体程序规定

1. 小额案件的举证期限和答辩期(《民诉司法解释》第277条)

小额诉讼案件的举证期限由人民法院确定,也可以由当事人协商一致并经人民法院准许,但一般不超过7日。

2. 小额诉讼案件的管辖异议与程序异议(《民诉司法解释》第278条、第281条)

(1)小额诉讼案件的管辖异议:当事人对小额诉讼案件提出管辖异议的,人民法院应当作出裁定。裁定一经作出即生效。(《民诉司法解释》第278条)

【注意】简易程序和普通程序审理的案件,管辖权异议裁定可以上诉

(2)适用小额诉讼的程序异议:当事人对按照小额诉讼案件审理有异议的,应当在开庭前提出。人民法院经审查,异议成立的,适用简易程序的其他规定审理;异议不成立的,告知当事人,并记入笔录。(《民诉司法解释》第281条)

3. 小额诉讼程序与简易程序衔接、与普通程序的转化(《民诉司法解释》第280条)

因当事人申请增加或者变更诉讼请求、提出反诉、追加当事人等,致使案件不符合小额诉讼案件条件的,应当适用简易程序的其他规定审理。前款规定案件,应当适用普通程序审理的,裁定转为普通程序。适用简易程序的其他规定或者普通程序审理前,双方当事人已确认的事实,可以不再进行举证、质证。

4. 小额诉讼案件的裁判文书

小额诉讼案件的裁判文书可以简化,主要记载当事人基本信息、诉讼请求、裁判主文等内容。(《民诉司法解释》第282条)

5. 小额诉讼案件实行一审终审

（四）小额诉讼案件的再审（《民诉司法解释》第 426 条）

对小额诉讼案件的判决、裁定，当事人以《民事诉讼法》第 200 条规定的事由向原审人民法院申请再审的，人民法院应当受理。申请再审事由成立的，应当裁定再审，组成合议庭进行审理。作出的再审判决、裁定，当事人不得上诉。

当事人以不应按小额诉讼案件审理为由向原审人民法院申请再审的，人民法院应当受理。理由成立的，应当裁定再审，组成合议庭审理。作出的再审判决、裁定，当事人可以上诉。

二、例题

1. 李某诉谭某返还借款一案，M 市 N 区法院按照小额诉讼案件进行审理，判决谭某返还借款。判决生效后，谭某认为借款数额远高于法律规定的小额案件的数额，不应按小额案件审理，遂向法院申请再审。法院经审查，裁定予以再审。关于该案再审程序适用，下列哪些选项是正确的？（2016 年真题，多选）

　　A. 谭某应当向 M 市中级法院申请再审　　B. 法院应当组成合议庭审理
　　C. 对作出的再审判决当事人可以上诉　　D. 作出的再审判决仍实行一审终审

[释疑]　本题考查对小额案件的再审。根据《民事诉讼法》第 199 条的规定，再审申请可以向上一级人民法院申请再审；当事人一方人数众多或者当事人双方为公民的案件，也可以向原审人民法院申请再审，本案当事人双方为公民，既可以向上一级人民法院，即向 M 市中级法院申请再审，也可以向原审人民法院，即 M 市 N 区法院申请再审，A 向错误；根据《民诉司法解释》第 426 条第 2 款的规定，当事人以不应按小额诉讼案件审理为由向原审人民法院申请再审的，人民法院应当受理。理由成立的，应当裁定再审，组成合议庭审理。作出的再审判决、裁定，当事人可以上诉。BC 正确，D 项错误。（答案：BC）

2. 根据《民事诉讼法》相关司法解释，下列哪些案件不适用小额诉讼程序？（2015 年真题，多选）

　　A. 人身关系案件　　　　　　　B. 涉外民事案件
　　C. 海事案件　　　　　　　　　D. 发回重审的案件

[释疑]　本题直接考查不适用小额诉讼程序的案件范围，根据《民诉司法解释》第 275 条的规定，下列案件不得适用小额诉讼程序审理：(1) 人身关系、财产确权纠纷（但身份关系清楚，仅在给付的数额、时间、方式上存在争议的赡养费、抚育费、扶养费纠纷可以适用小额诉讼程序审理）；(2) 涉外民事纠纷；(3) 知识产权纠纷；(4) 需要评估、鉴定或者对诉前评估、鉴定结果有异议的纠纷；(5) 其他不宜适用一审终审的纠纷。（答案：ABC）

3. 赵洪诉陈海返还借款 100 元，法院决定适用小额诉讼程序审理。关于该案的审理，下列哪一选项是错误的？（2014 年真题，单选）

　　A. 应在开庭审理时先行调解
　　B. 应开庭审理，但经过赵洪和陈海的书面同意后，可书面审理
　　C. 应当庭宣判
　　D. 应一审终审

[释疑]　本题考查小额诉讼的审理。小额案件的审理规定在简易程序中，除标的额和一审终审有特别规定外，其他的适用简易程序的相关规定；根据《简易程序规定》第 14 条，对于

诉讼标的额较小的纠纷应当先行调解，A项正确。我国《民事诉讼法》确立了公开审判制度，公开审判的基础就是开庭审理，因此无论是简易程序还是普通程序，都应当开庭审理，不得书面审理，B项错误。根据《简易程序规定》第27条，适用简易程序审理的民事案件，除人民法院认为不宜当庭宣判的以外，应当当庭宣判。C项正确；根据《民事诉讼法》第162条的规定，小额诉讼程序审理的案件，实行一审终审。D项正确。（答案：B）

三、提示与预测

小额诉讼程序的具体运用应当掌握。

第十四章 公益诉讼

本章是2012年《民事诉讼法》第55条新增加的制度，2015年2月颁布实施的最高人民法院《关于适用〈中华人民共和国民事诉讼法〉的解释》第十三专章规定了公益诉讼，明确规定了其具体程序的问题。关于公益诉讼，属于近年的热点问题，需要掌握下列问题：(1) 公益诉讼的特点；(2) 公益诉讼的原告，即法律规定的机关和有关组织；(3) 公益诉讼程序的特点，包括起诉条件、管辖、和解、调解、申请撤诉以及判决的效力。

考点 1 公益诉讼的特点

一、精讲

公益诉讼相较私益诉讼而言，具有下列特点：

1. 诉讼目的方面的特殊性：为了维护社会公共利益。
2. 起诉主体的法定性：公益诉讼的原告必须以获得法定授权的机关或团体为前提，个人不能成为公益诉讼的原告。
3. 民事公益诉讼的原告与案件没有直接利害关系，即原告并不是违法行为侵害的直接利害关系人。
4. 民事公益诉讼的提起并不以存在实际损害为前提条件，可以针对那些给社会公众或不特定多数人造成潜在危害的不法行为提起民事公益诉讼。例如最高人民法院《关于审理环境民事公益诉讼案件适用法律若干问题的解释》第1条规定："法律规定的机关和有关组织依据民事诉讼法第五十五条、环境保护法第五十八条等法律的规定，对已经损害社会公共利益或者具有损害社会公共利益重大风险的污染环境、破坏生态的行为提起诉讼，符合民事诉讼法第一百一十九条第二项、第三项、第四项规定的，人民法院应当受理。"

二、例题

根据2012年修改的《民事诉讼法》，关于公益诉讼的表述，下列哪一选项是错误的？(2013年真题，单选)

A. 公益诉讼规则的设立，体现了依法治国的法治理念
B. 公益诉讼的起诉主体只限于法律授权的机关或团体

C. 公益诉讼规则的设立,有利于保障我国经济社会全面协调发展
D. 公益诉讼的提起必须以存在实际损害为前提

[释疑]　公益诉讼虽然也是针对侵权行为提出,但是与一般侵权案件诉讼不同的是,公益诉讼的提起不以存在实际损害为前提条件,可以针对那些给社会公众或不特定多数人造成潜在危害的不法行为提起民事公益诉讼。例如最高人民法院《关于审理环境民事公益诉讼案件适用法律若干问题的解释》第1条规定:"法律规定的机关和有关组织依据民事诉讼法第五十五条、环境保护法第五十八条等法律的规定,对已经损害社会公共利益或者具有损害社会公共利益重大风险的污染环境、破坏生态的行为提起诉讼,符合民事诉讼法第一百一十九条第二项、第三项、第四项规定的,人民法院应当受理。"D项不正确。(答案:D)

三、提示与预测

公益诉讼适格的原告(法律规定的机关和有关组织)是高频考点,考生应当掌握。

根据《民事诉讼法》第55条的规定,对环境污染、侵害众多消费者合法权益等损害社会公共利益的行为,法律规定的机关和有关组织可以向人民法院提起诉讼。

人民检察院在履行职责中发现破坏生态环境和资源保护、食品药品安全领域侵害众多消费者合法权益等损害社会公共利益的行为,在没有前款规定的机关和组织或者前款规定的机关和组织不提起诉讼的情况下,可以向人民法院提起诉讼。前款规定的机关或者组织提起诉讼的,人民检察院可以支持起诉。

根据《民诉司法解释》第284条的规定,公益诉讼案件的适格原告为"环境保护法、消费者权益保护法等法律规定的机关和有关组织"。

《环境保护法》(2014年4月24日第十二届全国人民代表大会常务委员会第八次会议修订)第58条明确赋予相关的社会组织提起公益诉讼的权利。第58条规定,对污染环境、破坏生态,损害社会公共利益的行为,符合下列条件的社会组织可以向人民法院提起诉讼:(1)依法在设区的市级以上人民政府民政部门登记;(2)专门从事环境保护公益活动连续五年以上且无违法记录。符合前款规定的社会组织向人民法院提起诉讼,人民法院应当依法受理。

《消费者权益保护法》(2013年10月第二次修正)明确赋予中国消费者协会以及在省、自治区、直辖市设立的消费者协会对对侵害众多消费者合法权益的行为,可以提起公益诉讼。《消费者权益保护法》第47条规定:"对侵害众多消费者合法权益的行为,中国消费者协会以及在省、自治区、直辖市设立的消费者协会,可以向人民法院提起诉讼。"

考点 2　公益诉讼的具体程序

一、精讲

1. 公益诉讼的起诉条件
(1) 有明确的被告;
(2) 有具体的诉讼请求;
(3) 有社会公共利益受到损害的初步证据;
(4) 属于人民法院受理民事诉讼的范围和受诉人民法院管辖。

【注意】公益诉讼的起诉条件相较于一般案件的起诉条件有如下区别：
(1) 减少了对原告适格的要求；
(2) 增加了对公共利益受到损害的初步证据的要求。

2. 管辖

公益诉讼案件由侵权行为地或者被告住所地中级人民法院管辖，但法律、司法解释另有规定的除外。

因污染海洋环境提起的公益诉讼，由污染发生地、损害结果地或者采取预防污染措施地海事法院管辖。

对同一侵权行为分别向两个以上人民法院提起公益诉讼的，由最先立案的人民法院管辖，必要时由它们的共同上级人民法院指定管辖。

3. 其他机关、组织参与诉讼

人民法院受理公益诉讼案件后，应当在十日内书面告知相关行政主管部门。

人民法院受理公益诉讼案件后，依法可以提起诉讼的其他机关和有关组织，可以在开庭前向人民法院申请参加诉讼。人民法院准许参加诉讼的，列为共同原告。

4. 公益诉讼案件的和解、调解、申请撤诉

(1) 和解与调解

《民诉司法解释》第289条规定："对公益诉讼案件，当事人可以和解，人民法院可以调解。当事人达成和解或者调解协议后，人民法院应当将和解或者调解协议进行公告。公告期间不得少于三十日。公告期满后，人民法院经审查，和解或者调解协议不违反社会公共利益的，应当出具调解书；和解或者调解协议违反社会公共利益的，不予出具调解书，继续对案件进行审理并依法作出裁判。"

(2) 申请撤诉

《民诉司法解释》第290条规定："公益诉讼案件的原告在法庭辩论终结后申请撤诉的，人民法院不予准许。"

二、例题

1. 大洲公司超标排污导致河流污染，公益环保组织甲向A市中级法院提起公益诉讼，请求判令大洲公司停止侵害并赔偿损失。法院受理后，在公告期间，公益环保组织乙也向A市中级法院提起公益诉讼，请求判令大洲公司停止侵害、赔偿损失和赔礼道歉。公益案件审理终结后，渔民梁某以大洲公司排放的污水污染了其承包的鱼塘为由提起诉讼，请求判令赔偿其损失。

(1) 对乙组织的起诉，法院的正确处理方式是(2017/3/98)：

A. 予以受理，与甲组织提起的公益诉讼合并审理
B. 予以受理，作为另案单独审理
C. 属重复诉讼，不予受理
D. 允许其参加诉讼，与甲组织列为共同原告

[释疑] 本题考查符合公益诉讼原告资格的其他组织加入公益诉讼的诉讼地位。根据《民诉法解释》第287条，人民法院受理公益诉讼案件后，依法可以提起诉讼的其他机关和有关组织，可以在开庭前向人民法院申请参加诉讼。人民法院准许参加诉讼的，列为共同原告。

D项正确。（答案：D）

（2）公益环保组织因与大洲公司在诉讼中达成和解协议申请撤诉，法院的正确处理方式是(2017/3/99)：

A. 应将和解协议记入笔录，准许公益环保组织的撤诉申请
B. 不准许公益环保组织的撤诉申请
C. 应将双方的和解协议内容予以公告
D. 应依职权根据和解协议内容制作调解书

[释疑] 本题考查公益诉讼的撤诉和和解。根据《民诉司法解释》第289条的规定，对公益诉讼案件，当事人可以和解，人民法院可以调解。当事人达成和解或者调解协议后，人民法院应当将和解或者调解协议进行公告。公告期间不得少于三十日。公告期满后，人民法院经审查，和解或者调解协议不违反社会公共利益的，应当出具调解书；和解或者调解协议违反社会公共利益的，不予出具调解书，继续对案件进行审理并依法作出裁判。CD正确；根据《民诉司法解释》第290条的规定，公益诉讼案件的原告在法庭辩论终结后申请撤诉的，人民法院不予准许。A错误，B正确。（答案：BCD）

（3）对梁某的起诉，法院的正确处理方式是(2017/3/100)：

A. 属重复诉讼，裁定不予受理
B. 不予受理，告知其向公益环保组织请求给付
C. 应予受理，但公益诉讼中已提出的诉讼请求不得再次提出
D. 应予受理，其诉讼请求不受公益诉讼影响

[释疑] 本题考查公益诉讼与私益诉讼的关系。根据《民诉司法解释》第288条的规定，人民法院受理公益诉讼案件，不影响同一侵权行为的受害人根据《民事诉讼法》第119条规定提起诉讼。D正确。（答案：D）

2. 某品牌手机生产商在手机出厂前预装众多程序，大幅侵占标明内存，某省消费者保护协会以侵害消费者知情权为由提起公益诉讼，法院受理了该案。下列哪一说法是正确的？(2015年真题，单选)

A. 本案应当由侵权行为地或者被告住所地中级法院管辖
B. 本案原告没有撤诉权
C. 本案当事人不可以和解，法院也不可以调解
D. 因该案已受理，购买该品牌手机的消费者甲若以前述理由诉请赔偿，法院不予受理

[释疑] 公益诉讼的案件由侵权行为地或者被告住所地中级法院管辖，A正确；在公益诉讼案件中，原告享有撤诉权，仅仅在时间上收到限制，只能在法庭辩论终结前提出，之后提出的，法院不予准予，B错误；同理，公益诉讼中，允许当事人和解，法院进行调解，只因其涉及公益，和解协议和调解协议要进行公告，C错误；公益诉讼不影响私益诉讼，D错误。（答案：A）

三、提示与预测

1. 公益诉讼由于涉及社会公共利益，故对于其和解、调解协议应当公告。
2. 公益诉讼案件的裁判发生法律效力后，其他依法具有原告资格的机关和有关组织就同一侵权行为另行提起公益诉讼的，人民法院裁定不予受理，但法律、司法解释另有规定的除外。
3. 人民法院受理公益诉讼案件，不影响同一侵权行为的受害人依法向人民法院提起

诉讼。

总之一句话：公益诉讼一次性搞定，私权利诉讼不受影响。

第十五章　第三人撤销权之诉

考点 1　提起第三人撤销之诉的条件

一、精讲

（一）第三人撤销之诉的起诉条件

1. 第三人未参加诉讼，且对此无过错。根据《民诉司法解释》第295条的规定，包括下列情况：不知道诉讼而未参加的；或申请参加未获准许的；或知道诉讼，但因客观原因无法参加的；或因其他不能归责于本人的事由未参加诉讼的。

2. 第三人必须提出证据证明发生法律效力的判决、裁定、调解书的部分或者全部内容错误。倘若生效的法律文书没有错误，即使对第三人造成不利益，第三人也不能提出第三人撤销之诉。需要注意的是，根据法条的表述，应当是一个起诉要件，若不符合该要件，法院应当裁定不予受理，但是在受理案件之前对证据的要求相对较低，只要能够初步证明即可，至于原判决是否真的错误，则应当在随后的审理过程中予以判断。

3. 原判决需损害第三人的民事权益。如果原判决确有错误，但没有损害第三人的民事权益，则对于第三人来说并没有诉讼利益，故不能提起撤销之诉。

【注意】可以撤销或者变更的法律文书包括判决、裁定和调解书。《民诉司法解释》第296条规定："民事诉讼法第五十六条第三款规定的判决、裁定、调解书的部分或者全部内容，是指判决、裁定的主文，调解书中处理当事人民事权利义务的结果。"

（二）第三人撤销之诉的当事人

1. 第三人撤销之诉的原告：应当是未参加过原诉讼的第三人，既可以是无独立请求权的第三人，也可以是有独立请求权的第三人。

【提示】有独立请求权的第三人选择以另行起诉的方式维护自己的合法权益时，如果涉及需要撤销或者改变原生效判决的，当事人可以一并提起撤销之诉，合并审理，人民法院也可以依职权提起再审后合并审理。

2. 第三人撤销之诉的被告：为生效判决、裁定、调解书的当事人；并将生效判决、裁定、调解书中没有承担责任的无独立请求权的第三人列为第三人。

（三）第三人撤销之诉的管辖

第三人应当向作出该判决、裁定、调解书的人民法院提起诉讼。如果生效的法律文书是由一审法院作出的，则向一审法院提起诉讼；如果是由二审法院作出的，则应当向二审法院提起撤销之诉。第三人可以起诉撤销一审和二审法律文书，也可以起诉仅撤销二审法律文书。

（四）第三人撤销之诉的起诉期间

自第三人知道或者应当知道其民事权益受到损害之日起6个月内。该期间是不变期间，超出该期间的，第三人可以通过其他途径救济，但不能提起撤销之诉。

二、例题

汤某设宴为母祝寿,向成某借了一尊清代玉瓶装饰房间。毛某来祝寿时,看上了玉瓶,提出购买。汤某以30万元将玉瓶卖给了毛某,并要其先付钱,寿典后15日内交付玉瓶。毛某依约履行,汤某以种种理由拒绝交付。毛某诉至甲县法院,要求汤某交付玉瓶,得到判决支持。汤某未上诉,判决生效。在该判决执行时,成某知晓了上述情况。对此,成某依法可采取哪些救济措施?(2017/3/77)

A. 以案外人身份向甲县法院直接申请再审
B. 向甲县法院提出执行异议
C. 向甲县法院提出第三人撤销之诉
D. 向甲县法院申诉,要求甲县法院依职权对案件启动再审

[释疑] 本题综合考查案外第三人的救济途径。现行民诉立法及其司法解释,规定案外第三人在判决发生法律效力后,得知自己的合法权利受到侵害,可以直接向生效裁判作出法院提起第三人撤销之诉,或者在执行过程中向执行法院提出案外执行异议的方式进行救济;第三人虽然不能直接向法院申请再审,但是向法院申诉是其合法的权利,而第三人申请是人民法院发现生效裁判错误的途径之一,如果申诉有理,人民法院可以依职权启动再审进行救济。本题的答案为BCD。(答案:BCD)

三、提示与预测

第三人撤销之诉是2012年《民事诉讼法》第56条第3款新增加的制度,2015年2月颁布实施的最高人民法院《关于适用〈中华人民共和国民事诉讼法〉的解释》第十四专章规定了第三人撤销之诉,明确规定了其具体程序的问题以及与相关程序的衔接问题。关于第三人撤销之诉,是近年的热点问题,往往在案例分析题中进行考查,考生需要掌握第三人撤销之诉提起的条件。

此外,第三人撤销之诉属于一个新的诉讼,故该诉讼中当事人的诉讼地位应当按一审普通程序的规定列明,也即第三人撤销权之诉中可能存在三种诉讼主体:原告、被告、第三人。

1. 提起撤销权之诉的第三人为诉讼的发动者,为原告,自无疑异;
2. 第三人提起撤销之诉的目的是撤销原生效法律文书中错误内容,涉及原审当事人的利益,故原审原告、被告为撤销权之诉的被告;
3. 如果原审中有第三人的,分情形讨论:

(1) 原审有独立请求权第三人:原审有独立请求权第三人在原诉讼中主张了实体权利,原生效法律文书必然涉及其权利义务,故必然与第三人撤销之诉中的原告主张的实体权利存在冲突,进而在第三人撤销之诉中,原有独立请求权第三人应为被告。

(2) 原审有无独立请求权第三人,则分两种情况讨论:

① 原无独立请求权第三人在原生效法律文书中承担责任。该种情形下,原生效法律文书对该无独立请求权第三人的权利义务作出了处理,撤销权之诉的原告要求改变原生效法律文书的诉讼主张必然涉及该原审无独立请求权第三人的权利义务,故其在第三人撤销权之诉中应当作为被告。

② 原无独立请求权第三人在原生效法律文书中没有承担责任。该种情形下,原生效法律文书没有对该无独立请求权第三人的权利义务作出认定,撤销权之诉的原告要求改变原生效法律文书的诉讼主张与该无独立请求权第三人的权利义务无关,故其在第三人撤销之诉中不应列为被告,只能列为第三人。

【总结】原审的原告、被告、有独立请求权第三人和承担责任的无独立请求权第三人都是第三人撤销权之诉的被告。而原审不承担责任的无独立请求权第三人应当作为撤销权之诉的第三人。

考点 2 第三人撤销之诉的具体程序

一、精讲

（一）对第三人撤销之诉的受理与不予受理

1. 审查受理

《民诉司法解释》第 293 条规定:"人民法院应当在收到起诉状和证据材料之日起五日内送交对方当事人,对方当事人可以自收到起诉状之日起十日内提出书面意见。人民法院应当对第三人提交的起诉状、证据材料以及对方当事人的书面意见进行审查。必要时,可以询问双方当事人。经审查,符合起诉条件的,人民法院应当在收到起诉状之日起三十日内立案。不符合起诉条件的,应当在收到起诉状之日起三十日内裁定不予受理。"

2. 不予受理(不适用第三人撤销之诉)的具体情形

《民诉司法解释》第 297 条规定:"对下列情形提起第三人撤销之诉的,人民法院不予受理:

（一）适用特别程序、督促程序、公示催告程序、破产程序等非讼程序处理的案件;

（二）婚姻无效、撤销或者解除婚姻关系等判决、裁定、调解书中涉及身份关系的内容;

（三）民事诉讼法第五十四条规定的未参加登记的权利人对代表人诉讼案件的生效裁判;

（四）民事诉讼法第五十五条规定的损害社会公共利益行为的受害人对公益诉讼案件的生效裁判。"

【思考】

（1）对于第三人撤销权之诉,法院立案受理后发现不符合起诉条件应当如何处理?

（2）对于第三人撤销权之诉,当事人对法院作出不予受理、驳回起诉裁定不服的,如何救济?

【解答】

由于第三人提起第三人撤销权之诉的实质是认为原生效判决、裁定、调解书错误,侵犯自身权益,而将原审原告和被告一并作为被告,提起一个新的诉讼,要求改变或者撤销原生效判决、裁定、调解书,从而改变原生效法律文书所确定的权利义务关系,进而维护自身合法权益。故其是一个全新的起诉(变更之诉或者形成之诉),可以参照普通程序的起诉与受理处理,故答案如下:

（1）法院立案受理后发现不符合起诉条件应当裁定驳回起诉;

（2）对于第三人撤销权之诉中,当事人对法院作出不予受理、驳回起诉裁定不服的,可以通过上诉的方式救济。

（二）第三人撤销之诉的审理和处理

1.《民诉司法解释》第294条规定："人民法院对第三人撤销之诉案件,应当组成合议庭开庭审理。"

【注意】

第三人撤销之诉,不适用简易程序审理。

2. 根据《民诉司法解释》第300条的规定,对第三人撤销之诉的审理方式如下：

（1）请求成立且确认其民事权利的主张全部或部分成立的,改变原判决、裁定、调解书内容的错误部分；

（2）请求成立,但确认其全部或部分民事权利的主张不成立,或者未提出确认其民事权利请求的,撤销原判决、裁定、调解书内容的错误部分；

（3）请求不成立的,驳回诉讼请求。

【注意】

（1）对第三人撤销之诉裁判不服的,当事人可以上诉。

（2）原判决、裁定、调解书的内容未改变或者未撤销的部分继续有效。

二、例题

关于第三人撤销之诉,下列哪一说法是正确的？（2014年真题,单选）

A. 法院受理第三人撤销之诉后,应中止原裁判的执行

B. 第三人撤销之诉是确认原审裁判错误的确认之诉

C. 第三人撤销之诉由原审法院的上一级法院管辖,但当事人一方人数众多或者双方当事人为公民的案件,应由原审法院管辖

D. 第三人撤销之诉的客体包括生效的民事判决、裁定和调解书

[释疑] 本题考查第三人撤销权之诉。第三人撤销权之诉是指本应作为有独立请求权第三人或者无独立请求权第三人的主体因不能归责于本人的事由而没能参加诉讼,但是有证据证明生效的判决书、裁定书、调解书部分或者全部内容错误,侵犯自己合法权益的,可以自知道或者应当知道之日起6个月内向做出该判决、裁定、调解书的法院提起诉讼。可见第三人撤销权之诉的客体为生效的民事判决、裁定、调解书,所以D选项正确。而撤销权之诉应当向作出原生效判决、裁定、调解书的法院（即终审法院）提出,而不是上一级法院,所以C选项错误,该选项的表述实际上是申请再审的相关规定。《民诉司法解释》规定第三人提起撤销权之诉后,该第三人可以通过向执行法院提出对执行标的的异议或者提供担保的方式中止执行,而A选项中没有提到第三人提出对执行标的异议,也未提及该第三人提供担保,故中止执行的表述错误,该表述是利用"法院决定再审后应当裁定中止原判决、裁定、调解书的执行"这一规定进行干扰。第三人撤销权之诉实际上是本应作为有独立请求权第三人或者无独立请求权第三人的人为了维护自身合法权益而在判决生效后向法院提出撤销、改变原生效裁判的请求,与确认之诉无关,所以B选项错误。（答案：D）

三、提示与预测

（1）第三人撤销权之诉应当开庭审理，不得书面审理；

（2）第三人撤销权之诉应当组成合议庭审理，不能适用独任制；

（3）人民法院审理第三人撤销之诉，应严格适用第一审普通程序；

（4）第三人撤销权之诉中，第三人（即第三人撤销权之诉的原告）的诉讼请求是改变或者撤销原来的判决、裁定、调解书，即是对原生效判决、裁定、调解书所确定的法律关系进行变更或者消灭，其本质上是变更之诉（形成之诉）。

考点 3　第三人撤销之诉与相关程序的关系

一、精解

（一）第三人撤销之诉与执行的关系

1. 人民法院受理第三人撤销之诉后，执行程序并不中止；如果原告提供相应担保，请求中止执行的，人民法院可以准许。

2. 第三人提起撤销之诉后，未中止生效判决、裁定、调解书执行的，第三人可以在执行中向执行法院对执行标的主张权利（即提出案外人对执行标的的异议），法院经审查，异议成立的裁定中止执行，异议不成立的，裁定驳回。

（二）第三人撤销之诉与再审的关系

第三人撤销之诉案件审理期间，人民法院对生效判决、裁定、调解书裁定再审的，受理第三人撤销之诉的人民法院应当裁定将第三人的诉讼请求并入再审程序。但有证据证明原审当事人之间恶意串通损害第三人合法权益的，人民法院应当先行审理第三人撤销之诉案件，裁定中止再审诉讼。

第三人诉讼请求并入再审程序审理的，按照下列情形分别处理：

1. 按照第一审程序审理的，人民法院应当对第三人的诉讼请求一并审理，所作的判决可以上诉；

2. 按照第二审程序审理的，人民法院可以调解，调解达不成协议的，应当裁定撤销原判决、裁定、调解书，发回一审法院重审，重审时应当列明第三人。

【提示】按照二审程序审理的再审案件，应当保护第三人的上诉权。

【理解与适用】

原则上，再审审理程序与第三人撤销之诉并行时，裁定将第三人撤销权之诉并入再审程序，为一次性解决多方当事人的民事权利义务争议，第三人撤销之诉应当裁定终结。

例外的情形：有证据证明原诉讼属于原审当事人之间恶意串通损害第三人合法权益时，人民法院应当先行审理第三人撤销之诉案件，并裁定中止再审程序。

【思考】为什么有证据证明原诉讼属于原审当事人之间恶意串通损害第三人合法权益时，人民法院应当先行审理第三人撤销之诉案件，并裁定中止再审程序？

【分析】这种情形下即通过第三人撤销权之诉查明了原审当事人恶意串通进行虚假诉讼，则会撤销原判决、裁定、调解书，此时再审就失去了审理对象（再审的审理对象是原生效判决、裁定、调解书），自然没有继续的必要，再审程序应当裁定终结。

二、例题

丙公司因法院对甲公司诉乙公司工程施工合同案的一审判决(未提起上诉)损害其合法权益,向A市B县法院提起撤销诉讼。案件审理中,检察院提起抗诉,A市中级法院对该案进行再审,B县法院裁定将撤销诉讼并入再审程序。关于中级法院对丙公司提出的撤销诉讼请求的处理,下列哪一表述是正确的?(2017/3/38)

A. 将丙公司提出的诉讼请求一并审理,作出判决
B. 根据自愿原则进行调解,调解不成的,告知丙公司另行起诉
C. 根据自愿原则进行调解,调解不成的,裁定撤销原判发回重审
D. 根据自愿原则进行调解,调解不成的,恢复第三人撤销诉讼程序

[释疑] 本题考查第三人撤销之诉并入再审程序的处理。第三人撤销程序和再审程序都是对生效裁判错误的纠错程序,针对同一案件,两者不能同时适用。第三人撤销之诉案件审理期间,人民法院对生效判决、裁定、调解书裁定再审的,受理第三人撤销之诉的人民法院应当裁定将第三人的诉讼请求并入再审程序。根据《民诉司法解释》第302条的规定,第三人诉讼请求并入再审程序审理的,按照下列情形分别处理:(一)按照第一审程序审理的,人民法院应当对第三人的诉讼请求一并审理,所作的判决可以上诉;(二)按照第二审程序审理的,人民法院可以调解,调解达不成协议的,应当裁定撤销原判决、裁定、调解书,发回一审法院重审,重审时应当列明第三人。本案A市中级人民法院再审,属于再审,应当适用二审程序审理,因此答案为C。(答案:C)

三、提示与预测

第三人撤销之诉与相关程序之间的关系,是考试的重点内容,总结如下,考生应当掌握

1. 第三人撤销之诉受理后,执行程序不中止。要想中止原判决的执行,可以有如下两种方式:(1)向受理第三人撤销之诉的法院提供担保,请求中止执行,法院可以准许;(2)向执行法院提出案外人对执行标的的异议(即就执行标的向执行法院主张权利),法院审查,异议成立的即裁定中止执行。

2. 第三人撤销之诉与再审均是对错误生效裁判的救济,因此,二者只能适用其一,不能同时适用。

(1) 执行程序开始前,第三人只能通过第三人撤销之诉的方式对错误的生效裁判进行救济,不能申请再审。

(2) 执行程序开始前,同一裁判被提起第三人撤销之诉后,又被裁定再审,再审吸收撤销。

(3) 执行程序开始后,第三人撤销之诉先于执行异议提出的,执行异议被驳回后,不得申请再审。

(4) 执行程序开始后,第三人先提出执行异议,被裁定驳回后,再提第三人撤销之诉的,法院不予受理;此时只能通过申请再审的方式救济。

3. 第三人撤销之诉与执行异议可以同时适用。

第十六章　第二审程序

本章知识体系：

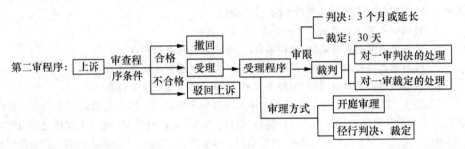

考点 1　上诉的提起条件

一、精讲

1. 上诉的对象

未发生法律效力的一审裁判。

（1）允许上诉的判决有三种：地方各级人民法院适用普通程序以及基层人民法院和它派出的法庭适用简易程序审理后作出的判决，以及人民法院对发回重审与按照一审程序对案件进行再审后作出的判决。

两类不能上诉的判决：① 最高人民法院作出的一审判决；② 法院适用特别程序、公示催告程序作出的判决。

（2）允许上诉的裁定：管辖权异议裁定、不予受理裁定、驳回起诉裁定、移送管辖和管辖权转移的裁定。

【特别提示】　允许上诉的管辖权异议裁定是指驳回审判管辖异议的裁定，而驳回执行管辖异议的裁定不允许上诉，只能向上一级人民法院申请复议。

2. 上诉的主体

一审判决中实体权利与义务的承受人。

在民事诉讼中，有权提起上诉而成为上诉人的，具体包括一审中的原告、被告、共同诉讼人、有独立请求权的第三人和承担实体义务的无独立请求权的第三人。

无民事行为能力人、限制民事行为能力人的法定代理人，可以代理当事人提起上诉。

3. 上诉状的形式

当事人提起上诉必须以书面形式进行，口头上诉无效。

4. 上诉的时间

判决从送达之日起15日内；裁定从送达之日起10日内；涉外案件的判决和裁定的上诉时间均为从送达之日起30日内。

【注意】上诉期间从何时开始计算的问题，尤其是共同诉讼人的上诉期间问题，对于共同诉讼人而言，如果一审判决和可以上诉的一审裁定不能同时送达双方当事人的，上诉期限从各自收到判决书、裁定书的次日起计算。

5. 上诉的法院

原审人民法院或第二审人民法院。

二、例题

1. 甲、乙、丙三人共同致丁身体损害，丁起诉三人要求赔偿3万元。一审法院经审理判决甲、乙、丙分别赔偿2万元、8 000元和2 000元，三人承担连带责任。甲认为丙赔偿2 000元的数额过低，提起上诉。关于本案二审当事人诉讼地位的确定，下列哪一选项是正确的？（2017/3/44）

A. 甲为上诉人，丙为被上诉人，乙为原审被告，丁为原审原告

B. 甲为上诉人，丙、丁为被上诉人，乙为原审被告

C. 甲、乙为上诉人，丙为被上诉人，丁为原审原告

D. 甲、乙、丙为上诉人，丁为被上诉人

[释疑] 本题考查必要共同诉讼人部分上诉后上诉地位的列明。根据《民诉司法解释》第319条的规定，必要共同诉讼人的一人或者部分人提起上诉的，按下列情形分别处理：（1）上诉仅对与对方当事人之间权利义务分担有意见，不涉及其他共同诉讼人利益的，对方当事人为被上诉人，未上诉的同一方当事人依原审诉讼地位列明；（2）上诉仅对共同诉讼人之间权利义务分担有意见，不涉及对方当事人利益的，未上诉的同一方当事人为被上诉人，对方当事人依原审诉讼地位列明；（3）上诉对双方当事人之间以及共同诉讼人之间权利义务承担有意见的，未提起上诉的其他当事人均为被上诉人。本案中甲认为丙赔偿2 000元的数额过低，提起上诉，甲是上诉人，丙是被上诉人，乙（原审被告）和丁（原审原告）按原审地位列明，正确答案为A。（答案：A）

2. 甲、乙、丙诉丁遗产继承纠纷一案，甲不服法院作出的一审判决，认为分配给丙和丁的遗产份额过多，提起上诉。关于本案二审当事人诉讼地位的确定，下列哪一选项是正确的？（2016年真题，单选）

A. 甲是上诉人，乙、丙、丁是被上诉人

B. 甲、乙是上诉人，丙、丁是被上诉人

C. 甲、乙、丙是上诉人，丁为被上诉人

D. 甲是上诉人，乙为原审原告，丙、丁为被上诉人

[释疑] 本题考查必要共同诉讼人部分上诉后二审当事人诉讼地位的确定。根据《民诉司法解释》第319条的规定，必要共同诉讼人的一人或者部分人提起上诉的，按下列情形分别处理：（1）上诉仅对与对方当事人之间权利义务分担有意见，不涉及其他共同诉讼人利益的，对方当事人为被上诉人，未上诉的同一方当事人依原审诉讼地位列明；（2）上诉仅对共同诉讼人之间权利义务分担有意见，不涉及对方当事人利益的，未上诉的同一方当事人为被上诉人，对方当事人依原审诉讼地位列明；（3）上诉对双方当事人之间以及共同诉讼人之间权利义务承担有意见的，未提起上诉的其他当事人均为被上诉人。本案中，甲认为分配给丙和丁的遗产份额过多，并未对乙的遗产份额有异议，因此，甲是上诉人，丙、丁为被上诉人，乙为原审原告，D项正确。（答案：D）

3. 下列哪些情况下,法院不应受理当事人的上诉请求?(2013年真题,多选)

A. 宋某和卢某借款纠纷一案,卢某终审败诉,宋某向区法院申请执行,卢某提出执行管辖异议,区法院裁定驳回卢某异议。卢某提起上诉

B. 曹某向市中院诉刘某侵犯其专利权,要求赔偿损失1元钱,中院驳回其请求。曹某提起上诉

C. 孙某将朱某打伤,经当地人民调解委员会调解达成协议,并申请法院进行了司法确认。后朱某反悔提起上诉

D. 尹某诉与林某离婚,法院审查中发现二人系禁婚的近亲属,遂判决二人婚姻无效。尹某提起上诉

[释疑] 该题实际上综合性考查上诉的实质条件,即允许上诉的判决与裁定。根据《执行若干解释》第10条的规定,法院裁定驳回执行管辖异议后,当事人可以向上一级人民法院申请复议,因此,选项A的上诉,法院不应受理。根据《民事诉讼法》第164条的规定,对于驳回诉讼请求的判决,当事人有权提起上诉,因此,选项B的上诉,法院应当受理。根据本法第195条的规定,人民调解协议经法院司法确认有效后,具有强制执行力;确认无效,当事人有权起诉,因此,选项C的上诉,法院不应当受理。根据婚姻法相关司法解释,确认婚姻无效实行一审终审,因此,选项D的上诉,法院不应当受理。(答案:ACD)

4. 甲对乙享有10万元到期债权,乙无力清偿,且怠于行使对丙的15万元债权,甲遂对丙提起代位权诉讼,法院依法追加乙为第三人。一审判决甲胜诉,丙应向甲给付10万元。乙、丙均提起上诉,乙请求法院判令丙向其支付剩余5万元债务,丙请求法院判令甲对乙的债权不成立。关于二审当事人地位的表述,下列哪一选项是正确的?(2013年真题,单选)

A. 丙是上诉人,甲是被上诉人　　B. 乙、丙是上诉人,甲是被上诉人

C. 乙是上诉人,甲、丙是被上诉人　　D. 丙是上诉人,甲、乙是被上诉人

[释疑] 该题直接考查二审当事人诉讼地位的判断,正确解答该题的关键在于对乙的诉讼地位的准确判断。在本题中,乙作为代位权诉讼中的主债务人,应处于无独立请求权第三人的诉讼地位,根据《民诉司法解释》第82条的规定,民事责任的无独立请求权的第三人有权上诉,在本题中,法院一审判决仅判决丙向甲支付10万元,乙没有上诉权,因此,选项B与C是不正确的。在本题中,丙上诉向法院请求判令甲对乙的债权不成立,因此,选项A是正确的,而选项D是不正确的。(答案:A)

5. 吴某被王某打伤后诉至法院,王某败诉。一审判决书送达王某时,其当即向送达人郑某表示上诉,但因其不识字,未提交上诉状。关于王某行为的法律效力,下列哪一选项是正确的?(2011年真题,单选)

A. 王某已经表明上诉,产生上诉效力

B. 郑某将王某的上诉要求告知法院后,产生上诉效力

C. 王某未提交上诉状,不产生上诉效力

D. 王某口头上诉经二审法院同意后,产生上诉效力

[释疑] 本题简单考查上诉的形式。在民事诉讼中,当事人提起上诉应当以书面形式,口头上诉无效,因此,选项C是正确的。(答案:C)

三、提示与预测

上诉的提起条件是高频考点,重点掌握上诉主体以及上诉主体地位的列明。

1. 对上诉人都上诉的处理

《民诉司法解释》第 317 条规定:"双方当事人和第三人都提起上诉的,均列为上诉人。人民法院可以依职权确定第二审程序中当事人的诉讼地位。"二审程序不同于一审程序,由于一审程序审理的是双方当事人之间的实体权利与义务争议,因此必须有双方当事人;而二审程序审理的是当事人对一审判决不服而提起上诉的内容,因此,二审程序中既可以存在双方当事人,即上诉人与被上诉人,也可以只有上诉人一方当事人,而没有被上诉人。

2. 必要共同诉讼人中部分共同诉讼人上诉的处理(重点)

在必要共同诉讼中,法院作出一审判决后,经常会出现必要共同诉讼人中只有一人或者部分人提出上诉,如何确定二审程序中的上诉人与被上诉人?《民诉司法解释》第 319 条对这类情况作出了明确的规定,即必要共同诉讼人中的一人或者部分人提出上诉的,按照三种情况处理。

为了说明问题的方便,拟画出下图,该图表示在第一审程序中,甲和乙是共同诉讼人,他们是共同原告,被告只有丙一人。如果甲要上诉,在二审中他们三人的地位如何确定呢?

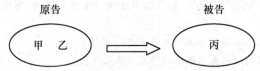

第一,如果该上诉是一方当事人对本方与对方当事人之间权利与义务分担有意见,不涉及其他共同诉讼人利益的,对方当事人为被上诉人,未上诉的同一方当事人依原审诉讼地位列明。如上图所示,甲要上诉,他只对与丙之间权利义务的分担有意见,不涉及乙,在二审中,他们三人的诉讼地位分别是:甲为上诉人,丙为被上诉人,乙为原审原告。

第二,如果该上诉仅对共同诉讼人之间权利与义务分担有意见,不涉及对方当事人利益的,未上诉的同一方当事人为被上诉人,对方当事人依原审诉讼地位列明。如上图所示,甲要上诉,他只对与乙之间权利义务的分担有意见,不涉及丙,在二审中,他们三人的诉讼地位分别是:甲为上诉人,乙为被上诉人,丙为原审被告。

第三,如果该上诉对双方当事人之间以及共同诉讼人之间权利与义务分担都有意见的,未提出上诉的其他当事人均为被上诉人。如上图所示,甲要上诉,他对与乙和丙的权利义务分担都有意见,如果乙和丙都不上诉,在二审中,他们三人的诉讼地位分别是:甲为上诉人,乙为被上诉人,丙为被上诉人。

总之,在确定必要共同诉讼人的上诉问题时,其规律是:有权上诉的当事人谁提出上诉谁就是上诉人,上诉人对与谁之间的权利与义务分担有意见,谁就是被上诉人;未提出上诉并且上诉人的上诉请求不涉及的人,依原审诉讼地位列明即可。

(三) 二审当事人诉讼继承

上诉案件的当事人死亡或者终止的,人民法院依法通知其权利义务承继者参加诉讼。(《民诉司法解释》第 322 条)

《民诉司法解释》第 317 条规定:"双方当事人和第三人都提起上诉的,均列为上诉人。人民法院可以依职权确定第二审程序中当事人的诉讼地位。"

考点 2 二审法院对上诉案件的审理范围

一、精讲

根据《民诉司法解释》第 323 条的规定，二审法院对上诉案件的审理应当围绕上诉请求的有关事实和适用法律进行审查。当事人没有提出请求的，不予审理。但一审判决违反法律的禁止性规定，或者损害国家利益、社会公共利益、他人合法权益的，即使当事人没有提出请求，法院也要审理。

二、例题

朱某诉力胜公司商品房买卖合同纠纷案，朱某要求判令被告支付违约金 5 万元；因房屋质量问题，请求被告修缮，费用由被告支付。一审法院判决被告败诉，认可了原告全部诉讼请求。力胜公司不服令其支付 5 万元违约金的判决，提起上诉。二审法院发现一审法院关于房屋有质量问题的事实认定，证据不充分。关于二审法院对本案的处理，下列哪些说法是正确的？（2017/3/82）

A. 应针对上诉人不服违约金判决的请求进行审理
B. 可对房屋修缮问题在查明事实的情况下依法改判
C. 应针对上诉人上诉请求所涉及的事实认定和法律适用进行审理
D. 应全面审查一审法院对案件的事实认定和法律适用

[释疑] 本题考查二审审理范围。根据《民事诉讼法》第 168 条的规定，第二审人民法院应当对上诉请求的有关事实和适用法律进行审查。而《民诉司法解释》第 323 条进一步规定，第二审人民法院应当围绕当事人的上诉请求进行审理。当事人没有提出请求的，不予审理，但一审判决违反法律禁止性规定，或者损害国家利益、社会公共利益、他人合法权益的除外。正确答案为 AC。（答案：AC）

三、提示与预测

该知识点虽然近年考试没有过多涉及，但作为处分原则中，当事人对实体权利的处分对法院审理对象的制约，考生应当掌握。

考点 3 上诉案件的审理方式

一、精讲

第二审人民法院可以根据案件的具体情况分别采取开庭审理或者不开庭审理径行裁判两种方式进行。

《民事诉讼法》第 169 条第 1 款规定："第二审人民法院对上诉案件，应当组成合议庭，开庭审理。经过阅卷、调查和询问当事人，对没有提出新的事实、证据或者理由，合议庭认为不需要开庭审理的，可以不开庭审理。"

《民诉司法解释》第 333 条规定："第二审人民法院对下列上诉案件，依照民事诉讼法第一百六十九条规定可以不开庭审理：（一）不服不予受理、管辖权异议和驳回起诉裁定的；（二）

当事人提出的上诉请求明显不能成立的;(三)原判决、裁定认定事实清楚,但适用法律错误的;(四)原判决严重违反法定程序,需要发回重审的。"

二、例题

1. 关于民事诉讼二审程序的表述,下列哪些选项是正确的?(2014年真题,多选)
   A. 二审既可能因为当事人上诉而发生,也可能因为检察院的抗诉而发生
   B. 二审既是事实审,又是法律审
   C. 二审调解书应写明撤销原判
   D. 二审原则上应开庭审理,特殊情况下可不开庭审理

[释疑]　本题考查二审程序的相关内容。二审程序的启动只能因当事人的上诉而发生,A项错误;二审对上诉请求所依据的事实和法律进行审理,B项正确;二审中可以进行调解,调解达成协议的都应当制作调解书,调解书送达原审判决视为撤销,因此不需要在调解书中写明撤销原判,C项错误;审理时原则上为开庭审理,但经过阅卷、调查和询问当事人,对没有提出新的事实、证据或者理由,合议庭认为不需要开庭审理的,也可以不开庭审理,D项正确。(答案:BD)

2. 关于民事诉讼二审程序的表述,下列哪一选项是错误的?(2012年真题,单选)
   A. 二审案件的审理,遇有二审程序没有规定的情形,应当适用一审普通程序的相关规定
   B. 二审案件的审理,以开庭审理为原则
   C. 二审案件调解的结果变更了一审判决内容的,应当在调解书中写明"撤销原判"
   D. 二审案件的审理,应当由法官组成的合议庭进行审理

[释疑]　该题考查二审程序的相关程序问题。根据普通程序的基础性法律地位,对于其他程序没有规定的情形,适用一审普通程序的规定,因此,选项A是正确的。根据《民事诉讼法》第169条的规定,第二审人民法院对上诉案件,应当组成合议庭,开庭审理。经过阅卷、调查和询问当事人,对没有提出新的事实、证据或者理由,合议庭认为不需要开庭审理的,可以不开庭审理。该条实际上反映了二审审理方式以开庭审理为原则,不开庭审理为例外,因此,选项B是正确的。根据《民事诉讼法》第172条的规定:"第二审人民法院审理上诉案件,可以进行调解。调解达成协议,应当制作调解书,由审判人员、书记员署名,加盖人民法院印章。调解书送达后,原审人民法院的判决即视为撤销。"因此,选项C是错误的。根据《民事诉讼法》第40条的规定:"人民法院审理第二审民事案件,由审判员组成合议庭。"因此,选项D是正确的。(答案:C)

三、提示与预测

注意不开庭审理和书面审理的区别。在我国民事诉讼的审理方式中,不适用书面审理方式。在仲裁制度中,可以根据当事人的协议,进行书面审理。

考点 4　上诉的撤回

一、精讲

1. 上诉撤回的条件
   (1)《民事诉讼法》第173条规定:"第二审人民法院判决宣告前,上诉人申请撤回上诉

的,是否准许,由第二审人民法院裁定。"

《民诉司法解释》第 337 条规定:"在第二审程序中,当事人申请撤回上诉,人民法院经审查认为一审判决确有错误,或者当事人之间恶意串通损害国家利益、社会公共利益、他人合法权益的,不应准许。"

(2) 根据《民诉司法解释》第 320 条的规定,一审当事人"虽递交上诉状,但未在指定的期限内交纳上诉费的,按自动撤回上诉处理"。

2. 撤回上诉的法律效力

(1) 在上诉期内上诉人撤回上诉后,不得再次上诉;但判决是否生效需取决于其他当事人在上诉期内是否上诉。

(2) 在上诉期内,所有有权上诉的当事人均提起上诉后,均撤回上诉,法院裁定准许最后一个当事人撤回上诉时,一审裁判生效。

(3) 在二审审理过程中,判决宣告前,上诉人撤回上诉,法院裁定准许后,一审判决即生效。

二、例题

1. 张某诉新立公司买卖合同纠纷案,新立公司不服一审判决提起上诉。二审中,新立公司与张某达成协议,双方同意撤回起诉和上诉。关于本案,下列哪一选项是正确的?(2017/3/45)

A. 起诉应在一审中撤回,二审中撤回起诉的,法院不应准许
B. 因双方达成合意撤回起诉和上诉的,法院可准许张某二审中撤回起诉
C. 二审法院应裁定撤销一审判决并发回重审,一审法院重审时准许张某撤回起诉
D. 二审法院可裁定新立公司撤回上诉,而不许张某撤回起诉

[释疑] 本题考查二审中撤回起诉与撤回上诉的处理。我国民诉法及其司法解释允许二审撤回起诉和撤回上诉,如果二审中双方达成合意撤回起诉和上诉的,由于撤回起诉更为彻底,所以此时法院应当准许二审中撤回起诉。正确答案为 B。(答案:B)

2. 石山公司起诉建安公司请求返还 86 万元借款及支付 5 万元利息,一审判决石山公司胜诉,建安公司不服提起上诉。二审中,双方达成和解协议:石山公司放弃 5 万元利息主张,建安公司在撤回上诉后 15 日内一次性付清 86 万元本金。建安公司向二审法院申请撤回上诉后,并未履行还款义务。关于石山公司的做法,下列哪一表述是正确的?(2017/3/46)

A. 可依和解协议申请强制执行
B. 可依一审判决申请强制执行
C. 可依和解协议另行起诉
D. 可依和解协议申请司法确认

[释疑] 本题考查二审和解撤回上诉后的效力。在二审中达成和解协议后选择撤回上诉,其法律后果是一审判决发生法律效力。因此,对于生效判决的权利人石山公司来讲,其可以申请强制执行一审判决,因此正确答案为 B。(答案:B)

3. 经审理,一审法院判决被告王某支付原告刘某欠款本息共计 22 万元,王某不服提起上诉。二审中,双方当事人达成和解协议,约定:王某在 3 个月内向刘某分期偿付 20 万元,刘某放弃利息请求。案件经王某申请撤回上诉而终结。约定的期限届满后,王某只支付了 15 万

元。刘某欲寻求法律救济。下列哪一说法是正确的?(2012年真题,单选)
A. 只能向一审法院重新起诉　　B. 只能向一审法院申请执行一审判决
C. 可向一审法院申请执行和解协议　　D. 可向二审法院提出上诉

[释疑]　该题主要考查撤回上诉的法律效力。当事人在二审程序中,一旦选择撤回上诉并获得法院准许,其法律后果是一审判决生效。基于上述两点,该题实际上就变成了,一审判决生效后,如果约定期限届满,王某仅支付15万元,刘某如何获得法律救济?因此,选项B是正确的。选项A的错误在于违反了一事不再理的原则,选项C的错误在于和解协议不具有执行力,而选项D的错误在于违背了两审终审制,因为上诉只能针对未生效的判决、裁定。(答案:B)

三、提示与预测

撤回上诉的法律效力是高频考点,考生必须掌握。

此外,《民诉司法解释》第338条新规定了二审中撤回起诉,即在第二审程序中,原审原告申请撤回起诉,经其他当事人同意,且不损害国家利益、社会公共利益、他人合法权益的,人民法院可以准许。准许撤诉的,应当一并裁定撤销一审裁判。原审原告在第二审程序中撤回起诉后重复起诉的,人民法院不予受理。需要掌握撤回起诉和撤回上诉的区别:

一般提及的撤诉,属于狭义的撤诉,仅指撤回起诉,但是,广义上的撤诉既包括撤回起诉,也包括撤回上诉。因此,题目信息中的撤诉究竟指撤回起诉,还是撤回上诉,应当根据具体情况判断。

区别项	撤回上诉	撤回起诉
申请主体	上诉人	原审(一审)原告
审查条件	认为一审判决确有错误,或者当事人之间恶意串通损害国家利益、社会公共利益、他人合法权益的,不应准许。	经其他当事人同意,且不损害国家利益、社会公共利益、他人合法权益的,人民法院可以准许。
法律效力	(1) 在上诉期内上诉人撤回上诉后,不得再次上诉;但判决是否生效需取决于其他当事人在上诉期内是否上诉。 (2) 在上诉期内,所有有权上诉的当事人均提起上诉后,均撤回上诉,法院裁定准许最后一个当事人撤回上诉时,一审裁判生效。 (3) 在二审审理过程中,判决宣告前,上诉人撤回上诉,法院裁定准许后,一审判决即生效。	裁定撤回起诉,同时撤销一审判决。不得再次起诉(重复起诉)。

无论是撤回起诉,还是撤回上诉,人民法院均要进行审查,符合条件的,裁定准予撤回起诉或撤回上诉;认为有侵害国家利益、社会公共利益以及他人合法权益的,或者二审中认为一审判决确有错误的,可以裁定不准撤回起诉或撤回上诉,诉讼继续进行。

考点 5　二审中的和解

一、精讲

和解是当事人行使处分权的一种形式,当事人可以在一审、二审程序中进行和解,达成和解协议。当事人在二审程序中达成和解协议后,可以有两种处理方式:

1. 申请法院根据和解协议制作调解书,调解书送达签收后生效,原审判决视为撤销。
2. 因和解而申请撤诉,就要进行具体区分:

(1) 上诉人是原审原告,申请撤诉时:既可以是撤回上诉,也可以是撤回起诉。这时需要注意撤回上诉和撤回起诉的区分。撤回上诉,一审判决生效;撤回起诉,一审判决被撤销,但撤回起诉后又重复起诉的,法院不予受理。

(2) 上诉人是原审被告,申请撤诉时:是指撤回上诉。

(3) 被上诉人是原审原告,申请撤诉时:是指撤回起诉。

二、例题

1. 甲公司诉乙公司买卖合同纠纷一案,法院判决乙公司败诉并承担违约责任,乙公司不服提起上诉。在二审中,甲公司与乙公司达成和解协议,并约定双方均将提起之诉予以撤回。关于两个公司的撤诉申请,下列哪一说法是正确的?(2016年真题,单选)

A. 应当裁定准许双方当事人的撤诉申请,并裁定撤销一审判决
B. 应当裁定准许乙公司撤回上诉,不准许甲公司撤回起诉
C. 不应准许双方撤诉,应依双方和解协议制作调解书
D. 不应准许双方撤诉,应依双方和解协议制作判决书

[释疑]　本题考查二审程序中达成和解协议后撤诉的区分和处理。二审程序中,如果双方达成和解协议申请撤诉的,需要区分对待。上诉人是原审原告时,既可以是撤回上诉,也可以是撤回起诉;上诉人是原审被告时,只能是撤回上诉;被上诉人是原审原告时只能是撤回起诉。本案中,上诉人是原审被告乙公司,被上诉人是原审原告甲公司,双方达成和解协议后约定均将提起之诉予以撤回,则乙公司撤的是上诉,甲公司撤的是起诉。只要符合法定的条件,法院就应当准许双方当事人的撤诉申请,对于撤回起诉的,人民法院裁定准予撤回的同时,裁定撤销一审判决。A项正确,BCD错误。(答案:A)

2. 经审理,一审法院判决被告王某支付原告刘某欠款本息共计22万元,王某不服提起上诉。二审中,双方当事人达成和解协议,约定:王某在3个月内向刘某分期偿付20万元,刘某放弃利息请求。案件经王某申请撤回上诉而终结。约定的期限届满后,王某只支付了15万元。刘某欲寻求法律救济。下列哪一说法是正确的?(2012年真题,单选)

A. 只能向一审法院重新起诉
B. 只能向一审法院申请执行一审判决
C. 可向一审法院申请执行和解协议
D. 可向二审法院提出上诉

[释疑]　正确解答该题需要考生掌握以下两点重要知识:(1) 当事人在二审程序中达成和解协议后,可以选择申请法院依据和解协议制作调解书,调解书送达当事人后生效;也可以选择撤回上诉。(2) 当事人在二审程序中,一旦选择撤回上诉并获得法院准许,其法律后果是一审判决生效。基于上述两点,该题实际上就变成了,一审判决生效后,如果约定期限届满,王某仅支付15万元,刘某如何获得法律救济?因此,选项B是正确的。选项A的错误在于违反

了一事不再理的原则,选项 C 的错误在于和解协议不具有执行力,而选项 D 的错误在于违背了两审终审制,因为上诉只能针对未生效的判决、裁定。(答案:B)

3. 李某诉赵某解除收养关系,一审判决解除收养关系,赵某不服提起上诉。二审中双方和解,维持收养关系,向法院申请撤诉。关于本案下列哪一表述是正确的?(2006 年真题,单选)

A. 二审法院应当准许当事人的撤诉申请
B. 二审法院可以依当事人和解协议制作调解书,送达双方当事人
C. 二审法院可以直接改判
D. 二审法院可以裁定撤销原判

[**释疑**] 本题考查的是二审中和解的处理。当事人在二审中达成和解协议的,法院可以根据当事人的请求,对双方当事人达成的和解协议进行审查并制作调解书送达当事人;因和解而申请撤诉,符合条件的应当准许。因此,A 项正确。(答案:A)

三、提示与预测

1. 掌握二审程序中达成和解协议的处理方式及其各自的法律后果。
(1) 上诉人可以申请撤回上诉,人民法院准许的,上诉撤回后一审判决生效。
(2) 原审原告可以申请撤回起诉,经其他当事人同意,且不损害国家利益、社会公共利益、他人合法权益的,人民法院可以准许。原审原告在第二审程序中撤回起诉后重复起诉的,人民法院不予受理。
(3) 申请法院根据和解协议制作调解书,调解书送达签收后生效。
2. 注意一审中诉讼和解的处理和二审中诉讼和解处理的相同点与不同点。

考点 6 二审中的调解

一、精讲

法院调解可以适用于所有的纠纷审理程序,二审程序也不例外。在二审程序中,法院可以根据当事人的自愿对上诉的案件进行调解,调解成立,制作调解书,因为该调解书直接影响到第一审裁判的效力;如果调解不成立,对于不同的案件,需要不同的处理。《民诉司法解释》第326—329 条对二审程序中的调解问题作出了明确的规定,可以分为以下四个方面:

1. 关于漏审、漏判诉讼请求的问题
《民诉司法解释》第 326 条规定:"对当事人在第一审程序中已经提出的诉讼请求,原审人民法院未作审理、判决的,第二审人民法院可以根据当事人自愿的原则进行调解;调解不成的,发回重审。"

2. 关于遗漏必要共同诉讼人和有独立请求权第三人的问题
《民诉司法解释》第 327 条规定:"必须参加诉讼的当事人或者有独立请求权的第三人,在第一审程序中未参加诉讼,第二审人民法院可以根据当事人自愿的原则予以调解;调解不成的,发回重审。"

3. 关于新增加诉讼请求或者提出反诉的问题
《民诉司法解释》第 328 条规定:"在第二审程序中,原审原告增加独立的诉讼请求或者原

审被告提出反诉的,第二审人民法院可以根据当事人自愿的原则就新增加的诉讼请求或者反诉进行调解;调解不成的,告知当事人另行起诉。双方当事人同意由第二审人民法院一并审理的,第二审人民法院可以一并裁判。"

4. 关于离婚案件

《民诉司法解释》第329条规定:"一审判决不准离婚的案件,上诉后,第二审人民法院认为应当判决离婚的,可以根据当事人自愿的原则,与子女抚养、财产问题一并调解;调解不成的,发回重审。双方当事人同意由第二审人民法院一并审理的,第二审人民法院可以一并裁判。"

二、例题

1. 齐远、张红是夫妻,因感情破裂诉至法院离婚,提出解除婚姻关系、子女抚养、住房分割等诉讼请求。一审判决准予离婚并对子女抚养问题作出判决。齐远不同意离婚提出上诉。二审中,张红增加诉讼请求,要求分割诉讼期间齐远继承其父的遗产。下列哪一说法是正确的?(2015年真题,单选)

A. 一审漏判的住房分割诉讼请求,二审可调解,调解不成,发回重审
B. 二审增加的遗产分割诉讼请求,二审可调解,调解不成,发回重审
C. 住房和遗产分割的两个诉讼请求,二审可合并调解,也可一并发回重审
D. 住房和遗产分割的两个诉讼请求,经当事人同意,二审法院可一并裁判

[释疑] 对于一审漏判的诉讼请求,二审可调解,调解不成,发回重审,A正确;对于二审新增加的独立的诉讼请求,二审可调解,调解不成,告知另诉,BCD错误。(答案:A)

2. 某借款纠纷案二审中,双方达成调解协议,被上诉人当场将欠款付清。关于被上诉人请求二审法院制作调解书,下列哪一选项是正确的?(2009年真题,单选)

A. 可以不制作调解书,因为当事人之间的权利义务已经实现
B. 可以不制作调解书,因为本案属于法律规定可以不制作调解书的情形
C. 应当制作调解书,因为二审法院的调解结果除解决纠纷外,还具有对一审法院的判决效力发生影响的功能
D. 应当制作调解书,因为被上诉人已经提出请求,法院应当予以尊重

[释疑] 该案属于能够即时履行的案件,根据《民事诉讼法》第98条的规定,虽然属于不需要制作调解书的案件,但是,因为该案是在二审程序中调解成功,因涉及原一审裁判的效力问题,因此,选项C是正确的。(答案:C)

三、提示与预测

二审程序中调解的特殊规定是高频考点,必须掌握。

考点 7　上诉案件的裁判

一、精讲

根据《民事诉讼法》第170条的规定,第二审人民法院对上诉案件,经过审理,按照下列情形,分别处理:

1. 原判决、裁定认定事实清楚,适用法律正确的,以判决、裁定方式驳回上诉,维持原判决、裁定

该条款分为两种情况:对判决的上诉,原判决认定事实清楚,适用法律正确的,第二审人民法院以判决方式驳回上诉,维持原判决;对裁定的上诉,原裁定认定事实清楚,适用法律正确的,第二审人民法院以裁定方式驳回上诉,维持原裁定。

【注意】原判决、裁定认定事实或者适用法律虽有瑕疵,但裁判结果正确的,第二审人民法院可以在判决、裁定中纠正瑕疵后,依照《民事诉讼法》第170条第1款第1项规定予以维持。(《民诉司法解释》第334条)

2. 原判决、裁定认定事实错误或者适用法律错误的,以判决、裁定方式依法改判、撤销或者变更

该条款分为两种情况:对判决的上诉,原判决认定事实错误或者适用法律错误的,第二审人民法院以判决方式直接改判;对裁定的上诉,原裁定认定事实错误或者适用法律错误的,第二审人民法院以裁定方式撤销或者变更。

3. 原判决认定基本事实不清的,裁定撤销原判决,发回原审人民法院重审,或者查清事实后改判

《民诉司法解释》第335条规定:"民事诉讼法第一百七十条第一款第三项规定的基本事实,是指用以确定当事人主体资格、案件性质、民事权利义务等对原判决、裁定的结果有实质性影响的事实。"

4. 原判决遗漏当事人或者违法缺席判决等严重违反法定程序的,裁定撤销原判决,发回原审人民法院重审

《民诉司法解释》第325条规定:"下列情形,可以认定为民事诉讼法第一百七十条第一款第四项规定的严重违反法定程序:(一)审判组织的组成不合法的;(二)应当回避的审判人员未回避的;(三)无诉讼行为能力人未经法定代理人代为诉讼的;(四)违法剥夺当事人辩论权利的。"

此外,《民事诉讼法》第170条第2款对发回重审的次数作出了明确的规定:"原审人民法院对发回重审的案件作出判决后,当事人提起上诉的,第二审人民法院不得再次发回重审。"

《民事诉讼法》第171条规定:"第二审人民法院对不服第一审人民法院裁定的上诉案件的处理,一律使用裁定。"

二、例题

甲诉乙人身损害赔偿一案,一审法院根据甲的申请,冻结了乙的银行账户,并由李法官独任审理。后甲胜诉,乙提出上诉。二审法院认为一审事实不清,裁定撤销原判,发回重审。关于重审,下列哪一表述是正确的?(2014年真题,单选)

A. 由于原判已被撤销,一审中的审判行为无效,保全措施也应解除
B. 由于原判已被撤销,一审中的诉讼行为无效,法院必须重新指定举证时限
C. 重审时不能再适用简易程序,应组成合议庭,李法官可作为合议庭成员参加重审
D. 若重审法院判决甲胜诉,乙再次上诉,二审法院认为重审认定的事实依然错误,则只能在查清事实后改判

[释疑] 本题考查发回重审的相关内容。撤销原判只针对的是撤销判决的效力,与原审

中的审判行为与诉讼行为无关，A、B项错误；发回重审应当组成合议庭审理，但原审法官应当退出，即另行组成合议庭，C项错误；2012年《民事诉讼法》明确规定了发回重审的次数，只能发回1次，D项正确。（答案：D）

三、提示与预测

第二审人民法院对上诉案件的处理是高频考点，应当掌握，另外还需注意：

1. 对不符合起诉条件案件的处理

《民诉司法解释》第330条规定："人民法院依照第二审程序审理案件，认为依法不应由人民法院受理的，可以由第二审人民法院直接裁定撤销原裁判，驳回起诉。"

2. 对违反一审法院专属管辖的处理

《民诉司法解释》第331条规定："人民法院依照第二审程序审理案件，认为第一审人民法院受理案件违反专属管辖规定的，应当裁定撤销原裁判并移送有管辖权的人民法院。"

3. 对不予受理、驳回起诉裁定上诉的处理

《民诉司法解释》第332条规定："第二审人民法院查明第一审人民法院作出的不予受理裁定有错误的，应当在撤销原裁定的同时，指令第一审人民法院立案受理；查明第一审人民法院作出的驳回起诉裁定有错误的，应当在撤销原裁定的同时，指令第一审人民法院审理。"

4. 二审中原审原告撤回起诉的处理

《民诉司法解释》第338条规定："在第二审程序中，原审原告申请撤回起诉，经其他当事人同意，且不损害国家利益、社会公共利益、他人合法权益的，人民法院可以准许。准许撤诉的，应当一并裁定撤销一审裁判。原审原告在第二审程序中撤回起诉后重复起诉的，人民法院不予受理。"

5. 一审诉讼行为对二审的约束

《民诉司法解释》第342条规定："当事人在第一审程序中实施的诉讼行为，在第二审程序中对该当事人仍具有拘束力。当事人推翻其在第一审程序中实施的诉讼行为时，人民法院应当责令其说明理由。理由不成立的，不予支持。"

第十七章 特 别 程 序

考点 1 特别程序的特点和适用范围

一、精讲

1. 特别程序是人民法院审理几类非民事权益争议案件所使用的不同程序的总称。

具体包括选民资格案件的审理程序；宣告公民失踪、死亡案件的审理程序；认定公民无民事行为能力、限制民事行为能力案件的审理程序；认定财产无主案件的审理程序；确认调解协议案件的审理程序；实现担保物权案件的审理程序。

2. 人民法院适用特别程序审理非民事权益争议案件的目的，在于确认某种事实状态，因此，具有以下特点：

（1）启动特别程序的当事人。除了选民资格案件由起诉人起诉以外，其他案件都是由申

请人提出申请,而且在特别程序中只有一方当事人,没有相对应的对方当事人。

(2) 审判组织特殊。根据《民事诉讼法》第178条的规定,除审理选民资格案件或者重大、疑难案件由审判员组成合议庭外,其他案件的审理,由独任制法庭审理。

(3) 实行一审终审制度。救济程序不适用审判监督制度,而是适用异议制度。一般的诉讼案件都实行两审终审制度,人民法院适用特别程序审理的非民事权益争议案件,一律实行一审终审,即判决书一经送达即发生法律效力。一般的诉讼案件在判决生效后,如果发现确有错误,可以通过审判监督程序纠正;但特别程序的判决生效后,《民诉司法解释》第374条规定:"适用特别程序作出的判决、裁定,当事人、利害关系人认为有错误的,可以向作出该判决、裁定的人民法院提出异议。人民法院经审查,异议成立或者部分成立的,作出新的判决、裁定撤销或者改变原判决、裁定;异议不成立的,裁定驳回。对人民法院作出的确认调解协议、准许实现担保物权的裁定,当事人有异议的,应当自收到裁定之日起十五日内提出;利害关系人有异议的,自知道或者应当知道其民事权益受到侵害之日起六个月内提出"。

(4) 审理期限较短。对于特别程序审理的案件,选民资格案件必须在选举日前审结,其他案件应当在立案之日起1个月内或者公告期届满后1个月内审结。

(5) 非诉讼性。适用特别程序审理的案件,除选民资格案件外,其他案件均为一种权利或事实状态的确认,不存在争议,因此,解决争议的调解制度等在该程序中不适用。

(6) 免交诉讼费用。适用特别程序审理的案件,不是为了解决某种民事权利义务争议,而是为了确定某种状态,并且申请人提出请求有时并不是为了维护自己的合法权益,所以,依特别程序审理的案件一律免交诉讼费用。

二、例题

1. 关于《民事诉讼法》规定的特别程序的表述,下列哪一选项是正确的?(2012年真题,单选)

   A. 适用特别程序审理的案件都是非讼案件
   B. 起诉人或申请人与案件都有直接的利害关系
   C. 适用特别程序审理的案件都是一审终审
   D. 陪审员通常不参加适用特别程序案件的审理

   [释疑] 该题考查特别程序的相关程序问题。一般认为,适用特别程序审理的案件,除选民资格案件以外,其他案件属于非讼案件,因此,选项A是错误的。此外,选民资格案件的起诉人与本案可能没有任何关系,其他适用特别程序的案件,申请人或者与案件有利害关系,或者没有利害关系,因此,选项B是错误的。根据《民事诉讼法》第178条的规定,依照本章程序审理的案件,实行一审终审。选民资格案件或者重大、疑难的案件,由审判员组成合议庭审理;其他案件由审判员一人独任审理。因此,选项C是正确的,而选项D是错误的。(答案:C)

2. 根据我国民事诉讼法的规定,下列哪些案件的审理程序中公告是必经的程序?(2007年真题,多选)

   A. 甲在车祸中导致精神失常,其妻向法院申请要求认定甲为无民事行为能力人
   B. 2005年1月,乙被冲入大海后一直杳无音信,2007年3月其妻向法院申请乙死亡
   C. 丙拿一张5万元的支票到银行兑现,途中遗失,丙向银行所在地的区法院提出申请公示催告

D. 某施工单位施工时挖出一个密封的金属盒,内藏一本宋代经书,该施工单位向法院申请认定经书及盒子为无主财产

[释疑] 本题考查的是公告是必经程序的审理程序。《民事诉讼法》第185条第1款规定:"人民法院受理宣告失踪、宣告死亡案件后,应当发出寻找下落不明人的公告。宣告失踪的公告期间为三个月,宣告死亡的公告期间为一年。因意外事故下落不明,经有关机关证明该公民不可能生存的,宣告死亡的公告期间为三个月。"B项符合题意。

《民事诉讼法》第219条规定:"人民法院决定受理申请,应当同时通知支付人停止支付,并在三日内发出公告,催促利害关系人申报权利。公示催告的期间,由人民法院根据情况决定,但不得少于六十日。"C项符合题意。

《民事诉讼法》第192条规定:"人民法院受理申请后,经审查核实,应当发出财产认领公告。公告满一年无人认领的,判决认定财产无主,收归国家或者集体所有。"D项亦符合题意。

而认定公民无民事行为能力或者限制民事行为能力的案件,法律没有规定要发出公告。A项不符题意。(答案:BCD)

考点 2 选民资格案件的特点

一、精讲

1. 申诉处理前置

任何人对选举委员会公布的选民资格名单有意见时,不能直接向人民法院起诉,而必须先就该选民资格问题向所在选举委员会申诉,选举委员会对该申诉处理后,如果仍然有人对该申诉处理结果有意见,才能向选举委员会所在地的基层人民法院起诉。

2. 起诉人起诉

选民资格案件由起诉人起诉而开始,并且对起诉人没有限制,起诉人既可以是选民本人,也可以是向选举委员会提出申诉的申诉人,还可以是任何一个对选举委员会的申诉处理结果有意见的人。

3. 审理中的参与人特殊

由于是起诉人起诉,导致选民资格案件审理中参与人的特殊性,即除了起诉人应当参加案件审理以外,选民资格所涉及的本人也应当参与案件的审理,而且选举委员会应当派代表参加。

4. 审理期限特殊

根据我国法律规定,人民法院应当在选举日以前将案件审理结束,并将所作出的判决送达选民本人与选举委员会。因此,起诉人应当在选举日5日前提起诉讼,人民法院则应当在选举日前审结。

二、例题

在基层人大代表换届选举中,村民刘某发现选举委员会公布的选民名单中遗漏了同村村民张某的名字,遂向选举委员会提出申诉。选举委员会认为,刘某不是本案的利害关系人,无权提起申诉,故驳回了刘某的申诉,刘某不服诉至法院。下列哪一选项是错误的?(2009年真题,单选)

A. 张某、刘某和选举委员会的代表都必须参加诉讼

B. 法院应该驳回刘某的起诉,因刘某与案件没有直接利害关系

C. 选民资格案件关系到公民的重要政治权利,只能由审判员组成合议庭进行审理
D. 法院对选民资格案件作出的判决是终审判决,当事人不得对此提起上诉

[释疑] 选民资格案件审理中的参与人较为广泛,起诉人、选民本人与选举委员会代表均应参加,故选项 A 是正确的。由于选民资格的起诉人没有具体限制,任何人均可以起诉,故选项 B 是错误的。根据《民事诉讼法》第 178 条的规定,选项 C 是正确的。因特别程序均实行一审终审制度,故选项 D 是正确的。(答案:B)

三、提示与预测

该考点不是重点,考生只需掌握该类案件的特殊规定即可。

考点 3 宣告失踪案件与宣告死亡案件程序的特点

一、精讲

1. 宣告公民失踪案件、宣告公民死亡案件的条件

(1) 宣告公民失踪须有该公民下落不明满 2 年的事实;宣告公民死亡须该公民下落不明满 4 年,或者因意外事故下落不明满 2 年,或者因意外事故下落不明,经有关机关证明该公民不可能生存的。

(2) 须由该公民的近亲属或者其他利害关系人向下落不明人住所地基层人民法院提出申请。近亲属包括:配偶;父母、子女;祖父母、外祖父母、孙子女、外孙子女。

【注意】

① 申请宣告失踪时,申请人无顺序限制,而申请宣告死亡,应按照申请人的顺序,即后一顺序的申请人申请宣告死亡,需要征得前一顺序人的同意;

② 如果同一顺序的人,如父母、子女这一顺序的人,有人申请宣告公民失踪,有人申请宣告公民死亡,只要符合申请宣告死亡的条件,则应当按照申请宣告死亡处理;

(3) 该申请需要采取书面形式,写明该公民失踪的事实。

2. 公告

人民法院受理申请宣告公民失踪案件、宣告公民死亡的案件后,应当进行公告。宣告公民失踪的公告期为 3 个月。宣告公民死亡的公告期,对于因意外事故下落不明,经有关机关证明不可能生存的,公告期为 3 个月,其他情况下公告期为 1 年。

3. 清理财产并指定审理期间财产管理人

《民诉司法解释》第 343 条规定:"宣告失踪或者宣告死亡案件,人民法院可以根据申请人的请求,清理下落不明人的财产,并指定案件审理期间的财产管理人……"

4. 撤回宣告失踪、宣告死亡的申请

《民诉司法解释》第 348 条规定:"人民法院受理宣告失踪、宣告死亡案件后,作出判决前,申请人撤回申请的,人民法院应当裁定终结案件,但其他符合法律规定的利害关系人加入程序要求继续审理的除外。"

5. 宣告的法律效力

宣告公民失踪后,仅产生财产代管的法律后果,即由失踪人的配偶、父母、成年子女或者关系密切的亲戚朋友代管失踪人的财产,财产代管人由此取得进行诉讼的诉权。

宣告公民死亡产生与自然死亡完全相同的法律后果，即财产关系发生继承，而婚姻关系消失。

6. 宣告失踪与宣告死亡的程序衔接

人民法院判决宣告公民失踪后，利害关系人向人民法院申请宣告失踪人死亡，自失踪之日起满4年的，人民法院应当受理，宣告失踪的判决即是该公民失踪的证明，审理中仍应依照《民事诉讼法》第185条规定进行公告。(《民诉司法解释》第345条)

7. 在宣告公民失踪案件和宣告公民死亡案件，被宣告人重新出现后的处理

(1) 该公民本人或者他的利害关系人有权向作出失踪或者死亡宣告判决的法院提出申请，请求撤销原判决。法院审查属实后，应当作出新判决，撤销原判决。

(2) 宣告失踪判决撤销后，财产代管人应对其代管的财产进行清理，并将该代管财产返还给失踪人。宣告死亡判决撤销后，财产关系应当恢复，即继承人应当将所继承的财产返还，原物不能返还的，作价返还。人身关系中的父母子女关系自然恢复，夫妻关系能否自行恢复则取决于配偶是否再婚，如果配偶再婚了，就不能自然恢复。被宣告死亡人在被宣告死亡期间，其子女如果被他人收养，宣告死亡判决撤销后，仅以子女收养未经本人同意为理由主张收养关系无效的，一般不应准许，但收养人和被收养人同意的除外。

【说明】上述公民的近亲属包括配偶；父母、子女；祖父母、外祖父母、孙子女、外孙子女；其他利害关系人。

二、例题

1. 李某因债务人刘某下落不明申请宣告刘某失踪。法院经审理宣告刘某为失踪人，并指定刘妻为其财产代管人。判决生效后，刘父认为由刘妻代管财产会损害儿子的利益，要求变更刘某的财产代管人。关于本案程序，下列哪一说法是正确的？(2017/3/47)

A. 李某无权申请刘某失踪

B. 刘父应提起诉讼变更财产代管人，法院适用普通程序审理

C. 刘父应向法院申请变更刘妻的财产代管权，法院适用特别程序审理

D. 刘父应向法院申请再审变更财产代管权，法院适用再审程序审理

[释疑] 本题考查变更财产代管人的程序。变更财产代管人的程序因提出主体不同而不同。指定失踪人的财产代管人申请变更代管的，比照民事诉讼法特别程序的有关规定进行审理。失踪人的其他利害关系人申请变更代管的，人民法院应当告知其以原指定的代管人为被告起诉，并按普通程序进行审理。本案中刘父是失踪人的其他利害关系人，其申请变更代管的，人民法院应当适用普通程序审理。答案为B。(答案：B)

2. 根据我国《民事诉讼法》的规定，下列哪些案件的审理程序中公告是必经的程序？(2007年真题，多选)

A. 甲在车祸中导致精神失常，其妻向法院申请要求认定甲为无民事行为能力人

B. 2005年1月，乙被冲入大海后一直杳无音信，2007年3月，其妻向法院申请乙死亡

C. 丙拿一张5万元的支票到银行兑现，途中遗失，丙向银行所在地的区法院提出申请公示催告

D. 某施工单位施工时挖出一个密封的金属盒，内藏一本宋代经书，该施工单位向法院申请认定经书及盒子为无主财产

[释疑] 本题考查的是公告是必经程序的审理程序。《民事诉讼法》第 185 条规定："人民法院受理宣告失踪、宣告死亡案件后,应当发出寻找下落不明人的公告。宣告失踪的公告期间为三个月,宣告死亡的公告期间为一年。因意外事故下落不明,经有关机关证明该公民不可能生存的,宣告死亡的公告期间为三个月。"B 项符合题意。《民事诉讼法》第 219 条规定："人民法院决定受理申请,应当同时通知支付人停止支付,并在三日内发出公告,催促利害关系人申报权利。公示催告的期间,由人民法院根据情况决定,但不得少于六十日。"C 项符合题意。《民事诉讼法》第 192 条规定："人民法院受理申请后,经审查核实,应当发出财产认领公告。公告满一年无人认领的,判决认定财产无主,收归国家或者集体所有。"D 项亦符合题意。而认定公民无民事行为能力或者限制民事行为能力的案件,法律没有规定要发出公告。A 项不符合题意。(答案:BCD)

三、提示与预测

宣告公民失踪案件和宣告公民死亡的法律后果以及被宣告人重新出现后的处理,应当掌握。

此外还需要注意:

(1) 申请宣告失踪时,上述人员无顺序限制;而申请宣告死亡,应按照申请人的顺序。如果同一顺序的人,有人申请宣告公民失踪,有人申请宣告公民死亡,只要符合申请宣告死亡的条件,则应当按照申请宣告死亡处理。

(2) 财产代管人的变更。《民诉司法解释》第 344 条规定："失踪人的财产代管人经人民法院指定后,代管人申请变更代管的,比照民事诉讼法特别程序的有关规定进行审理。申请理由成立的,裁定撤销申请人的代管人身份,同时另行指定财产代管人;申请理由不成立的,裁定驳回申请。失踪人的其他利害关系人申请变更代管的,人民法院应当告知其以原指定的代管人为被告起诉,并按普通程序进行审理。"

考点 4 认定公民无行为能力或者限制行为能力的案件

一、精讲

1. 申请认定公民无行为能力或者限制行为能力的条件

(1) 需要有该公民因患精神病处于精神失常状态的事实;

(2) 由该公民的近亲属或者其他利害关系人,向被认定者住所地的基层人民法院提出申请;

(3) 书面形式提出。

2. 具体程序

人民法院接受申请人的申请,经审查,对于符合条件的,予以受理。在审理该类案件时应遵循以下程序:

(1) 指定代理人。人民法院审理认定公民无民事行为能力或者限制民事行为能力案件时,应当由该公民的近亲属作为代理人,但申请人除外。近亲属互相推诿的,由人民法院指定其中一人作为代理人。

(2) 鉴定。人民法院受理申请后,在必要的时候应当对被申请认定为无行为能力或者限制行为能力的公民进行鉴定。申请人已提供鉴定结论的,应当对鉴定结论进行审查。

【注意】鉴定不是该类型案件的必经程序。

(3) 指定监护人。如果被申请人被认定为无行为能力或者限制行为能力人,则需为其指定监护人。被指定的监护人不服指定,应当自接到通知之日起 30 内向人民法院提出异议。经审理,认为指定并无不当的,裁定驳回异议;指定不当的,判决撤销指定,同时另行指定监护人。判决书应当送达异议人、原指定单位及判决指定的监护人。(《民诉司法解释》第 351 条)

(4) 申请原因消除后的处理:法院作出判决后,如果认定公民无民事行为能力或者限制民事行为能力的原因消失,法院应当根据该公民本人或者利害关系人的申请,作出新判决,撤销原判决,从法律上恢复该公民的民事行为能力。

二、提示与预测

该考点不是重点,单独考查的机会很少,只需掌握相关规定即可。

考点 5 认定财产无主案件

一、精讲

1. 案件的管辖法院:财产所在地基层人民法院。

2. 案件的审理:案件受理后,发出公告。公告 1 年无人认领的,判决财产归国家或集体所有。

3. 对财产提出主张和提出请求的不同处理。

(1) 对财产提出请求:在公告期内提出请求,裁定终结特别程序,告知申请人另行起诉。

(2) 对财产提出主张:① 在公告期内提出主张,经法院审查成立,裁定终结特别程序;② 判决认定财产无主后,原财产所有人或者其继承人出现,在诉讼时效内可以对财产提出主张,人民法院在对请求审查属实后,应当作出新判决,撤销原判决。

二、提示与预测

该考点不是重点,单独考查的机会很少,只需掌握相关规定即可。

考点 6 确认调解协议案件

一、精讲

确认调解协议案件适用特别程序是 2012 年修订后的《民事诉讼法》在特别程序中新增加的一节内容。确认调解协议案件,是指当事人经人民调解委员会调解达成的协议,依法申请人民法院予以确认,经人民法院确认有效后,即赋予该调解协议具有强制执行力。

以人民调解的方式解决民事纠纷,在我国已有几十年的历史,在现代社会多元化纠纷解决机制中,充分发挥人民调解在解决各类纠纷中的作用非常重要。2010 年全国人大常委会制定并通过的《人民调解法》第 33 条明确规定:"经人民调解委员会调解达成调解协议后,双方当事人认为有必要的,可以自调解协议生效之日起三十日内共同向人民法院申请司法确认,人民法院应当及时对调解协议进行审查,依法确认调解协议的效力。人民法院依法确认调解协有效,一方当事人拒绝履行或者未全部履行的,对方当事人可以向人民法院申请强制执行。人民法院依法确认调解协议无效的,当事人可以通过人民调解方式变更原调解协议或者达成新的调解协议,也可以向人民法院提起诉讼。"修订前的《民事诉讼法》对人民调解协议的司法确认没有规定相应的程序予以衔接,2012 年修订后的《民事诉讼法》在特别程序中增加一节"确认调解协议案件",对确认程序、法院管辖、法律文书形式以及效力等具体事项作出了明确的规定。人民调解司法确认机制的建立与完善,不仅有利于强化人民调解的效力,实现司法与非诉调解之间的有效衔接,而且有利于激活人民调解的生机和活力,促进纠纷解决机制的不断完善。

根据《民事诉讼法》和《民事司法解释》的规定,司法确认调解协议应当掌握下列内容:

1. 申请的条件

(1) 申请主体:双方当事人,或者双方当事人指定的代理人共同提出申请。一方当事人提出申请,另一方当事人表示同意的,视为共同申请。

(2) 申请的法定期间:应当自调解协议生效之日起 30 日内提出。

(3) 申请的形式:当事人申请司法确认调解协议,可以采用书面形式或者口头形式。当事人口头申请的,人民法院应当记入笔录,并由当事人签名、捺印或者盖章。(《民诉司法解释》第 355 条)

(4) 管辖:双方当事人申请司法确认调解协议,应向调解组织所在地基层人民法院提出。两个以上调解组织参与调解的,各调解组织所在地基层人民法院均有管辖权。双方当事人可以共同向其中一个调解组织所在地基层人民法院提出申请;双方当事人共同向两个以上调解组织所在地基层人民法院提出申请的,由最先立案的人民法院管辖。(《民诉司法解释》第 354 条)

(5) 申请提交的材料:当事人申请司法确认调解协议,应当向人民法院提交调解协议、调解组织主持调解的证明,以及与调解协议相关的财产权利证明等材料,并提供双方当事人的身份、住所、联系方式等基本信息。当事人未提交上述材料的,人民法院应当要求当事人限期补交。(《民诉司法解释》第 356 条)

2. 不予受理和驳回申请的情形

《民诉司法解释》第 357 条规定:"当事人申请司法确认调解协议,有下列情形之一的,人民法院裁定不予受理:(一) 不属于人民法院受理范围的;(二) 不属于收到申请的人民法院管辖的;(三) 申请确认婚姻关系、亲子关系、收养关系等身份关系无效、有效或者解除的;(四) 涉及适用其他特别程序、公示催告程序、破产程序审理的;(五) 调解协议内容涉及物权、知识产权确权的。人民法院受理申请后,发现有上述不予受理情形的,应当裁定驳回当事人的申请。"

3. 撤回司法确认申请(《民诉司法解释》第 359 条)

确认调解协议的裁定作出前,当事人撤回申请的,人民法院可以裁定准许。

当事人无正当理由未在限期内补充陈述、补充证明材料或者拒不接受询问的,人民法院可以按撤回申请处理。

4. 司法确认申请的审查(《民诉司法解释》第 358 条)

人民法院审查相关情况时,应当通知双方当事人共同到场对案件进行核实。人民法院经审查,认为当事人的陈述或者提供的证明材料不充分、不完备或者有疑义的,可以要求当事人限期补充陈述或者补充证明材料。必要时，人民法院可以向调解组织核实有关情况。

5. 审查结果(《民事诉讼法》第 195 条、《民诉司法解释》第 360 条)

(1) 裁定调解协议有效：人民法院受理申请后，经审查，符合法律规定的，裁定调解协议有效，一方当事人拒绝履行或者未全部履行的，对方当事人可以向人民法院申请执行；

(2) 驳回司法确认申请：人民法院受理申请后，经审查，不符合法律规定的，裁定驳回申请，当事人可以通过调解方式变更原调解协议或者达成新的调解协议，也可以向人民法院提起诉讼。

《民诉司法解释》第 360 条规定："经审查，调解协议有下列情形之一的，人民法院应当裁定驳回申请：(一) 违反法律强制性规定的；(二) 损害国家利益、社会公共利益、他人合法权益的；(三) 违背公序良俗的；(四) 违反自愿原则的；(五) 内容不明确的；(六) 其他不能进行司法确认的情形。"

二、例题

1. 2015 年 4 月，居住在 B 市(直辖市)东城区的林剑与居住在 B 市西城区的钟阳(二人系位于 B 市北城区正和钢铁厂的同事)签订了一份借款合同，约定钟阳向林剑借款 20 万元，月息 1%，2017 年 1 月 20 日前连本带息一并返还。合同还约定，如因合同履行发生争议，可向 B 市东城区仲裁委员会仲裁。至 2017 年 2 月，钟阳未能按时履约。2017 年 3 月，二人到正和钢铁厂人民调解委员会(下称调解委员会)请求调解。调解委员会委派了三位调解员主持该纠纷的调解。

如调解成功，林剑与钟阳在调解委员会的主持下达成了调解协议，相关人员希望该调解协议被司法确认，下列说法正确的是(2017/3/97)：

A. 应由林剑或钟阳向有管辖权的法院申请

B. 应由林剑、钟阳共同向有管辖权的法院申请

C. 应在调解协议生效之日起 30 日内提出申请，申请可以是书面方式，也可以是口头方式

D. 对申请的案件有管辖权的法院包括：B 市西城区法院、B 市东城区法院和 B 市北城区法院

[释疑] 本题考查人民调解协议的司法确认程序。根据《民事诉讼法》第 194 条的规定，申请司法确认调解协议，由双方当事人依照人民调解法等法律，自调解协议生效之日起三十日内，共同向调解组织所在地基层人民法院提出，A 项错误，B 项正确，D 项错误。根据《民诉法司法解释》第 355 条的规定，当事人申请司法确认调解协议，可以采用书面形式或者口头形式。当事人口头申请的，人民法院应当记入笔录，并由当事人签名、捺印或者盖章。C 项正确。本题答案为 BC。(答案：BC)

2. 李云将房屋出售给王亮，后因合同履行发生争议，经双方住所地人民调解委员会调解，双方达成调解协议，明确王亮付清房款后，房屋的所有权归属王亮。为确保调解协议的效力，双方约定向法院提出司法确认申请，李云随即长期出差在外。下列哪一说法是正确的？(2015 年真题，单选)

A. 本案系不动产交易，应向房屋所在地法院提出司法确认申请

B. 李云长期出差在外，王亮向法院提出确认申请，法院可受理

C. 李云出差两个月后，双方向法院提出确认申请，法院可受理

D. 本案的调解协议内容涉及物权确权，法院不予受理

[释疑] 该题目直接考查人民法院不予受理司法确认申请的情形。根据《民诉司法解释》第357条的规定，当事人申请司法确认调解协议，有下列情形之一的，人民法院裁定不予受理：(1)不属于人民法院受理范围的；(2)不属于收到申请的人民法院管辖的；(3)申请确认婚姻关系、亲子关系、收养关系等身份关系无效、有效或者解除的；(4)涉及适用其他特别程序、公示催告程序、破产程序审理的；(5)调解协议内容涉及物权、知识产权确权的。人民法院受理申请后，发现有上述不予受理情形的，应当裁定驳回当事人的申请。D项正确。(答案：D)

3. 甲区A公司将位于丙市价值5000万元的写字楼转让给乙区的B公司。后双方发生争议，经丁区人民调解委员会调解达成协议：B公司在1个月内支付购房款。双方又对该协议申请法院作出了司法确认裁定。关于本案及司法确认的表述，下列哪些选项是不正确的？(2013年真题，多选)

A. 应由丙市中级法院管辖

B. 可由乙区法院管辖

C. 应由一名审判员组成合议庭，开庭审理司法确认申请

D. 本案的调解协议和司法确认裁定，均具有既判力

[释疑] 该题考查人民调解协议司法确认的相关程序事项。根据《民事诉讼法》第194条的规定，申请司法确认调解协议，由双方当事人共同向调解组织所在地基层人民法院提出，因此，选项A与选项B均是不正确的。人民调解协议的司法确认适用特别程序，根据本法第178条的规定，适用特别程序的重大、疑难案件，由审判员组成合议庭审理；其他案件由审判员一人独任审理，因此，选项C是不正确的。根据本法第195条的规定，调解协议经法院司法确认有效产生强制执行力，因此，选项D是不正确的。(答案：ABCD)

三、提示与预测

对人民调解协议的司法确认是新增加的内容，属于热点问题，应当关注。

考点 7　实现担保物权案件

一、精讲

实现担保物权案件适用特别程序是2012年修正后的《民事诉讼法》在特别程序中新增加的一节内容。

担保物权是以直接支配特定财产为内容，以保证债权实现为目的而设定的物权。担保物权包括抵押权、质权和留置权。实现担保物权案件，是指债务人不履行债务时，担保物权人申请人民法院经法定程序，通过将担保标的物拍卖、变卖等方式，使其债权得到优先受偿的案件。

在我国，关于担保物权的实现方式，法律的规定有一个变化过程。1995年《担保法》第53条规定："债务履行期届满抵押权人未受清偿的，可以与抵押人协议以抵押物折价或者以拍卖、变卖该抵押物所得的价款受偿；协议不成的，抵押权人可以向人民法院提起诉讼。"然而，通过诉讼实现抵押权，使得抵押权的实现程序变得复杂且漫长，不利于债权人利益的保障。《物权法》对此作出了相应的修改："抵押权人与抵押人未就抵押权实现方式达成协议，抵押权

人可以请求人民法院拍卖、变卖抵押财产。"尽管《物权法》对担保物权的实现作出了相应的规定,但是,修正前的《民事诉讼法》却没有相应的程序制度保障与实体法相衔接,从而使担保权的实现受阻。2012年修正后的《民事诉讼法》在特别程序中增加一节"实现担保物权案件",对申请、法院管辖、法律文书形式以及效力等具体事项作出了明确的规定,而《民诉司法解释》又对其进行了细化。担保物权实现机制的建立,不仅有利于实现债权人的合法权益,而且有利于实现民事诉讼法对实体法的保障功效,考生应当掌握下列问题:

(一)申请的条件

1. 申请主体:有权申请人民法院实现担保物权的主体包括两类:

(1)担保物权人,包括抵押权人、质权人、留置权人;

(2)其他有权请求实现担保物权的人,包括抵押人、出质人、财产被留置的债务人或者所有权人等。(《民诉司法解释》第361条)

2. 申请依据

依照物权法等法律提出申请。

3. 管辖

申请实现担保物权,应向担保财产所在地或者担保物权登记地基层人民法院提出。

《民诉司法解释》对于不同的实现担保物权案件的管辖做了明确规定,包括:

(1)实现权利质权案件的管辖:实现票据、仓单、提单等有权利凭证的权利质权案件,可以由权利凭证持有人住所地人民法院管辖;无权利凭证的权利质权,由出质登记地人民法院管辖。(《民诉司法解释》第362条)

(2)实现担保物权案件的专门管辖:实现担保物权案件属于海事法院等专门人民法院管辖的,由专门人民法院管辖。(《民诉司法解释》第363条)

(3)同一债权的担保物有多个且所在地不同,申请人分别向有管辖权的人民法院申请实现担保物权的,人民法院应当依法受理。(《民诉司法解释》第364条)

4. 申请实现担保物权提交的材料(《民诉司法解释》第367条)

申请实现担保物权,应当提交下列材料:

(1)申请书。申请书应当记明申请人、被申请人的姓名或者名称、联系方式等基本信息,具体的请求和事实、理由;

(2)证明担保物权存在的材料,包括主合同、担保合同、抵押登记证明或者他项权利证书,权利质权的权利凭证或者质权出质登记证明等;

(3)证明实现担保物权条件成就的材料;

(4)担保财产现状的说明;

(5)人民法院认为需要提交的其他材料。

(二)受理

1. 人民法院受理申请后,应当在5日内向被申请人送达申请书副本、异议权利告知书等文书。被申请人有异议的,应当在收到人民法院通知后的五日内向人民法院提出,同时说明理由并提供相应的证据材料。(《民诉司法解释》第368条)

2. 依照《物权法》第176条的规定,被担保的债权既有物的担保又有人的担保,当事人对实现担保物权的顺序有约定,实现担保物权的申请违反该约定的,人民法院裁定不予受理;没有约定或者约定不明的,人民法院应当受理。(《民诉司法解释》第365条)

3. 同一财产上设立多个担保物权，登记在先的担保物权尚未实现的，不影响后顺位的担保物权人向人民法院申请实现担保物权。(《民诉司法解释》第 366 条)

(三) 审查

1. 审查组织

实现担保物权案件可以由审判员一人独任审查。担保财产标的额超过基层人民法院管辖范围的，应当组成合议庭进行审查。(《民诉司法解释》第 369 条)

2. 审查方式

人民法院审查实现担保物权案件，可以询问申请人、被申请人、利害关系人，必要时可以依职权调查相关事实。(《民诉司法解释》第 370 条)

3. 审查内容

人民法院应当就主合同的效力、期限、履行情况，担保物权是否有效设立、担保财产的范围、被担保的债权范围、被担保的债权是否已届清偿期等担保物权实现的条件，以及是否损害他人合法权益等内容进行审查。被申请人或者利害关系人提出异议的，人民法院应当一并审查。(《民诉司法解释》第 371 条)

(四) 审查结果(《民诉司法解释》第 372 条)

人民法院审查后，按下列情形分别处理：

(1) 当事人对实现担保物权无实质性争议且实现担保物权条件成就的，裁定准许拍卖、变卖担保财产；

(2) 当事人对实现担保物权有部分实质性争议的，可以就无争议部分裁定准许拍卖、变卖担保财产；

(3) 当事人对实现担保物权有实质性争议的，裁定驳回申请，并告知申请人向人民法院提起诉讼。

(五) 实现担保案件的保全

人民法院受理申请后，申请人对担保财产提出保全申请的，可以按照民事诉讼法关于诉讼保全的规定办理。(《民诉司法解释》第 373 条)

二、例题

甲公司与银行订立了标的额为 8 000 万元的贷款合同，甲公司董事长美国人汤姆用自己位于 W 市的 3 套别墅为甲公司提供抵押担保。贷款到期后甲公司无力归还，银行向法院申请适用特别程序实现对别墅的抵押权。关于本案的分析，下列哪一选项是正确的？(2014 年真题，单选)

A. 由于本案标的金额巨大，且具有涉外因素，银行应向 W 市中院提交书面申请

B. 本案的被申请人只应是债务人甲公司

C. 如果法院经过审查，作出拍卖裁定，可直接移交执行庭进行拍卖

D. 如果法院经过审查，驳回银行申请，银行可就该抵押权益向法院起诉

[释疑] 本题考查实现担保物权的相关内容。实现担保物权案件的受理法院为担保财产所在地或担保物权登记地基层法院，与标的额大小没有关系，A 项错误。《担保法》第 53 条规定："债务履行期届满抵押权人未受清偿的，可以与抵押人协议以抵押物折价或者以拍卖、变卖该抵押物所得的价款受偿；协议不成，抵押权人可以向人民法院提起诉讼。"可知，抵押

权人应针对其抵押权的义务人即抵押人行使权利,即抵押权人作为申请人,其被申请人应为抵押权义务人即抵押人,B项错误。《民事诉讼法》第197条的规定:"人民法院受理申请后,经审查,符合法律规定的,裁定拍卖、变卖担保财产,当事人依据该裁定可以向人民法院申请执行;不符合法律规定的,裁定驳回申请,当事人可以向人民法院提起诉讼。"C项错误,D项正确。(答案:D)

三、提示与预测

实现担保物权是新增加的内容,属于热点问题,应当关注。

第十八章　审判监督程序

本章知识体系:

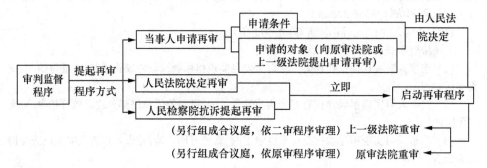

考点 **1**　审判监督程序的特征

一、精讲

审判监督程序与一审程序、二审程序的主要区别参见下表:

比较内容	一审程序	二审程序	审判监督程序
程序性质	正常性审判程序	正常性审判程序	非正常性纠错程序
审理法院	基于级别管辖取得管辖权的各级法院	一审法院的上一级法院	原审法院、上级法院以及最高人民法院
审理对象	当事人之间的争议	一审未生效裁判	已生效的法律文书
程序的启动	基于当事人的起诉权	基于当事人的上诉权	基于法院审判监督权、检察院法律监督权以及当事人的再审申请权

(续表)

比较内容	一审程序	二审程序	审判监督程序
遵守的时间	诉讼时效	上诉期	除当事人申请再审受6个月限制外,其他无时间限制。
适用的程序	普通程序或简易程序	二审程序	对于一审案件的再审,适用普通程序;对于二审案件的再审或上级法院提审的案件,适用二审程序。
裁判效力	法定上诉期内不生效	生效	适用第一审普通程序作出的裁判,法定上诉期内不生效;适用第二审程序作出的裁判是生效裁判。

二、例题

根据《民事诉讼法》的规定,第二审程序与审判监督程序具有下列哪些区别?(2006年真题,多选)

A. 第二审程序与审判监督程序合议庭的组成形式不同
B. 适用第二审程序以开庭审理为原则,而适用审判监督程序以书面审理为原则
C. 第二审程序中法院可以以调解方式结案,而适用审判监督程序不适用调解
D. 适用第二审程序作出的裁判是终审裁判,适用审判监督程序作出的裁判未必是终审裁判

[释疑] 本题考查的是第二审程序与审判监督程序的区别。《民事诉讼法》第40条规定:"人民法院审理第二审民事案件,由审判员组成合议庭。合议庭的成员人数,必须是单数。发回重审的案件,原审人民法院应当按照第一审程序另行组成合议庭。审理再审案件,原来是第一审的,按照第一审程序另行组成合议庭;原来是第二审的或者是上级人民法院提审的,按照第二审程序另行组成合议庭。"根据《民事诉讼法》第39条的规定:"人民法院审理第一审民事案件,由审判员、陪审员共同组成合议庭或者由审判员组成合议庭。合议庭的成员人数,必须是单数。适用简易程序审理的民事案件,由审判员一人独任审理。陪审员在执行陪审职务时,与审判员有同等的权利义务。"由此可知,第二审程序只能由审判员组成合议庭,而审理再审案件合议庭的组成人员中是有可能有陪审员的。A项正确。

《民事诉讼法》第169条第1款规定:"第二审人民法院对上诉案件,应当组成合议庭,开庭审理。经过阅卷、调查和询问当事人,对没有提出新的事实、证据或者理由,合议庭认为不需要开庭审理的,可以不开庭审理。"可见,B项前半部分说法正确。再审案件即适用审判监督程序审理的案件,或者以公开审理为原则,或者以开庭审理为原则,以不开庭审理为例外,B项后半部分说法有误。

根据最高人民法院《调解规定》第1条的规定:"人民法院对受理的第一审、第二审和再审民事案件,可以在答辩期满后裁判作出前进行调解。在征得当事人各方同意后,人民法院可以在答辩期满前进行调解。"可知,人民法院可以对一审、二审和再审案件进行调解,所以C项是错误的。

《民事诉讼法》第 175 条规定:"第二审人民法院的判决、裁定,是终审的判决、裁定。"适用审判监督程序作出的裁判如果是一审裁判,则可以上诉,并非终审裁判;如果是二审裁判,则是终审裁判。D 项正确。(答案:AD)

三、提示与预测

该考点不是高频考点,考生掌握第一审程序、第二审程序以及审判监督程序的区别即可。

考点 2 基于审判监督权提起再审的主体和程序

一、精讲

(一)提起主体和审理法院

1. 各级人民法院:院长提起,审判委员会决定——自行审理

在各级人民法院行使审判监督权的是本院的院长和审判委员会,各级人民法院院长对本院已经发生法律效力的判决、裁定、调解书,发现确有错误,认为需要再审的,应当提交审判委员会讨论决定。决定再审的,由本院自行审理。

2. 最高人民法院、上级人民法院:决定再审——提审或指令再审

上级人民法院与最高人民法院发现确有错误的生效判决、裁定、调解书,可以有两种做法,即提审与指令下级人民法院再审。上级人民法院和最高人民法院决定提审或者指令再审的,作出裁定,中止原裁判的执行。

(二)监督对象

发生法律效力确有错误的判决、裁定、调解书

重审、提审与再审之比较概念概念审理法院适用程序文书效力当事人权利重审原一审法院一审普通程序未生效可以上诉提审上级人民法院或者最高人民法院二审程序生效不得上诉再审(自行再审、指令再审)生效法律文书的作出法院一审案件:

一审普通程序未生效可以上诉二审案件:

二审程序生效不得上诉根据《民事诉讼法》及相关司法解释的规定,发回重审的情形有以下两种:

1. 二审程序中发回重审的情形

(1)原判决认定基本事实不清,裁定撤销原判决,发回原审人民法院重审。

(2)原判决遗漏当事人或者违法缺席判决等严重违反法定程序的,裁定撤销原判决,发回原审人民法院重审。

(3)对当事人在一审中已经提出的诉讼请求,原审人民法院未作审理、判决的,第二审人民法院可以根据当事人自愿的原则进行调解,调解不成,发回重审。

(4)必须参加诉讼的当事人在一审中未参加诉讼,第二审人民法院可以根据当事人自愿的原则调解,调解不成,发回重审;发回重审的裁定中不列应追加的当事人。

(5)一审判决不准离婚的案件,上诉后,第二审人民法院认为应当判决离婚的,可以根据当事人自愿的原则,与子女抚养、财产问题一并调解,调解不成的,发回重审。

2. 审判监督程序中发回重审的情形

(1)人民法院按照第二审程序审理再审案件,发现原判决认定事实错误或者认定事实不

清的,应当在查清事实后改判。但原审人民法院便于查清事实,化解纠纷的,可以裁定撤销原判决,发回重审;

(2) 原审程序遗漏必须参加诉讼的当事人且无法达成调解协议,以及其他违反法定程序不宜在再审程序中直接作出实体处理的,应当裁定撤销原判决,发回重审。

二、提示与预测

注意人民法院主动依职权再审的法定情形,这一点是新的司法解释规定的。

考点 3 基于检察监督权抗诉的条件和程序

一、精讲

2012 年修正《民事诉讼法》,增加了检察监督的方式,扩大了检察监督的范围。检察监督的方式增加了检察建议;而检察监督的范围则增加了对损害国家利益、社会公共利益的调解书的监督,以及对人民法院执行行为的监督。

【注意】只有抗诉的方式能够直接引起再审程序。

(一) 抗诉

1. 抗诉的主体条件

上级人民检察院与最高人民检察院。

2. 抗诉的案件范围

抗诉的对象是具备《民事诉讼法》第 200 条情形之一的发生法律效力的判决、裁定,以及损害国家利益、社会公共利益的调解书。

【特别提示】

《民诉司法解释》进一步明确了检察院依职权检察监督的范围和依当事人申请检查监督的范围。目的是理顺检察监督与当事人处分权之间的关系,即除了法律规定的依职权检察监督的范围外,对于其他生效裁判的监督,只能因当事人的申请而启动。所以,这部分监督的对象与当事人申请再审的对象保持一致,并且确立了"当事人申请法院救济在先,人民检察院监督在后"的规则,即只有当事人申请再审被驳回,或人民法院逾期未对再审申请作出裁定,或认为再审判决、裁定有明显错误时,才可以申请检察监督,否则,人民检察院不予受理。

(1) 依职权检察监督的范围。《民诉司法解释》第 413 条规定:"人民检察院依法对损害国家利益、社会公共利益的发生法律效力的判决、裁定、调解书提出抗诉,或者经人民检察院检察委员会讨论决定提出再审检察建议的,人民法院应予受理。"

(2) 依当事人申请的检察监督范围。《民诉司法解释》第 414 条规定:"人民检察院对已经发生法律效力的判决以及不予受理、驳回起诉的裁定依法提出抗诉的,人民法院应予受理,但适用特别程序、督促程序、公示催告程序、破产程序以及解除婚姻关系的判决、裁定等不适用审判监督程序的判决、裁定除外。"

【注意】再审判决和裁定可以申请检察院检察监督,但当事人不得再次申请再审,并且对再审判决、裁定进行检察监督的事由是有明显错误的。

3. 抗诉的法定事由

根据《民事诉讼法》第 208 条和第 200 条的规定,人民检察院对法院作出的已经发生法律

效力的确有错误的判决、裁定,进行抗诉时,需要具备下列法定情形:

(1) 有新的证据,足以推翻原判决、裁定的。《民诉司法解释》第387条规定:"再审申请人提供的新的证据,能够证明原判决、裁定认定基本事实或者裁判结果错误的,应当认定为民事诉讼法第二百条第一项规定的情形。对于符合前款规定的证据,人民法院应当责令再审申请人说明其逾期提供该证据的理由;拒不说明理由或者理由不成立的,依照民事诉讼法第六十五条第二款和本解释第一百零二条的规定处理。"

《民诉司法解释》第388条规定:"再审申请人证明其提交的新的证据符合下列情形之一的,可以认定逾期提供证据的理由成立:(一)在原审庭审结束前已经存在,因客观原因于庭审结束后才发现的;(二)在原审庭审结束前已经发现,但因客观原因无法取得或者在规定的期限内不能提供的;(三)在原审庭审结束后形成,无法据此另行提起诉讼的。再审申请人提交的证据在原审中已经提供,原审人民法院未组织质证且未作为裁判根据的,视为逾期提供证据的理由成立,但原审人民法院依照民事诉讼法第六十五条规定不予采纳的除外。"

(2) 原判决、裁定认定的基本事实缺乏证据证明的。根据最高人民法院《关于适用〈中华人民共和国民事诉讼法〉审判监督程序若干问题的解释》(以下简称《审判监督解释》)第11条的规定,"基本事实"是指对原判决、裁定的结果有实质影响,用以确定当事人主体资格、案件性质、具体权利义务和民事责任等主要内容所依据的事实。

(3) 原判决、裁定认定事实的主要证据是伪造的。

(4) 原判决、裁定认定事实的主要证据未经质证的。

《民诉司法解释》第389条规定:"当事人对原判决、裁定认定事实的主要证据在原审中拒绝发表质证意见或者质证中未对证据发表质证意见的,不属于民事诉讼法第二百条第四项规定的未经质证的情形。"

(5) 对审理案件需要的主要证据,当事人因客观原因不能自行收集,书面申请人民法院调查收集,人民法院未调查收集的。

(6) 原判决、裁定适用法律确有错误的。

《民诉司法解释》第390条规定:"有下列情形之一,导致判决、裁定结果错误的,应当认定为民事诉讼法第二百条第六项规定的原判决、裁定适用法律确有错误:(一)适用的法律与案件性质明显不符的;(二)确定民事责任明显违背当事人约定或者法律规定的;(三)适用已经失效或者尚未施行的法律的;(四)违反法律溯及力规定的;(五)违反法律适用规则的;(六)明显违背立法原意的。"

(7) 审判组织的组成不合法或者依法应当回避的审判人员没有回避的。

(8) 无诉讼行为能力人未经法定代理人代为诉讼或者应当参加诉讼的当事人,因不能归责于本人或者其诉讼代理人的事由,未参加诉讼的。

(9) 违反法律规定,剥夺当事人辩论权利的。

《民诉司法解释》第391条规定:"原审开庭过程中有下列情形之一的,应当认定为民事诉讼法第二百条第九项规定的剥夺当事人辩论权利:(一)不允许当事人发表辩论意见的;(二)应当开庭审理而未开庭审理的;(三)违反法律规定送达起诉状副本或者上诉状副本,致使当事人无法行使辩论权利的;(四)违法剥夺当事人辩论权利的其他情形。"

(10) 未经传票传唤,缺席判决的。

(11) 原判决、裁定遗漏或者超出诉讼请求的。

《民诉司法解释》第 392 条规定:"民事诉讼法第二百条第十一项规定的诉讼请求,包括一审诉讼请求、二审上诉请求,但当事人未对一审判决、裁定遗漏或者超出诉讼请求提起上诉的除外。"

(12) 据以作出原判决、裁定的法律文书被撤销或者变更的。根据《审判监督解释》第 16 条的规定,原判决、裁定对基本事实和案件性质的认定系根据其他法律文书作出,而上述其他法律文书被撤销或变更的,人民法院可以认定为该项规定的情形。

《民诉司法解释》第 393 条规定:"民事诉讼法第二百条第十二项规定的法律文书包括:(一) 发生法律效力的判决书、裁定书、调解书;(二) 发生法律效力的仲裁裁决书;(三) 具有强制执行效力的公证债权文书。"

(13) 审判人员审理该案件时有贪污受贿,徇私舞弊,枉法裁判行为的。《民诉司法解释》第 394 条规定:"民事诉讼法第二百条第十三项规定的审判人员审理该案件时有贪污受贿、徇私舞弊、枉法裁判行为,是指已经由生效刑事法律文书或者纪律处分决定所确认的行为。"

4. 抗诉的程序以及抗诉的法律后果

《民事诉讼法》第 210 条规定:"人民检察院因履行法律监督职责提出检察建议或者抗诉的需要,可以向当事人或者案外人调查核实有关情况。"

抗诉应当制作抗诉书,送交与其同级的人民法院,人民法院在接到人民检察院的抗诉书后,对于符合下列条件的,应当在 30 日内作出再审的裁定。

(1) 抗诉书和原审当事人申请书及相关证据材料已经提交;
(2) 抗诉对象为依照民事诉讼法和本解释规定可以进行再审的判决、裁定;
(3) 抗诉书列明该判决、裁定有《民事诉讼法》第 208 条第 1 款规定情形;
(4) 符合《民事诉讼法》第 209 条第 1 款第 1 项、第 2 项规定情形。对于不符合上述条件的,人民法院可以建议人民检察院予以补正或者撤回;不予补正或者撤回的,人民法院可以裁定不予受理。(《民诉司法解释》第 417 条)

5. 抗诉案件的审理法院

(1) 抗诉案件的审理法院原则上就是接受抗诉的与抗诉检察院同级的人民法院;
(2) 如果抗诉的情形是《民事诉讼法》第 200 条第 1 款第 1 至第 5 项规定的法定情形,接受抗诉的人民法院可以交下一级人民法院再审。《民诉司法解释》第 418 条也规定:"当事人的再审申请被上级人民法院裁定驳回后,人民检察院对原判决、裁定、调解书提出抗诉,抗诉事由符合民事诉讼法第二百条第一项至第五项规定情形之一的,受理抗诉的人民法院可以交由下一级人民法院再审。"

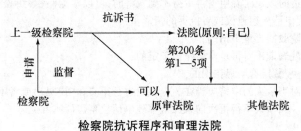

检察院抗诉程序和审理法院

(二) 检察建议

1. 检察建议的主体条件:同级人民检察院

根据《民事诉讼法》第 200 条第 2 款的规定,地方各级人民检察院对同级人民法院已经发生法律效力的判决、裁定,发现有《民事诉讼法》第 200 条规定情形之一的,或者发现调解书损害国家利益、社会公共利益的,可以向同级人民法院提出检察建议,并报请上级人民检察院备案。

2. 检察建议的范围和法定事由

根据检察建议的目的,将检察建议分为再审检察建议和一般检察建议。

再审检察建议的法定事由与抗诉的法定事由相同。根据《民事诉讼法》第 200 条第 2 款的规定,对于具备法定事由的案件,赋予与生效裁判作出的人民法院同级的人民检察院选择权,既可以向同级人民法院提出检察建议,并报请上级人民检察院备案;也可以选择提请上级人民检察院提出抗诉。

一般检察建议是针对审判监督程序以外的其他审判程序中审判人员的违法行为进行的,旨在纠正审判人员的违法行为。

可见,检察建议监督的范围比抗诉的范围要广。

3. 检察建议的程序

人民检察院因履行法律监督职责提出检察建议的需要,可以向当事人或案外人调查核实有关情况。人民检察院决定对人民法院的生效判决、裁定与调解书提出检察建议的,应当制作检察建议,向同级人民法院提出,并报上级人民检察院备案。

《民诉司法解释》第 416 条规定:"地方各级人民检察院依当事人的申请对生效判决、裁定向同级人民法院提出再审检察建议,符合下列条件的,应予受理:(一) 再审检察建议书和原审当事人申请书及相关证据材料已经提交;(二) 建议再审的对象为依照民事诉讼法和本解释规定可以进行再审的判决、裁定;(三) 再审检察建议书列明该判决、裁定有民事诉讼法第二百零八条第二款规定情形;(四) 符合民事诉讼法第二百零九条第一款第一项、第二项规定情形;(五) 再审检察建议经该人民检察院检察委员会讨论决定。不符合前款规定的,人民法院可以建议人民检察院予以补正或者撤回;不予补正或者撤回的,应当函告人民检察院不予受理。"

《民诉司法解释》第 419 条规定:"人民法院收到再审检察建议后,应当组成合议庭,在三个月内进行审查,发现原判决、裁定、调解书确有错误,需要再审的,依照民事诉讼法第一百九十八条规定裁定再审,并通知当事人;经审查,决定不再审的,应当书面回复人民检察院。"

(三) 当事人向人民检察院申请检察建议或者抗诉

当当事人通过向人民法院申请再审得不到救济时,可以根据《民事诉讼法》第 209 条的规定,向人民检察院申请检察建议或者抗诉的情形:

(1) 人民法院驳回再审申请的;

(2) 人民法院逾期未对再审申请作出裁定的;

(3) 再审判决、裁定有明显错误的。

人民检察院对当事人的申请应当在 3 个月内进行审查,作出提出或者不予提出检察建议或者抗诉的决定。当事人不得再次向人民检察院申请检察建议或者抗诉。

二、例题

1. 就瑞成公司与建华公司的合同纠纷,某省甲市中院作出了终审裁判。建华公司不服,打算启动再审程序。后其向甲市检察院申请检察建议,甲市检察院经过审查,作出驳回申请的决定。关于检察监督,下列哪些表述是正确的?(2014年真题,多选)

　　A. 建华公司可在向该省高院申请再审的同时,申请检察建议
　　B. 在甲市检察院驳回检察建议申请后,建华公司可向该省检察院申请抗诉
　　C. 甲市检察院在审查检察建议申请过程中,可向建华公司调查核实案情
　　D. 甲市检察院在审查检察建议申请过程中,可向瑞成公司调查核实案情

　　[释疑]　本题考查检察建议。抗诉和检察建议属于检查监督的两种方式,当事人只能选择一种方式行使,A、B项错误;《民事诉讼法》第210条明确赋予人民检察院因履行法律监督职责提出检察建议或者抗诉的需要,可以向当事人和案外人调查核实有关情况的权力,C、D项正确。(答案:CD)

　　2. 关于检察监督,下列哪一选项是正确的?(2013年真题,单选)
　　A. 甲县检察院认为乙县法院的生效判决适用法律错误,对其提出检察建议
　　B. 丙市检察院就合同纠纷向仲裁委员会提出检察建议,要求重新仲裁
　　C. 丁县检察院认为丁县法院某法官在制作除权判决时收受贿赂,向该法院提出检察建议
　　D. 戊县检察院认为戊县法院认定某公民为无民事行为能力人的判决存在程序错误,报请上级检察院提起抗诉

　　[释疑]　根据《民事诉讼法》第208条第2款的规定,地方各级人民检察院对同级人民法院生效的判决、裁定,发现法定情形之一的,可以向同级人民法院提出检察建议,并报上级人民检察院备案,因此,选项A与选项B均是不正确的。根据《民事诉讼法》第208条第3款的规定,各级人民检察院对审判监督程序以外的其他审判程序中审判人员的违法行为,有权向同级人民法院提出检察建议,因此,选项C是正确的。根据民事诉讼理论,检察院抗诉应针对诉讼案件,而认定公民无民事行为能力属于非讼案件,因此,选项D是不正确的。(答案:C)

　　3. 周某因合同纠纷起诉,甲省乙市的两级法院均驳回其诉讼请求。周某申请再审,但被驳回。周某又向检察院申请抗诉,检察院以原审主要证据系伪造为由提出抗诉,法院裁定再审。关于启动再审的表述,下列哪些说法是不正确的?(2013年真题,多选)
　　A. 周某只应向甲省高院申请再审
　　B. 检察院抗诉后,应当由接受抗诉的法院审查后,作出是否再审的裁定
　　C. 法院应当在裁定再审的同时,裁定撤销原判
　　D. 法院应当在裁定再审的同时,裁定中止执行

　　[释疑]　该题综合考查当事人申请再审,法院对检察院抗诉的处理以及裁定再审后的程序处理。根据《民事诉讼法》第199条的规定,当事人一方人数众多或者当事人双方是公民的案件,也可以向原审人民法院申请再审,因此,选项A是不正确的。根据《民事诉讼法》第211条的规定,人民检察院提出抗诉的案件,接受抗诉的人民法院应当在收到抗诉书之日起30日内作出再审的裁定,因此,选项B是不正确的。根据《民事诉讼法》第206条的规定,按照审判监督程序决定再审的案件,裁定中止原判决、裁定、调解书的执行,因此,选项C是不正确的,而选项D是正确的。(答案:ABC)

　　4. 下列哪些选项是1991年颁布实行的《民事诉讼法》(2007年修正)未作规定的制度?(2012年真题,多选)
　　A. 公益诉讼制度　　　　　　　　B. 恶意诉讼规制制度

C. 检察监督中的抗诉制度　　　　　D. 诉讼保全制度中的行为保全制度

[释疑] 该题除了选项 C 是 2007 年修正的《民事诉讼法》已规定的制度以外，选项 A、B 与 D 中的制度均是尚未作规定的制度，而这三项制度恰恰是 2012 年修正的《民事诉讼法》增加的相应制度。(答案：ABD)

三、提示与预测

抗诉和检察建议均是高频考点，考生应当掌握，此外，还应当注意下列内容：

1. 抗诉和检察建议的区别

(1) 适用的检察院不同，前者由最高人民检察院和上级人民检察行使，即生效裁判作出的人民法院的上一级人民检察院行使，最高人民法院法院作出的生效裁判除外；后者由与生效裁判作出的人民法院的同级人民检察院行使。

(2) 适用的范围不同，前者适用于具备法定事由的判决、裁定、调解书；后者不仅适用于具备法定事由的判决、裁定、调解书，还适用于对审判监督程序以外的其他审判程序中审判人员的违法行为。

(3) 法律后果不同，前者必然引起再审程序，后者不必然引起再审程序。

2. 再审检察建议与对其他程序中审判人员违法行为的检察建议的区别

(1) 提起的事由不同。前者的提起的事由是《民事诉讼法》第 200 条的规定的再审事由，而后者提起的事由则是审判人员具有违法行为。

(2) 提起的程序要求不同。前者的提起需要报上级检察院备案，而后者的提起无需报上级检察院备案。

考点 4　基于当事人诉权申请再审的条件和程序

一、精讲

(一) 当事人申请再审的条件

1. 申请再审的主体

有权申请再审的只能是当事人及其法定代理人。

【注意】当事人的变更。根据《民诉司法解释》第 375 条的规定，当事人死亡或者终止的，其权利义务承继者可以根据民事诉讼法第 199 条、第 201 条的规定申请再审。

判决、调解书生效后，当事人将判决、调解书确认的债权转让，债权受让人对该判决、调解书不服申请再审的，人民法院不予受理。

2. 申请再审的对象

确有错误的生效判决与裁定，以及违反自愿原则或者内容违法的调解书。

【注意】

(1) 不予受理和驳回起诉的裁定，当事人可以申请再审。

(2) 不能申请再审的裁判。

对已经发生法律效力的解除婚姻关系的判决、调解书，不得申请再审。但是，这里需要注意的是，不能申请再审的仅仅是解除婚姻关系判决、调解书中的身份部分，因为离婚判决、调解书生效后，任何一方当事人都有权再婚；而对于财产分割关系则应具体问题具体对待，即对解除婚姻关系判决、调解书中已涉及的财产分割问题，完全可以申请再审；对解除婚姻关系判决、调解书中未涉及的财产分割问题，则应告知当事人另行起诉。(《民诉司法解释》第382条)

按照特别程序、督促程序、公示催告程序、破产程序等非讼程序审理的案件不能申请再审。(《民诉司法解释》第380条)

再审判决、裁定不得申请再审。可以申请人民检察院检察监督。

3. 管辖法院

根据《民事诉讼法》第199条的规定，当事人可以向上一级人民法院申请再审；当事人一方人数众多或者当事人双方为公民的案件，也可以向原审人民法院申请再审。

《民诉司法解释》第379条规定："当事人一方人数众多或者当事人双方为公民的案件，当事人分别向原审人民法院和上一级人民法院申请再审且不能协商一致的，由原审人民法院受理。"

4. 申请再审的法定事由

对于判决、裁定因当事人申请再审的法定事由与人民检察院抗诉的法定事由相同，在此不赘述。对于调解书，申请再审的事由是调解书违反自愿准则、内容违法。

5. 申请再审的期限(《民事诉讼法》第205条)

当事人申请再审，应当在判决、裁定发生法律效力后6个月内提出；有《民事诉讼法》第200条第1项、第3项、第12项、第13项规定情形的，自知道或者应当知道之日起6个月内提出。(《民事诉讼法》第200条规定：(1)有新的证据，足以推翻原判决、裁定的……(3)原判决、裁定认定事实的主要证据是伪造的……(12)据以作出原判决、裁定的法律文书被撤销或者变更的；(13)审判人员审理该案件时有贪污受贿，徇私舞弊，枉法裁判行为的。)

当事人对已经发生法律效力的调解书申请再审，应当在调解书发生法律效力后6个月内提出。(《民诉司法解释》第384条)

6. 提交再审申请书、生效裁判、身份证明、相关证据材料(《民诉司法解释》第377条、第378条)

(二) 受理再审申请

对当事人申请再审的法定条件进行形式审查，符合形式条件的，应当受理。(《审判监督解释》第1条)

《民诉司法解释》第383条规定："当事人申请再审，有下列情形之一的，人民法院不予受理：(一)再审申请被驳回后再次提出申请的；(二)对再审判决、裁定提出申请的；(三)在人民检察院对当事人的申请作出不予提出再审检察建议或者抗诉决定后又提出申请的。前款第一项、第二项规定情形，人民法院应当告知当事人可以向人民检察院申请再审检察建议或者抗诉，但因人民检察院提出再审检察建议或者抗诉而再审作出的判决、裁定除外。"

人民法院应当自收到符合条件的再审申请书等材料之日起5日内向再审申请人发送受理通知书，并向被申请人及原审其他当事人发送应诉通知书、再审申请书副本等材料。(《民诉司法解释》第385条)

(三) 对再审申请的审查

1. 审查期限

人民法院应当自收到再审申请书之日起3个月内进行审查。有特殊情况需要延长的，由本院院长批准。

2. 审查组织

人民法院受理再审申请后,应当组成合议庭予以审查。(《审判监督解释》第 8 条)

3. 审查内容

人民法院受理申请再审案件后,应当依照民事诉讼法第 200 条、第 201 条、第 204 条等规定,对当事人主张的再审事由进行审查。(《民诉司法解释》第 386 条)

4. 审查方式

(1) 径行裁定。根据《审判监督解释》第 19 条的规定,人民法院"认为申请再审事由成立的,应当径行裁定再审。当事人申请再审超过民事诉讼法第一百八十四条(现为 205 条)规定的期限,或者超出民事诉讼法第一百七十九条(现为 200 条)所列明的再审事由范围的,人民法院应当裁定驳回再审申请"。

(2) 调卷审查。《审判监督解释》第 20 条规定:"人民法院认为仅审查再审申请书等材料难以作出裁定的,应当调阅原审卷宗予以审查。"

(3) 询问当事人。《民诉司法解释》第 397 条规定:"人民法院根据审查案件的需要决定是否询问当事人。新的证据可能推翻原判决、裁定的,人民法院应当询问当事人。"

5. 审查程序中特殊情形的处理

(1) 审查再审申请期间,被申请人及原审其他当事人依法提出再审申请的,人民法院应当将其列为再审申请人,对其再审事由一并审查,审查期限重新计算。经审查,其中一方再审申请人主张的再审事由成立的,应当裁定再审。各方再审申请人主张的再审事由均不成立的,一并裁定驳回再审申请。(《民诉司法解释》第 398 条)

(2) 审查再审申请期间,再审申请人申请人民法院委托鉴定、勘验的,人民法院不予准许。(《民诉司法解释》第 399 条)

(3) 审查再审申请期间,再审申请人撤回再审申请的,是否准许,由人民法院裁定。

再审申请人经传票传唤,无正当理由拒不接受询问的,可以按撤回再审申请处理。(《民诉司法解释》第 400 条)

人民法院准许撤回再审申请或者按撤回再审申请处理后,再审申请人再次申请再审的,不予受理,但有民事诉讼法第二百条第一项、第三项、第十二项、第十三项规定情形,自知道或者应当知道之日起六个月内提出的除外。(《民诉司法解释》第 401 条)

(4) 终结审查(《民诉司法解释》第 402 条)。再审申请审查期间,有下列情形之一的,裁定终结审查:① 再审申请人死亡或者终止,无权利义务承继者或者权利义务承继者声明放弃再审申请的;② 在给付之诉中,负有给付义务的被申请人死亡或者终止,无可供执行的财产,也没有应当承担义务的人的;③ 当事人达成和解协议且已履行完毕的,但当事人在和解协议中声明不放弃申请再审权利的除外;④ 他人未经授权以当事人名义申请再审的;⑤ 原审或者上一级人民法院已经裁定再审的;⑥ 有本解释第 383 条第 1 款规定情形的。

(5) 人民法院审查再审申请期间,人民检察院对该案提出抗诉的,人民法院应依照原《民事诉讼法》第 188 条(现为第 211 条)的规定裁定再审。申请再审人提出的具体再审请求应纳入审理范围。(《审判监督解释》第 26 条)

6. 审查结果(《民诉司法解释》第 395 条)

(1) 裁定再审:审查认为申请再审事由成立的。

(2) 裁定驳回再审申请:申请再审事由不成立,或者当事人申请再审超过法定申请再审期限、超出法定再审事由范围等不符合民事诉讼法和本解释规定的申请再审条件的。

【注意】驳回再审申请的裁定一经送达,即发生法律效力。

(四)申请再审案件的审理法院

1. 当事人申请裁定再审的案件由中级人民法院以上的人民法院审理。但当事人依照本法第 199 条的规定选择向基层人民法院申请再审的除外。

2. 最高人民法院、高级人民法院裁定再审的案件,由本院再审或者交其他人民法院再审,也可以交原审人民法院再审。

根据《审判监督解释》第 27 条的规定,"其他人民法院"指与原审人民法院同级的其他人民法院。

此外,《审判监督解释》第 28 条与第 29 条又作出了进一步规定,上一级人民法院可以根据案件的影响程度以及案件参与人等情况,决定是否指定再审。需要指定再审的,应当考虑便利当事人行使诉讼权利以及便利人民法院审理等因素。接受指定再审的人民法院,应当按照《民事诉讼法》第 207 条第 1 款规定的程序审理。

二、例题

1. 2010 年 7 月,甲公司不服 A 市 B 区法院对其与乙公司买卖合同纠纷的判决,上诉至 A 市中级法院,A 市中级法院经审理维持原判决。2011 年 3 月,甲公司与丙公司合并为丁公司。之后,丁公司法律顾问在复查原甲公司的相关材料时,发现上述案件具备申请再审的法定事由。关于该案件的再审,下列哪一说法是正确的?(2012 年真题,单选)

A. 应由甲公司向法院申请再审

B. 应由甲公司与丙公司共同向法院申请再审

C. 应由丁公司向法院申请再审

D. 应由丁公司以案外人身份向法院申请再审

[释疑] 根据《民诉司法解释》第 63 条的规定,法人合并的,由合并后的法人作为当事人参加诉讼,因此,选项 C 是正确的,其余选项都是错误的。(答案:C)

2. 三合公司诉两江公司合同纠纷一案,经法院审理后判决两江公司败诉。此后,两江公司与海大公司合并成立了大江公司。在对两江公司财务进行审核时,发现了一份对前述案件事实认定极为重要的证据。关于该案的再审,下列哪一说法是正确的?(2011 年真题,单选)

A. 应当由两江公司申请再审并参加诉讼

B. 应当由海大公司申请再审并参加诉讼

C. 应当由大江公司申请再审并参加诉讼

D. 应当由两江公司申请再审,但必须由大江公司参加诉讼

[释疑] 该题考查申请再审的当事人。根据《民诉司法解释》第 63 条的规定,法人分立的,由分立后的法人作为当事人,因此,选项 C 是正确的。(答案:C)

3. 根据《民事诉讼法》以及相关司法解释,关于离婚诉讼,下列哪些选项是正确的?(2011 年真题,多选)

A. 被告下落不明的,案件由原告住所地法院管辖

B. 一方当事人死亡的,诉讼终结

C. 判决生效后,不允许当事人申请再审

D. 原则上不公开审理,因其属于法定不公开审理案件范围

[释疑] 该题综合考查离婚案件的特殊规定。根据《民事诉讼法》第22条的规定,对下落不明人提起的身份关系的诉讼,由原告住所地人民法院管辖,因此,选项A是正确的;根据《民事诉讼法》第151条的规定,有下列情形之一的,终结诉讼:……(3)离婚案件一方当事人死亡,选项B是正确的;根据《民事诉讼法》第202条规定,当事人对已经发生法律效力的解除婚姻关系的判决、调解书,不得申请再审。以及根据《民诉司法解释》第382条的规定:"当事人就离婚案件中的财产分割问题申请再审,如涉及判决中已分割的财产,人民法院应当依照民事诉讼法第二百条的规定进行审查,符合再审条件的,应当裁定再审;如涉及判决中未作处理的夫妻共同财产,应当告知当事人另行起诉。"选项C是不正确的;根据《民事诉讼法》第134条的规定,离婚案件属于当事人申请不公开审理的案件,因此,选项D是不正确的。(答案:AB)

4. 张某诉季某人身损害赔偿一案判决生效后,张某以法院剥夺其辩论权为由申请再审,在法院审查张某再审申请期间,检察院对该案提出抗诉。关于法院的处理方式,下列哪一选项是正确的?(2010年真题,单选)

A. 法院继续对当事人的再审申请进行审查,并裁定是否再审
B. 法院应当审查检察院的抗诉是否成立,并裁定是否再审
C. 法院应当审查检察院的抗诉是否成立,如不成立,再继续审查当事人的再审申请
D. 法院直接裁定再审

[释疑] 根据《审判监督解释》第26条的规定,人民法院审查再审申请期间,人民检察院对该案提出抗诉的,人民法院应依照《民事诉讼法》第211条的规定裁定再审。申请再审人提出的具体再审请求应纳入审理范围。因此,选项D是正确的。(答案:D)

5. 甲公司诉乙公司合同纠纷案,南山市S县法院进行了审理并作出驳回甲公司诉讼请求的判决,甲公司未提出上诉。判决生效后,甲公司因收集到新的证据申请再审。下列哪些选项是正确的?(2009年真题,多选)

A. 甲公司应当向S县法院申请再审　　B. 甲公司应当向南山市中级法院申请再审
C. 法院应当适用一审程序再审本案　　D. 法院应当适用二审程序再审本案

[释疑] 本案南山市S县作为一审法院,其作出的判决因当事人未提出上诉而生效,根据《民事诉讼法》第199条的规定,选项B是正确的,而选项A是不正确的;根据《民事诉讼法》第204条的规定,该案应当由南山市中级人民法院提审,因此,根据《民事诉讼法》第207条的规定,选项D是正确的,而选项C是不正确的。(答案:BD)

三、提示与预测

当事人申请再审是《民事诉讼法》修订内容比较集中的制度之一,特别是当事人申请再审的法院、期限、法定事由以及审理法院的具体处理,是司考比较青睐的考点,需要掌握。

考点 5　案外人申请再审以及审理

一、精讲

1. 被遗漏的必要共同诉讼人申请再审(《民诉司法解释》第422条)

必须共同进行诉讼的当事人因不能归责于本人或者其诉讼代理人的事由未参加诉讼的,可以根据《民事诉讼法》第 200 条第 8 项的规定,自知道或者应当知道之日起 6 个月内申请再审,但符合本解释第 423 条规定情形的除外。

人民法院因前款规定的当事人申请而裁定再审,按照第一审程序再审的,应当追加其为当事人,作出新的判决、裁定;按照第二审程序再审,经调解不能达成协议的,应当撤销原判决、裁定,发回重审,重审时应追加其为当事人。

2. 执行中案外人申请再审

《民诉司法解释》第 423 条规定:"根据民事诉讼法第二百二十七条的规定,案外人对驳回其执行异议的裁定不服,认为原判决、裁定、调解书内容错误损害其民事权益的,可以自执行异议裁定送达之日起六个月内,向作出原判决、裁定、调解书的人民法院申请再审。"

《民诉司法解释》第 424 条规定:"根据民事诉讼法第二百二十七条规定,人民法院裁定再审后,案外人属于必要的共同诉讼当事人的,依照本解释第四百二十二条第二款规定处理。案外人不是必要的共同诉讼当事人的,人民法院仅审理原判决、裁定、调解书对其民事权益造成损害的内容。经审理,再审请求成立的,撤销或者改变原判决、裁定、调解书;再审请求不成立的,维持原判决、裁定、调解书。"

二、例题

赵某与黄某因某项财产所有权发生争议,赵某向法院提起诉讼,经一、二审法院审理后,判决该项财产属赵某所有。此后,陈某得知此事,向二审法院反映其是该财产的共同所有人,并提供了相关证据。二审法院经审查,决定对此案进行再审。关于此案的说法,下列哪一选项是正确的?(2008 年真题,单选)

A. 陈某不是本案一、二审当事人,不能参加再审程序
B. 二审法院可以直接通知陈某参加再审程序,并根据自愿原则进行调解,调解不成的,告知陈某另行起诉
C. 二审法院可以直接通知陈某参加再审程序,并根据自愿原则进行调解,调解不成的,裁定撤销一、二审判决,发回原审法院重审
D. 二审法院只能裁定撤销一、二审判决,发回原审法院重审

[释疑] 该题直接考查遗漏的必要共同诉讼人申请再审裁定再审后的处理。根据《民诉司法解释》第 422 条的规定:"必须共同进行诉讼的当事人因不能归责于本人或者其诉讼代理人的事由未参加诉讼的,可以根据民事诉讼法第二百条第八项规定,自知道或者应当知道之日起六个月内申请再审,但符合本解释第四百二十三条规定情形的除外。人民法院因前款规定的当事人申请而裁定再审,按照第一审程序再审的,应当追加其为当事人,作出新的判决、裁定;按照第二审程序再审,经调解不能达成协议的,应当撤销原判决、裁定,发回重审,重审时应追加其为当事人。"选项 C 是正确的。(答案:C)

三、提示与预测

《民诉司法解释》根据是否进入了执行程序将案外人划分为两类:第一类进入执行程序前的案外人,仅限于被遗漏的必要共同诉讼人。如果是有独立请求权第三人,在进入执行程序前只能通过提起第三人撤销之诉进行救济,而不能申请再审;第二类是执行程序中的案外人,包

括被遗漏的必要共同诉讼人和对执行标的主张实体权利的人。执行程序中案外人申请再审的前置程序是提出执行异议,且该执行异议与生效裁判有关。

考点 6 再审案件中特殊情形的处理

一、精讲

我国民事诉讼法没有规定单独的再审程序,而是分别适用第一审或第二审程序进行审理。但是,再审程序毕竟是对生效裁判的再次审理,在《民事诉讼法》及其相关的司法解释中,对再审程序中的相关内容也作了特别规定,没有特别规定的,适用第一审普通程序的规定。对于再审程序中的特别规定,考生应当掌握下列内容:

(一)裁定再审的同时,裁定中止原判决的执行

人民法院决定再审的,应当作出裁定中止原生效判决的执行,并通知双方当事人。上级人民法院或者最高人民法院发现生效判决、裁定确有错误,应当在提审或者指令下级人民法院再审的裁定中,同时写明中止原判决、裁定的执行。

【注意】《民事诉讼法》第 206 条规定,追索赡养费、扶养费、抚育费、抚恤金、医疗费用、劳动报酬等案件,可以不中止执行。

(二)另行组成合议庭审理

人民法院审理再审案件时,一律实行合议制。如果由原审人民法院再审的,应当另行组成合议庭,原合议庭成员不得参加再审案件的合议庭。

(三)再审案件的程序适用

分别适用第一审程序或者第二审程序再审。

《民事诉讼法》第 207 条规定:"人民法院按照审判监督程序再审的案件,发生法律效力的判决、裁定是由第一审法院作出的,按照第一审程序审理,所作的判决、裁定,当事人可以上诉;发生法律效力的判决、裁定是由第二审法院作出的,按照第二审程序审理,所作的判决、裁定,是发生法律效力的判决、裁定;上级人民法院按照审判监督程序提审的,按照第二审程序审理,所作的判决、裁定是发生法律效力的判决、裁定。"

(四)再审程序中的特别规定

1. 审理法院:因不同的主体引起再审程序而不同

(1)法院基于审判监督权。各级人民法院由院长提起,审委会决定再审的,自行审理;最高人民法院或上级人民法院决定再审的,可以提审或指令再审。

(2)检察院基于检察监督权。抗诉案件的审理法院原则上是由接受抗诉的与抗诉检察院同级的人民法院;如果抗诉的情形是《民事诉讼法》第 200 条第 1 款第 1 项至第 5 项规定的法定情形,接受抗诉的人民法院可以交下一级人民法院再审,但经该下一级人民法院再审的除外。

(3)当事人基于申请权。当事人申请裁定再审的案件由中级人民法院以上的人民法院审理。但当事人依照《民事诉讼法》第 199 条的规定选择向基层人民法院申请再审的除外。最高人民法院、高级人民法院裁定再审的案件,由本院再审或者交其他人民法院再审,也可以交原审人民法院再审。

【注意】无论哪个主体引起的再审程序,均存在指令再审的情形。指令再审是指上级人民

法院指令生效裁判作出的人民法院再次审理,为了保证公正,《审判监督解释》第29条明确规定了不得指令再审的情形:"有下列情形之一的,不得指令原审人民法院再审:(一)原审人民法院对该案无管辖权的;(二)审判人员在审理该案件时有贪污受贿,徇私舞弊,枉法裁判行为的;(三)原判决、裁定系经原审人民法院审判委员会讨论作出的;(四)其他不宜指令原审人民法院再审的。"

2. 审理方式

《民诉司法解释》第403条规定:"人民法院审理再审案件应当组成合议庭开庭审理,但按照第二审程序审理,有特殊情况或者双方当事人已经通过其他方式充分表达意见,且书面同意不开庭审理的除外。符合缺席判决条件的,可以缺席判决。"

3. 开庭审理时发表意见的顺序

《民诉司法解释》第404条规定:"人民法院开庭审理再审案件,应当按照下列情形分别进行:(一)因当事人申请再审的,先由再审申请人陈述再审请求及理由,后由被申请人答辩、其他原审当事人发表意见;(二)因抗诉再审的,先由抗诉机关宣读抗诉书,再由申请抗诉的当事人陈述,后由被申请人答辩、其他原审当事人发表意见;(三)人民法院依职权再审,有申诉人的,先由申诉人陈述再审请求及理由,后由被申请人答辩、其他原审当事人发表意见;(四)人民法院依职权再审,没有申诉人的,先由原审原告或者原审上诉人陈述,后由原审其他当事人发表意见。对前款第一项至第三项规定的情形,人民法院应当要求当事人明确其再审请求。"

4. 审理范围

《民诉司法解释》第405条规定:"人民法院审理再审案件应当围绕再审请求进行。当事人的再审请求超出原审诉讼请求的,不予审理;符合另案诉讼条件的,告知当事人可以另行起诉。被申请人及原审其他当事人在庭审辩论结束前提出的再审请求,符合民事诉讼法第二百零五条规定的,人民法院应当一并审理。人民法院经再审,发现已经发生法律效力的判决、裁定损害国家利益、社会公共利益、他人合法权益的,应当一并审理。"

5. 审理时特殊情形的处理

(1) 撤回再审申请。撤回再审申请包括申请撤回和按撤回再审申请处理两种情形。《审判监督解释》第34条第1款规定:"申请再审人在再审期间撤回再审申请的,是否准许由人民法院裁定。裁定准许的,应终结再审程序。申请再审人经传票传唤,无正当理由拒不到庭的,或者未经法庭许可中途退庭的,可以裁定按自动撤回再审申请处理。"

(2) 人民检察院撤回抗诉。《审判监督解释》第34条第2款规定:"人民检察院抗诉再审的案件,申请抗诉的当事人有前款规定的情形,且不损害国家利益、社会公共利益或第三人利益的,人民法院应当裁定终结再审程序;人民检察院撤回抗诉的,应当准予。"

(3) 撤回起诉。《民诉司法解释》第410条规定:"一审原告在再审审理程序中申请撤回起诉,经其他当事人同意,且不损害国家利益、社会公共利益、他人合法权益的,人民法院可以准许。裁定准许撤诉的,应当一并撤销原判决。一审原告在再审审理程序中撤回起诉后重复起诉的,人民法院不予受理。"

(4) 终结再审程序。《民诉司法解释》第406条规定:"再审审理期间,有下列情形之一的,可以裁定终结再审程序:(一)再审申请人在再审期间撤回再审请求,人民法院准许的;(二)再审申请人经传票传唤,无正当理由拒不到庭的,或者未经法庭许可中途退庭,按撤回再审请求处理的;(三)人民检察院撤回抗诉的;(四)有本解释第四百零二条第一项至第四项规定情形的。因人民检察院提出抗诉裁定再审的案件,申请抗诉的当事人有前款规定的情形,且不损害国家利益、社会公共利益或者他人合法权益的,人民法院应当裁定终结再审程序。再审程序终结后,人民法院裁定中止执行的原生效判决自动恢复执行。"

6. 再审审理中的调解

《审判监督解释》第36条规定:"当事人在再审审理中经调解达成协议的,人民法院应当制作调解书。调解书经各方当事人签收后,即具有法律效力,原判决、裁定视为被撤销。"

【注意】部分当事人到庭并达成调解协议,其他当事人未作出书面表示的,人民法院应当在判决中对该事实作出表述;调解协议内容不违反法律规定,且不损害其他当事人合法权益的,可以在判决主文中予以确认。(《民诉司法解释》第412条)

7. 对再审案件的处理

(1) 维持原判。《民诉司法解释》第407条第1款规定:"人民法院经再审审理认为,原判决、裁定认定事实清楚、适用法律正确的,应予维持;原判决、裁定认定事实、适用法律虽有瑕疵,但裁判结果正确的,应当在再审判决、裁定中纠正瑕疵后予以维持。"

(2) 改判或发回重审。《审判监督解释》第38条规定:"人民法院按照第二审程序审理再审案件,发现原判决认定事实错误或者认定事实不清的,应当在查清事实后改判。但原人民法院便于查清事实、化解纠纷的,可以裁定撤销原判决,发回重审;原审程序遗漏必须参加诉讼的当事人且无法达成调解协议,以及其他违反法定程序不宜在再审程序中直接作出实体处理的,应当裁定撤销原判决,发回重审。"

《审判监督解释》第39条规定:"新的证据证明原判决、裁定确有错误的,人民法院应予改判。"

【注意】申请再审人或者申请抗诉的当事人提出新的证据致使再审改判,被申请人等当事人因申请再审人或者申请抗诉的当事人的过错未能在原审程序中及时举证,请求补偿其增加的差旅、误工等诉讼费用的,人民法院应当支持;请求赔偿其由此扩大的直接损失,可以另行提起诉讼解决。

(3) 裁定驳回起诉。《民诉司法解释》第408条规定:"按照第二审程序再审的案件,人民法院经审理认为不符合民事诉讼法规定的起诉条件或者符合民事诉讼法第一百二十四条规定不予受理情形的,应当裁定撤销一、二审判决,驳回起诉。"

(4) 对调解书裁定再审后的处理。《民诉司法解释》第409条规定:"人民法院对调解书裁定再审后,按照下列情形分别处理:(一) 当事人提出的调解违反自愿原则的事由不成立,且调解书的内容不违反法律强制性规定的,裁定驳回再审申请;(二) 人民检察院抗诉或者再审检察建议所主张的损害国家利益、社会公共利益的理由不成立的,裁定终结再审程序。前款规定情形,人民法院裁定中止执行的调解书需要继续执行的,自动恢复执行。"

二、例题

1. 周立诉孙华人身损害赔偿案,一审法院适用简易程序审理,电话通知双方当事人开庭,孙华无故未到庭,法院缺席判决孙华承担赔偿周立医疗费。判决书生效后,周立申请强制执行,执行程序开始,孙华向一审法院提出再审申请。法院裁定再审,未裁定中止原判决的执行。关于本案,下列哪一说法是正确的?(2015年真题,单选)

A. 法院电话通知当事人开庭是错误的

B. 孙华以法院未传票通知其开庭即缺席判决为由,提出再审申请是符合法律规定的

C. 孙华应向二审法院提出再审申请,而不可向原一审法院申请再审

D. 法院裁定再审,未裁定中止原判决的执行是错误的

[释疑] 一般而言,对当事人申请再审的案件裁定再审的同时,应当裁定中止执行;但民诉司法解释明确规定,对于追索赡养费、扶养费、抚育费、抚恤金、医疗费用、劳动报酬等案件,裁定再审后可以不中止执行,因此 D 项正确。(答案:D)

2. 万某起诉吴某人身损害赔偿一案,经过两级法院审理,均判决支持万某的诉讼请求,吴某不服,申请再审。再审中万某未出席开庭审理,也未向法院说明理由。对此,法院的下列哪一做法是正确的?(2014 年真题,单选)

A. 裁定撤诉,视为撤回起诉 B. 裁定撤诉,视为撤回再审申请
C. 裁定诉讼中止 D. 缺席判决

[释疑] 本题考查再审审理中的缺席判决。在再审程序中,万某是被申请人,经传票传唤无正当理由不参加庭审的,符合缺席判决的规定。D 项正确(答案:D)

3. 周某因合同纠纷起诉,甲省乙市的两级法院均驳回其诉讼请求。周某申请再审,但被驳回。周某又向检察院申请抗诉,检察院以原审主要证据系伪造为由提出抗诉,法院裁定再审。关于启动再审的表述,下列哪些说法是不正确的?(2013 年真题,多选)

A. 周某只应向甲省高院申请再审

B. 检察院抗诉后,应当由接受抗诉的法院审查后,作出是否再审的裁定

C. 法院应当在裁定再审的同时,裁定撤销原判

D. 法院应当在裁定再审的同时,裁定中止执行

[释疑] 该题综合考查当事人申请再审,法院对检察院抗诉的处理以及裁定再审后的程序处理。根据《民事诉讼法》第 199 条的规定,当事人一方人数众多或者当事人双方是公民的案件,也可以向原审人民法院申请再审,因此,选项 A 是不正确的。根据《民事诉讼法》第 211 条的规定,人民检察院提出抗诉的案件,接受抗诉的人民法院应当在收到抗诉书之日起 30 日内作出再审的裁定,因此,选项 B 是不正确的。根据《民事诉讼法》第 206 条的规定,按照审判监督程序决定再审的案件,裁定中止原判决、裁定、调解书的执行,因此,选项 C 是不正确的,而选项 D 是正确的。(答案:ABC)

4. 韩某起诉翔鹭公司要求其依约交付电脑,并支付迟延履行违约金 5 万元。经县市两级法院审理,韩某均胜诉。后翔鹭公司以原审适用法律错误为由申请再审,省高院裁定再审后,韩某变更诉讼请求为解除合同,支付迟延履行违约金 10 万元。再审法院最终维持原判。关于再审程序的表述,下列哪些选项是正确的?(2013 年真题,多选)

A. 省高院可以亲自提审,提审应当适用二审程序

B. 省高院可以指令原审法院再审,原审法院再审时应当适用一审程序

C. 再审法院对韩某变更后的请求应当不予审查

D. 对于维持原判的再审裁判,韩某认为有错误的,可以向检察院申请抗诉

[释疑] 该题综合考查法院对当事人申请再审案件的程序适用、对再审案件的审理范围以及当事人申请再审与申请检察院抗诉的关系。根据《民事诉讼法》第 204 条第 2 款的规定,高级法院裁定再审的案件,由本院再审,也可以交原审法院再审。本题是县市两级法院两审终

审的案件,根据《民事诉讼法》第 207 条的规定,上级人民法院按照审判监督程序提审的,按照第二审程序审理,因此,选项 A 是正确的;发生法律效力的判决是由第二审法院作出的,按照第二审程序审理,因此,选项 B 是不正确的。根据《民诉司法解释》第 405 条第 1 款的规定:"人民法院审理再审案件应当围绕再审请求进行。当事人的再审请求超出原审诉讼请求的,不予审理;符合另案诉讼条件的,告知当事人可以另行起诉。"因此,选项 C 是正确的。根据《民事诉讼法》第 209 条的规定,再审判决、裁定有明显错误的,当事人可以向人民检察院申请检察建议或者抗诉,因此,选项 D 是正确的。(答案:ACD)

5. 高某诉张某合同纠纷案,终审高某败诉。高某向检察院反映,其在一审中提交了偷录双方谈判过程的录音带,其中有张某承认货物存在严重质量问题的陈述,足以推翻原判,但法院从未组织质证。对此,检察院提起抗诉。关于再审程序中证据的表述,下列哪些选项是正确的?(2013 年真题,多选)

A. 再审质证应当由高某、张某和检察院共同进行

B. 该录音带属于电子数据,高某应当提交证据原件进行质证

C. 虽然该录音带系高某偷录,但仍可作为质证对象

D. 如再审法院认定该录音带涉及商业秘密,应当依职权决定不公开质证

[释疑] 本案考查再审程序中的证据。无论是第一审程序、还是第二审程序以及再审程序,审理中证据的质证、认证都参照第一审程序以及民事诉讼证据规定进行,根据《民事证据规则》的规定,C、D 项正确。(答案:CD)

6. 关于再审程序的说法,下列哪些选项是正确的?(2010 年真题,多选)

A. 在再审中,当事人提出新的诉讼请求的,原则上法院应根据自愿原则进行调解,调解不成的告知另行起诉

B. 在再审中,当事人增加诉讼请求的,原则上法院应根据自愿原则进行调解,调解不成的裁定发回重审

C. 按照第一审程序再审案件时,经法院许可原审原告可撤回起诉

D. 在一定条件下,案外人可申请再审

[释疑] 根据《审判监督解释》第 33 条的规定,涉及国家利益、社会公共利益以外,当事人超出原审范围增加、变更诉讼请求的,不属于再审审理范围,因此,选项 A 和 B 均是不正确的。按照第一审程序审理再审案件时,一审原告申请撤回起诉的,是否准许由人民法院裁定,因此,选项 C 是正确的。《审判监督解释》第 42 条增加了案外人申请再审,因此选项 D 是正确的。(答案:CD)

三、提示与预测

人民法院对再审案件的处理是高频考点,特别是《民诉司法解释》作出了更加详细的规定,应当掌握。

第十九章 督促程序

本章知识体系：

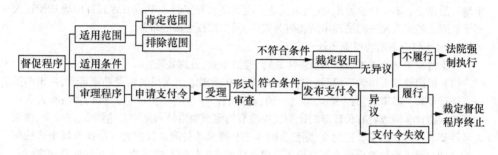

考点 **1** 督促程序的特点

精讲

1. 督促程序

督促程序是人民法院根据债权人的申请，向债务人发出支付令，以支付令的方式督促义务人在法定期间内向债权人清偿债务的法律程序。

2. 督促程序的特点

（1）适用范围具有特定性，即仅适用于给付金钱和有价证券的案件。

（2）程序具有非讼性，即督促程序不解决当事人之间的债权债务纠纷，而仅根据债权人的申请开始程序，法院也不需经过开庭审理即可向债务人发出支付令，责令债务人清偿债务。

（3）审理过程具有简捷性。在督促程序中，法院无须开庭审理，仅进行书面审查，而且，适用督促程序审理的案件，由审判员一人独任审理，并实行一审终审制度。

考点 **2** 支付令的申请与效力

一、精讲

1. 支付令的申请

支付令的申请，即债权人向人民法院请求签发支付令，要求债务人履行义务的行为。我国《民事诉讼法》第214条和《民诉司法解释》第429条规定，债权人申请支付令，符合下列条件的，基层人民法院应当受理，并在收到支付令申请书后五日内通知债权人：（1）请求给付金钱或者汇票、本票、支票、股票、债券、国库券、可转让的存款单等有价证券。（2）请求给付的金钱或者有价证券已到期且数额确定，并写明了请求所根据的事实、证据。（3）债权人没有对待给付义务。（4）债务人在我国境内且未下落不明；该款规定排除了对支付令公告送达的适用。

(5)支付令能够送达债务人。(6)向有管辖权的人民法院提出书面申请。有管辖权的人民法院是指债务人住所地的基层人民法院。两个以上人民法院都有管辖权的,债权人可以向其中一个基层人民法院申请支付令。债权人向两个以上有管辖权的基层人民法院申请支付令的,由最先立案的人民法院管辖。基层人民法院受理申请支付令案件,不受债权金额的限制。(如果是受理的条件,此条件为:收到申请书的人民法院有管辖权。)(7)债权人未向人民法院申请诉前保全。不符合前款规定的,人民法院应当在收到支付令申请书后五日内通知债权人不予受理。基层人民法院受理申请支付令案件,不受债权金额的限制。

2. 对支付令申请的审查和处理

对支付令申请的审查由审判员一人进行,经过审查,分别处理:

(1)驳回债权人申请。《民诉司法解释》第430条规定:"人民法院受理申请后,由审判员一人进行审查。经审查,有下列情形之一的,裁定驳回申请:(一)申请人不具备当事人资格的;(二)给付金钱或者有价证券的证明文件没有约定逾期给付利息或者违约金、赔偿金,债权人坚持要求给付利息或者违约金、赔偿金的;(三)要求给付的金钱或者有价证券属于违法所得的;(四)要求给付的金钱或者有价证券尚未到期或者数额不确定的。人民法院受理支付令申请后,发现不符合本解释规定的受理条件的,应当在受理之日起十五日内裁定驳回申请。"

对于驳回申请的裁定,债权人不得上诉。

(2)向债务人发出支付令。

经审查,对于符合发出支付令条件的,应当向债务人发出支付令;人民法院发出支付令后,即应当送达债务人。支付令制作发出后,即产生督促债务人履行义务或者督促债务人提出书面异议的法律效力。

【提示】支付令应当送达债务人本人,采用直接送达的方式;债务人拒绝接收的,人民法院可以留置送达。

3. 支付令的法律效力

支付令的法律效力不同于一般文书,非常特殊,主要体现在支付令所具有的不同法律效力的发生时间不同。就一般文书而言,一旦生效,则该文书所具有的各种效力同时产生,如判决书所具有的确认双方当事人之间实体权利义务关系的效力与强制执行的效力等同时产生;而支付令则与此不同,支付令具有督促效力与强制执行力,但两者却不是同时产生的。

(1)支付令的督促效力,即督促债务人提出书面异议或者履行支付令所确定的实体义务的效力,自支付令制作发出即产生。

(2)支付令的强制执行力,是在债务人接到支付令后15日内不提出书面异议时才产生的,如果债务人针对支付令所确定的实体义务提出书面异议,则支付令虽然具有督促效力,但不产生强制执行力。

4. 撤销支付令

《民诉司法解释》第443条规定:"人民法院院长发现本院已经发生法律效力的支付令确有错误,认为需要撤销的,应当提交本院审判委员会讨论决定后,裁定撤销支付令,驳回债权人的申请。"

二、例题

1. 甲公司购买乙公司的产品,丙公司以其房产为甲公司提供抵押担保。因甲公司未按约支付120万元货款,乙公司向A市B县法院申请支付令。法院经审查向甲公司发出支付令,甲公司拒绝签收。甲公司未在法定期间提出异议,而以乙公司提供的产品有质量问题为由向A市C区法院提起诉讼。关于本案,下列哪些表述是正确的?(2017/3/83)

　　A. 甲公司拒绝签收支付令,法院可采取留置送达
　　B. 甲公司提起诉讼,法院应裁定中止督促程序
　　C. 乙公司可依支付令向法院申请执行甲公司的财产
　　D. 乙公司可依支付令向法院申请执行丙公司的担保财产

　　[释疑]　本题考查支付令的送达和效力以及向其他法院起诉是否构成异议。根据《民诉司法解释》第431条的规定,向债务人本人送达支付令,债务人拒绝接收的,人民法院可以留置送达。A正确;根据《民诉法司法解释》第433条的规定,债务人在收到支付令后,未在法定期间提出书面异议,而向其他人民法院起诉的,不影响支付令的效力。本题中甲公司向其他法院起诉,不影响督促程序的进行和支付令的效力,支付令在督促期间届满后即发生强制执行效力,因此,B错误,C正确,D错误。本题正确答案为AC。(答案:AC)

　　2. 单某将八成新手机以4 000元的价格卖给卢某,双方约定:手机交付卢某,卢某先付款1 000元,待试用一周没有问题后再付3 000元。但试用期满卢某并未按约定支付余款,多次催款无果后单某向M法院申请支付令。M法院经审查后向卢某发出支付令,但卢某拒绝签收,法院采取了留置送达。20天后,卢某向N法院起诉,以手机有质量问题要求解除与单某的买卖合同,并要求单某退还1 000元付款。根据本案,下列哪些选项是正确的?(2016年真题,多选)

　　A. 卢某拒绝签收支付令,M法院采取留置送达是正确的
　　B. 单某可以依支付令向法院申请强制执行
　　C. 因卢某向N法院提起了诉讼,支付令当然失效
　　D. 因卢某向N法院提起了诉讼,M法院应当裁定终结促程序

　　[释疑]　本题考查支付令的送达、法律效力以及支付令异议的判断。根据《民诉司法解释》第431条的规定,向债务人本人送达支付令,债务人拒绝接收的,人民法院可以留置送达,A项正确;根据《民事诉讼法》第216条第3款的规定,债务人在前款规定的期间不提出异议又不履行支付令的,债权人可以向人民法院申请执行,B项正确;根据《民事诉讼法》第216条第2款的规定,债务人应当自收到支付令之日起十五日内清偿债务,或者向人民法院提出书面异议。本案中,卢某是在收到支付令之日20日后向N区法院起诉,一则已经过了书面异议期,二则是向发出支付令以外的法院申请,所以卢某的起诉不构成支付令异议,CD错误。(答案:AB)

三、提示与预测

应当掌握申请支付令的条件、支付令的法律效力。

考点 3　支付令异议及其法律后果

一、精讲

1. 支付令异议的条件

支付令异议也称为债务人异议,即债务人对支付令所确定的实体义务本身提出的不同意见和主张。提出支付令异议,需要注意其法定的条件:

（1）支付令异议需在收到支付令之日起 15 日内以书面形式提出。债务人超过法定期间提出异议的，视为未提出异议。债务人的口头异议无效。

（2）支付令异议只能针对债务是否存在以及债务数额的大小等债务本身提出的不同意见和主张。债务人对债务本身没有异议，只是提出缺乏清偿能力、延缓债务清偿期限、变更债务清偿方式等异议的，不影响支付令的效力。(《民诉司法解释》第 438 条）

【注意】债权人基于同一债权债务关系，在同一支付令申请中向债务人提出多项支付请求，债务人仅就其中一项或者几项请求提出异议的，不影响其他各项请求的效力。(《民诉司法解释》第 434 条）

债权人基于同一债权债务关系，就可分之债向多个债务人提出支付请求，多个债务人中的一人或者几人提出异议的，不影响其他请求的效力。(《民诉司法解释》第 435 条）

（3）债务人向法院起诉是否构成支付令异议，取决于其向哪一个法院起诉。债务人向支付令的制作人民法院起诉，构成支付令异议；如果债务人向其他有管辖权的人民法院起诉，则不能构成债务人异议。

2. 支付令异议的审查

人民法院收到债务人提出的书面异议后，进行形式审查，对支付令异议的理由在客观上是否成立不进行审查，仅审查债务人提出的支付令异议是否符合法律规定的支付令异议条件。《民诉司法解释》第 437 条规定："经形式审查，债务人提出的书面异议有下列情形之一的，应当认定异议成立，裁定终结督促程序，支付令自行失效：（一）本解释规定的不予受理申请情形的；（二）本解释规定的裁定驳回申请情形的；（三）本解释规定的应当裁定终结督促程序情形的；（四）人民法院对是否符合发出支付令条件产生合理怀疑的。"

3. 支付令异议的撤回

支付令异议的撤回是指债务人提出支付令异议申请后，基于其处分权，在人民法院作出终结督促程序或者驳回异议裁定前将其撤回的行为。《民诉司法解释》第 439 条规定："人民法院作出终结督促程序或者驳回异议裁定前，债务人请求撤回异议的，应当裁定准许。债务人对撤回异议反悔的，人民法院不予支持。"

4. 支付令异议成立的法律后果

人民法院收到债务人提出的书面异议后，经审查，异议成立的，则产生三个方面的法律后果：

（1）裁定终结督促程序；

（2）支付令自行失效，债权人不得依据该支付令申请人民法院强制执行；

（3）支付令失效的，转入诉讼程序，但申请支付令的一方当事人不同意提起诉讼的除外。《民诉司法解释》第 440 条规定："支付令失效后，申请支付令的一方当事人不同意提起诉讼的，应当自收到终结督促程序裁定之日起七日内向受理申请的人民法院提出。申请支付令的一方当事人不同意提起诉讼的，不影响其向其他有管辖权的人民法院提起诉讼。"第 441 条规定："支付令失效后，申请支付令的一方当事人自收到终结督促程序裁定之日起七日内未向受理申请的人民法院表明不同意提起诉讼的，视为向受理申请的人民法院起诉。债权人提出支付令申请的时间，即为向人民法院起诉的时间。"

二、例题

1. 甲向乙借款 20 万元，丙是甲的担保人，现已到偿还期限，经多次催讨未果，乙向法院申请支付令。法院受理并审查后,向甲送达支付令。甲在法定期间未提出异议,但以借款不成立为由向另一法院提起诉讼。关于本案,下列哪一说法是正确的?(2015年真题,单选)

A. 甲向另一法院提起诉讼,视为对支付令提出异议
B. 甲向另一法院提起诉讼,法院应裁定终结督促程序
C. 甲在法定期间未提出书面异议,不影响支付令效力
D. 法院发出的支付令,对丙具有拘束力

[释疑] 支付令异议只能向支付令发出的法院提出,可以以异议的形式或起诉的形式。如果债务人向其他有管辖权的人民法院起诉,则不能构成债务人异议。所以,C项正确。(答案:C)

2. 黄某向法院申请支付令,督促陈某返还借款。送达支付令时,陈某拒绝签收,法官遂进行留置送达。12天后,陈某以已经归还借款为由向法院提起书面异议。黄某表示希望法院彻底解决自己与陈某的借款问题。下列哪一说法是正确的?(2014年真题,单选)

A. 支付令不能留置送达,法官的送达无效
B. 提出支付令异议的期间是10天,陈某的异议不发生效力
C. 陈某的异议并未否认二人之间存在借贷法律关系,因而不影响支付令的效力
D. 法院应将本案转为诉讼程序审理

[释疑] 本题考查支付令的送达、支付令异议及法律后果。支付令必须送达债务人,仅仅排除了公告送达的方式,可以适用留置送达,A项错误;提出支付令异议应当在收到支付令之日起15日内书面形式提出,且异议针对债权债务本身提出,本题中陈某以已经归还借款为由提出异议,是针对债权本身的争议,构成支付令异议,B、C项错误;支付令异议成立的,裁定终结督促程序,支付令自行失效,案件转入诉讼程序审理,D项正确。(答案:D)

3. 胡某向法院申请支付令,督促慧星公司交纳房租。慧星公司收到后立即提出书面异议称,根据租赁合同,慧星公司的装修款可以抵消租金,因而自己并不拖欠租金。对于法院收到该异议后的做法,下列哪些选项是正确的?(2013年真题,多选)

A. 对双方进行调解,促进纠纷的解决
B. 终结督促程序
C. 将案件转为诉讼程序审理,但慧星公司不同意的除外
D. 将案件转为诉讼程序审理,但胡某不同意的除外

[释疑] 该题综合考查督促程序的相关程序问题。根据《调解规定》第2条的规定,适用督促程序的案件,人民法院不予调解,因此,选项A是不正确的。根据《民诉司法解释》第437条的规定,慧星公司书面异议称自己并不拖欠租金构成支付令异议。此外,根据《民事诉讼法》第217条第1款的规定,异议成立的,应当终结督促程序,支付令自行失效,因此,选项B是正确的。根据该法第217条第2款的规定,支付令失效的,转让诉讼程序,但申请支付令的一方当事人不同意提起诉讼的除外,因此,因此,选项C是不正确的,而选项D是正确的。(答案:BD)

4. 甲公司因乙公司拖欠货款向A县法院申请支付令,经审查甲公司的申请符合法律规定,A县法院向乙公司发出支付令。乙公司收到支付令后,在法定期间没有履行给付货款的义务,而是向A县法院提起诉讼,要求甲公司承担因其提供的产品存在质量问题的违约责任。关于本案,下列哪些选项是正确的?(2011年真题,多选)

A. 支付令失效　　　　　　　　　B. 甲公司可以持支付令申请强制执行
　　C. A县法院应当受理乙公司的起诉　D. A县法院不应受理乙公司的起诉

　　[释疑]　《民诉司法解释》第433条规定："债务人在收到支付令后，未在法定期间提出书面异议，而向其他人民法院起诉的，不影响支付令的效力。"乙公司向A县法院的起诉构成债务人异议。根据《民事诉讼法》第217条的规定，人民法院收到债务人提出的书面异议后，应当裁定终结督促程序，支付令自行失效，因此，选项A是正确的，而选项B是不正确的；根据《民诉司法解释》第433条的规定，选项C是正确的，而选项D是不正确的。（答案：AC）

　　5. 关于支付令，下列哪些说法是正确的？（2010年真题，多选）
　　A. 法院送达支付令债务人拒收的，可采取留置送达
　　B. 债务人提出支付令异议的，法院无需审查异议理由客观上是否属实
　　C. 债务人收到支付令后不在法定期间提出异议而向法院起诉的，不影响支付令的效力
　　D. 支付令送达后即具有强制执行力

　　[释疑]　该题综合性考查督促程序的相关规定。根据《民诉司法解释》第431条的规定，向债务人本人送达支付令，债务人拒绝接收的，人民法院可以留置送达。选项A是正确的；《民诉司法解释》第437条规定："经形式审查，债务人提出的书面异议有下列情形之一的，应当认定异议成立，裁定终结督促程序，支付令自行失效"，因此法院需要对异议的理由进行形式审查，但并不需要在实质上审查异议理由在客观上是否属实，因此选项B正确。《民诉司法解释》第433条规定："债务人在收到支付令后，不在法定期间提出书面异议，而向其他人民法院起诉的，不影响支付令的效力。"选项C是不正确的；根据《民事诉讼法》第216条第3款的规定："债务人在前款规定的期间不提出异议又不履行支付令的，债权人可以向人民法院申请执行。"选项D是不正确的。（答案：AB）

三、提示与预测

　　支付令异议及其法律后果、督促程序与诉讼程序的转换是高频考点，应当掌握。此外，还需要掌握支付令异议的撤回、支付令的撤销、督促程序终结的情形。

　　1. 终结督促程序
　　《民诉司法解释》第432条规定："有下列情形之一的，人民法院应当裁定终结督促程序，已发出支付令的，支付令自行失效：（一）人民法院受理支付令申请后，债权人就同一债权债务关系又提起诉讼的；（二）人民法院发出支付令之日起三十日内无法送达债务人的；（三）债务人收到支付令前，债权人撤回申请的。"
　　根据《民诉司法解释》第437条的规定，支付令异议成立的，应当裁定终结督促程序，支付令自行失效。
　　【注意】只有因支付令异议成立而裁定终结督促程序的，才转入诉讼程序。

　　2. 支付令对担保人的约束力
　　《民诉司法解释》第436条规定："对设有担保的债务的主债务人发出的支付令，对担保人没有拘束力。债权人就担保关系单独提起诉讼的，支付令自人民法院受理案件之日起失效。"

　　3. 区分支付令的撤回和支付令的撤销
　　（1）支付令的撤回是指债权人提出支付令申请后，基于其处分权，在支付令生效前将其撤回的行为，这时支付令没有发生法律效力。而支付令的撤销，则是指人民法院院长对本法院发

生法律效力的支付令,发现确有错误,认为需要撤销的,提交审判委员会决定后,裁定撤销支付令,驳回债权人申请,从而终结督促程序的行为。

(2) 支付令的撤回是当事人基于处分权行使的行为;而支付令的撤销则是人民法院基于其职权而行使的纠错行为。

第二十章 公示催告程序

本章知识体系:

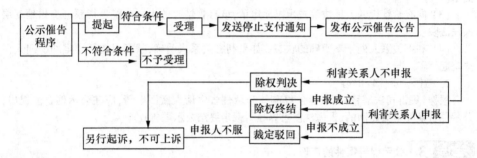

考点 1 公示催告程序的特点

一、精讲

1. 公示催告程序是指人民法院根据当事人的申请,以公告的方式催告利害关系人在一定期间内申报权利,如果无人申报或者申报被驳回,则根据申请人的申请依法作出无效判决的程序。

2. 特点:适用范围的特定性、程序的非讼性、审理程序的简洁性、一审终审制。

二、例题

下列关于公示催告程序特点的哪些说法是正确的?(2006年真题,多选)
A. 公示催告程序仅适用于基层人民法院　　B. 公示催告程序实行一审终审
C. 公示催告程序中没有答辩程序　　　　　D. 公示催告程序中没有开庭审理程序

[释疑] 本题考查的是公示催告程序的特点。《民事诉讼法》第218条第1款规定:"按照规定可以背书转让的票据持有人,因票据被盗、遗失或者灭失,可以向票据支付地的基层人民法院申请公示催告。依照法律规定可以申请公示催告的其他事项,适用本章规定。"可见,公示催告程序仅适用于基层人民法院,A项正确。人民法院对于公示催告案件,无论是用判决的方式结案,还是用裁定的方式结案,当事人均不得上诉,也不得申请再审,B项正确。与通常的诉讼程序不同,公示催告程序是人民法院根据票据被盗、遗失或者灭失人的申请,以公示方式催告利害关系人在一定期间内申报权利,逾期无人申报,则根据申请人的申请,依法作出除权判决的程序。因此审理公示催告案件不需要也不存在开庭前的准备、开庭审理程序,同时也不存在答辩程序,故C、D两项均正确。(答案:ABCD)

考点 2　申请公示催告的条件

精讲

1. 当事人申请公示催告，必须符合下列条件：

（1）公示催告的申请人应当是可以背书转让的票据或者其他事项被盗、遗失或者灭失前的最后持有人。

（2）公示催告程序只能适用于可以背书转让的票据以及法律规定允许公示催告的其他事项。可以背书转让的票据包括汇票、本票和非现金支票，法律规定的其他事项包括记名股票和提单。

（3）向有管辖权的人民法院提出书面申请，该有管辖权的人民法院是指票据支付地基层人民法院。

（4）利害关系人处于不明确的状态。如果利害关系人明确，就可以按照票据纠纷向人民法院起诉了。

2. 撤回公示催告申请

根据《民诉司法解释》第455条规定："公示催告申请人撤回申请，应在公示催告前提出；公示催告期间申请撤回的，人民法院可以径行裁定终结公示催告程序。"

考点 3　公示催告案件的审理

一、精讲

1. 发出止付通知和公告

人民法院应当在受理案件的同时，向付款人发出停止支付的通知，该停止支付通知构成付款人向持票人拒绝支付的书面凭证。此外，人民法院还应当在受理案件的3日内，发出公示催告的公告，公告期不少于60日，且公示催告期间届满日不得早于票据付款日后15日。(《民诉司法解释》第449条）人民法院发出公示催告公告的目的在于催促利害关系人向人民法院申报权利。

2. 利害关系人申报权利及后果

在公示催告期间，或者公示催告期间届满后，人民法院尚未作出无效判决之前，对票据或者其他事项主张权利的人，可以向发出公示催告的人民法院申报权利。《民诉司法解释》第451条规定："利害关系人申报权利，人民法院应当通知其向法院出示票据，并通知公示催告申请人在指定的期间查看该票据。公示催告申请人申请公示催告的票据与利害关系人出示的票据不一致的，应当裁定驳回利害关系人的申报。"

如果申报票据与利害关系人出示的票据一致，人民法院则应当裁定终结公示催告程序。公示催告程序因利害关系人申报权利而终结后，公示催告申请人或者申报人向人民法院提起诉讼，因票据权利纠纷提起的，由票据支付地或者被告住所地人民法院管辖；因非票据权利纠纷提起的，由被告住所地人民法院管辖。(《民诉司法解释》第457条）

二、例题

1. 海昌公司因丢失票据申请公示催告，期间届满无人申报权利，海昌公司遂申请除权判决。在除权判决作出前，家佳公司看到权利申报公告，向法院申报权利。对此，法院下列哪一

做法是正确的？（2017/3/48）

　　A. 因公示催告期满，裁定驳回家佳公司的权利申报
　　B. 裁定追加家佳公司参加案件的除权判决审理程序
　　C. 应裁定终结公示催告程序
　　D. 作出除权判决，告知家佳公司另行起诉

　　[释疑]　本题考查申报权利的后果。根据《民事诉讼法》第221条和《民诉司法解释》第450条的规定，利害关系人申报权利的期间是除权判决作出前，对于利害关系人申报权利成立的，应当裁定终结公示催告程序。所以，C正确。（答案：C）

　　2. 大界公司就其遗失的一张汇票向法院申请公示催告，法院经审查受理案件并发布公告。在公告期间，盘堂公司持被公示催告的汇票向法院申报权利。对于盘堂公司的权利申报，法院实施的下列哪些行为是正确的？（2016年真题，多选）

　　A. 应当通知大界公司到法院查看盘堂公司提交的汇票
　　B. 若盘堂公司出具的汇票与大界公司申请公示的汇票一致，则应当开庭审理
　　C. 若盘堂公司出具的汇票与大界公司申请公示的汇票不一致，则应当驳回盘堂公司的申请
　　D. 应当责令盘堂公司提供证明其对出示的汇票享有所有权的证据

　　[释疑]　本题考查对申报权利的审查与处理。根据《民诉司法解释》第451条的规定，利害关系人申报权利，人民法院应当通知其向法院出示票据，并通知公示催告申请人在指定的期间查看该票据。公示催告申请人申请公示催告的票据与利害关系人出示的票据不一致的，应当裁定驳回利害关系人的申报。AC正确，BD错误。（答案：AC）

　　3. 甲公司因票据遗失向法院申请公示催告。在公示催告期间届满的第3天，乙向法院申报权利。下列哪一说法是正确的？（2012年真题，单选）

　　A. 因公示催告期间已经届满，法院应当驳回乙的权利申报
　　B. 法院应当开庭，就失票的权属进行调查，组织当事人进行辩论
　　C. 法院应当对乙的申报进行形式审查，并通知甲到场查验票据
　　D. 法院应当审查乙迟延申报权利是否具有正当事由，并分别情况作出处理

　　[释疑]　该题考查公示催告程序中的申报权利及其处理。根据《民诉司法解释》第450条的规定，利害关系人在申报期届满后，判决作出之前申报权利的，同样应裁定终结公示催告程序。因此，选项A是错误的。此外，由于公示催告程序属于非讼程序，根据非讼程序的基本理论，法院只就利害关系人申报权利作形式审查，而不作实质审查，同时《民诉司法解释》第451条规定："利害关系人申报权利，人民法院应当通知其向法院出示票据，并通知公示催告申请人在指定的期间查看该票据。公示催告申请人申请公示催告的票据与利害关系人出示的票据不一致的，应当裁定驳回利害关系人的申报。"因此，选项B与D是错误的，而选项C是正确的。（答案：C）

　　4. 甲公司因遗失汇票，向A市B区法院申请公示催告。在公示催告期间，乙公司向B区法院申报权利。关于本案，下列哪些说法是正确的？（2009年真题，多选）

　　A. 对乙公司的申报，法院只就申报的汇票与甲公司申请公示催告的汇票是否一致进行形式审查，不进行权利归属的实质审查
　　B. 乙公司申报权利时，法院应当组织双方当事人进行法庭调查与辩论

C. 乙公司申报权利时,法院应当组成合议庭审理
D. 乙公司申报权利成立时,法院应当裁定终结公示催告程序

[释疑] 由于公示催告程序是一种简洁的程序,因此,选项 A 是正确的,而选项 B 是不正确的。《民诉司法解释》第 454 条规定:"适用公示催告程序审理案件,可由审判员一人独任审理;判决宣告票据无效的,应当组成合议庭审理。"故选项 C 是不正确的。《民事诉讼法》第 221 条规定:"利害关系人应当在公示催告期间向人民法院申报。人民法院收到利害关系人的申报后,应当裁定终结公示催告程序,并通知申请人和支付人。申请人或者申报人可以向人民法院起诉。"故选项 D 是正确的。(答案:AD)

三、提示与预测

该考点只需了解对申报权利的审查及其后果即可。人民法院对申报的权利仅进行形式审查,即对利害关系人申报权利的票据与公示催告申请人申请公示催告的票据是否一致进行审查,并通知公示催告申请人在指定的期间察看该票据。如果申报权利成立,则终结公示催告程序。

此外,除权判决作出前,利害关系人均可以申报权利。

考点 4 除权判决以及对利害关系人权利的救济

一、精讲

除权判决,也称为无效判决,是指人民法院作出的宣告票据无效的判决。

1. 除权判决的作出

(1) 除权判决依申请人的申请作出。在申报权利的期间无人申报权利,或者申报被驳回的,申请人应当自公示催告期间届满之日起 1 个月内申请作出判决。逾期不申请判决的,终结公示催告程序。裁定终结公示催告程序的,应当通知申请人和支付人。(《民诉司法解释》第 452 条)

(2) 除权判决由审判员组成合议庭审理作出。公示催告程序分为公示催告阶段、审理阶段与无效判决的作出阶段。在审理阶段中,由审判员独任进行,但是在无效判决的作出阶段,则需要由审判员组成合议庭审理。(《民诉司法解释》第 454 条)

2. 除权判决的效力

公示催告程序实行一审终审制度,除权判决作出后,产生以下法律效力:

(1) 申请人申请公示催告的票据或者其他事项无效;
(2) 排除了所公示催告的票据或者其他事项上的原有权利;
(3) 依该判决,在持有判决人与付款人之间重新恢复债权债务关系。

3. 对利害关系人权利的救济

利害关系人因正当理由不能在判决前向人民法院申报的,自知道或者应当知道判决公告之日起 1 年内,可以向作出判决的人民法院起诉。

《民诉司法解释》第 460 条规定:"民事诉讼法第二百二十三条规定的正当理由,包括:(一) 因发生意外事件或者不可抗力致使利害关系人无法知道公告事实的;(二) 利害关系人因被限制人身自由而无法知道公告事实,或者虽然知道公告事实,但无法自己或者委托他人代

为申报权利的；(三) 不属于法定申请公示催告情形的；(四) 未予公告或者未按法定方式公告的；(五) 其他导致利害关系人在判决作出前未能向人民法院申报权利的客观事由。"

《民诉司法解释》第 461 条规定："根据民事诉讼法第二百二十三条的规定，利害关系人请求人民法院撤销除权判决的，应当将申请人列为被告。利害关系人仅诉请确认其为合法持票人的，人民法院应当在裁判文书中写明，确认利害关系人为票据权利人的判决作出后，除权判决即被撤销。"

《民诉司法解释》第 459 条规定："依照民事诉讼法第二百二十三条规定，利害关系人向人民法院起诉的，人民法院可按票据纠纷适用普通程序审理。"

二、例题

1. 甲公司财务室被盗，遗失金额为 80 万元的汇票一张。甲公司向法院申请公示催告，法院受理后即通知支付人 A 银行停止支付，并发出公告，催促利害关系人申报权利。在公示催告期间，甲公司按原计划与材料供应商乙企业签订购货合同，将该汇票权利转让给乙企业作为付款。公告期满，无人申报，法院即组成合议庭作出判决，宣告该汇票无效。关于本案，下列哪些说法是正确的？(2015 年真题，单选)

    A. A 银行应当停止支付，直至公示催告程序终结
    B. 甲公司将该汇票权利转让给乙企业的行为有效
    C. 甲公司若未提出申请，法院可以作出宣告该汇票无效的判决
    D. 法院若判决宣告汇票无效，应当组成合议庭

    [释疑] 根据《民事诉讼法》第 220 条的规定，支付人收到人民法院停止支付通知的，应当停止支付，至公示催告程序终结。公示催告期间，转让票据权利的行为无效。A 正确，B 错误；《民事诉讼法》第 222 条以及民诉司法解释第 454 条的规定，没有人申报权利，人民法院应当根据申请人的申请，组成合议庭作出除权判决。C 错误，D 正确（答案：AD）

2. 甲的汇票遗失，向法院申请公示催告。公告期后无人申报权利，甲申请法院作出了除权判决。后乙主张对该票据享有票据权利，只是因为客观原因而没能在判决前向法院申报权利。乙可以采取哪种法律对策？(2007 年真题，单选)

    A. 申请法院撤销该除权判决
    B. 在知道或者应当知道判决公告之日起 1 年内，向作出除权判决的法院起诉
    C. 依照审判监督程序的规定，申请法院对该案件进行再审
    D. 在 2 年的诉讼时效期间之内，向作出除权判决的法院起诉

    [释疑] 本题考查的是对利害关系人权利的救济。《民事诉讼法》第 223 条规定："利害关系人因正当理由不能在判决前向人民法院申报的，自知道或者应当知道判决公告之日起一年内，可以向作出判决的人民法院起诉。"可见，B 项正确。（答案：B）

三、提示与预测

除权判决的作出、效力以及作出后对需要利害关系人的救济掌握。

附：特别程序、督促程序与公示催告程序之比较表

比较内容	特别程序						督促程序	公示催告程序
	选民资格案件	宣告公民失踪与死亡案件	认定公民无民事行为能力或限制民事行为能力案件	认定财产无主案件	确认调解协议案件	实现担保物权案件		
管辖	选区所在地基层法院	公民住所地基层法院	公民住所地基层法院	财产所在地基层法院	调解组织所在地基层法院	担保财产所在地或者担保物权登记地基层法院	债务人住所地基层法院	票据支付地基层法院
审级	一审终审	一审终审	一审终审	一审终审	一审终审	一审终审	一审终审	一审终审
监督	无审判监督程序	无审判监督程序	无审判监督程序	无审判监督程序	无审判监督程序	无审判监督程序	无审判监督程序	无审判监督程序
启动	起诉人起诉	申请人（利害关系人）申请	申请人（利害关系人）申请	申请人（财产发现者）申请	双方当事人30日内申请	法定主体（担保物权人及其他有权请求实现担保物权的人）申请	债权人申请	申请人（最后持有人）申请
答辩	无	无	无	无	无	无	无	无
审理	无	无	无	无	无	无	无	无
审判组织	审判员合议	重大疑难审判员合议，此外独任	重大疑难审判员合议，此外独任	重大疑难审判员合议，此外独任	重大疑难审判员合议，此外独任	重大疑难审判员合议，此外独任	重大疑难审判员合议，此外独任	重大疑难审判员合议，此外独任
程序	申诉处理前置，起诉人无限制	公告	鉴定	公告	30日内依人民调解法等法律申请	依物权法等法律申请	债务人异议	利害关系人申报权利
调解	不适用	不适用	不适用	不适用	不适用	不适用	不适用	不适用

第二十一章 民事裁判

考点 1 民事判决的适用及错误纠正

一、精讲

民事判决是人民法院对争议案件经过审理后,以国家审判机关的名义,适用法律对案件中所涉及的当事人之间的实体问题所作出的结论性判定。

特别提示:人民法院在判决书中遗漏事项与对实体问题漏审漏判、错判的处理区别。

人民法院对当事人之间的实体权利义务争议经过审理并作出判决后,如果发现在民事判决中遗漏了该实体性事项,可以直接作出补充判决,该补充判决与之前作出的原判决共同构成一份完整的民事判决;如果发现对实体问题漏审漏判或错判了某个实体性事项,则只能根据《民诉司法解释》第242条的规定取决于当事人是否上诉,当事人在上诉期内提出上诉的,原审人民法院可以提出原判决有错误的意见,报送第二审人民法院,由第二审人民法院按照第二审程序进行审理;当事人不上诉的,按审判监督程序处理。

二、例题

1. 某死亡赔偿案件,二审法院在将判决书送达当事人签收后,发现其中死亡赔偿金计算错误(数学上的错误),导致总金额少了7万余元。关于二审法院如何纠正,下列哪一选项是正确的?(2016年真题,单选)

   A. 应当通过审判监督程序,重新制作判决书
   B. 直接作出改正原判决的新判决书并送达双方当事人
   C. 作出裁定书予以补正
   D. 报请上级法院批准后作出裁定予以补正

   [释疑] 本题考查判决书中书写计算错误的补正。无论是一审判决、二审判决还是再审判决,对于判决书中书写计算的错误,一律通过裁定的方式补正,并且不需要报请上级法院批准,C项正确。(答案:C)

2. 关于民事诉讼程序中的裁判,下列哪些表述是正确的?(2014年真题,多选)

   A. 判决解决民事实体问题,而裁定主要处理案件的程序问题,少数涉及实体问题
   B. 判决都必须以书面形式作出,某些裁定可以口头方式作出
   C. 一审判决都允许上诉,一审裁定有的允许上诉,有的不能上诉
   D. 财产案件的生效判决都有执行力,大多数裁定都没有执行力

   [释疑] 本题考查判决和裁定。一审判决除小额诉讼的判决不能上诉外,其他的一审判决都可以上诉,C项错误;财产案件的确权判决不具有执行力,D项错误。(答案:AB)

3. 甲公司诉乙公司货款纠纷一案,A市B区法院在审理中查明甲公司的权利主张已超过诉讼时效(乙公司并未提出时效抗辩),遂判决驳回甲公司的诉讼请求。判决作出后上诉期间届满之前,B区法院发现其依职权适用诉讼时效规则是错误的。关于本案的处理,下列哪一说

法是正确的?(2012年真题,单选)

A. 因判决尚未发生效力,B区法院可以将判决书予以收回,重新作出新的判决

B. B区法院可以将判决书予以收回,恢复庭审并向当事人释明时效问题,视具体情况重新作出判决

C. B区法院可以作出裁定,纠正原判决中的错误

D. 如上诉期间届满当事人未上诉的,B区法院可以决定再审,纠正原判决中的错误

[释疑] 该题直接考查判决作出后,作出判决的法院发现判决存在实体错误时的处理。根据《民诉司法解释》第242条的规定:"一审宣判后,原审人民法院发现判决有错误,当事人在上诉期内提出上诉的,原审人民法院可以提出原判决有错误的意见,报送第二审人民法院,由第二审人民法院按照第二审程序进行审理;当事人不上诉的,按照审判监督程序处理。"选项D是正确的。即使考生不熟悉该司法解释的规定,就民事诉讼的理论而言,法院判决一旦作出后,即使存在实体错误,也只能借助法定程序纠正,而不得收回判决,因此,选项A与B是错误的,而选项D是正确的。此外,该题判决存在实体错误,而裁定适用于程序问题的处理,因此,选项C是错误的。(答案:D)

三、提示与预测

对民事判决中实体性问题与程序性问题错误的处理。

考点 2 民事裁定的适用范围及其救济

一、精讲

1. 民事裁定是人民法院在审理民事案件的过程中,为保证审理工作的顺利进行,就诉讼中的程序性问题所作出的司法判定。

2. 根据我国《民事诉讼法》第154条第1款的规定,裁定适用于下列范围
(1) 不予受理;
(2) 对管辖权有异议的;
(3) 驳回起诉;
(4) 保全和先予执行;
(5) 准许或者不准许撤诉;
(6) 中止或者终结诉讼;
(7) 补正判决书中的笔误;
(8) 中止或者终结执行;
(9) 撤销或者不予执行仲裁裁决;
(10) 不予执行公证机关赋予强制执行效力的债权文书;
(11) 其他需要裁定解决的事项。

3. 如果当事人对裁定不服,不同裁定的救济方式不同
(1) 当事人可以上诉的裁定:不予受理裁定、驳回起诉裁定、管辖权异议裁定、移送管辖与管辖转移裁定。

(2) 当事人可以申请复议的裁定:财产保全裁定、行为保全裁定、先予执行裁定、对执行行为异议的裁定和驳回执行管辖权异议的裁定;其中,对于前三个裁定,当事人可以向该裁定的作出法院申请复议,对于后两个裁定,当事人则应向作出该裁定的法院的上一级法院申请复议。

二、例题

1. 关于民事诉讼的裁定,下列哪一选项是正确的?(2012年真题,单选)
A. 裁定可以适用于不予受理、管辖权异议和驳回诉讼请求
B. 当事人有正当理由没有到庭的,法院应当裁定延期审理
C. 裁定的拘束力通常只及于当事人、诉讼参与人和审判人员
D. 当事人不服一审法院作出的裁定,可以向上一级法院提出上诉

[释疑] 该题考查裁定的相关适用问题。在民事诉讼中,判决处理实体性问题,裁定与决定均处理程序问题,裁定处理一般性程序问题,而决定处理紧急特殊的程序问题,因此,选项A是错误的,因为驳回诉讼请求应当适用判决;选项B是错误的,因为延期审理适用决定。选项D的错误之处在于根据《民事诉讼法》第154条的规定,只有部分裁定允许当事人上诉。选项C考生尽管可能不熟悉,但其余选项均是错误的,选项C应当是正确的,当然,就裁定法律效力中的拘束力而言,选项C也是正确的。(答案:C)

2. 甲公司诉乙公司合同纠纷一案,双方达成调解协议。法院制作调解书并送达双方当事人后,发现调解书的内容与双方达成的调解协议不一致,应当如何处理?(2006年真题,单选)
A. 应当根据调解协议,裁定补正调解书的相关内容
B. 将原调解书收回,按调解协议内容作出判决
C. 应当适用再审程序予以纠正
D. 将原调解书收回,重新制作调解书送达双方当事人

[释疑] 本题考查的是裁定的适用——补正民事调解书的相关内容。根据最高人民法院《关于人民法院民事调解工作若干问题的规定》第16条的规定,当事人以民事调解书与调解协议的原意不一致为由提出异议,人民法院审查后认为异议成立的,应根据调解协议裁定补正民事调解书的相关内容,A项正确。(答案:A)

三、提示与预测

可以上诉的裁定、可以申请再审的裁定、可以申请复议的裁定和决定是高频考点,必须掌握。

考点 3 民事决定的适用

一、精讲

1. 民事决定是人民法院在民事诉讼的进行过程中,为了保证诉讼程序的顺利进行,就诉讼中的具有紧急性的特殊程序事项作出的司法判定。

2. 在民事诉讼中,民事决定通常适用于以下情况:

(1) 人民法院处理内部工作时的特殊事项,如人民法院依审判监督权决定再审民事案件、人民法院作出回避的决定以及对诉讼费用的缓交、减交与免交作出的决定;

(2) 人民法院对妨害民事诉讼行为适用强制措施时作出的决定。在上述决定中,通常针对回避、罚款与拘留作出的决定,当事人可以申请复议。

二、提示与预测

根据我国《民事诉讼法》的相关规定,可以申请复议的裁定包括:

(1) 保全的裁定;

(2) 先予执行的裁定;

(3) 对执行行为异议的裁定;

(4) 驳回执行管辖权异议的裁定。

可以申请复议的决定包括:

(1) 回避的决定;

(2) 拘留的决定;

(3) 罚款的决定;

(4) 申请人民法院调查收集证据未被准许的决定。

第二十二章 执 行 程 序

本章知识体系:

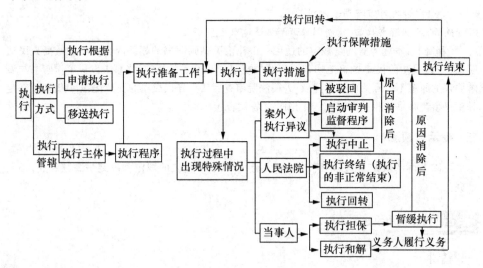

考点 1 执行根据

精讲

执行根据,是指执行以生效法律文书为根据的原则。执行根据必须是法定机关依法定程序制作的、发生法律效力的、具有给付内容的文书。

根据最高人民法院《关于人民法院执行工作若干问题的规定(试行)》(以下简称《执行规定》)第2条的规定,能够作为执行依据的生效法律文书包括:

(1) 人民法院民事、行政判决、裁定、调解书,民事制裁决定书、支付令,以及刑事附带民事判决、裁定、调解书;

(2) 依法应由人民法院执行的行政处罚决定、行政处理决定;

(3) 我国仲裁机构作出的仲裁裁决和调解书;人民法院依据《仲裁法》有关规定作出的财产保全和证据保全裁定;

(4) 公证机关依法赋予强制执行效力的关于追偿债款、物品的债权文书;

(5) 经人民法院裁定承认其效力的外国法院作出的判决、裁定,以及国外仲裁机构作出的仲裁裁决;

(6) 法律规定由人民法院执行的其他法律文书。

综上,依据主体的不同,执行依据分为人民法院作出的生效法律文书和其他机构作出的生效法律文书。人民法院作出的生效法律文书主要包括判决、裁定、决定、调解书以及支付令;其他机构作出的生效法律文书主要包括行政机关作出的处罚和处理决定,公证机关作出的赋予强制执行效力的债权文书,以及仲裁机构作出的仲裁裁决。不同主体作出的生效法律文书,执行管辖的法院也有所不同。

考点 2 执行管辖

一、精讲

执行管辖,是划分人民法院受理民事执行案件的权限和分工。不同法律文书是由不同的人民法院负责执行的,具体如下:

1. 执行管辖的具体规定

(1) 人民法院制作的具有财产给付内容的民事判决书、裁定书、调解书和刑事判决书、裁定书中的财产部分,由第一审人民法院或者与第一审人民法院同级的被执行财产所在地人民法院执行。

(2) 发生法律效力的实现担保物权裁定、确认调解协议裁定、支付令,由作出裁定、支付令的人民法院或者与其同级的被执行财产所在地的人民法院执行。(《民诉司法解释》第462条)

(3) 认定财产无主的判决,由作出判决的人民法院将无主财产收归国家或者集体所有。(《民诉司法解释》第462条)

(4) 其他机构作出的生效法律文书(仲裁裁决、公证债权文书)由被执行人住所地或者被执行财产所在地的人民法院负责执行(2006年《仲裁法解释》修订的内容)。

【注意】仲裁裁决由中级人民法院执行。

(5) 在国内仲裁过程中,当事人申请财产保全,经仲裁机构提交人民法院的,由被申请人住所地或被申请保全财产所在地的基层人民法院裁定并执行;申请证据保全的,由证据所在地的基层人民法院裁定并执行。

(6)在涉外仲裁过程中,当事人申请财产保全,经仲裁机构提交人民法院的,由被申请人住所地或被申请保全的财产所在地的中级人民法院裁定并执行;申请证据保全的,由证据所在地的中级人民法院裁定并执行(注意与国内仲裁规定的比较)。

2. 共同管辖的处理

最高人民法院《关于适用〈中华人民共和国民事诉讼法〉执行程序若干问题的解释》(以下简称《执行程序解释》)第2条规定:"对两个以上人民法院都有管辖权的执行案件,人民法院在立案前发现其他有管辖权的人民法院已经立案的,不得重复立案。立案后发现其他有管辖权的人民法院已经立案的,应当撤销案件;已经采取执行措施的,应当将控制的财产交先立案的执行法院处理。"

3. 执行管辖权异议

《执行程序解释》第3条规定:"人民法院受理执行申请后,当事人对管辖权有异议的,应当自收到执行通知书之日起十日内提出。人民法院对当事人提出的异议,应当审查。异议成立的,应当撤销执行案件,并告知当事人向有管辖权的人民法院申请执行;异议不成立的,裁定驳回。当事人对裁定不服的,可以向上一级人民法院申请复议。管辖权异议审查和复议期间,不停止执行。"

二、提示与预测

注意掌握执行管辖中新修订的内容:发生法律效力的民事判决、裁定,以及刑事判决、裁定中的财产部分,由第一审人民法院或者与第一审人民法院同级的被执行财产所在地的人民法院执行。

对于仲裁裁决的执行,2006年9月8日起实施的《仲裁法解释》作了修订:仲裁机构作出的仲裁裁决(包括国内仲裁裁决、涉外仲裁裁决、外国仲裁裁决),由被执行人住所地或者被执行财产所在地中级人民法院管辖。

考点 3　执行开始

一、精讲

根据我国《民事诉讼法》的规定,执行开始的方式包括两种,即申请执行和移送执行。

1. 申请执行需要具备的条件

(1)申请人应当是依据生效法律文书享有实体权利的人及其法定代理人。

(2)申请执行的期限:申请执行的期间为2年,申请执行时效的中止、中断适用有关法律关于诉讼时效中止、中断的规定。前款规定的期间,从法律文书规定履行期间的最后一日起计算;法律文书规定分期履行的,从规定的每次履行期间的最后一日起计算;法律文书未规定履行期间的,从法律文书生效之日计算(2012年《民事诉讼法》新修订内容)。

此外,最高人民法院《执行程序若干问题解释》第27条至第29条对申请执行时效又作了以下具体规定:① 申请执行时效的中止。在申请执行时效期间的最后6个月内,因不可抗力或者其他障碍不能行使请求权的,申请执行时效中止。从中止时效的原因消除之日起,申请执行时效期间继续计算。② 申请执行时效的中断。申请执行时效因申请执行、当事人双方达成和解协议、当事人一方提出履行要求或者同意履行义务而中断。从中断时起,申请执行时效期间重新计算。生效法律文书规定债务人负有不作为义务的,申请执行时效期间从债务人违反不作为义务之日起计算。

(3) 申请人应当向有管辖权的人民法院提交申请执行书。

【注意】申请执行人超过申请执行时效期间向人民法院申请强制执行的,人民法院应予受理。被执行人对申请执行时效期间提出异议,人民法院经审查异议成立的,裁定不予执行。被执行人履行全部或者部分义务后,又以不知道申请执行时效期间届满为由请求执行回转的,人民法院不予支持。(《民诉司法解释》第483条)

2. 移送执行

移送执行,是指人民法院的裁判发生法律效力后,由审理该案的审判人员将案件直接交付执行人员执行,从而开始执行程序的行为。

作为申请执行的补充形式,移送执行适用于以下四类案件:

(1) 发生法律效力的具有给付赡养费、扶养费、抚育费内容的法律文书;
(2) 民事制裁决定书;
(3) 刑事附带民事判决、裁定、调解书;
(4) 执行回转的案件。

二、提示与预测

注意申请执行的期限以及其起算。

考点 4 委托执行

一、精讲

委托执行,是指有管辖权的人民法院遇到特殊情况,依法将应由本法院执行的案件送交有关的法院代为执行。

1. 不得委托执行的情形

委托法院明知被执行人有下列情形的,应当及时依法裁定中止执行或者终结执行,不得委托当地法院执行:

(1) 无确切住所,长期下落不明,又无财产可供执行的;
(2) 有关法院已经受理以被执行人为债务人的破产案件或者已经宣告其破产的。

2. 委托执行应注意的问题

委托执行一般应在同级人民法院之间进行,经对方法院同意的,也可以委托上一级法院执行。案件委托执行后,未经受托法院同意,委托法院不得自行执行。受托法院对受托执行的案件应当严格按照《民事诉讼法》和最高人民法院的有关规定执行,有权依法采取强制执行措施和对妨害执行行为的强制措施。

3. "谁委托、谁决定"的原则

受托法院在执行中,认为需要变更被执行人的,应当将有关情况函告委托法院,由委托法院依法决定是否作出变更被执行人的裁定。受托法院认为受托执行的案件应当中止、终结执行的,应当提供有关证据材料,函告委托法院作出裁定。受托法院认为委托执行的法律文书有错误,如果执行可能造成执行回转困难或无法执行回转的,应当首先采取查封、扣押、冻结等保全措施,必要时应将保全款项划到法院账户,然后函告委托法院审查。受托法院按照委托法院的审查结果继续执行或停止执行。

二、例题

甲诉乙侵权赔偿一案,经 A 市 B 区法院一审、A 市中级法院二审,判决乙赔偿甲损失。乙拒不履行生效判决所确定的义务,甲向 B 区法院申请强制执行,B 区法院受理后委托乙的财产所在地 C 市 D 区法院执行,在执行中,案外人丙向 D 区法院提出执行异议。对于丙的执行异议,D 区法院应当采取下列哪种处理方式?(2008 年真题,单选)

　　A. 应当对异议进行审查,异议不成立的,应当裁定驳回;异议成立的,应当裁定中止执行,并函告 B 区法院
　　B. 应当函告 B 区法院,由 B 区法院作出处理
　　C. 应当报请 C 市中级人民法院处理
　　D. 应当报请 A 市中级人民法院处理

[释疑] 该题考查委托执行过程中特殊情况的处理,正确解答该题的关键在于,在委托执行的过程中,如果出现执行异议审查的特殊情形时,受委托法院无权直接作出处理,而应函告委托法院,由委托法院处理,因此,选项 B 是正确的。(答案:B)

三、提示与预测

《民事诉讼法》对执行管辖法院作出了修订:第一审人民法院或者与第一审人民法院同级的被执行的财产所在地人民法院,就是为了解决实务中异地执行和委托执行带来的问题,因此,委托执行的重要性下降,一般了解即可。

考点 5　对违法执行行为的异议

一、精讲

《民事诉讼法》第 225 条规定了对违法执行行为的异议,即在执行过程中,民事执行的当事人、利害关系人认为执行行为违反法律规定的,可以依法向有关机关提出采取保护或者补救措施。

1. 提起执行行为异议的条件
（1）异议的主体:当事人、利害关系人;
（2）异议的法定情形:执行行为违反法律规定;
（3）管辖法院:负责执行的人民法院;
（4）申请形式:书面申请。

2. 人民法院对该异议的处理及其救济
人民法院应当自收到书面异议之日起 15 日内审查,理由成立的,裁定撤销或者改正;理由不成立的,裁定驳回。当事人、利害关系人对裁定不服的,可以自裁定送达之日起 10 日内向上一级人民法院申请复议。

《执行程序解释》第 6 条至第 10 条,进一步对当事人、利害关系人申请复议的形式以及人民法院对当事人、利害关系人的复议处理作出了详细规定:

(1) 当事人、利害关系人申请复议应当采取书面形式。

(2) 当事人、利害关系人申请复议的书面材料,可以通过执行法院转交,也可以直接向执行法院的上一级人民法院提交。执行法院收到复议申请后,应当在 5 日内将复议所需的案卷材料报送上一级人民法院;上一级人民法院收到复议申请后,应当通知执行法院在 5 日内报送复议所需的案卷材料。

(3) 上一级人民法院对当事人、利害关系人的复议申请,应当组成合议庭进行审查,并且应当自收到复议申请之日起 30 日内审查完毕,并作出裁定。有特殊情况需要延长的,经本院院长批准,可以延长,延长的期限不得超过 30 日。

(4) 执行异议审查和复议期间,不停止执行。被执行人、利害关系人提供充分、有效的担保请求停止相应处分措施的,人民法院可以准许;申请执行人提供充分、有效的担保请求继续执行的,应当继续执行。

二、例题

对于甲和乙的借款纠纷,法院判决乙应归还甲借款。进入执行程序后,由于乙无现金,法院扣押了乙住所处的一架钢琴准备拍卖。乙提出钢琴是其父亲的遗物,申请用一台价值与钢琴相当的相机替换钢琴。法院认为相机不足以抵偿乙的债务,未予同意。乙认为扣押行为错误,提出异议。法院经过审查,驳回该异议。关于乙的救济渠道,下列哪一表述是正确的?(2014 年真题,单选)

A. 向执行法院申请复议　　　　　　B. 向执行法院的上一级法院申请复议
C. 向执行法院提起异议之诉　　　　D. 向原审法院申请再审

[释疑] 本题考查对驳回执行行为异议裁定的救济。根据《民事诉讼法》第 225 条的规定:"当事人、利害关系人认为执行行为违反法律规定的,可以向负责执行的人民法院提出书面异议。当事人、利害关系人提出书面异议的,人民法院应当自收到书面异议之日起十五日内审查,理由成立的,裁定撤销或者改正;理由不成立的,裁定驳回。当事人、利害关系人对裁定不服的,可以自裁定送达之日起十日内向上一级人民法院申请复议。"B 项正确(答案:B)

三、提示与预测

该考点为《民事诉讼法》新增加的内容,需要掌握。

考点 6　申请提级执行及其处理

一、精讲

对于有执行条件而人民法院怠于执行的情形,没有超过 6 个月的,当事人可以通过提出执行行为异议的方式要求改正,对于超过 6 个月的,则可以向上一级人民法院申请提级执行。《民事诉讼法》第 226 条以及《执行程序解释》第 11 条至第 14 条对当事人申请提级执行条件以及人民法院的处理作了比较详细的规定。

1. 申请提级执行的条件

(1) 债权人申请执行时被执行人有可供执行的财产,执行法院自收到申请执行书之日起超过 6 个月对该财产未执行完结的;

(2) 执行过程中发现被执行人可供执行的财产,执行法院自发现财产之日起超过 6 个月对该财产未执行完结的;

(3) 对法律文书确定的行为义务的执行,执行法院自收到申请执行书之日起超过 6 个月未依法采取相应执行措施的;

(4) 其他有条件执行超过 6 个月未执行的。

【注意】该处的 6 个月期间,不应当计算执行中的公告期间、鉴定评估期间、管辖争议处理期间、执行争议协调期间、暂缓执行期间以及中止执行期间。

2. 管辖法院:向上一级人民法院申请

3. 上一级人民法院的处理

上一级人民法院经审查,可以责令原人民法院在一定期限内执行,也可以决定由本院执行或者指令其他人民法院执行。

上一级人民法院责令执行法院限期执行的,应当向其发出督促执行令,并将有关情况书面通知申请执行人;决定由本院执行或者指令本辖区其他人民法院执行的,应当作出裁定,送达当事人并通知有关人民法院。

上一级人民法院责令执行法院限期执行,执行法院在指定期间内无正当理由仍未执行完结的,上一级人民法院应当裁定由本院执行或者指令本辖区其他人民法院执行。

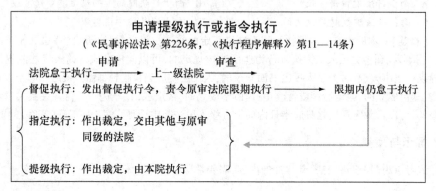

二、提示与预测

该考点是 2012 年《民事诉讼法》(修订)新增加的内容,往往与执行行为异议等问题结合考查,考生了解即可。

考点 7 案外人异议

一、精讲

案外人异议,是指在执行过程中,案外人对被执行财产的全部或者一部分主张实体权利,其核心在于案外人对执行标的主张实体权利。《民事诉讼法》第 227 条和《民诉司法解释》第

304 条至第 316 条对案外人执行异议以及执行异议之诉作了明确具体的规定。

1. 案外人异议的成立需要具备以下条件

（1）提出执行异议者只能是案外人。

（2）案外人需要对执行标的，即被执行的财产主张实体权利；根据《执行程序解释》第 15 条的规定，案外人对执行标的主张实体权利是指主张所有权或者有其他足以阻止执行标的的转让、交付的实体权利。

（3）案外人对执行标的提出异议的，应当在该执行标的的执行程序终结前提出。（《民诉司法解释》第 464 条）

（4）案外人的异议，以书面形式提出。

2. 法院对案外人异议的处理

《民诉司法解释》第 465 条规定："案外人对执行标的提出的异议，经审查，按照下列情形分别处理：（一）案外人对执行标的不享有足以排除强制执行的权益的，裁定驳回其异议；（二）案外人对执行标的享有足以排除强制执行的权益的，裁定中止执行。驳回案外人执行异议裁定送达案外人之日起十五日内，人民法院不得对执行标的进行处分。"

【注意】《执行程序解释》第 16 条规定："案外人异议审查期间，人民法院不得对执行标的的进行处分。案外人向人民法院提供充分、有效的担保请求解除对异议标的的查封、扣押、冻结的，人民法院可以准许；申请执行人提供充分、有效的担保请求继续执行的，应当继续执行。因案外人提供担保解除查封、扣押、冻结有错误，致使该标的无法执行的，人民法院可以直接执行担保财产；申请执行人提供担保请求继续执行有错误，给对方造成损失的，应当予以赔偿。"

3. 对案外人执行异议裁定不服的救济

案外人、当事人对裁定不服，认为原判决、裁定错误的，依照审判监督程序办理。

案外人、当事人对裁定不服，执行异议裁定与原判决、裁定无关的，可以自裁定送达之日起 15 日内向人民法院提起诉讼。

如何界定执行异议裁定是否与原判决、裁定有关，举例如下：甲与乙争议一辆价值 80 万元的轿车，经法院审理判决该轿车归甲所有，并责令乙将该轿车交付予甲。判决生效后，乙拒绝交付。

（1）甲申请执行该轿车，丙提出异议，认为该轿车是自己的。

（2）因轿车无法执行，甲申请执行乙的房屋，丙提出异议，认为房屋是自己的。

[解析]（1）中丙对轿车提出异议，该轿车为法院判决确定的执行标的物，如果对该执行异议的裁定不服，则只能通过审判监督程序救济，也即认为原判决裁定错误的情形。

（2）中丙对执行标的房屋提出异议，而该房屋并非法院生效判决所确定的执行标的物，而是在执行过程中确定的，如果对该执行异议裁定不服，则应通过提起执行异议之诉（案外人异议之诉、申请许可执行之诉）救济，即裁定不涉及原裁判的情形。

4. 执行异议之诉

比较项	案外人执行异议之诉	申请人执行异议之诉（许可执行）
起诉条件	除符合《民事诉讼法》第119条规定外，还应当具备下列条件： ① 案外人的执行异议申请已经被人民法院裁定驳回； ② 有明确的排除对执行标的执行的诉讼请求，且诉讼请求与原判决、裁定无关； ③ 自执行异议裁定送达之日起十五日内提起。 　　人民法院应当在收到起诉状之日起十五日内决定是否立案。	除符合《民事诉讼法》第119条规定外，还应当具备下列条件： ① 依案外人执行异议申请，人民法院裁定中止执行； ② 有明确的对执行标的继续执行的诉讼请求，且诉讼请求与原判决、裁定无关； ③ 自执行异议裁定送达之日起十五日内提起。 　　人民法院应当在收到起诉状之日起十五日内决定是否立案。
当事人	原告：案外人 被告：申请执行人。被执行人反对案外人异议的，被执行人为共同被告。 第三人：被执行人不反对案外人异议	原告：申请执行人 被告：案外人。被执行人反对申请执行人主张的，以案外人和被执行人为共同被告。 第三人：被执行人不反对申请执行人主张
时效	自驳回执行异议裁定送达之日起十五日内	自异议成立裁定送达之日起十五日内
管辖	执行法院	
审理程序	普通程序	
举证责任	案外人对执行标的享有足以排除强制执行的民事权益承担举证责任	
处理	① 案外人就执行标的享有足以排除强制执行的民事权益的，判决不得执行该执行标的。 ② 案外人就执行标的不享有足以排除强制执行的民事权益的，判决驳回诉讼请求。案外人同时提出确认其权利的诉讼请求的，人民法院可以在判决中一并作出裁判。 　　对案外人执行异议之诉，人民法院判决不得对执行标的的执行的，执行异议裁定失效。	① 案外人就执行标的不享有足以排除强制执行的民事权益的，判决准许执行该执行标的。 ② 案外人就执行标的享有足以排除强制执行的民事权益的，判决驳回诉讼请求。 　　对申请执行人执行异议之诉，人民法院判决准许对该执行标的的执行的，执行异议裁定失效，执行法院可以根据申请执行人的申请或者依职权恢复执行。
与执行程序的关系	案外人执行异议之诉审理期间，人民法院不得对执行标的进行处分。申请执行人请求人民法院继续执行并提供相应担保的，人民法院可以准许。	人民法院对执行标的裁定中止执行后，申请执行人在法律规定的期间内未提起执行异议之诉的，人民法院应当自起诉期限届满之日起七日内解除对该执行标的采取的执行措施。

(续表)

比较项	案外人执行异议之诉	申请人执行异议之诉(许可执行)
	被执行人与案外人恶意串通,通过执行异议、执行异议之诉妨害执行的,人民法院应当依照《民事诉讼法》第113条规定处理。申请执行人因此受到损害的,可以提起诉讼要求被执行人、案外人赔偿。	

二、例题

1. 易某依法院对王某支付其5万元损害赔偿金之判决申请执行。执行中,法院扣押了王某的某项财产。案外人谢某提出异议,称该财产是其借与王某使用的,该财产为自己所有。法院经审查,认为谢某异议理由成立,遂裁定中止对该财产的执行。关于本案的表述,下列哪一选项是正确的?(2017/3/41)

A. 易某不服该裁定提起异议之诉的,由易某承担对谢某不享有该财产所有权的证明责任
B. 易某不服该裁定提起异议之诉的,由谢某承担对其享有该财产所有权的证明责任
C. 王某不服该裁定提起异议之诉的,由王某承担对谢某不享有该财产所有权的证明责任
D. 王某不服该裁定提起异议之诉的,由王某承担对其享有该财产所有权的证明责任

[释疑] 本题考查执行异议之诉的证明责任。根据《民诉司法解释》第311条的规定,案外人或者申请执行人提起执行异议之诉的,案外人应当就其对执行标的享有足以排除强制执行的民事权益承担举证证明责任。即只要是提起执行异议之诉,无论有谁提起,均由案外人就其对执行标的享有足以排除强制执行的民事权益承担举证证明责任。B正确。(答案:B)

2. 张山承租林海的商铺经营饭店,因拖欠房租被诉至饭店所在地甲法院,法院判决张山偿付林海房租及利息,张山未履行判决。经律师调查发现,张山除所居住房以外,其名下另有一套房屋,林海遂向该房屋所在地乙法院申请执行。乙法院对该套房屋进行查封拍卖。执行过程中,张山前妻宁虹向乙法院提出书面异议,称两人离婚后该房屋已由丙法院判决归其所有,目前尚未办理房屋变更登记手续。(2015年真题,不定选)

(1) 对于宁虹的异议,乙法院的正确处理是:

A. 应当自收到异议之日起15日内审查
B. 若异议理由成立,裁定撤销对该房屋的执行
C. 若异议理由不成立,裁定驳回
D. 应当告知宁虹直接另案起诉

[释疑] 宁虹是对执行标的物房屋的所有权提出异议,人民法院应当在收到异议之日起15日内审查,若异议理由成立,裁定中止对该房屋的执行;若异议理由不成立,裁定驳回。因此,AC正确,B错误。在执行程序中,如果对执行标的物主张实体权利,只能先提出异议,而不能直接另案起诉,D错误。(答案:AC)

(2) 如乙法院裁定支持宁虹的请求,林海不服提出执行异议之诉,有关当事人的诉讼地位是:

A. 林海是原告,张山是被告,宁虹是第三人
B. 林海和张山是共同原告,宁虹是被告
C. 林海是原告,张山和宁虹是共同被告
D. 林海是原告,宁虹是被告,张山视其态度而定

[释疑] 根据《民诉司法解释》第308条的规定:"申请执行人提起执行异议之诉的,以案外人为被告。被执行人反对申请执行人主张的,以案外人和被执行人为共同被告;被执行人不反对申请执行人主张的,可以列被执行人为第三人。"D正确(答案:D)

(3) 乙法院裁定支持宁虹的请求,林海提出执行异议之诉,下列说法可成立的是:
A. 林海可向甲法院提起执行异议之诉
B. 如乙法院审理该案,应适用普通程序
C. 宁虹应对自己享有涉案房屋所有权承担证明责任
D. 如林海未对执行异议裁定提出诉讼,张山可以提出执行异议之诉

[释疑] 执行异议之诉应当由执行法院管辖,本案中,执行法院为乙县法院,A错误;根据《民诉司法解释》第310条的规定:"人民法院审理执行异议之诉案件,适用普通程序。B项正确;根据谁主张谁举证的规则,宁虹对自己享有涉案房屋所有权承担证明责任,C正确;提出执行异议是执行异议之诉的前置程序,D错误。(答案:BC)

3. 兴源公司与郭某签订钢材买卖合同,并书面约定本合同一切争议由中国国际经济贸易仲裁委员会仲裁。兴源公司支付100万元预付款后,因郭某未履约依法解除了合同。郭某一直未将预付款返还,兴源公司遂提出返还货款的仲裁请求,仲裁庭适用简易程序审理,并作出裁决,支持该请求。

由于郭某拒不履行裁决,兴源公司申请执行。郭某无力归还100万元现金,但可以收藏的多幅字画提供执行担保。担保期满后,郭某仍无力还款,法院在准备执行该批字画时,朱某向法院提出异议,主张自己才是这些字画的所有权人,郭某只是代为保管。关于朱某的异议和处理,下列选项正确的是(2013年真题,不定选)
A. 朱某应当以书面方式提出异议
B. 法院在审查异议期间,不停止执行活动,可以对字画采取保全措施和处分措施
C. 如果朱某对驳回异议的裁定不服,可以提出执行标的异议之诉
D. 如果朱某对驳回异议的裁定不服,可以申请再审

[释疑] 本题考查申请案外人异议的条件以及对异议的处理及救济。根据《民事诉讼法》第227条的规定,执行过程中,案外人对执行标的提出书面异议的,人民法院应当自收到书面异议之日起15日内审查,理由成立的,裁定中止对该标的的执行;理由不成立的,裁定驳回。案外人、当事人对裁定不服,认为原判决、裁定错误的,依照审判监督程序办理;与原判决、裁定无关的,可以自裁定送达之日起15日内向人民法院提起诉讼。选项A、C项正确,D项错误;根据《执行程序解释》第16条的规定,案外人异议审查期间,人民法院不得对执行标的进行处分。B项错误。(答案:AC)

4. 关于执行行为异议与案外人对诉讼标的异议的比较,下列哪一选项是错误的?(2011年真题,单选)
A. 异议都是在执行过程中提出
B. 异议都应当向执行法院提出
C. 申请异议当事人有部分相同
D. 申请异议人对法院针对异议所作裁定不服,可采取的救济手段相同

[释疑] 根据《民事诉讼法》第225条、第227条的规定，选项A与B是正确的，因为执行异议都是在执行程序中向执行法院提出的；根据《民事诉讼法》第225条的规定，提出异议的主体是当事人和利害关系人，该利害关系人是案外人，而根据《民事诉讼法》第227条的规定，提出异议的主体是案外人，因此，选项C是正确的。根据《民事诉讼法》第225条的规定，申请异议人对法院针对异议所作裁定不服，可以采取申请复议的方式寻求救济；而根据《民事诉讼法》第227条的规定，申请异议人对法院针对异议所作裁定不服，可以根据异议标的的不同情况采取申请再审或者提出异议之诉寻求救济，因此，选项D是错误的。（答案：D）

5. 甲公司申请强制执行乙公司的财产，法院将乙公司的一处房产列为执行标的。执行中，丙银行向法院主张，乙公司已将该房产抵押贷款，并以自己享有抵押权为由提出异议。乙公司否认将房产抵押给了丙银行。经审查，法院驳回了丙银行的异议。丙银行拟向法院起诉，关于本案被告的确定，下列哪一选项是正确的？（2010年真题，单选）
A. 丙银行只能以乙公司为被告起诉
B. 丙银行只能以甲公司为被告起诉
C. 丙银行可选择甲公司为被告起诉，也可选择乙公司为被告起诉
D. 丙银行应当以甲公司和乙公司为共同被告起诉

[释疑] 该题直接考查案外人异议之诉的被告。根据《民诉司法解释》第307条的规定，案外人提起执行异议之诉的，以申请执行人为被告。被执行人反对案外人异议的，被执行人为共同被告；被执行人不反对案外人异议的，可以列被执行人为第三人。选项D是正确的。（答案：D）

三、提示与预测

案外人执行异议以及对异议裁定不服的救济是考试重点，考生必须掌握。特别是对案外人异议之诉和申请人许可执行之诉的当事人、管辖以及法院的处理。

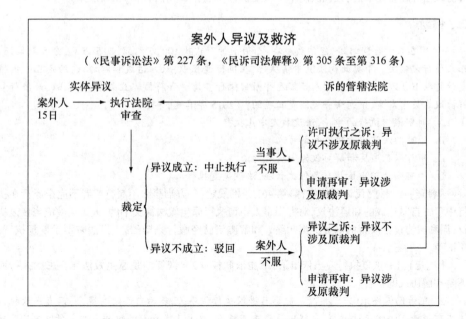

考点 8 执行和解

一、精讲

执行和解,是指在执行过程中,双方当事人自愿协商,达成和解协议,并经人民法院审查批准与履行后,结束执行程序的行为。

1. 执行和解的内容

在执行中,双方当事人可以自愿达成和解协议,变更生效法律文书确定的履行义务主体、标的物及其数额、履行期限和履行方式。

2. 执行和解的形式

和解协议一般应当采取书面形式。执行人员应将和解协议副本附卷。无书面协议的,执行人员应将和解协议的内容记入笔录,并由双方当事人签名或者盖章。

3. 执行和解的法律效力

(1) 执行和解协议履行完毕后,应终结执行程序,当事人不得再申请人民法院强制执行原生效法律文书。

(2) 申请执行期间因达成执行中的和解协议而中断,其期间自和解协议约定履行期限的最后一日起重新计算。(《民诉司法解释》第 468 条)

(3) 申请执行人与被执行人达成和解协议后请求中止执行或者撤回执行申请的,人民法院可以裁定中止执行或者终结执行。(《民诉司法解释》第 466 条)

(4) 一方当事人不履行或者不完全履行在执行中双方自愿达成的和解协议,对方当事人申请执行原生效法律文书的,人民法院应当恢复执行,但和解协议已履行的部分应当扣除。和解协议已经履行完毕的,人民法院不予恢复执行。(《民诉司法解释》第 467 条)

二、例题

1. 甲乙双方合同纠纷,经仲裁裁决,乙须偿付甲货款 100 万元,利息 5 万元,分 5 期偿还。乙未履行该裁决。甲据此向法院申请执行,在执行过程中,双方达成和解协议,约定乙一次性支付货款 100 万元,甲放弃利息 5 万元并撤回执行申请。和解协议生效后,乙反悔,未履行和解协议。关于本案,下列哪一说法是正确的?(2015 年真题,单选)

A. 对甲撤回执行的申请,法院裁定中止执行
B. 甲可向法院申请执行和解协议
C. 甲可以乙违反和解协议为由提起诉讼
D. 甲可向法院申请执行原仲裁裁决,法院恢复执行

[释疑] 根据《民诉司法解释》第 467 条的规定,一方当事人不履行或者不完全履行在执行中双方自愿达成的和解协议,对方当事人申请执行原生效法律文书的,人民法院应当恢复执行,但和解协议已履行的部分应当扣除。和解协议已经履行完毕的,人民法院不予恢复执行。D 正确。(答案:D)

【注意】(1) 恢复执行应当依申请,不能依职权;(2) 恢复的是原生效法律文书的执行而不是和解协议的执行。

2. 甲诉乙返还 10 万元借款。胜诉后进入执行程序,乙表示自己没有现金,只有一枚祖传玉石可抵债。法院经过调解,说服甲接受玉石抵债,双方达成和解协议并当即交付了玉石。后

甲发现此玉石为赝品,价值不足千元,遂申请法院恢复执行。关于执行和解,下列哪些说法是正确的?(2014年真题,多选)

A. 法院不应在执行中劝说甲接受玉石抵债
B. 由于和解协议已经即时履行,法院无须再将和解协议记入笔录
C. 由于和解协议已经即时履行,法院可裁定执行中止
D. 法院应恢复执行

[释疑] 本题考查执行和解及其效力。执行和解的达成完全应由当事人自愿,人民法院不应从中调解,这种情形下达成的和解协议效力有瑕疵,A、D项正确;和解协议应记入笔录,如果和解协议履行完毕,法院应当裁定执行终结,B、C项错误。本题可以运用排除法,能够确定B、C项是错误的,因为多选,只能选择A、D项。(答案:AD)

3. 法院受理甲出版社、乙报社著作权纠纷案,判决乙赔偿甲10万元,并登报赔礼道歉。判决生效后,乙交付10万元,但未按期赔礼道歉,甲申请强制执行。执行中,甲、乙自行达成口头协议,约定乙免予赔礼道歉,但另付甲1万元。关于法院的做法,下列哪一选项是正确的?(2010年真题,单选)

A. 不允许,因协议内容超出判决范围,应当继续执行生效判决
B. 允许,法院视为申请人撤销执行申请
C. 允许,将当事人协议内容记入笔录,由甲、乙签字或盖章
D. 允许,根据当事人协议内容制作调解书

[释疑] 该题直接考查执行和解协议的形式。执行和解协议一般采用书面形式,无书面协议的,执行人员应当将和解协议的内容记入笔录,由双方当事人签名或者盖章,因此,选项C是正确的,其他选项是不正确的。(答案:C)

三、提示与预测

执行和解是高频考点,应当掌握,特别是执行和解协议的内容和效力。

考点 9 执行担保

一、精讲

执行担保,是指在执行程序中,被执行人确有困难暂时没有偿还能力时,向人民法院提供担保,并经申请执行人同意而暂缓执行的法律制度。

1. 执行担保的条件

(1) 被执行人向执行法院提出申请并提供财产作为担保,也可以由第三人作担保。《民诉司法解释》第470条规定,向人民法院提供执行担保的,可以由被执行人或者他人提供财产担保,也可以由他人提供保证。担保人应当具有代为履行或者代为承担赔偿责任的能力。他人提供执行保证的,应当向执行法院出具保证书,并将保证书副本送交申请执行人。被执行人或他人提供财产担保的,应当参照物权法、担保法的有关规定办理相应手续。

(2) 经申请人同意。

(3) 人民法院决定暂缓执行的,如果担保有期限,暂缓执行的期限应与担保期限一致,但最多不能超过1年。

2. 执行担保的效力

（1）执行担保书生效后，发生暂缓执行的后果，即中止原判决、裁定的执行；

（2）被执行人或担保人对担保的财产有转移、隐藏、变卖等行为的，人民法院可以恢复强制执行；

（3）执行担保期届满后，被执行人仍不履行的，人民法院可以直接执行担保财产或者担保人的财产。

【注意】执行担保人的财产应当以担保范围为限。

二、例题

1. 兴源公司与郭某签订钢材买卖合同，并书面约定本合同一切争议由中国国际经济贸易仲裁委员会仲裁。兴源公司支付100万元预付款后，因郭某未履约依法解除了合同。郭某一直未将预付款返还，兴源公司遂提出返还货款的仲裁请求，仲裁庭适用简易程序审理，并作出裁决，支持该请求。

由于郭某拒不履行裁决，兴源公司申请执行。郭某无力归还100万元现金，但可以收藏的多幅字画提供执行担保。担保期满后，郭某仍无力还款，法院在准备执行该批字画时，朱某向法院提出异议，主张自己才是这些字画的所有权人，郭某只是代为保管。如果法院批准了郭某的执行担保申请，驳回了朱某的异议，关于执行担保的效力和救济，下列选项正确的是（2013年真题，不定选）

A. 批准执行担保后，应当裁定终结执行

B. 担保期满后郭某仍无力偿债，法院根据兴源公司的申请方可恢复执行

C. 恢复执行后，可以执行作为担保财产的字画

D. 恢复执行后，既可以执行字画，也可以执行郭某的其他财产

[释疑] 本题考查执行担保的效力和救济。根据《民事诉讼法》第231条的规定："在执行中，被执行人向人民法院提供担保，并经申请执行人同意的，人民法院可以决定暂缓执行及暂缓执行的期限。被执行人逾期仍不履行的，人民法院有权执行被执行人的担保财产或者担保人的财产。"A项错误。根据《民诉司法解释》第471条的规定："被执行人在人民法院决定暂缓执行的期限届满后仍不履行义务的，人民法院可以直接执行担保财产，或者裁定执行担保人的财产，但执行担保人的财产以担保人应当履行义务部分的财产为限。"B项错误，C、D项正确。（答案：CD）

2. 在民事执行中，被执行人朱某申请暂缓执行，提出由吴某以自有房屋为其提供担保，申请执行人刘某同意。法院作出暂缓执行裁定，期限为6个月。对于暂缓执行期限届满后朱某仍不履行义务的情形，下列哪一选项是正确的？（2009年真题，单选）

A. 刘某应起诉吴某，取得执行依据可申请执行吴某的担保房产

B. 朱某财产不能清偿全部债务时刘某方能起诉吴某，取得执行依据可申请执行吴某的担保房产

C. 朱某财产不能清偿刘某债权时法院方能执行吴某的担保房产

D. 法院可以直接裁定执行吴某的担保房产

[释疑] 本题考查的是执行担保。《民事诉讼法》第231条规定："在执行中，被执行人向人民法院提供担保，并经申请执行人同意的，人民法院可以决定暂缓执行及暂缓执行的期限。

被执行人逾期仍不履行的,人民法院有权执行被执行人的担保财产或者担保人的财产。"因此,选项 D 是正确的。(答案:D)

三、提示与预测

执行担保只需掌握条件和效力即可。

考点 10 执行承担

一、精讲

在执行程序中,由于出现特殊情况,被执行人的义务由其他公民、法人或者其他组织履行。执行承担实际上是当事人诉讼权利与义务承担在民事执行程序中的具体运用,主要是在执行过程中义务的承担。

作为被执行人的公民死亡的,以其遗产偿还债务。作为被执行人的法人或者其他组织终止的,由其权利义务承受人履行义务。

根据《民事诉讼法》及《民诉司法解释》(第 472—475 条)的规定,执行承担在下列情况下发生:

1. 作为被执行人的公民死亡,其遗产继承人没有放弃继承的,人民法院可以裁定变更被执行人,由该继承人在遗产的范围内偿还债务。继承人放弃继承的,人民法院可以直接执行被执行人的遗产。(《民诉司法解释》第 475 条规定)

2. 作为被执行人的法人或者其他组织分立、合并的,其权利义务由变更后的法人或者其他组织承受;作为法人的被执行人被注销的,如果依有关实体法的规定有权利义务承受人的,可以裁定该权利义务承受人为被执行人。(《民诉司法解释》第 472 条规定)

3. 其他组织在执行程序中不能履行法律文书确定的义务的,人民法院可以裁定执行对该其他组织依法承担义务的法人或者公民个人的财产。(《民诉司法解释》第 473 条规定)

4. 在执行中,作为被执行人的法人或者其他组织名称变更的,人民法院可以裁定变更后的法人或者起诉组织为被执行人。(《民诉司法解释》第 474 条规定)

此外,最高人民法院《关于民事执行中变更、追加当事人若干问题的规定》(2016 年 12 月 1 日施行)对执行程序中变更和追加当事人做了进一步明确的规定,考生还需要注意如下内容:

1. 申请执行人将生效法律文书确定的债权依法转让给第三人,且书面认可第三人取得该债权,该第三人申请变更、追加其为申请执行人的,人民法院应予支持。

2. 作为被执行人的个人独资企业,不能清偿生效法律文书确定的债务,申请执行人申请变更、追加其投资人为被执行人的,人民法院应予支持。个人独资企业投资人作为被执行人的,人民法院可以直接执行该个人独资企业的财产。

个体工商户的字号为被执行人的,人民法院可以直接执行该字号经营者的财产。

3. 申请人申请变更、追加执行当事人的程序以及法院的处理。

(1) 申请人应当向执行法院提交书面申请及相关证据材料。

(2) 除事实清楚、权利义务关系明确、争议不大的案件外,执行法院应当组成合议庭审查并公开听证。经审查,理由成立的,裁定变更、追加;理由不成立的,裁定驳回。

(3) 执行法院应当自收到书面申请之日起六十日内作出裁定。有特殊情况需要延长的,由本院院长批准。

4. 对变更、追加裁定或驳回裁定不服的救济:申请复议。

(1) 被申请人、申请人或其他执行当事人对执行法院作出的变更、追加裁定或驳回申请裁定不服的,可以自裁定书送达之日起十日内向上一级人民法院申请复议,但依据本规定应当提起诉讼的除外。

(2) 上一级人民法院对复议申请应当组成合议庭审查,并自收到申请之日起六十日内作出复议裁定。有特殊情况需要延长的,由本院院长批准。

(3) 被裁定变更、追加的被申请人申请复议的,复议期间,人民法院不得对其争议范围内的财产进行处分。申请人请求人民法院继续执行并提供相应担保的,人民法院可以准许。

5. 对特殊情形下变更、追加裁定或驳回裁定不服的救济:提起执行异议之诉。

(1) 被申请人或申请人对执行法院在下列情形作出的变更、追加裁定或驳回申请裁定不服的,可以自裁定书送达之日起十五日内,向执行法院提起执行异议之诉。

第一,作为被执行人的有限合伙企业,财产不足以清偿生效法律文书确定的债务,申请执行人申请变更、追加未按期足额缴纳出资的有限合伙人为被执行人,在未足额缴纳出资的范围内承担责任的,人民法院应予支持。

第二,作为被执行人的企业法人,财产不足以清偿生效法律文书确定的债务,申请执行人申请变更、追加未缴纳或未足额缴纳出资的股东、出资人或依公司法规定对该出资承担连带责任的发起人为被执行人,在尚未缴纳出资的范围内依法承担责任的,人民法院应予支持。

第三,作为被执行人的企业法人,财产不足以清偿生效法律文书确定的债务,申请执行人申请变更、追加抽逃出资的股东、出资人为被执行人,在抽逃出资的范围内承担责任的,人民法院应予支持。

第四,作为被执行人的公司,财产不足以清偿生效法律文书确定的债务,其股东未依法履行出资义务即转让股权,申请执行人申请变更、追加该原股东或依公司法规定对该出资承担连带责任的发起人为被执行人,在未依法出资的范围内承担责任的,人民法院应予支持。

第五,作为被执行人的一人有限责任公司,财产不足以清偿生效法律文书确定的债务,股东不能证明公司财产独立于自己的财产,申请执行人申请变更、追加该股东为被执行人,对公司债务承担连带责任的,人民法院应予支持。

第六,作为被执行人的公司,未经清算即办理注销登记,导致公司无法进行清算,申请执行人申请变更、追加有限责任公司的股东、股份有限公司的董事和控股股东为被执行人,对公司债务承担连带清偿责任的,人民法院应予支持。

(2) 被申请人提起执行异议之诉的,以申请人为被告。被申请人提起的执行异议之诉,人民法院经审理,按照下列情形分别处理:① 以理由成立的,判决不得变更、追加被申请人为执行人或者判决变更责任范围。② 理由不成立的,判决驳回诉讼请求。

注意:诉讼期间,人民法院不得对被申请人争议范围内的财产进行处分。申请人请求人民法院继续执行并提供相应担保的,人民法院可以准许。

(3)申请人提起的执行异议之诉的,以被申请人为被告。人民法院经审理,按照下列情形分别处理:

理由成立的,判决变更、追加被申请人为被执行人并承担相应责任或者判决变更责任范围;理由不成立的,判决驳回诉讼请求。

二、例题

1. 钱某在甲、乙、丙三人合伙开设的饭店就餐时被砸伤,遂以营业执照上登记的字号"好安逸"饭店为被告提起诉讼,要求赔偿医疗费等费用25万元。法院经审理,判决被告赔偿钱某19万元。执行过程中,"好安逸"饭店支付了8万元后便再无财产可赔。对此,法院应采取下列哪一处理措施?(2017/3/49)

A. 裁定终结执行

B. 裁定终结本次执行

C. 裁定中止执行,告知当事人另行起诉合伙人承担责任

D. 裁定追加甲、乙、丙为被执行人,执行其财产

[**释疑**]　本题考查执行承担中被执行人的追加。根据《最高人民法院关于民事执行中变更、追加当事人若干问题的规定》第13条第2款的规定,个体工商户的字号为被执行人的,人民法院可以直接执行该字号经营者的财产。结合本案,D项正确。(答案:D)

2. 何某依法院生效判决向法院申请执行甲的财产,在执行过程中,甲突发疾病猝死。法院询问甲的继承人是否继承遗产,甲的继承人乙表示继承,其他继承人均表示放弃继承。关于该案执行程序,下列哪一选项是正确的?(2016年真题,单选)

A. 应裁定延期执行　　　　　　　B. 应直接执行被执行人甲的遗产

C. 应裁定变更乙为被执行人　　　D. 应裁定变更甲的全部继承人为被执行人

[**释疑**]　本题考查执行承担。根据《民诉司法解释》第475条的规定,作为被执行人的公民死亡,其遗产继承人没有放弃继承的,人民法院可以裁定变更被执行人,由该继承人在遗产的范围内偿还债务。继承人放弃继承的,人民法院可以直接执行被执行人的遗产。本案中,甲的继承人中,仅乙表示继承,其余的均放弃继承权,因此,应当裁定变更乙为被执行人,C项正确。(答案:C)

三、提示与预测

执行承担主要是在执行过程中义务的承担,会出现被执行人的变更和追加。该考点不是高频考点,考生可以比照诉讼中法定当事人变更的情形理解和记忆。

考点 11　执行回转

一、精讲

执行回转,是指生效法律文书执行完毕以后,由于据以执行的法律文书依法定程序被撤

销,令已经被执行财产的一部分或全部归还给被执行人,使其恢复到执行程序开始的状况。《民诉司法解释》第476条规定:"法律规定由人民法院执行的其他法律文书执行完毕后,该法律文书被有关机关或者组织依法撤销的,经当事人申请,适用民事诉讼法第二百三十三条规定。"

执行回转应当由人民法院作出执行回转的裁定,责令取得财产的人返还财产。能返还原物的,应当返还原物,原物不能返还的,或者返还原物对权利人显失公平的,应当由取得财产的人赔偿损失,具体数额由人民法院核定。

二、提示与预测

该考点一般不会单独考查,会作为一个选项和其他执行制度结合考查,考生只需了解即可。

考点 12 执行措施之对财产的执行

一、精讲

对财产的执行包括对金钱债权的执行和对非金钱财产的执行。对金钱债权的执行,可以针对被执行人的财产状况,分别采取查询、冻结、划拨被执行人的存款或扣留、提取被执行人的收入;对非金钱财产的执行包括查封、扣押、冻结财产以及拍卖变卖被查封、扣押、冻结的财产。对不动产也可以采取扣押或转移产权登记证的方式。

(一)查询、冻结、划拨被执行人的存款

《民事诉讼法》第242条规定:"被执行人未按执行通知履行法律文书确定的义务,人民法院有权向有关单位查询被执行人的存款、债券、股票、基金份额等财产情况。人民法院有权根据不同情形扣押、冻结、划拨、变价被执行人的财产。人民法院查询、扣押、冻结、划拨、变价的财产不得超出被执行人应当履行义务的范围。人民法院决定扣押、冻结、划拨、变价财产,应当作出裁定,并发出协助执行通知书,有关单位必须办理。"

【特别提示】

1. 该执行措施的对象

针对被执行人为单位的情形。

2. 在采取上述执行措施时,应当注意下列两个问题:

(1)被执行人为金融机构的,注意可供执行财产的范围。《执行规定》第34条规定:"被执行人为金融机构的,对其交存在人民银行的存款准备金和备付金不得冻结和扣划,但对其在本机构、其他金融机构的存款,及其在人民银行的其他存款可以冻结、划拨,并可对被执行人的其他财产采取执行措施,但不得查封其营业场所。"

(2)有关单位的责任问题。《执行规定》第33条规定:"金融机构擅自解冻被人民法院冻结的款项,致冻结款项被转移的,人民法院有权责令其限期追回已转移的款项。在限期内未能追回的,应当裁定该金融机构在转移的款项范围内以自己的财产向申请执行人承担责任。"

(二)扣留、提取被执行人的收入

《民事诉讼法》第243条规定:"被执行人未按执行通知履行法律文书确定的义务,人民法院有权扣留、提取被执行人应当履行义务部分的收入。但应当保留被执行人及其所扶养家属的生活必需费用。人民法院扣留、提取收入时,应当作出裁定,并发出协助执行通知书,被执行人所在单位、银行、信用合作社和其他有储蓄业务的单位必须办理。"

【特别提示】
1. 该执行措施的对象,针对被执行人为个人的情形
2. 有关协助单位的责任问题

《执行规定》第37条规定:"有关单位收到人民法院协助执行被执行人收入的通知后,擅自向被执行人或其他人支付的,人民法院有权责令其限期追回;逾期未追回的,应当裁定其在支付的数额内向申请执行人承担责任。"

(三)查封、扣押、冻结被执行财产

《民事诉讼法》第244条第1款规定:"被执行人未按执行通知履行法律文书确定的义务,人民法院有权查封、扣押、冻结、拍卖、变卖被执行人应当履行义务部分的财产。但应当保留被执行人及其所扶养家属的生活必需品。"

最高人民法院《关于人民法院民事执行中查封、扣押、冻结财产的规定》(以下简称《查封、扣押、冻结财产规定》)对查封、扣押、冻结财产的范围与程序、查封和扣押财产的保管、查封扣押的效力、查封扣押冻结财产的期限以及解除查封扣押冻结措施详细的法定情形作了许多详细的规定,应当予以适当关注。

1. 查封、扣押、冻结财产的范围

重点掌握《查封、扣押、冻结财产规定》第2条和第5条的规定。

(1) 查封、扣押、冻结实质上属于被执行人的财产。《查封、扣押、冻结财产规定》第2条规定:"人民法院可以查封、扣押、冻结被执行人占有的动产、登记在被执行人名下的不动产、特定动产及其他财产权。未登记的建筑物和土地使用权,依据土地使用权的审批文件和其他相关证据确定权属。对于第三人占有的动产或者登记在第三人名下的不动产、特定动产及其他财产权,第三人书面确认该财产属于被执行人的,人民法院可以查封、扣押、冻结。"

(2) 不得查封、扣押、冻结的财产。《查封、扣押、冻结财产规定》第5条规定:"人民法院对被执行人下列的财产不得查封、扣押、冻结:(一)被执行人及其所扶养家属生活所必需的衣服、家具、炊具、餐具及其他家庭生活必需的物品;(二)被执行人及其所扶养家属所必需的生活费用。当地有最低生活保障标准的,必需的生活费用依照该标准确定;(三)被执行人及其所扶养家属完成义务教育所必需的物品;(四)未公开的发明或者未发表的著作;(五)被执行人及其所扶养家属用于身体缺陷所必需的辅助工具、医疗物品;(六)被执行人所得的勋章及其他荣誉表彰的物品;(七)根据《中华人民共和国缔结条约程序法》,以中华人民共和国、中华人民共和国政府或者中华人民共和国政府部门名义同外国、国际组织缔结的条约、协定和其他具有条约、协定性质的文件中规定免于查封、扣押、冻结的财产;(八)法律或者司法解释规定的其他不得查封、扣押、冻结的财产。"

【提示】这个法条很长,其内容主要围绕一个意思,即对于被执行人非常紧要的物质利益

和带有人身性质的利益,不能够查封、扣押、冻结。

2. 被查封、扣押财产的保管

《查封、扣押、冻结财产规定》第 12 条规定:"查封、扣押的财产不宜由人民法院保管的,人民法院可以指定被执行人负责保管;不宜由被执行人保管的,可以委托第三人或者申请执行人保管。由人民法院指定被执行人保管的财产,如果继续使用对该财产的价值无重大影响,可以允许被执行人继续使用;由人民法院保管或者委托第三人、申请执行人保管的,保管人不得使用。"第 13 条规定:"查封、扣押、冻结担保物权人占有的担保财产,一般应当指定该担保物权人作为保管人;该财产由人民法院保管的,质权、留置权不因转移占有而消灭。"

3. 查封、扣押的效力

《查封、扣押、冻结财产规定》第 22 条规定:"查封、扣押的效力及于查封、扣押物的从物和天然孳息。"第 23 条规定:"查封地上建筑物的效力及于该地上建筑物使用范围内的土地使用权,查封土地使用权的效力及于地上建筑物,但土地使用权与地上建筑物的所有权分属被执行人与他人的除外。地上建筑物和土地使用权的登记机关不是同一机关的,应当分别办理查封登记。"第 27 条规定:"人民法院查封、扣押被执行人设定最高额抵押权的抵押物的,应当通知抵押权人。抵押权人受抵押担保的债权数额自收到人民法院通知时起不再增加。人民法院虽然没有通知抵押权人,但有证据证明抵押权人知道查封、扣押事实的,受抵押担保的债权数额从其知道该事实时起不再增加。"

4. 轮候查封、扣押与冻结

《查封、扣押、冻结财产规定》第 28 条确立了轮候制度:"对已被人民法院查封、扣押、冻结的财产,其他人民法院可以进行轮候查封、扣押、冻结。查封、扣押、冻结解除的,登记在先的轮候查封、扣押、冻结即自动生效。其他人民法院对已登记的财产进行轮候查封、扣押、冻结的,应当通知有关登记机关协助进行轮候登记,实施查封、扣押、冻结的人民法院应当允许其他人民法院查阅有关文书和记录。其他人民法院对没有登记的财产进行轮候查封、扣押、冻结的,应当制作笔录,并经实施查封、扣押、冻结的人民法院执行人员及被执行人签字,或者书面通知实施查封、扣押、冻结的人民法院。"

5. 查封、扣押、冻结财产的期限

《民诉司法解释》第 487 条规定:"人民法院冻结被执行人的银行存款的期限不得超过一年,查封、扣押动产的期限不得超过两年,查封不动产、冻结其他财产权的期限不得超过三年。申请执行人申请延长期限的,人民法院应当在查封、扣押、冻结期限届满前办理续行查封、扣押、冻结手续,续行期限不得超过前款规定的期限。人民法院也可以依职权办理续行查封、扣押、冻结手续。"

6. 解除查封、扣押、冻结财产的法定情形

《查封、扣押、冻结财产规定》第 31 条规定:"有下列情形之一的,人民法院应当作出解除查封、扣押、冻结裁定,并送达申请执行人、被执行人或者案外人:(一)查封、扣押、冻结案外人财产的;(二)申请执行人撤回执行申请或者放弃债权的;(三)查封、扣押、冻结的财产流拍或者变卖不成,申请执行人和其他执行债权人又不同意接受抵债的;(四)债务已经清偿的;(五)被执行人提供担保且申请执行人同意解除查封、扣押、冻结的;(六)人民法院认为应当解除查封、扣押、冻结的其他情形。解除以登记方式实施的查封、扣押、冻结的,应当向登记机关发出协助执行通知书。"

（四）拍卖、变卖被执行人的财产

根据《民事诉讼法》第 247 条的规定并结合《民诉司法解释》第 488、第 490 条的规定，被执行人逾期不履行的，人民法院应当拍卖被查封、扣押的财产；不适于拍卖或者当事人双方同意不进行拍卖的，人民法院可以委托有关单位变卖或者自行变卖。可见，对于被查封、扣押的财产，人民法院既可以直接拍卖或变卖，也可以委托有关单位拍卖或变卖。根据《民诉司法解释》第 488 条的规定，对于拍卖，有关单位应是"**具备相应资质的拍卖机构**"。

对于委托拍卖，最高人民法院于 2004 年 11 月 15 日颁布的《关于人民法院民事执行中拍卖、变卖财产的规定》（该规定 2005 年 1 月 1 日起生效，以下简称《拍卖、变卖财产规定》）作了具体的规定。

1. 评估机构的确定

《拍卖、变卖财产规定》第 5 条规定："评估机构由当事人协商一致后经人民法院审查确定；协商不成的，从负责执行的人民法院或者被执行人财产所在地的人民法院确定的评估机构名册中，采取随机的方式确定；当事人双方申请通过公开招标方式确定评估机构的，人民法院应当准许。"

2. 拍卖机构的确定

《拍卖、变卖财产规定》第 7 条规定："拍卖机构由当事人协商一致后经人民法院审查确定；协商不成的，从负责执行的人民法院或者被执行人财产所在地的人民法院确定的拍卖机构名册中，采取随机的方式确定；当事人双方申请通过公开招标方式确定拍卖机构的，人民法院应当准许。"

3. 撤回委托拍卖的法定情形

《拍卖、变卖财产规定》第 20 条规定："在拍卖开始前，有下列情形之一的，人民法院应当撤回拍卖委托：（一）据以执行的生效法律文书被撤销的；（二）申请执行人及其他执行债权人撤回执行申请的；（三）被执行人全部履行了法律文书确定的金钱债务的；（四）当事人达成了执行和解协议，不需要拍卖财产的；（五）案外人对拍卖财产提出确有理由的异议的；（六）拍卖机构与竞买人恶意串通的；（七）其他应当撤回拍卖委托的情形。"

（五）以物抵债

《民诉司法解释》第 491 条规定："经申请执行人和被执行人同意，且不损害其他债权人合法权益和社会公共利益的，人民法院可以不经拍卖、变卖，直接将被执行人的财产作价交申请执行人抵偿债务。对剩余债务，被执行人应当继续清偿。"

《民诉司法解释》第 492 条规定："被执行人的财产无法拍卖或者变卖的，经申请执行人同意，且不损害其他债权人合法权益和社会公共利益的，人民法院可以将该项财产作价后交付申请执行人抵偿债务，或者交付申请执行人管理；申请执行人拒绝接收或者管理的，退回被执行人。"

《民诉司法解释》第 493 条规定："拍卖成交或者依法定程序裁定以物抵债的，标的物所有权自拍卖成交裁定或者抵债裁定送达买受人或者接受抵债物的债权人时转移。"

二、例题

执行法院对下列哪些财产不得采取执行措施？（2008 年真题，多选）

A. 被执行人未发表的著作

B. 被执行人及其所扶养家属完成义务教育所必需的物品
C. 金融机构交存在中国人民银行的存款准备金和备付金
D. 金融机构的营业场所

[释疑] 该题直接考查执行财产的范围。根据最高人民法院《查封、扣押、冻结财产规定》第5条的规定,选项A与B符合题意;根据《执行规定》第34条的规定,选项C与D符合题意。(答案:ABCD)

三、提示与预测

该考点近年考试没有涉及,但由于2005年1月1日起开始施行的最高人民法院《关于人民法院民事执行中查封、扣押、冻结财产的规定》和最高人民法院《关于人民法院民事执行中拍卖、变卖财产的规定》,对查封、扣押、冻结的基本规定作出了较为详细的规定,所以2008年考试第一次对该内容有所涉及。

考点 13 执行措施之对完成行为的执行

一、精讲

1. 强制迁出房屋或退出土地

人民法院在采取强制被执行人迁出房屋或者退出土地的强制措施时,必须由院长签发公告,责令被执行人在指定的期间内迁出房屋或者退出土地,而不得直接采取该措施。被执行人逾期仍不履行其义务时,由执行员强制执行。

2. 强制完成生效法律文书指定的行为

《民事诉讼法》第252条规定:"对判决、裁定和其他法律文书指定的行为,被执行人未按执行通知履行的,人民法院可以强制执行或者委托有关单位或者其他人完成,费用由被执行人承担。"

《民诉司法解释》第503条规定:"被执行人不履行生效法律文书确定的行为义务,该义务可由他人完成的,人民法院可以选定代履行人;法律、行政法规对履行该行为义务有资格限制的,应当从有资格的人中选定。必要时,可以通过招标的方式确定代履行人。申请执行人可以在符合条件的人中推荐代履行人,也可以申请自己代为履行,是否准许,由人民法院决定。"

《民诉司法解释》第504条规定:"代履行费用的数额由人民法院根据案件具体情况确定,并由被执行人在指定期限内预先支付。被执行人未预付的,人民法院可以对该费用强制执行。代履行结束后,被执行人可以查阅、复制费用清单以及主要凭证。"

《民诉司法解释》第505条规定:"被执行人不履行法律文书指定的行为,且该项行为只能由被执行人完成的,人民法院可以依照民事诉讼法第一百一十一条第一款第六项规定处理。被执行人在人民法院确定的履行期间内仍不履行的,人民法院可以依照民事诉讼法第一百一十一条第一款第六项规定再次处理。"

3. 侵犯名誉权案件中的强制执行

在侵犯名誉权的案件中,对于赔礼道歉、消除影响等行为的执行,如果被执行人拒绝履行,人民法院可以采取公告、登报等方式,将判决的主要内容及有关情况公布于众,费用由被执行人负担。并可以按照《民事诉讼法》第111条第2款的规定处理,即罚款、拘留,甚至刑事处罚。

二、例题

在甲公司诉某省海兴市的《现代企业经营》杂志和作者吕某名誉侵权一案中,如果法院作出终审判决,杂志社赔偿甲公司1万元,并登报进行赔礼道歉。杂志社履行了赔偿义务,但拒绝赔礼道歉。如果甲公司要求法院强制执行,法院可以采取的措施有?(2008年真题,不定选)

A. 采取公告、登报等方式,将判决的主要内容公布于众,费用由报社承担
B. 对报社负责人予以罚款、拘留
C. 由报社支付迟延履行金
D. 如果构成犯罪,可以追究报社负责人的刑事责任

[释疑] 本题综合考查拒不履行生效法律文书的法律后果。根据最高人民法院《关于审理名誉权案件若干问题的解答》第11问:"侵权人不执行生效判决,不为对方恢复名誉、消除影响、赔礼道歉的,应如何处理?答:侵权人拒不执行生效判决,不为对方恢复名誉、消除影响的,人民法院可以采取公告、登报等方式,将判决的主要内容及有关情况公布于众,费用由被执行人负担,并可依照民事诉讼法第一百零二条第六项的规定处理(现第111条)。"A、B、D项正确。根据《民事诉讼法》第253条的规定:"被执行人未按判决、裁定和其他法律文书指定的期间履行给付金钱义务的,应当加倍支付迟延履行期间的债务利息。被执行人未按判决、裁定和其他法律文书指定的期间履行其他义务的,应当支付迟延履行金。"C项正确。(答案:ABCD)

三、提示与预测

对侵犯名誉权案件中的强制执行是考试重点,应当掌握。此外,对行为的执行往往和执行保障性措施结合在一起考查,即考查拒不履行生效法律文书的法律后果。

考点 14 执行措施之对被执行人到期债权的执行

一、精讲

1. 申请

被执行人不能清偿到期债务,但是对本案以外的第三人享有到期债权的,人民法院可以根据申请执行人或被执行人的申请,向第三人发出履行到期债务的通知。履行通知必须直接送达第三人。

2. 第三人的异议及处理

第三人对履行通知的异议一般应当以书面形式提出,口头提出的,执行人员应记入笔录,并由第三人签字或盖章。第三人在履行通知指定的期间内提出异议的,人民法院不得对第三人强制执行,对提出的异议不进行审查。第三人提出自己无履行能力或者其与申请执行人无直接法律关系,不属于这里所指的异议。第三人对债务部分承认、部分有异议的,可以对其承认的部分强制执行。

3. 第三人擅自向被执行人履行的法律后果

第三人收到人民法院要求其履行到期债务的通知后,擅自向被执行人履行,造成已向被执行人履行的财产不能追回,除在已履行的财产范围内与被执行人承担连带清偿责任外,可以

追究其妨害执行的责任。

二、例题

甲公司对乙公司的50万元债权经法院裁判后进入强制执行程序,被执行人乙公司不能清偿债务,但对第三人(即丙公司)享有30万元的到期债权。甲公司欲申请法院对被执行人的到期债权予以执行。关于该执行程序,下列哪些选项是错误的?(2007年真题,多选)

A. 丙公司应在接到法院发出的履行到期债务通知后的30日内,向甲公司履行债务或提出异议

B. 丙公司如果对法院的履行通知提出异议,必须采取书面方式

C. 丙公司在履行通知指定的期间内提出异议的,法院应当对提出的异议进行审查

D. 在对丙公司作出强制执行裁定后,丙公司确无财产可供执行的,法院可以就丙公司对他人享有的到期债权强制执行

[释疑] 该题综合性考查对被执行人到期债权的执行。根据《执行规定》第61条的规定,第三人对履行到期债权有异议的,应当在收到履行通知后的15日内向执行法院提出。故选项A是错误的。

根据《执行规定》第62条的规定,第三人对履行通知的异议一般应当以书面形式提出,口头提出的,执行人员应记入笔录,并由第三人签字或盖章。故选项B是错误的。

根据《执行规定》第63条的规定,第三人在履行通知指定的期间内提出异议的,人民法院不得对第三人强制执行,对提出的异议不进行审查。故选项C是错误的。

根据《执行规定》第68条的规定,在对第三人作出强制执行裁定后,第三人确无财产可供执行的,不得就第三人对他人享有的到期债权强制执行。故选项D是错误的。(答案:ABCD)

三、提示与预测

对被执行人到期债权的执行是高频考点,应当掌握。此外,应当注意《民诉司法解释》对被执行人到期债权执行的相关内容。

《民诉司法解释》第501条规定:"人民法院执行被执行人对他人的到期债权,可以作出冻结债权的裁定,并通知该他人向申请执行人履行。该他人对到期债权有异议,申请执行人请求对异议部分强制执行的,人民法院不予支持。利害关系人对到期债权有异议的,人民法院应当按照民事诉讼法第二百二十七条规定处理。对生效法律文书确定的到期债权,该他人予以否认的,人民法院不予支持。"

考点 15 参与分配

一、精讲

参与分配制度是指被执行人为公民或者其他组织,其全部或者主要财产已被一个人民法院因执行确定金钱给付的判决而查封、扣押或冻结,无其他财产可供执行或者其他财产不足以清偿全部债务时,在被执行人的财产被分割完毕前,对该被执行人已经取得金钱执行根据的其他债权人,向人民法院申请就其所享有的债权公平受偿的制度。

1. 参与分配的主体

《民诉司法解释》第 508 条规定:"被执行人为公民或者其他组织,在执行程序开始后,被执行人的其他已经取得执行依据的债权人发现被执行人的财产不能清偿所有债权的,可以向人民法院申请参与分配。对人民法院查封、扣押、冻结的财产有优先权、担保物权的债权人,可以直接申请参与分配,主张优先受偿权。"

2. 参与分配的申请

《民诉司法解释》第 509 条规定:"申请参与分配,申请人应当提交申请书。申请书应当写明参与分配和被执行人不能清偿所有债权的事实、理由,并附有执行依据。参与分配申请应当在执行程序开始后,被执行人的财产执行终结前提出。"

3. 参与分配程序中的清偿顺序

《民诉司法解释》第 510 条规定:"参与分配执行中,执行所得价款扣除执行费用,并清偿应当优先受偿的债权后,对于普通债权,原则上按照其占全部申请参与分配债权数额的比例受偿。清偿后的剩余债务,被执行人应当继续清偿。债权人发现被执行人有其他财产的,可以随时请求人民法院执行。"

4. 参与分配方案及异议

《民诉司法解释》第 511 条规定:"多个债权人对执行财产申请参与分配的,执行法院应当制作财产分配方案,并送达各债权人和被执行人。债权人或者被执行人对分配方案有异议的,应当自收到分配方案之日起十五日内向执行法院提出书面异议。"

5. 对于分配方案异议的处理

《民诉司法解释》第 512 条规定:"债权人或者被执行人对分配方案提出书面异议的,执行法院应当通知未提出异议的债权人、被执行人。未提出异议的债权人、被执行人自收到通知之日起十五日内未提出反对意见的,执行法院依异议人的意见对分配方案审查修正后进行分配;提出反对意见的,应当通知异议人。异议人可以自收到通知之日起十五日内,以提出反对意见的债权人、被执行人为被告,向执行法院提起诉讼;异议人逾期未提起诉讼的,执行法院按照原分配方案进行分配。诉讼期间进行分配的,执行法院应当提存与争议债权数额相应的款项。"

二、例题

1. 甲向法院申请执行郭某的财产,乙、丙和丁向法院申请参与分配,法院根据郭某财产以及各执行申请人债权状况制定了财产分配方案。甲和乙认为分配方案不合理,向法院提出了异议,法院根据甲和乙的意见,对分配方案进行修正后,丙和丁均反对。关于本案,下列哪一表述是正确的?(2016 年真题,单选)

A. 丙、丁应向执行法院的上一级法院申请复议
B. 甲、乙应向执行法院的上一级法院申请复议
C. 丙、丁应以甲和乙为被告向执行法院提起诉讼
D. 甲、乙应以丙和丁为被告向执行法院提起诉讼

[释疑] 本题考查对分配方案异议的救济。根据《民诉司法解释》第 512 条的规定,债权人或者被执行人对分配方案提出书面异议的,执行法院应当通知未提出异议的债权人、被执行人。未提出异议的债权人、被执行人自收到通知之日起十五日内未提出反对意见的,执行法院依异议人的意见对分配方案审查修正后进行分配;提出反对意见的,应当通知异议人。异议人

可以自收到通知之日起十五日内,以提出反对意见的债权人、被执行人为被告,向执行法院提起诉讼;异议人逾期未提起诉讼的,执行法院按照原分配方案进行分配。可见,对反对分配方案异议的救济是以提出反对意见的债权人、被执行人为被告提起参与分配异议之诉,而非向执行法院的上一级法院申请复议,本案中,异议人是甲、乙,对异议持反对意见的是丙、丁,D项正确,ABC项错误。(答案:D)

2. 执行程序的参与分配制度对适用条件作了规定。下列哪一选项不属于参与分配适用的条件?(2011年真题,单选)

A. 被执行人的财产无法清偿所有的债权
B. 被执行人为法人或其他组织而非自然人
C. 有多个申请人对同一被申请人享有债权
D. 参与分配的债权只限于金钱债权

[释疑] 根据《民诉司法解释》第508条的规定,被执行人为公民或者其他组织,在执行程序开始后,被执行人的其他已经取得执行依据的债权人发现被执行人的财产不能清偿所有债权的,可以向人民法院申请参与分配。B项正确(答案:B)

三、提示与预测

主要掌握参与分配的条件以及参与分配异议之诉。

考点 16 保障性执行措施

一、精讲

1. 支付迟延履行期间利息或迟延履行金

《民事诉讼法》第253条规定:"被执行人未按判决、裁定和其他法律文书指定的期间履行给付金钱义务的,应当加倍支付迟延履行期间的债务利息。被执行人未按判决、裁定和其他法律文书指定的期间履行其他义务的,应当支付迟延履行金。"

《民诉司法解释》第506条规定:"被执行人迟延履行的,迟延履行期间的利息或者迟延履行金自判决、裁定和其他法律文书指定的履行期间届满之日起计算。"

《民诉司法解释》第507条规定:"被执行人未按判决、裁定和其他法律文书指定的期间履行非金钱给付义务的,无论是否已给申请执行人造成损失,都应当支付迟延履行金。已经造成损失的,双倍补偿申请执行人已经受到的损失;没有造成损失的,迟延履行金可以由人民法院根据具体案件情况决定。"

可见,该措施并不是实现生效法律文书的强制执行措施,而是对逾期不履行义务人的一种惩罚性措施,即对于金钱债务,如果义务人逾期不履行义务,应当加倍支付延迟履行期间的债务利息;对于非金钱债务,应当支付迟延履行金。

2. 财产报告制度

《民事诉讼法》第241条规定:"被执行人未按执行通知履行法律文书确定的义务,应当报告当前以及收到执行通知之日前一年的财产情况。被执行人拒绝报告或者虚假报告的,人民法院可以根据情节轻重对被执行人或者其法定代理人、有关单位的主要负责人或者直接责任人员予以罚款、拘留。"

（1）财产报告制度的前提。被执行人未按执行通知履行法律文书确定的义务。
（2）财产报告的期间要求。被执行人当前以及收到执行通知之日前一年的财产情况。
（3）拒绝报告或者虚假报告的法律责任。人民法院可以根据情节轻重对被执行人或者其法定代理人、有关单位的主要负责人或者直接责任人员予以罚款、拘留。

为完善该财产报告制度，《执行程序解释》第31条至第35条又作出了更加详细的规定，主要内容如下：

（1）报告财产令。根据《执行程序解释》第31条的规定，人民法院依照《民事诉讼法》第241条的规定责令被执行人报告财产情况的，应当向其发出报告财产令。报告财产令中应当写明报告财产的范围、报告财产的期间、拒绝报告或者虚假报告的法律后果等内容。
（2）报告财产的范围。根据《执行程序解释》第32条的规定，被执行人依照《民事诉讼法》第241条的规定，应当书面报告下列财产情况：① 收入、银行存款、现金、有价证券；② 土地使用权、房屋等不动产；③ 交通运输工具、机器设备、产品、原材料等动产；④ 债权、股权、投资权益、基金、知识产权等财产性权利；⑤ 其他应当报告的财产。

3. 执行威慑制度

《民事诉讼法》第255条规定："被执行人不履行法律文书确定的义务的，人民法院可以对其采取或者通知有关单位协助采取限制出境，在征信系统记录、通过媒体公布不履行义务信息以及法律规定的其他措施。"

（1）限制出境

① 限制出境的适用。根据《执行程序解释》第36条的规定，依照《民事诉讼法》第255条的规定对被执行人限制出境的，应当由申请执行人向执行法院提出书面申请；必要时，执行法院可以依职权决定。

② 限制出境的对象。限制出境的对象是被申请执行人，包括自然人、法人的法定代表人和其他组织的负责人。根据《执行程序解释》第37条的规定，被执行人为单位的，可以对其法定代表人、主要负责人或者影响债务履行的直接责任人员限制出境。被执行人为无民事行为能力人或者限制民事行为能力人的，可以对其法定代理人限制出境。

③ 限制出境措施的解除。根据《执行程序解释》第38条的规定，在限制出境期间，被执行人履行法律文书确定的全部债务的，执行法院应当及时解除限制出境措施；被执行人提供充分、有效的担保或者申请执行人同意的，可以解除限制出境措施。

（2）不良诚信记录，是人民法院通过对被执行人信用体系形成影响从而促使其履行生效法律文书的新制度。法院通过联合公安、工商、银行、出入境管理、房地产管理、媒体等部门，对拒不履行生效裁判确定的给付财产义务的被执行人，通过限制工商登记、限制贷款、限制投资、限制购房、限制出境等办法，促使其自动履行生效裁判。

（3）失信被执行人名单。《民诉司法解释》第518条规定："被执行人不履行法律文书确定的义务的，人民法院除对被执行人予以处罚外，还可以根据情节将其纳入失信被执行人名单，将被执行人不履行或者不完全履行义务的信息向其所在单位、征信机构以及其他相关机构通报。"

4. 限制高消费

2010年5月最高人民法院通过了《关于限制被执行人高消费的若干规定》，并在2011年大纲新增本考点，2015年进行了修正，并更名为《关于限制被执行人高消费及有关消费的若干规定》，考生应了解相关规定。被执行人未按执行通知书指定的期间履行生效法律文书确定的给付义务的，人民法院可以限制其高消费及非生活或经营必需的有关消费，禁止被执行人及其法定代表人、主要负责人、影响债务履行的直接责任人以被执行人的财产支付下列行为的费用：

(1) 乘坐交通工具时，选择飞机、列车软卧、轮船二等以上舱位；
(2) 在星级以上宾馆、酒店、夜总会、高尔夫球场等场所进行高消费；
(3) 购买不动产或者新建、扩建、高档装修房屋；
(4) 租赁高档写字楼、宾馆、公寓等场所办公；
(5) 购买非经营必需车辆；
(6) 旅游、度假；
(7) 子女就读高收费私立学校；
(8) 支付高额保费购买保险理财产品；
(9) 乘坐G字头动车组全部座位、其他动车组列车一等以上座位等其他非生活和工作必需的消费行为。

限制消费的执行措施可以由债权人向人民法院申请启动，也可由人民法院自行依职权启动。人民法院决定采取限制消费措施的，应当向被执行人发出限制消费令。被执行人依法履行生效法律文书确定的义务的，人民法院应当及时解除限制消费令。

二、例题

1. 田某拒不履行法院令其迁出钟某房屋的判决，因钟某已与他人签订租房合同，房屋无法交给承租人，使钟某遭受损失，钟某无奈之下向法院申请强制执行。法院受理后，责令田某15日内迁出房屋，但田某仍拒不履行。关于法院对田某可以采取的强制执行措施，下列哪些选项是正确的？(2016年真题，多选)

A. 罚款
B. 责令田某向钟某赔礼道歉
C. 责令田某双倍补偿钟某所受到的损失
D. 责令田某加倍支付以钟某所受损失为基数的同期银行利息

[释疑] 本题考查对拒不履行生效法律文书可采取的强制执行措施。根据《民事诉讼法》第111条的规定，拒不履行生效法律文书的行为构成妨碍民事诉讼的行为，可以对当事人进行罚款和拘留，A项正确；本案判决仅涉及责令迁出房屋，并未有赔礼道歉的判项，B项错误；根据《民诉司法解释》第507条的规定：被执行人未按判决、裁定和其他法律文书指定的期间履行非金钱给付义务的，无论是否已给申请执行人造成损失，都应当支付迟延履行金。已经造成损失的，双倍补偿申请执行人已经受到的损失；没有造成损失的，迟延履行金可以由人民法院根据具体案件情况决定。本案属于非金钱义务，C项正确，D项错误。（答案：AC）

2. 兴源公司与郭某签订钢材买卖合同，并书面约定本合同一切争议由中国国际经济贸易仲裁委员会仲裁。兴源公司支付100万元预付款后，因郭某未履约依法解除了合同。郭某一直未将预付款返还，兴源公司遂提出返还货款的仲裁请求，仲裁庭适用简易程序审理，并作出裁决，支持该请求。

由于郭某拒不履行裁决，兴源公司申请执行。郭某无力归还100万元现金，但可以收藏的多幅字画提供执行担保。担保期满后郭某仍无力还款,法院在准备执行该批字画时,朱某向法院提出异议,主张自己才是这些字画的所有权人,郭某只是代为保管。针对本案中郭某拒不履行债务的行为,法院采取的正确的执行措施是(2013年真题,不定选)

A. 依职权决定限制郭某乘坐飞机
B. 要求郭某报告当前的财产情况
C. 强制郭某加倍支付迟延履行期间的债务利息
D. 根据郭某的申请,对拖欠郭某货款的金康公司发出履行通知

[释疑] 本案考查拒不履行债务行为的法律后果。根据最高人民法院《关于限制被执行人高消费及有关消费的若干规定》第3条规定,被执行人未按执行通知书指定的期间履行生效法律文书确定的给付义务的,人民法院可以限制其高消费,包括(1)乘坐交通工具时,选择飞机、列车软卧、轮船二等以上舱位;(2)在星级以上宾馆、酒店、夜总会、高尔夫球场等场所进行高消费等,A项正确;根据《民事诉讼法》第241条的规定,被执行人未按执行通知履行法律文书确定的义务,应当报告当前以及收到执行通知之日前一年的财产情况,B项正确;根据《民事诉讼法》第253条的规定,被执行人未按判决、裁定和其他法律文书指定的期间履行给付金钱义务的,应当加倍支付迟延履行期间的债务利息,C项正确;根据《民事诉讼法》第240条的规定,执行员接到申请执行书或者移交执行书,应当向被执行人发出执行通知,并可以立即采取强制执行措施。D项正确。(答案:ABCD)

三、提示与预测

拒不履行生效法律文书的后果是高频考点,应当掌握。

考点 17 执行中止与执行终结

一、精讲

1. 执行中止,即在执行过程中,由于法定特殊原因的出现,使执行程序暂停,原因消失后再行恢复的制度。

执行中止的法定情形(《民事诉讼法》第256条以及《执行规定》第102条):
(1) 申请人表示可以延期执行的;
(2) 案外人对执行标的提出确有理由的异议的;
(3) 作为一方当事人的公民死亡,需要等待继承人继承权利或者承担义务的;
(4) 作为一方当事人的法人或者其他组织终止,尚未确定权利义务承受人的;
(5) 人民法院认为应当中止执行的其他情形,包括:
① 人民法院已受理以被执行人为债务人的破产申请的;
② 被执行人确无财产可供执行的;
③ 执行标的物是其他法院或仲裁机构正在审理的案件争议标的物,需要等待该案件审理完毕确定权属的;
④ 一方当事人申请执行仲裁裁决,另一方当事人申请撤销仲裁裁决的;
⑤ 仲裁裁决的被申请执行人依据《民事诉讼法》第237条第2款的规定向人民法院提出不予执行请求,并提供适当担保的。

2. 执行终结

在执行过程中，由于某种法定特殊原因的出现，使执行程序无法继续进行或者继续进行已失去意义时，从而结束执行程序的法律制度。

执行终结的具体法定情形（《民事诉讼法》第257条）：

(1) 申请人撤销申请的；
(2) 据以执行的法律文书被撤销的；
(3) 作为被执行人的公民死亡，无遗产可供执行，又无义务承担人的；
(4) 追索赡养费、扶养费、抚育费案件的权利人死亡的；
(5) 作为被执行人的公民因生活困难无力偿还借款，无收入来源，又丧失劳动能力的；
(6) 人民法院认为应当终结执行的其他情形。

二、提示与预测

注意《民诉司法解释》新增加的内容以及执行结束后对妨害执行标的物的处理。

(1) 终结本次执行程序。《民诉司法解释》第519条规定："经过财产调查未发现可供执行的财产，在申请执行人签字确认或者执行法院组成合议庭审查核实并经院长批准后，可以裁定终结本次执行程序。依照前款规定终结执行后，申请执行人发现被执行人有可供执行财产的，可以再次申请执行。再次申请不受申请执行时效期间的限制。"

(2) 撤销申请执行后再次申请执行的处理。《民诉司法解释》第520条规定："因撤销申请而终结执行后，当事人在民事诉讼法第二百三十九条规定的申请执行时效期间内再次申请执行的，人民法院应当受理。"

(3) 执行终结后对妨害执行标的物的处理。《民诉司法解释》第521条规定："在执行终结六个月内，被执行人或者其他人对已执行的标的有妨害行为的，人民法院可以依申请排除妨害，并可以依照民事诉讼法第一百一十一条规定进行处罚。因妨害行为给执行债权人或者其他人造成损失的，受害人可以另行起诉。"

第二十三章　涉外民事诉讼程序

考点 1　涉外民事诉讼管辖适用的条件

一、精讲

涉外民事诉讼程序是人民法院审理具有涉外因素的民事案件时所适用的程序。对于涉外民事案件的范围，《民诉司法解释》第522条规定："有下列情形之一，人民法院可以认定为涉外民事案件：（一）当事人一方或者双方是外国人、无国籍人、外国企业或者组织的；（二）当事人一方或者双方的经常居所地在中华人民共和国领域外的；（三）标的物在中华人民共和国领域外的；（四）产生、变更或者消灭民事关系的法律事实发生在中华人民共和国领域外的；（五）可以认定为涉外民事案件的其他情形。"

在我国涉港、澳、台的民事案件，通常参照适用涉外民事诉讼程序。

涉外民事诉讼的管辖主要包括以下内容：

1. 牵连管辖

《民事诉讼法》第265条规定:"因合同纠纷或者其他财产权益纠纷,对在中华人民共和国领域内没有住所的被告提起的诉讼,如果合同在中华人民共和国领域内签订或者履行,或者诉讼标的物在中华人民共和国领域内,或者被告在中华人民共和国领域内有可供扣押的财产,或者被告在中华人民共和国领域内设有代表机构,可以由合同签订地、合同履行地、诉讼标的物所在地、可供扣押财产所在地、侵权行为地或者代表机构住所地人民法院管辖。"

可见,牵连管辖的内容包括三点:

(1) 适用于合同纠纷和其他财产权益纠纷案件;

(2) 被告在中国领域内没有住所;

(3) 可以由与案件有一定牵连关系的人民法院管辖,即如果合同在中华人民共和国领域内签订或者履行,或者诉讼标的物在中国领域内,或者被告在中国领域内有可供扣押的财产,或者被告在中国领域内设有代表机构,可以由合同签订地、合同履行地、诉讼标的物所在地、可供扣押财产所在地、侵权行为地或者代表机构住所地人民法院管辖。

2. 专属管辖

《民事诉讼法》第266条规定,涉外特殊案件专属管辖是指"因在中华人民共和国履行中外合资经营企业合同、中外合作经营企业合同、中外合作勘探开发自然资源合同发生纠纷提起的诉讼,由中华人民共和国人民法院管辖"。涉外特殊案件仅专属于中国法院管辖,目的在于排除其他国家法院对该案件的管辖权。

3. 协议外国法院管辖

《民诉司法解释》第531条规定:"涉外合同或者其他财产权益纠纷的当事人,可以书面协议选择被告住所地、合同履行地、合同签订地、原告住所地、标的物所在地、侵权行为地等与争议有实际联系地点的外国法院管辖。根据民事诉讼法第三十三条和第二百六十六条规定,属于中华人民共和国法院专属管辖的案件,当事人不得协议选择外国法院管辖,但协议选择仲裁的除外。"

二、例题

关于涉外民事诉讼管辖的表述,下列哪一选项是正确的?(2013年真题,单选)

A. 凡是涉外诉讼与我国法院所在地存在一定实际联系的,我国法院都有管辖权,体现了诉讼与法院所在地实际联系原则

B. 当事人在不违反级别管辖和专属管辖的前提下,可以约定各类涉外民事案件的管辖法院,体现了尊重当事人原则

C. 中外合资经营企业与其他民事主体的合同纠纷,专属我国法院管辖,体现了维护国家主权原则

D. 重大的涉外案件由中级以上级别的法院管辖,体现了便于当事人诉讼原则

[释疑] 该题综合考查关于涉外民事诉讼管辖的相关规定。根据《民事诉讼法》第265条关于牵连管辖的规定,选项A是正确的。根据本法第34条的规定,当事人协议约定管辖适用于合同纠纷或者其他财产权益纠纷,因此,选项B是不正确的。根据本法第266条的规定,在中国履行的中外合资经营企业合同纠纷,由中国法院管辖,因此,选项C是不正确的。根据民事诉讼理论,有重大影响的案件由中级以上级别的法院管辖体现了权衡各级法院职能的原

则,因此,选项 D 是不正确的。(答案:A)

三、提示与预测

1. 不方便管辖

《民诉司法解释》第 532 条规定:"涉外民事案件同时符合下列情形的,人民法院可以裁定驳回原告的起诉,告知其向更方便的外国法院提起诉讼:(一) 被告提出案件应由更方便外国法院管辖的请求,或者提出管辖异议;(二) 当事人之间不存在选择中华人民共和国法院管辖的协议;(三) 案件不属于中华人民共和国法院专属管辖;(四) 案件不涉及中华人民共和国国家、公民、法人或者其他组织的利益;(五) 案件争议的主要事实不是发生在中华人民共和国境内,且案件不适用中华人民共和国法律,人民法院审理案件在认定事实和适用法律方面存在重大困难;(六) 外国法院对案件享有管辖权,且审理该案件更加方便。"

2. 国际间平行诉讼

《民诉司法解释》第 533 条规定:"中华人民共和国法院和外国法院都有管辖权的案件,一方当事人向外国法院起诉,而另一方当事人向中华人民共和国法院起诉的,人民法院可予受理。判决后,外国法院申请或者当事人请求人民法院承认和执行外国法院对本案作出的判决、裁定的,不予准许;但双方共同缔结或者参加的国际条约另有规定的除外。外国法院判决、裁定已经被人民法院承认,当事人就同一争议向人民法院起诉的,人民法院不予受理。"

3. 专属管辖不得对抗仲裁,如果当事人就一个法律规定的属于专属管辖的案件签订仲裁协议,提交国内或外国仲裁机构仲裁解决的,该协议不因专属管辖而无效,应当适用仲裁裁决。

考点 2 涉外民事诉讼中期间的特别规定

一、精讲

在涉外民事诉讼中,如果当事人在我国领域内有住所的,适用民事诉讼法关于期间的一般规定;如果当事人在我国领域内没有住所的,则应当适用民事诉讼法关于涉外民事诉讼期间的特别规定。

涉外民事诉讼期间的特别规定,主要涉及两个问题:① 答辩期;② 上诉期(包括对一审判决的上诉期与对一审裁定的上诉期)。上述两个期间均为 30 日,并且答辩期与上诉期可以延长,即当事人可以申请延长,是否准许由人民法院决定。此外,人民法院审理涉外民事案件,不受民事诉讼法关于第一审与第二审审限的规定。此外,根据《民诉司法解释》第 539 条的规定,人民法院对涉外民事案件的当事人申请再审进行审查的期间,不受《民事诉讼法》第 204 条规定的限制。

二、例题

1. 2012 年 1 月,中国甲市公民李虹(女)与美国留学生琼斯(男)在中国甲市登记结婚,婚后两人一直居住在甲市 B 区。2014 年 2 月,李虹提起离婚诉讼,甲市 B 区法院受理了该案件,适用普通程序审理。关于本案,下列哪些表述是正确的?(2014 年真题,多选)

A. 本案的一审审理期限为 6 个月

B. 法院送达诉讼文书时,对李虹与琼斯可采取同样的方式

C. 不服一审判决,李虹的上诉期为 15 天,琼斯的上诉期为 30 天

D. 美国驻华使馆法律参赞可以个人名义作为琼斯的诉讼代理人参加诉讼

[释疑] 本题考查涉外案件的特殊规定。涉外案件的审限不受《民事诉讼法》规定审限的限制,A 项错误;涉外期间和送达的特殊规定,仅适用于在中国境内没有住所的人,与国籍无关,B 项正确、C 项错误;在涉外案件中,外国驻华使领馆官员,可以以个人名义担任诉讼代理人,D 项正确。(答案:BD)

2. 住所位于我国 A 市 B 区的甲公司与美国乙公司在我国 M 市 N 区签订了一份买卖合同,美国乙公司在我国 C 市 D 区设有代表处。甲公司因乙公司提供的产品质量问题诉至法院。关于本案,下列哪些选项是正确的?(2010 年真题,多选)

A. M 市 N 区法院对本案有管辖权

B. C 市 D 区法院对本案有管辖权

C. 法院向乙公司送达时,可向乙公司设在 C 市 D 区的代表处送达

D. 如甲公司不服一审判决,应当在一审判决书送达之日起 15 日内提起上诉

[释疑] 该题综合性考查涉外民事诉讼管辖、送达与期间问题。根据《民事诉讼法》第 265 条的规定,M 市 N 区法院是合同签订地,C 市 D 区法院是被告在中华人民共和国领域内设有代表机构的地方,他们对本案都有管辖权,选项 A 与 B 是正确的;根据《民事诉讼法》第 267 条的规定,人民法院对在中华人民共和国领域内没有住所的当事人送达诉讼文书,可以采用下列方式:……(5)向受送达人在中华人民共和国领域内设立的代表机构或者有权接受送达的分支机构、业务代办人送达;……选项 C 是正确的;根据《民事诉讼法》第 267 条的规定,中华人民共和国领域内没有住所的当事人,不服第一审人民法院判决、裁定的,有权在判决书、裁定书送达之日起 30 日内提起上诉。被上诉人在收到上诉状副本后,应当在 30 日内提出答辩状。当事人不能在法定期间提起上诉或者提出答辩状,申请延期的,是否准许,由人民法院决定。选项 D 是正确的。(答案:ABCD)

三、提示与预测

1. 掌握涉外期间适用的条件:答辩期、上诉期为 30 日的适用主体是指在我国领域内没有住所的当事人,包括在我国领域内没有住所的中国籍公民和外国人。

2. 对在中华人民共和国领域内没有住所的当事人诉讼文书的送达

根据《民事诉讼法》第 267 条以及《民诉司法解释》第 535 条至第 537 条的规定,人民法院对在中华人民共和国领域内没有住所的当事人送达诉讼文书,可以采用下列方式:

(1) 依照受送达人所在国与中华人民共和国缔结或者共同参加的国际条约中规定的方式送达;

(2) 通过外交途径送达;

(3) 对具有中华人民共和国国籍的受送达人,可以委托中华人民共和国驻受送达人所在国的使领馆代为送达;

(4) 向受送达人委托的有权代其接受送达的诉讼代理人送达;

(5) 向受送达人在中华人民共和国领域内设立的代表机构或者有权接受送达的分支机构、业务代办人送达;

(6) 外国人或者外国企业、组织的代表人、主要负责人在中华人民共和国领域内的,人民

法院可以向该自然人或者外国企业、组织的代表人、主要负责人送达。外国企业、组织的主要负责人包括该企业、组织的董事、监事、高级管理人员等;

(7) 受送达人所在国的法律允许邮寄送达的,可以邮寄送达,自邮寄之日起满三个月,送达回证没有退回,但根据各种情况足以认定已经送达的,期间届满之日视为送达;

(8) 采用传真、电子邮件等能够确认受送达人收悉的方式送达;

(9) 人民法院一审时采取公告方式向当事人送达诉讼文书的,二审时可径行采取公告方式向其送达诉讼文书,但人民法院能够采取公告方式之外的其他方式送达的除外。公告送达,自公告之日起满3个月,即视为送达。

考点 3 司法协助的种类和途径

一、精讲

司法协助,是指不同国家的法院之间,根据本国缔结或者参加的国际条约,或者按照互惠原则,在司法事务上相互协助,代为一定诉讼行为的制度。

(一) 司法协助的依据

1. 条约

不同国家之间缔结的双边条约或共同参加的多边国际条约。

2. 互惠关系

当主权国家之间没有缔结双边条约或共同参加的多边国际条约时,一般情况下双方不能进行司法协助。但是,如果两国建有外交关系,根据国际惯例可以按照对等原则和互惠关系进行司法协助。

(二) 司法协助的种类

根据不同国家之间代为诉讼行为的不同,司法协助可以分为一般司法协助与特殊司法协助。

1. 一般司法协助

不同国家的法院之间,可以相互请求,代为送达文书、调查取证及代为进行其他诉讼行为。外国法院在进行民事诉讼过程中,请求中国法院代为进行上述司法协助行为时,需要依照我国缔结或者参加的国际条约进行,或者依照互惠原则进行。

【注意】外国驻中国的使、领馆在中国领域内向其本国公民送达文书和调查取证时,不得违反中国法律,并不得采取强制措施。

2. 特殊司法协助

对外国法院判决、裁定与仲裁机构仲裁裁决的承认与执行。

(1) 对外国法院判决、裁定的承认与执行。对外国法院判决、裁定的承认与执行需要具备的前提前提:该国与我国之间有条约关系或者互惠关系。

对外国法院判决、裁定的承认与执行需要具备的条件:一是外国法院判决、裁定已经发生法律效力;二是外国法院判决、裁定是依法定程序作出的;三是承认与执行外国法院判决、裁定不损害我国主权、安全和社会公共利益;四是该外国法院判决、裁定不违反我国法律的基本原则。

对外国法院判决、裁定的承认与执行的途径:一是依据该判决、裁定享有权利的当事人直接向被执行人住所地或者被执行财产所在地中级人民法院提出申请;二是外国法院依照该国与我国之间的条约或者互惠关系,直接向我国上述有管辖权的中级人民法院提出请求。

(2) 对外国仲裁机构仲裁裁决的承认与执行。由于我国已于 1986 年 12 月 2 日加入《承认与执行外国仲裁裁决的公约》(简称《纽约公约》),因此,各成员国的仲裁裁决需要在我国得到承认与执行的,可以按照《纽约公约》的规定办理。

(3) 对临时仲裁庭在我国领域外作出的仲裁裁决的承认与执行。《民诉司法解释》第 545 条规定:"对临时仲裁庭在中华人民共和国领域外作出的仲裁裁决,一方当事人向人民法院申请承认和执行的,人民法院应当依照民事诉讼法第二百八十三条规定处理。"

3. 承认与执行的具体程序

承认程序和执行程序是两个相互独立又联系的程序。

《民诉司法解释》第 546 条规定:"对外国法院作出的发生法律效力的判决、裁定或者外国仲裁裁决,需要中华人民共和国法院执行的,当事人应当先向人民法院申请承认。人民法院经审查,裁定承认后,再根据民事诉讼法第三编的规定予以执行。当事人仅申请承认而未同时申请执行的,人民法院仅对应否承认进行审查并作出裁定。"

《民诉司法解释》第 547 条规定:"当事人申请承认和执行外国法院作出的发生法律效力的判决、裁定或者外国仲裁裁决的期间,适用民事诉讼法第二百三十九条的规定。当事人仅申请承认而未同时申请执行的,申请执行的期间自人民法院对承认申请作出的裁定生效之日起重新计算。"

二、例题

1. 中国公民甲与外国公民乙因合同纠纷诉至某市中级人民法院,法院判决乙败诉。判决生效后,甲欲请求乙所在国家的法院承认和执行该判决。关于甲可以利用的途径,下列哪些说法是正确的? (2009 年真题,多选)

A. 可以直接向有管辖权的外国法院申请承认和执行

B. 可以向中国法院申请,由法院根据我国缔结或者参加的国际条约,或者按照互惠原则,请求外国法院承认和执行

C. 可以向司法行政部门申请,由司法行政部门根据我国缔结或者参加的国际条约,或者按照互惠原则,请求外国法院承认和执行

D. 可以向外交部门申请,由外交部门向外国中央司法机关请求协助

[释疑] 《民事诉讼法》第 280 条第 1 款规定:"人民法院作出的发生法律效力的判决、裁定,如果被执行人或者其财产不在中华人民共和国领域内,当事人请求执行的,可以由当事人直接向有管辖权的外国法院申请承认和执行,也可以由人民法院依照中华人民共和国缔结或者参加的国际条约的规定,或者按照互惠原则,请求外国法院承认和执行。"故选项 A 与 B 是正确的,而选项 C 与 D 是错误的。(答案:AB)

2. 根据《民事诉讼法》的规定,我国法院与外国法院可以进行司法协助,互相委托,代为一定的诉讼行为。但是在下列哪些情况下,我国法院应予以驳回或说明理由退回外国法院? (2008 年真题,多选)

A. 委托事项同我国的主权、安全不相容的

B. 不属于我国法院职权范围的

C. 违反我国法律的基本准则或者我国国家利益、社会利益的
D. 外国法院委托我国法院代为送达法律文书,未附中文译本的

[释疑] 该题考查一般司法协助的内容。根据《民事诉讼法》第278条、第280条的规定,选项A、B、C、D均是正确的。(答案:ABCD)

三、提示与预测

司法协助考生应当掌握。同时注意:承认与执行外国法院判决、裁定不得损害我国主权安全和社会公共利益;该外国法院的判决、裁定不违反我国法律的基本原则。

仲裁制度

中级教材

第一章 仲裁及仲裁法的概述

本章知识体系：

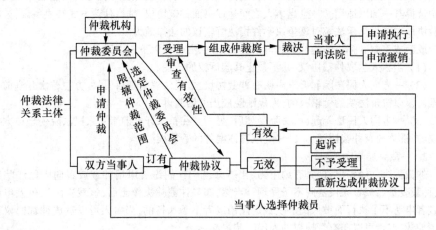

考点 1 仲裁范围(可仲裁事项)

一、精讲

仲裁是一种根据双方当事人在自愿基础上达成的书面仲裁协议，解决协议约定争议的方法，即在争议发生之前或者争议发生之后，当事人将所约定的争议提交约定的仲裁机构进行审理，并由其作出具有约束力的仲裁裁决的一种争议解决方式。

并不是所有的案件都可以通过仲裁的方式解决，根据《仲裁法》的规定，可以仲裁的范围为：平等主体的公民、法人和其他组织之间发生的合同纠纷及其他财产权益纠纷。

《仲裁法》还规定了不可仲裁的范围：
(1) 婚姻、收养、监护、抚养、继承纠纷；
(2) 依法应当由行政机关处理的行政争议。

可以仲裁，但是不适用仲裁法的案件范围：劳动争议与农业集体经济组织内部的农业承包合同纠纷不适用《仲裁法》。

二、提示与预测

对可仲裁事项的考查是与仲裁协议的效力相结合的，可仲裁事项是仲裁协议有效的要件之一，约定对不可仲裁事项进行仲裁，则仲裁协议无效。对可仲裁事项的规定，必须掌握。

考点 2　或裁或审制度和一裁终局制度

一、精讲

1. 或裁或审制度

仲裁和诉讼是两种解决民商事纠纷的方式,当事人就其所发生的争议,只能在仲裁或者诉讼中选择其一加以适用。一旦当事人之间达成书面仲裁协议,选择仲裁方式解决争议,该有效仲裁协议即产生排斥法院对该争议案件司法管辖权的法律效力。

或裁或审制度解决的是仲裁和诉讼的关系问题,包括以下三方面的内容:

(1) 当事人达成仲裁协议,并不禁止其起诉权的行使。

(2) 一方向人民法院起诉未声明有仲裁协议,人民法院受理后,另一方在首次开庭前提交仲裁协议以抗辩法院的管辖权的,人民法院应当驳回起诉。

(3) 一方向人民法院起诉,法院受理后,另一方在首次开庭前未对人民法院受理该案提出异议的,视为放弃仲裁协议,人民法院取得该案件的管辖权。

2. 一裁终局制度

仲裁裁决一经作出,即具有约束力,当事人就同一纠纷再申请仲裁或者向人民法院起诉的,仲裁委员会或者人民法院不予受理。当然,如果仲裁裁决作出后,该裁决因当事人申请撤销或者申请不予执行而被人民法院裁定撤销或者不予执行的,当事人可以达成仲裁协议重新申请仲裁,或者可以向有管辖权的人民法院提起诉讼。

二、例题

民事诉讼与民商事仲裁都是解决民事纠纷的有效方式,但两者在制度上有所区别。下列哪些选项是正确的?(2008年真题,多选)

A. 民事诉讼可以解决各类民事纠纷,仲裁不适用与身份有关的民事纠纷

B. 民事诉讼实行两审终审,仲裁实行一裁终局

C. 民事诉讼判决书需要审理案件的全体审判人员签署,仲裁裁决则可由部分仲裁庭成员签署

D. 民事诉讼中财产保全由法院负责执行,而仲裁机构则不介入任何财产保全活动

[释疑]　该题综合考查民事诉讼与仲裁的区别。根据《民事诉讼法》第3条"人民法院受理公民之间、法人之间、其他组织之间以及他们相互之间因财产关系和人身关系提起的民事诉讼",以及《仲裁法》第2条"平等主体的公民、法人和其他组织之间发生的合同纠纷和其他财产权益纠纷,可以仲裁"的规定,选项A是正确的。

根据《民事诉讼法》第10条"人民法院审理民事案件,依照法律规定实行合议、回避、公开审判和两审终审制度",以及《仲裁法》第9条第1款"仲裁实行一裁终局的制度"的规定,选项B是正确的。

根据《民事诉讼法》第152条第2款"判决书由审判人员、书记员署名,加盖人民法院印章",以及《仲裁法》第54条"……裁决书由仲裁员签名,加盖仲裁委员会印章。对裁决持不同意见的仲裁员,可以签名,也可以不签名"的规定,选项C是正确的。

根据《民事诉讼法》第100条第3款"人民法院接受申请后,对情况紧急的,必须在四十八小时内作出裁定;裁定采取财产保全措施的,应当立即开始执行",以及《仲裁法》第28条第2

款"当事人申请财产保全的,仲裁委员会应当将当事人的申请依照民事诉讼法的有关规定提交人民法院"的规定一致,选项 D 是错误的。(答案:ABC)

三、提示与预测

或裁或审制度是高频率考点,必须掌握。

第二章　仲裁委员会和仲裁协会

考点 1　仲裁委员会

一、精讲

仲裁委员会是专门从事仲裁工作的机构。

(一)仲裁委员会的设立

《仲裁法》第 10 条规定:"仲裁委员会可以在直辖市和省、自治区人民政府所在地的市设立,也可以根据需要在其他设区的市设立,不按行政区划层层设立。仲裁委员会由前款规定的市的人民政府组织有关部门和商会统一组建。设立仲裁委员会,应当经省、自治区、直辖市的司法行政部门登记。"

(二)仲裁委员会应当具备的条件(《仲裁法》第 11 条)

1. 有自己的名称、住所和章程。

2. 有必要的财产。

3. 有该委员会的组成人员

《仲裁法》第 12 条规定:"仲裁委员会由主任一人、副主任二至四人和委员七至十一人组成。仲裁委员会的主任、副主任和委员由法律、经济贸易专家和有实际工作经验的人员担任。仲裁委员会的组成人员中,法律、经济贸易专家不得少于三分之二。"

4. 有聘任的仲裁员

根据我国《仲裁法》第 13 条的规定,仲裁员的聘任条件为:

(1)从事仲裁工作满 8 年的;

(2)从事律师工作满 8 年的;

(3)曾任审判员满 8 年的,需要注意现职审判员不得兼任仲裁员;

(4)从事法律研究、教学工作并具有高级职称的;

(5)具有法律知识、从事经济贸易等专业工作并具有高级职称或者具有同等专业水平的。

二、提示与预测

仲裁委员会近年考试没有涉及,不是考试重点,了解即可。

考点 2 仲裁协会

一、精讲

中国仲裁协会属于我国仲裁的行业性管理机构。

1. 中国仲裁协会的性质

中国仲裁协会的性质是社会团体法人。其设立应当根据我国社会团体法人设立的条件和要求提交相关的材料,并向民政部申请登记。社会团体法人一般实行会员制,因此,各仲裁委员会是中国仲裁协会的会员。

2. 中国仲裁协会的职能

根据《仲裁法》的规定,中国仲裁协会履行两项职能:

(1) 监督职能。中国仲裁协会是仲裁委员会的自律性组织,不仅可以指导、协调各仲裁委员会之间的工作,还可以依据协会章程的规定对仲裁委员会及其组成人员、仲裁员的违纪行为进行监督,以保证仲裁委员会以及仲裁员的公正性。

(2) 制定仲裁规则。中国仲裁协会可以依据仲裁法和民事诉讼法制定仲裁规则,以供当事人选择适用。

二、提示与预测

仲裁协会近年考试没有涉及,不是考试重点,了解即可。

第三章 仲 裁 协 议

考点 1 仲裁协议的内容与形式

一、精讲

仲裁协议是争议发生之前或者争议发生之后,双方当事人自愿达成的将特定争议事项提请约定的仲裁委员会进行审理,并作出仲裁裁决的书面意思表示。我国《仲裁法》规定了仲裁协议的内容和形式。

仲裁协议是争议发生之前或者争议发生之后,双方当事人自愿达成的将特定争议事项提请约定的仲裁委员会进行审理,并作出仲裁裁决的书面意思表示。我国《仲裁法》没有规定仲裁协议的有效要件,但在第 16 条规定了仲裁协议的内容和形式,第 17 条规定了仲裁协议的无效,第 18 条规定了仲裁协议的补正。

(一) 仲裁协议需要具备的法定内容(《仲裁法》第 16 条)

1. 请求仲裁的意思表示

仲裁协议是当事人双方经过协商一致达成的,将争议提请仲裁机构仲裁解决的书面意思表示。作为一种对争议解决方式的约定,仲裁协议必须是双方当事人意思表示一致的结果,并且该意思表示应当是真实的和明确的。

【特别提示】
当事人请求仲裁的意思表示必须真实明确,明确是指必须在仲裁和诉讼中明确选择仲裁。
(1)一方采取胁迫手段,迫使对方订立仲裁协议的,仲裁协议无效。[《仲裁法》第17条第(三)项]
(2)当事人约定争议可以向仲裁机构申请仲裁也可以向人民法院起诉的,仲裁协议无效。但一方向仲裁机构申请仲裁,另一方未在仲裁法第二十条第二款规定期间内提出异议的除外。(《仲裁法解释》第7条)

2. 仲裁事项
仲裁事项,即双方当事人在仲裁协议中约定的提请仲裁解决的争议范围。
【特别提示】
双方当事人在仲裁协议中约定的仲裁事项必须是法律规定的可仲裁事项,《仲裁法》第2条规定:"平等主体的公民、法人和其他组织之间发生的合同纠纷和其他财产权益纠纷,可以仲裁。"第3条规定:"下列纠纷不能仲裁:(一)婚姻、收养、监护、扶养、继承纠纷;(二)依法应当由行政机关处理的行政争议。"即当事人所约定提请仲裁解决的事项,必须是仲裁法允许仲裁的事项。
此外,《仲裁法解释》第2条规定:"当事人概括约定仲裁事项为合同争议的,基于合同成立、效力、变更、转让、履行、违约责任、解释、解除等产生的纠纷都可以认定为仲裁事项。"

3. 选定的仲裁委员会
我国《仲裁法》明确规定,选定的仲裁委员会是有效仲裁协议必须具备的一项内容,双方当事人在仲裁协议中必须明确约定仲裁委员会的名称。如果仲裁协议对仲裁委员会没有约定或者约定不明的,当事人可以补充协议;达不成补充协议的,仲裁协议无效。
在实务中,由于当事人往往不是很注意对仲裁约定时的文字推敲和表述,因此,最高人民法院颁布的《仲裁法解释》第3条至第6条对仲裁委员会的确定作了进一步的规定:
(1)仲裁协议约定的仲裁机构名称不准确,但能够确定具体的仲裁机构的,应当认定选定了仲裁机构。(《仲裁法解释》第3条)
(2)仲裁协议仅约定纠纷适用的仲裁规则的,视为未约定仲裁机构,但当事人达成补充协议或者按照约定的仲裁规则能够确定仲裁机构的除外。(《仲裁法解释》第4条)
(3)仲裁协议约定两个以上仲裁机构的,当事人可以协议选择其中的一个仲裁机构申请仲裁;当事人不能就仲裁机构选择达成一致的,仲裁协议无效。(《仲裁法解释》第5条)
(4)仲裁协议约定由某地的仲裁机构仲裁且该地仅有一个仲裁机构的,该仲裁机构视为约定的仲裁机构。该地有两个以上仲裁机构的,当事人可以协议选择其中的一个仲裁机构申请仲裁;当事人不能就仲裁机构选择达成一致的,仲裁协议无效。(《仲裁法解释》第6条)

(二)仲裁协议的形式
仲裁协议是一种要式法律行为,必须具备法定的形式才能够发生法律效力。我国《仲裁法》规定,仲裁协议必须采取书面形式,具体形式包括:

1. 仲裁条款
仲裁条款是双方当事人在合同中订立的、将今后可能发生的争议提请仲裁机构仲裁解决的书面意思表示。

2. 仲裁协议书

仲裁协议书是在争议发生之前或者争议发生之后,双方当事人经过协商一致达成的将某种争议提请仲裁机构仲裁解决的一种独立书面协议。

3. 其他书面形式

《仲裁法解释》第1条规定了其他书面形式,包括以合同书、信件和数据电文(包括电报、电传、传真、电子数据交换和电子邮件)等形式达成的请求仲裁的协议。

二、例题

1. 住所在北京市C区的甲公司与住所在北京市H区的乙公司在天津市J区签订了一份买卖合同,约定合同履行发生争议,由北京仲裁委员会仲裁或者向H区法院提起诉讼。合同履行过程中,双方发生争议,甲公司到北京仲裁委员会申请仲裁,仲裁委员会受理并向乙公司送达了甲公司的申请书副本。在仲裁庭主持首次开庭的答辩阶段,乙公司对仲裁协议的效力提出异议。仲裁庭对此作出了相关的意思表示。此后,乙公司又向法院提出对仲裁协议的效力予以认定的申请。下列哪些选项是正确的?(2017/3/85)

A. 双方当事人约定的仲裁协议原则有效
B. 仲裁庭对案件管辖权作出决定应有仲裁委员会的授权
C. 仲裁庭对乙公司的申请应予以驳回,继续审理案件
D. 乙公司应向天津市中级法院申请认定仲裁协议的效力

[释疑] 本题考查或裁或审仲裁协议的效力以及仲裁管辖权的决定主体。根据《仲裁法解释》第7条的规定,当事人约定争议可以向仲裁机构申请仲裁也可以向人民法院起诉的,仲裁协议无效。但一方向仲裁机构申请仲裁,另一方未在仲裁庭首次开庭前提出异议的除外。《仲裁法》第20条赋予仲裁委员会与人民法院对仲裁协议效力异议均有认定权,且仲裁协议效力异议应当在仲裁庭首次开庭前提出。在仲裁实践中,北京仲裁委员会以及中国国际经济贸易仲裁委员会等仲裁规则中,均明确规定仲裁委员会授权仲裁庭对当事人的仲裁协议的效力以及仲裁管辖权问题进行审查。因此,A错误,BC正确。根据《仲裁法解释》第12条的规定,当事人向人民法院申请确认仲裁协议效力的案件,由仲裁协议约定的仲裁机构所在地的中级人民法院管辖;仲裁协议约定的仲裁机构不明确的,由仲裁协议签订地或者被申请人住所地的中级人民法院管辖。本案约定的是北京仲裁委员会,因此应当向北京市中级人民申请确认。D错误。本题答案为BC。(答案:BC)

2. 武当公司与洪湖公司签订了一份钢材购销合同,同时约定,因合同效力或合同的履行发生纠纷提交A仲裁委员会或B仲裁委员会仲裁解决。合同签订后,洪湖公司以本公司具体承办人超越权限签订合同为由,主张合同无效。关于本案,下列哪一说法是正确的?(2012年真题,单选)

A. 因当事人约定了两个仲裁委员会,仲裁协议当然无效
B. 因洪湖公司承办人员超越权限签订合同导致合同无效,仲裁协议当然无效
C. 洪湖公司如向法院起诉,法院应当受理
D. 洪湖公司如向法院起诉,法院应当裁定不予受理

[释疑] 根据《仲裁法解释》第5条的规定,仲裁协议约定两个以上仲裁机构的,当事人可以协议选择其中的一个仲裁机构申请仲裁;当事人不能就仲裁机构选择达成一致的,仲裁协

议无效。选项 A 的意思过于绝对,因此是错误的。根据《仲裁法》第 19 条的规定,仲裁协议独立存在,合同的变更、解除、终止或者无效,不影响仲裁协议的效力。仲裁庭有权确认合同的效力。因此,选项 B 是错误的。选项 C 与选项 D 是意思矛盾项,选项 C 是正确的,因为仲裁协议无效的情况下,当事人有权向法院起诉纠纷案件。(答案:C)

3. 甲公司与乙公司签订了一份钢材购销合同,约定因该合同发生纠纷双方可向 A 仲裁委员会申请仲裁,也可向合同履行地 B 法院起诉。关于本案,下列哪些选项是正确的?(2010 年真题,多选)

A. 双方达成的仲裁协议无效
B. 双方达成的管辖协议有效
C. 如甲公司向 A 仲裁委员会申请仲裁,乙公司在仲裁庭首次开庭前未提出异议,A 仲裁委员会可对该案进行仲裁
D. 如甲公司向 B 法院起诉,乙公司在法院首次开庭时对法院管辖提出异议,法院应当驳回甲公司的起诉

[释疑] 根据《仲裁法解释》第 7 条的规定,当事人约定争议可以向仲裁机构申请仲裁也可以向人民法院起诉的,仲裁协议无效。但一方向仲裁机构申请仲裁,另一方未在上述期间提出异议的除外,因此,选项 A 与 C 均是正确的。根据《民事诉讼法》第 34 条的规定:"合同或者其他财产权益纠纷的当事人可以书面协议选择被告住所地、合同履行地、合同签订地、原告住所地、标的物所在地等与争议有实际联系的地点的人民法院管辖,但不得违反本法对级别管辖和专属管辖的规定。"因此,选项 B 是正确的。根据《仲裁法》第 26 条的规定,选项 D 是不正确的。(答案:ABC)

三、提示与预测

仲裁协议的法定内容和形式是仲裁协议的有效要件,不符合该要件,则导致仲裁协议的无效。该考点出题点通常是判断仲裁协议的有效性,是高频考点,必须掌握。

考点 2 仲裁协议的效力

一、精讲

有效的仲裁协议会产生以下三方面的法律效力:

1. 对当事人的效力:约束当事人对争议解决方式的选择

仲裁协议有效成立后,首先约束了双方当事人对其纠纷解决方式的选择权,即双方当事人负有对协议约定的争议提请仲裁机构仲裁解决的义务,如果一方违反该义务而向法院起诉,对方当事人则可在首次开庭前以存在仲裁协议为由对人民法院的管辖权进行抗辩,人民法院应当裁定驳回起诉,当然,仲裁协议无效的除外。这也是对当事人行使起诉权的妨碍。这里需要注意两项内容:

(1)防诉抗辩权行使的期间:首次开庭前。《仲裁法解释》第 14 条明确规定的首次开庭前,是指答辩期满后人民法院组织的第一次开庭审理前,不包括审前程序中的各项活动。

(2)仲裁协议效力的扩张。一般而言,仲裁协议的效力及于签订仲裁协议的双方当事人,但在法定的情形出现时,其效力可以扩张到未签署协议的人。

① 当事人订立仲裁协议后合并、分立的,仲裁协议对其权利义务的继受人有效。当事人订立仲裁协议后死亡的,仲裁协议对承继其仲裁事项中的权利义务的继承人有效。但当事人订立仲裁协议时另有约定的除外。(《仲裁法解释》第8条)

② 债权债务全部或者部分转让的,仲裁协议对受让人有效,但当事人另有约定、在受让债权债务时受让人明确反对或者不知有单独仲裁协议的除外。(《仲裁法解释》第9条)

2. 对法院的效力:排斥司法管辖权

仲裁协议有效成立后,就产生了排斥司法管辖权的效力。但是,当事人达成仲裁协议,一方向人民法院起诉未声明有仲裁协议,人民法院受理后,另一方在首次开庭前未对人民法院受理该案提出异议的,视为放弃仲裁协议,人民法院应当继续审理。

3. 对仲裁机构的效力:授权并限定仲裁的范围

仲裁协议对仲裁机构的效力体现在两个方面:

(1) 授权效力。仲裁协议是仲裁机构受理仲裁案件的基础,也是仲裁庭对争议案件进行审理与裁决的依据。

(2) 仲裁协议限定仲裁权行使的范围。仲裁庭只能对当事人协议约定并提请仲裁的争议事项进行审理并作出裁决,如果仲裁机构超越仲裁协议的范围作出仲裁裁决,则该仲裁裁决无效。

二、例题

1. 甲、乙因遗产继承发生纠纷,双方书面约定由某仲裁委员会仲裁。后甲反悔,向遗产所在地法院起诉。法院受理后,乙向法院声明双方签订了仲裁协议。关于法院的做法,下列哪一选项是正确的?(2010年真题,单选)

A. 裁定驳回起诉
B. 裁定驳回诉讼请求
C. 裁定将案件移送某仲裁委员会审理
D. 法院裁定仲裁协议无效,对案件继续审理

[释疑] 根据《仲裁法》第3条的规定,继承遗产纠纷属于不得仲裁的事项,故根据第17条的规定,甲与乙之间的仲裁协议是无效的。根据《仲裁法》第26条的规定,当事人达成仲裁协议,一方向人民法院起诉未声明仲裁协议,人民法院受理后,另一方在首次开庭前提出异议的,人民法院裁定驳回起诉,但仲裁协议无效的除外;另一方在首次开庭前未对人民法院受理该案提出异议的,视为放弃仲裁协议,人民法院应当继续审理,因此,选项D是正确的。(答案:D)

2. A市甲公司与B市乙公司在B市签订了一份钢材购销合同,约定合同履行地在A市。同时双方还商定,因履行该合同所发生的纠纷,提交C仲裁委员会仲裁。后因乙公司无法履行该合同,经甲公司同意,乙公司的债权债务转让给D市的丙公司,但丙公司明确声明不接受仲裁条款。关于本案仲裁条款的效力,下列哪些选项是错误的?(2007年真题,多选)

A. 因丙公司已明确声明不接受合同中的仲裁条款,所以仲裁条款对其无效
B. 因丙公司受让合同中的债权债务,所以仲裁条款对其有效
C. 丙公司声明只有取得甲公司同意,该仲裁条款对丙公司才无效
D. 丙公司声明只有取得乙公司同意,该仲裁条款对丙公司才无效

[释疑] 本题考查的是债权债务转让时仲裁协议对受让人的效力。《仲裁法解释》第9条规定:"债权债务全部或者部分转让的,仲裁协议对受让人有效,但当事人另有约定、在受让债权债务时受让人明确反对或者不知有单独仲裁协议的除外。"注意掌握仲裁协议对受让人无效的情形:① 当事人另有约定;② 在受让债权债务时受让人明确反对;③ 在受让债权债务时受让人不知有单独仲裁协议。综上,只有 A 项正确,B、C、D 三项均错误。(答案:BCD)

三、提示与预测

仲裁协议的效力是高频考点,必须掌握下列内容:

(1) 对当事人的效力和对法院的效力,是或裁或审制度的具体体现,体现了仲裁和民事诉讼的关系;

(2) 对当事人效力的扩张,主要考查扩张后仲裁协议对第三人的效力。

考点 3 仲裁协议效力异议的认定

一、精讲

1. 确认机构:人民法院与仲裁机构

(1) 人民法院

《仲裁法解释》第 12 条规定:"当事人向人民法院申请确认仲裁协议效力的案件,由仲裁协议约定的仲裁机构所在地的中级人民法院管辖;仲裁协议约定的仲裁机构不明确的,由仲裁协议签订地或者被申请人住所地的中级人民法院管辖。申请确认涉外仲裁协议效力的案件,由仲裁协议约定的仲裁机构所在地、仲裁协议签订地、申请人或者被申请人住所地的中级人民法院管辖。涉及海事海商纠纷仲裁协议效力的案件,由仲裁协议约定的仲裁机构所在地、仲裁协议签订地、申请人或者被申请人住所地的海事法院管辖;上述地点没有海事法院的,由就近的海事法院管辖。"

【提示】

人民法院审理确认仲裁协议效力的案件,应当组成合议庭进行审查,并询问当事人。

(2) 仲裁委员会

《仲裁法》第 20 条第 1 款规定:"当事人对仲裁协议的效力有异议的,可以请求仲裁委员会作出决定或者请求人民法院作出裁定。一方请求仲裁委员会作出决定,另一方请求人民法院作出裁定的,由人民法院裁定。"可见,仲裁委员会也有权确定仲裁协议的法律效力。

【特别提示】

一方请求仲裁委员会作出决定,另一方请求人民法院作出裁定的,由人民法院作出裁定。

2. 提出仲裁协议效力异议的时间:仲裁庭首次开庭前

根据《仲裁法》第 20 条第 2 款的规定,当事人对仲裁协议的效力有异议,应当在仲裁庭首次开庭前提出。

【特别提示】

(1) 当事人申请确认仲裁协议的效力,必须在法定期间行使,否则视为放弃异议权。

《仲裁法解释》第 13 条第 1 款规定,当事人在仲裁庭首次开庭前没有对仲裁协议的效力提出异议,而后向人民法院申请确认仲裁协议无效的,人民法院不予受理。

《仲裁法解释》第 27 条第 1 款规定,当事人在仲裁程序中未对仲裁协议的效力提出异议,在仲裁裁决作出后以仲裁协议无效为由主张撤销仲裁裁决或者提出不予执行抗辩的,人民法院不予支持。

(2) 如果当事人在法定期间提出异议被驳回,在仲裁裁决作出后,当事人依然还可以以仲裁协议无效为由申请司法监督。

《仲裁法解释》第 27 条第 2 款规定:"当事人在仲裁程序中对仲裁协议的效力提出异议,在仲裁裁决作出后又以此为由主张撤销仲裁裁决或者提出不予执行抗辩,经审查符合仲裁法第五十八条或者民事诉讼法第二百一十七条(新法为二百一十三条)、第二百六十条规定的(新法为二百五十八条),人民法院应予支持。"

3. 仲裁协议效力认定决定的效力

对仲裁协议效力认定的决定一经作出发生法律的效力。仲裁机构对仲裁协议的效力作出决定后,当事人向人民法院申请确认仲裁协议的效力或者申请撤销仲裁机构的决定的,人民法院不予受理。

4. 认定仲裁协议的法律适用

对涉外仲裁协议的效力审查,适用当事人约定的法律;当事人没有约定适用的法律但约定了仲裁地的,适用仲裁地法律;没有约定适用的法律也没有约定仲裁地或者仲裁地约定不明的,适用法院地法律。

二、例题

1. 住所在 A 市 B 区的两江公司与住所在 M 市 N 区的百向公司,在两江公司的分公司所在地 H 市 J 县签订了一份产品购销合同,并约定如发生合同纠纷可向设在 W 市的仲裁委员会申请仲裁(W 市有两个仲裁委员会)。因履行合同发生争议,两江公司向 W 市的一个仲裁委员会申请仲裁。仲裁委员会受理后,百向公司拟向法院申请认定仲裁协议无效。百向公司应向下列哪一法院提出申请?(2017/3/50)

A. 可向 W 市中级法院申请　　B. 只能向 M 市中级法院申请
C. 只能向 A 市中级法院申请　　D. 可向 H 市中级法院申请

[释疑] 本题考查仲裁协议效力确定的管辖法院。根据《仲裁法解释》第 12 条的规定,当事人向人民法院申请确认仲裁协议效力的案件,由仲裁协议约定的仲裁机构所在地的中级人民法院管辖;仲裁协议约定的仲裁机构不明确的,由仲裁协议签订地或者被申请人住所地的中级人民法院管辖。本题中约定了两个仲裁机构,属于约定仲裁机构不明确的,可以由仲裁协议签订地或者被申请人住所地(H 市)的中级人民法院管辖。所以,ABC 错误,D 正确。本题答案为 D。(答案:D)

2. 住所地在 H 省 K 市 L 区的甲公司与住所地在 F 省 E 市 D 区的乙公司签订了一份钢材买卖合同,价款数额为 90 万元。合同在 B 市 C 区签订,双方约定合同履行地为 W 省 Z 市 Y 区,同时约定如因合同履行发生争议,由 B 市仲裁委员会仲裁。合同履行过程中,因钢材质量问题,甲公司与乙公司发生争议,甲公司欲申请仲裁解决。因 B 市有两个仲裁机构,分别为丙仲裁委员会和丁仲裁委员会(两个仲裁委员会所在地都在 B 市 C 区),乙公司认为合同中的仲裁条款无效,欲向有关机构申请确认仲裁条款无效。

依据法律和司法解释的规定,乙公司可以向有关机构申请确认仲裁条款无效。关于确认

的机构,下列选项正确的是:(2016年真题,不定选)

　　A. 丙仲裁委员会　　　　　　B. 丁仲裁委员会
　　C. B 市中级法院　　　　　　D. B 市 C 区法院

　　[释疑] 本题考查对仲裁协议效力有认定权的机构。对国内仲裁协议效力异议有确认权的机构包括约定的仲裁委员会和仲裁委员会所在地的中级人民法院。本案中,当事人约定由 B 市仲裁委员会仲裁,而 B 市有两个仲裁机构,分别为丙仲裁委员会和丁仲裁委员会,此时,丙仲裁委员会和丁仲裁委员会对仲裁协议效力异议均有确认权,B 市中级法院对仲裁协议效力异议也有确认权,ABC 项正确。(答案:ABC)

　　3. 甲市 L 区居民叶某购买了住所在乙市 M 区的大亿公司开发的位于丙市 N 区的商品房一套,合同中约定双方因履行合同发生争议可以向位于丙市的仲裁委员会(丙市仅有一家仲裁机构)申请仲裁。因大亿公司迟迟未按合同约定交付房屋,叶某向仲裁委员会申请仲裁。大亿公司以仲裁机构约定不明,向仲裁委员会申请确认仲裁协议无效。经审查,仲裁委员会作出了仲裁协议有效的决定。在第一次仲裁开庭时,大亿公司声称其又向丙市中级法院请求确认仲裁协议无效,申请仲裁庭中止案件审理。在仲裁过程中仲裁庭组织调解,双方达成了调解协议,仲裁庭根据协议内容制作了裁决书。后因大亿公司不按调解协议履行义务,叶某向法院申请强制执行,而大亿公司则以调解协议内容超出仲裁请求为由,向法院申请不予执行仲裁裁决。大亿公司向丙市中级法院请求确认仲裁协议无效,对此,正确的做法是:(2016年真题,不定选)

　　A. 丙市中级法院应予受理并进行审查
　　B. 丙市中级法院不予受理
　　C. 仲裁庭在法院就仲裁协议效力作出裁定之前,应当中止仲裁程序
　　D. 仲裁庭应继续开庭审理

　　[释疑] 本题考查仲裁机构确认仲裁协议有效的法律后果。根据《仲裁法解释》第13条2款的规定,仲裁机构对仲裁协议的效力作出决定后,当事人向人民法院申请确认仲裁协议效力或者申请撤销仲裁机构的决定的,人民法院不予受理。本案中,当事人是在仲裁委员会已经对仲裁协议效力异议作出有效性认定后向丙市中级法院申请确认仲裁协议无效,丙市中级法院应当不予受理,仲裁庭对该案件应当继续开庭审理。AC 错误,BD 正确。(答案:BD)

　　4. 大成公司与华泰公司签订投资合同,约定了仲裁条款:如因合同效力和合同履行发生争议,由 A 仲裁委员会仲裁。合作中双方发生争议,大成公司遂向 A 仲裁委员会提出仲裁申请,要求确认投资合同无效。A 仲裁委员会受理。华泰公司提交答辩书称,如合同无效,仲裁条款当然无效,故 A 仲裁委员会无权受理本案。随即,华泰公司向法院申请确认仲裁协议无效,大成公司见状,向 A 仲裁委员会提出请求确认仲裁协议有效。关于本案,下列哪一说法是正确的?(2015年真题,单选)

　　A. A 仲裁委员会无权确认投资合同是否有效
　　B. 投资合同无效,仲裁条款即无效
　　C. 仲裁条款是否有效,应由法院作出裁定
　　D. 仲裁条款是否有效,应由 A 仲裁委员会作出决定

　　[释疑] 本题考查仲裁协议效力认定机构。根据《仲裁法》第20条的规定,当事人对仲裁协议效力有异议的,可以请求仲裁委员会作出决定或者请求人民法院作出裁定。一方请求

仲裁委员会作出决定，另一方请求人民法院作出裁定的，由人民法院作出裁定。C 项正确，D 项错误。因为仲裁条款在效力上与包含它的主合同是独立的，主合同的无效、失效等不影响仲裁条款的效力，因此，AB 错误。（答案：C）

5. A 市水天公司与 B 市龙江公司签订一份运输合同，并约定如发生争议提交 A 市的 C 仲裁委员会仲裁。后因水天公司未按约支付运费，龙江公司向 C 仲裁委员会申请仲裁。在第一次开庭时，水天公司未出庭参加仲裁审理，而是在开庭审理后的第二天向 A 市中级人民法院申请确认仲裁协议无效。C 仲裁委员会应当如何处理本案？（2007 年真题，单选）

A. 应当裁定中止仲裁程序　　　　　B. 应当裁定终结仲裁程序
C. 应当裁定驳回仲裁申请　　　　　D. 应当继续审理

[释疑]　本题考查的是仲裁协议效力的认定。根据《仲裁法》第 26 条的规定，当事人申请确认仲裁协议的效力，必须在法定的期间内行使，否则视为放弃异议权。该法定期间为仲裁庭首次开庭前。（答案：D）

三、提示与预测

仲裁协议效力的认定机构、提出效力异议的时间以及逾期提出的后果、仲裁机构对仲裁协议效力认定的救济。

考点 4　仲裁协议的无效与失效

一、精讲

1. 仲裁协议无效的法定情形

《仲裁法》第 17 条规定："有下列情形之一的，仲裁协议无效：
（一）约定的仲裁事项超出法律规定的仲裁范围的；
（二）无民事行为能力人或限制民事行为能力人订立的仲裁协议；
（三）一方采取胁迫手段，迫使对方订立仲裁协议的。"

2. 仲裁协议的失效

（1）仲裁协议的失效，是指一项有效仲裁协议因特定事由的发生而丧失其原有的法律效力。仲裁协议的无效是自始无效，而仲裁协议的失效则不同，它是原本有效的仲裁协议在特定条件下丧失其效力。

（2）仲裁协议在下列情形下失效。① 基于仲裁协议，仲裁庭已对仲裁协议所约定的全部争议事项作出仲裁裁决。此时，当事人订立仲裁协议的目的已经完全实现，该仲裁协议自然失效。② 当事人放弃仲裁协议。具体包括三种形式：第一，当事人通过书面形式明确表示放弃仲裁协议；第二，当事人通过书面形式，变更了争议解决方式；第三，双方当事人通过起诉、应诉行为放弃仲裁协议。③ 附期限的仲裁协议因期限的届满而失效。

二、例题

当事人在合同中约定了仲裁条款，出现下列哪些情况时，法院可以受理当事人的起诉？（2007 年真题，不定选）

A. 双方协商拟解除合同,但因赔偿问题发生争议,一方向法院起诉的
B. 当事人申请仲裁后达成和解协议而撤回仲裁申请,因一方反悔,另一方向法院起诉的
C. 仲裁裁决被法院依法裁定不予执行后,一方向法院起诉的
D. 仲裁裁决被法院依法撤销后,一方向法院起诉的

[释疑] 本题考查的是仲裁协议的无效和失效。《仲裁法》第9条第2款规定:"裁决被人民法院依法裁定撤销或者不予执行的,当事人就该纠纷可以根据双方重新达成的仲裁协议申请仲裁,也可以向人民法院起诉。"即裁决被人民法院依法裁定撤销或者不予执行时,其所依据的仲裁协议因仲裁程序的结束而失效,因此,一方起诉后,法院可以受理。因此,C、D两项正确。

《仲裁法》第19条规定:"仲裁协议独立存在,合同的变更、解除、终止或者无效,不影响仲裁协议的效力。"因此,A项中仲裁条款依然有效,一方起诉后,法院不应受理。

当事人申请仲裁后达成和解协议而撤回仲裁申请,原仲裁协议依然有效,尽管一方反悔,另一方向法院起诉,法院也不应受理。因此,B项不选。(答案:CD)

三、提示与预测

仲裁协议的无效和失效是高频考点,必须掌握。

考点 5 仲裁协议的独立性

一、精讲

仲裁条款的独立性,也称为仲裁条款的可分割性或者可分离性,即作为主合同一部分的仲裁条款,尽管依附于主合同,但是仍然与主合同的其他条款可以分离而独立存在。根据我国《仲裁法》第19条以及《仲裁法解释》第10条的规定,仲裁协议独立存在,合同的变更、解除、终止或者无效,合同成立后未生效或者被撤销的、当事人在订立合同时就争议达成仲裁协议的、合同未成立的,均不影响仲裁协议的效力。仲裁庭有权确认合同的效力。

二、例题

略。在2007年试卷三第90题有涉及。

三、提示与预测

对仲裁协议的独立性,主要从判断仲裁协议有效性的角度考查,一般不会单独出题。考生应当掌握仲裁协议独立性的情形。

第四章 仲裁程序

考点 1 仲裁当事人与代理人

一、精讲

1. 仲裁当事人

指因仲裁协议约定事项发生争议，基于仲裁协议以自己的名义独立地提起或者参加仲裁程序，并接受仲裁裁决约束的自然人、法人或者其他组织。仲裁当事人具有以下特征：

（1）必须是仲裁协议的当事人；
（2）以自己的名义参加仲裁程序；
（3）当事人之间必须发生了仲裁协议所约定事项的争议；
（4）受仲裁裁决的约束。

2. 仲裁代理人

根据法律规定或者当事人、法定代理人的授权委托，以被代理人的名义，在代理权限范围内代理一方当事人进行仲裁活动的人。仲裁代理人可以分为法定代理人和委托代理人。

（1）法定代理人。我国仲裁法虽然未明确规定法定代理人，但是，根据《仲裁法》第29条关于"当事人、法定代理人可以委托律师和其他代理人进行仲裁活动"的规定，可以看出，在我国的仲裁活动中，仲裁当事人为无民事行为能力人或限制民事行为能力人时，可由其法定代理人代为进行仲裁活动。

（2）委托代理人。委托代理人是基于当事人、法定代理人的授权委托并在授权范围内，代为进行仲裁活动的人。《仲裁法》第29条规定："当事人、法定代理人可以委托律师和其他代理人进行仲裁活动。委托律师和其他代理人进行仲裁活动的，应当向仲裁委员会提交授权委托书。"

授权委托分为一般授权和特别授权。一般授权是指仅授权代理人处分当事人的一般程序权利，如代为提起申请或作出答辩、参加庭审、接受文件等；特别授权是指涉及当事人实体权益的某些程序权利，必须一一列举，如代为承认、放弃、变更仲裁请求，进行和解，提起反请求，进行转委托等。如果代理当事人进行承认、变更或放弃仲裁请求，和解，提出反请求等事项，必须经过特别授权。

二、例题

刘某从海塘公司购买红木家具1套，价款为3万元，双方签订合同时约定，如发生纠纷可向北京仲裁委员会申请仲裁。交付后，刘某发现，该家具并非红木制成，便向仲裁委员会申请仲裁，请求退货。向海塘公司提供木材的红木公司可以以何种身份参加该案件的仲裁程序？（2006年真题，不定选）

A. 证人　　　　B. 第三人　　　　C. 鉴定人　　　　D. 被申请人

[释疑]　本题考查的是仲裁程序中第三方地位的确定。关于仲裁第三人的问题，最高人民法院在1998年公布的案例：江苏省物资集团轻工纺织总公司诉(香港)裕亿集团有限公司、

(加拿大)太子发展有限公司侵权损害赔偿纠纷上诉案,就有关仲裁第三人的问题作了判定。即:第三人如与仲裁当事人有利害冲突,不能参加仲裁程序以解决有关争议,仲裁庭不能追究第三人的责任。在这种情况下,虽然仲裁庭不能追究第三人的责任,但当事人可以以第三人为被告向法院提起诉讼或采取其他方法解决争议,当事人的合法权益仍然可以得到维护。

本题中,红木公司由于是知悉案情的第三方,其参加仲裁程序应以证人身份。(答案:A)

三、提示与预测

对当事人的考查,主要体现在申请撤销仲裁裁决的主体条件中,即申请撤销仲裁裁决的主体必须是当事人。考生只需掌握仲裁当事人必须是仲裁协议的当事人即可。此外,在我国仲裁司法实践中,仲裁第三人的概念没有得到支持。

考点 2 仲裁庭的组成

一、精讲

1. 仲裁庭的组成形式

仲裁庭的组成形式有两种:
(1) 合议制仲裁庭,即由3名仲裁员组成,设首席仲裁员;
(2) 独任制仲裁庭,即由1名仲裁员组成。

除仲裁规则规定的适用简易程序仲裁的案件采用独任制审理外,其他案件采用独任制还是合议制由当事人约定。

2. 仲裁员的选任

仲裁员的选任方式有两种:① 由双方当事人在仲裁规则规定的期限内约定(包括当事人亲自选定仲裁员和当事人委托仲裁委员会主任指定仲裁员两种);② 由仲裁委员会主任指定,即当事人没有在仲裁规则规定的期限内约定仲裁庭的组成方式,由仲裁委员会主任指定。

(1) 合议制仲裁庭的组成。应按照下列顺序:① 先确定两名非首席仲裁员,即由双方当事人各自选定或者各自委托仲裁委员会主任指定1名仲裁员,如果超过仲裁规则规定的期限而未确定,则由仲裁委员会主任为双方当事人各自指定1名仲裁员。② 确定首席仲裁员,即由双方当事人共同选定或者共同委托仲裁委员会主任指定第三名仲裁员,该第三名仲裁员为首席仲裁员,如果双方当事人超过仲裁规则规定的期限而未确定的,由仲裁委员会主任指定首席仲裁员。

(2) 独任制仲裁庭的组成。当事人约定由1名仲裁员成立仲裁庭的,应当由当事人共同选定或者共同委托仲裁委员会主任指定仲裁员。如果双方当事人超过仲裁规则规定的期限而未确定的,由仲裁委员会主任指定。

二、例题

B市的京发公司与T市的蓟门公司签订了一份海鲜买卖合同,约定交货地在T市,并同时约定"涉及本合同的争议,提交S仲裁委员会仲裁"。京发公司收货后,认为海鲜等级未达到合同约定,遂向S仲裁委员会提起解除合同的仲裁申请,仲裁委员会受理了该案。在仲裁规则确定的期限内,京发公司选定仲裁员李某作为本案仲裁庭的仲裁员,蓟门公司未选定仲裁员,双方当事人也未共同选定第三名仲裁员,S仲裁委主任指定张某为本案仲裁庭仲裁员、刘某为本案首席仲裁员,李某、张某、刘某共同组成本案的仲裁庭,仲裁委向双方当事人送达了开庭通

知……关于本案中的仲裁庭组成,下列说法正确的是:(2014年真题,不定选)

A. 京发公司有权选定李某为本案仲裁员
B. 仲裁委主任有权指定张某为本案仲裁员
C. 仲裁委主任有权指定刘某为首席仲裁员
D. 本案仲裁庭的组成合法

[释疑] 本题考查仲裁员的选定和指定。根据《仲裁法》第31条规定:"当事人约定由三名仲裁员组成仲裁庭的,应当各自选定或者各自委托仲裁委员会主任指定一名仲裁员,第三名仲裁员由当事人共同选定或者共同委托仲裁委员会主任指定。第三名仲裁员是首席仲裁员。"A项正确。第32条规定:"当事人没有在仲裁规则规定的期限内约定仲裁庭的组成方式或者选定仲裁员的,由仲裁委员会主任指定。"B、C项正确,因此本案仲裁庭的组成合法,D项正确。(答案:ABCD)

三、提示与预测

该考点是仲裁不同于诉讼的一个基本程序问题,应当掌握。

考点 3 仲裁员的更换

一、精讲

1. 仲裁员的回避

(1) 仲裁员回避的法定情形(《仲裁法》第34条)。① 是本案当事人,或者当事人、代理人的近亲属;② 与本案有利害关系;③ 与本案当事人、代理人有其他关系,可能影响公正仲裁的;④ 私自会见当事人、代理人,或者接受当事人、代理人请客送礼的。

(2) 仲裁员的回避方式(《仲裁法》第34条)。仲裁员回避方式有两种:① 自行回避,即仲裁员在认为自己具有法定需要回避的事由时,主动提出退出本案审理的方式;② 申请回避,即当事人认为仲裁员具有法定应回避的事由时,有权提出要求该仲裁员回避的申请。

(3) 回避的决定权(《仲裁法》第36条)。仲裁员是否回避,由仲裁委员会主任决定;仲裁委员会主任担任仲裁员时,由仲裁委员会集体决定。

(4) 回避的法律后果(《仲裁法》第37条第2款)。仲裁员回避的法律后果:因回避而重新选定或者指定仲裁员后,当事人可以请求已进行的仲裁程序重新进行,是否准许,由仲裁庭决定;仲裁庭也可以自行决定已进行的仲裁程序是否重新进行。

2. 仲裁员因其他原因更换

仲裁员因其他原因更换是指仲裁员因回避以外的原因导致不能履行其职责时发生更换,例如,仲裁员的死亡、丧失行为能力、被除名以及拒绝履行职责时,应当依照《仲裁法》的规定,重新选定或者指定仲裁员。仲裁程序不发生重新进行的情形。

二、例题

1. 甲公司与乙公司因合同纠纷向某仲裁委员会申请仲裁,第一次开庭后,甲公司的代理律师发现合议庭首席仲裁员苏某与乙公司的老总汪某在一起吃饭,遂向仲裁庭提出回避申请。关于本案仲裁程序,下列哪一选项是正确的?(2016年真题,单选)

A. 苏某的回避应由仲裁委员会集体决定
B. 苏某回避后,合议庭应重新组成

C. 已经进行的仲裁程序应继续进行
D. 当事人可请求已进行的仲裁程序重新进行

[释疑] 本题考查仲裁回避的决定权以及回避的法律后果。仲裁员的回避由仲裁委员会主任决定，A 项错误；仲裁员回避后，选定该仲裁员的一方应当按照法定程序重新选定仲裁员，仲裁庭不需要重新组成，B 项错误；仲裁员回避后，当事人可以申请已经进行的仲裁程序重新进行，但已经进行的仲裁程序是否重新进行，由仲裁庭决定，C 项错误，D 项正确。（答案：D）

2. 某仲裁委员会在开庭审理甲公司与乙公司合同纠纷一案时，乙公司对仲裁庭中的 1 名仲裁员提出了回避申请。经审查后，该仲裁员依法应予回避，仲裁委员会重新确定了仲裁员。关于仲裁程序如何进行，下列哪一选项是正确的？（2012 年真题，单选）

A. 已进行的仲裁程序应当重新进行
B. 已进行的仲裁程序有效，仲裁程序应当继续进行
C. 当事人请求已进行的仲裁程序重新进行的，仲裁程序应当重新进行
D. 已进行的仲裁程序是否重新进行，仲裁庭有权决定

[释疑] 该题直接考查仲裁员回避后仲裁程序如何进行的问题。根据《仲裁法》第 37 条第 2 款的规定，因回避而重新选定或者指定仲裁员后，当事人可以请求已进行的仲裁程序重新进行，是否准许，由仲裁庭决定；仲裁庭也可以自行决定已进行的仲裁程序是否重新进行。选项 D 是正确的。（答案：D）

考点 4 仲裁保全和仲裁证据保全

一、精讲

（一）仲裁保全

仲裁保全是指人民法院为了确保生效裁判获得有效执行，或避免给一方当事人的权益造成损害，或避免损害进一步扩大，对当事人争议的财产或与案件有关的财产采取强制性保护措施或是责令另一方当事人为或不为特定行为。

依据保全对象的不同，仲裁保全包括仲裁财产保全和仲裁行为保全；依据申请时间的不同，分为仲裁前的保全和仲裁中的保全。仲裁前的保全和仲裁行为保全是 2012 年《民事诉讼法》新增加的内容，详见下表：

区别项	仲裁前保全	仲裁中保全
时间不同	仲裁案件受理之前	仲裁案件受理后，裁决作出前
申请的机构不同	直接向被保全财产所在地、被申请人住所地的人民法院提出申请	向仲裁委员会提出申请，仲裁委员会转交有管辖权的人民法院，国内案件转交基层人民法院，涉外案件转交中级人民法院 财产保全：被保全财产所在地、被申请人住所地 行为保全：被申请人住所地
开始的方式不同	利害关系人提出申请	当事人提出申请

（续表）

区别项	仲裁前保全	仲裁中保全
理由不同	利害关系人面临紧急情况，不立即申请保全将会使合法权益受到难以弥补的损害	因一方当事人的行为或者其他原因，使裁决难以执行或者造成当事人的其他损害
担保不同	应当提供担保	法院可以责令当事人提供担保
处理时间	48小时内作出裁定	情况紧急的，48小时内作出裁定，非紧急情况除外
解除保全不同	人民法院采取保全措施后30日内不依法申请仲裁的	财产保全中对方当事人提供担保的
相同点：案件进入法院系统后，处理程序、保全措施、保全错误赔偿相同		

（二）仲裁证据保全

仲裁证据保全，指的是在证据有可能毁损、灭失或以后无法、难以取得的情况下，人民法院根据利害关系人的申请，或者根据仲裁委员会转交的当事人的申请，提前对证据进行调查收集或固定、保存的行为。

根据申请证据保全的时间不同，仲裁证据保全划分为仲裁前证据保全和仲裁中证据保全。

1. 证据保全应具备的条件

（1）证据必须存在灭失或者以后难以取得的可能性。

（2）被保全的证据具有证明性

2. 仲裁证据保全的程序

仲裁前：直接向证据所在地和被申请人住所地人民法院提出。

仲裁中：

（1）当事人向仲裁委员会提出证据保全申请。

（2）仲裁委员会应当将当事人的申请提交证据所在地有关人民法院。国内案件转交证据所在地基层人民法院；涉外案件转交证据所在地中级人民法院。

（3）人民法院裁定。

二、提示与预测

仲裁前的保全规定在《民事诉讼法》(第81条和第101条)中，属于新增加的内容，考生应当掌握

1. 对于仲裁中的保全，通常从诉讼和仲裁比较的角度考查，因此，考生需要掌握仲裁财产保全与诉讼保全的主要区别

（1）是否有实施财产保全的权利不同。仲裁机构作为民间性争议解决机构，没有实施财产保全的权力，仲裁中，当事人如申请采取财产保全措施，仲裁机构应当将当事人的申请提交给有管辖权的人民法院，是否采取保全措施，由法院决定。而人民法院作为国家的审判机关，在民事诉讼中有直接实施财产保全的权力。

（2）保全的开始不同。仲裁财产保全只能由当事人向仲裁委员会提出申请，而仲裁委员

会无权直接向法院请求采取财产保全措施。诉讼中财产保全既可以由当事人申请法院采取，也可以由法院根据案件的具体情况依职权直接采取。

2. 掌握仲裁中财产保全、行为保全和证据保全的具体程序

（1）当事人向仲裁委员会提出申请。

（2）仲裁委员会将当事人的财产、行为、证据保全申请按照《民事诉讼法》的有关规定提交给有管辖权的人民法院。

（3）人民法院依照《民事诉讼法》的有关规定采取具体的保全措施。

考点 5　仲裁审理

一、精讲

1. 仲裁审理方式

仲裁审理方式以不公开开庭审理为原则，以公开开庭审理与书面审理为例外，由当事人协议选择。也就是说，仲裁审理方式分为两种：

（1）法定审理方式，即当事人就审理方式未作出约定时，仲裁审理应当不公开开庭审理。

（2）约定审理方式，即当事人协议不开庭的，仲裁庭可以进行书面审理；当事人协议公开的，可以公开，但涉及国家秘密的除外。

2. 视为撤回仲裁申请和缺席裁决

视为撤回仲裁申请与缺席裁决类似于民事诉讼中的按撤诉处理与缺席判决。《仲裁法》第42条规定："申请人经书面通知，无正当理由不到庭或者未经仲裁庭许可中途退庭的，可以视为撤回仲裁申请。被申请人经书面通知，无正当理由不到庭或者未经仲裁庭许可中途退庭的，可以缺席裁决。"

3. 仲裁庭自行收集证据

《仲裁法》第43条规定："当事人应当对自己的主张提供证据。仲裁庭认为有必要收集的证据，可以自行收集。"

4. 仲裁庭自行决定就专门性问题的鉴定

《仲裁法》第44条规定："仲裁庭对专门性问题认为需要鉴定的，可以交由当事人约定的鉴定部门鉴定，也可以由仲裁庭指定的鉴定部门鉴定。根据当事人的请求或者仲裁庭的要求，鉴定部门应当派鉴定人参加开庭。当事人经仲裁庭许可，可以向鉴定人提问。"

二、例题

1. 关于法院与仲裁庭在审理案件有关权限的比较，下列哪些选项是正确的？（2012年真题，多选）

A. 在一定情况下，法院可以依职权收集证据，仲裁庭也可以自行收集证据

B. 对专门性问题需要鉴定的，法院可以指定鉴定部门鉴定，仲裁庭也可以指定鉴定部门鉴定

C. 当事人在诉讼中或仲裁中达成和解协议的，法院可以根据当事人的申请制作判决书，仲裁庭也可以根据当事人的申请制作裁决书

D. 当事人协议不愿写明争议事实和判（裁）决理由的，法院可以在判决书中不予写明，仲裁庭也可以在裁决书中不予写明

[释疑] 该题属于司法考试中典型的综合考查民事诉讼与仲裁相关制度比较的试题。根据《民事诉讼法》第67条第1款的规定："人民法院有权向有关单位和个人调查取证，有关单位和个人不得拒绝。"根据《仲裁法》第43条的规定："当事人应当对自己的主张提供证据。仲裁庭认为有必要收集的证据，可以自行收集。"因此，选项A是正确的。根据《民事诉讼法》第76条第2款的规定："当事人未申请鉴定，人民法院对专门性问题认为需要鉴定的，应当委托具备资格的鉴定人进行鉴定。"根据《仲裁法》第44条的规定："仲裁庭对专门性问题认为需要鉴定的，可以交由当事人约定的鉴定部门鉴定，也可以由仲裁庭指定的鉴定部门鉴定。"因此，选项B是正确的。根据最高人民法院《关于人民法院民事调解工作若干问题的规定》（以下简称《民事调解规定》）第4条的规定："当事人在诉讼过程中自行达成和解协议的，人民法院可以根据当事人的申请依法确认和解协议制作调解书。"此外，该规定第18条规定："当事人自行和解或者经调解达成协议后，请求人民法院按照和解协议或者调解协议的内容制作判决书的，人民法院不予支持。"根据《仲裁法》第49条的规定："当事人申请仲裁后，可以自行和解。达成和解协议的，可以请求仲裁庭根据和解协议作出裁决书，也可以撤回仲裁申请。"因此，选项C是错误的。根据《仲裁法》第54条的规定："裁决书应当写明仲裁请求、争议事实、裁决理由、裁决结果、仲裁费用的负担和裁决日期。当事人协议不愿写明争议事实和裁决理由的，可以不写。"但是，在民事诉讼中，当事人无此项诉讼权利，因此，选项D是错误的。（答案：AB）

2. 关于民事仲裁与民事诉讼的区别，下列哪一选项是正确的？（2011年真题，单选）
A. 具有给付内容的生效判决书都具有执行力，具有给付内容的生效裁决书没有执行力
B. 诉讼中当事人可以申请财产保全，在仲裁中不可以申请财产保全
C. 仲裁不需对案件进行开庭审理，诉讼原则上要对案件进行开庭审理
D. 仲裁机构是民间组织，法院是国家机关

[释疑] 根据民事诉讼理论与仲裁理论，生效的判决书与仲裁裁决书均具有强制执行力，因此，选项A是不正确的；根据《仲裁法》第28条的规定，仲裁中当事人可以申请财产保全，因此，选项B是不正确的；根据《仲裁法》第39条的规定，仲裁庭审理案件应当开庭审理，当事人协议不开庭的，可以根据书面材料进行审理，因此，选项C是不正确的；根据民事诉讼理论与仲裁理论，选项D是正确的。（答案：D）

三、提示与预测

该考点通常从仲裁与诉讼比较的角度考查仲裁审理，因此，考生需要掌握两者的区别。

1. 民事诉讼与仲裁审理方式的区别

就审理方式而言，民事诉讼中仅有开庭审理一种方式，而开庭审理以公开开庭审理为原则，不公开审理为例外，即涉及国家秘密和个人隐私的案件为法定的不公开审理的案件，涉及商业秘密和离婚的案件，则为申请不公开审理的案件。仲裁中包括两种审理方式，即开庭审理和书面审理，而且以不公开开庭审理为原则，公开开庭审理和书面审理为例外。例外情形由当事人协议选择。

2. 仲裁中缺席裁决与民事诉讼中缺席判决的适用区别

仲裁中，只要被申请人经书面通知，无正当理由不到庭或者未经仲裁庭许可中途退庭的，

就可以缺席裁决。在民事诉讼中,并不是所有的被告经传票传唤无正当理由拒不到庭或未经法庭许可中途退庭的都适用缺席裁判,对于必须到庭的被告,经两次传票传唤无正当理由拒不到庭的,则适用拘传制度,而不适用缺席判决制度。

同时,仲裁庭作为审理和裁判案件的机构,与人民法院也有相同的权限,包括:
(1)仲裁庭认为有必要收集的证据,可以自行收集。
(2)仲裁庭对专门性问题认为需要鉴定的,可以交由当事人约定的鉴定部门鉴定,也可以由仲裁庭指定的鉴定部门鉴定。

考点 6 仲裁中的和解

一、精讲

1. 仲裁和解

仲裁和解是指在仲裁机构受理案件以后,仲裁庭作出仲裁裁决之前,双方当事人在自愿的基础上经协商一致,达成和解协议,以解决彼此间的商事争议,从而终结仲裁程序的活动。

2. 当事人达成和解协议的,有两种处理方式

(1)可以请求仲裁庭根据和解协议作出裁决书。注意,当事人请求不执行根据当事人之间的和解协议作出的仲裁裁决书,人民法院不予支持。

(2)也可以撤回仲裁申请。当事人撤回仲裁申请后反悔的,可以根据仲裁协议申请仲裁。这里的仲裁协议,既可以包括原仲裁协议,也可以包括当事人新达成的仲裁协议。

二、例题

南沙公司与北极公司因购销合同发生争议,南沙公司向仲裁委员会申请仲裁,在仲裁中双方达成和解协议,南沙公司向仲裁庭申请撤回仲裁申请。之后,北极公司拒不履行和解协议。下列哪一选项是正确的?(2008年真题,单选)

A. 南沙公司可以根据原仲裁协议申请仲裁
B. 南沙公司应与北极公司重新达成仲裁协议后,才可以申请仲裁
C. 南沙公司可以直接向法院起诉
D. 仲裁庭可以裁定恢复仲裁程序

[释疑] 本题考查仲裁和解的后果。《仲裁法》第50条规定:"当事人达成和解协议,撤回仲裁申请后反悔的,可以根据仲裁协议申请仲裁。"此处的仲裁协议是指原仲裁协议。(答案:A)

三、提示与预测

通常从仲裁与诉讼比较的角度考查仲裁和解,因此,考生需要掌握两者的相同点和区别。

(1)仲裁中的和解与民事诉讼中的和解的相同点:① 都是双方当事人自行解决争议的活动,没有第三方的参与;② 达成和解协议后,当事人均可选择撤诉或撤回申请结案。

(2)仲裁中的和解与民事诉讼中的和解的区别在于:在仲裁程序中,当事人达成和解协议的,可以请求仲裁庭根据和解协议作出裁决书;在民事诉讼中,当事人自行和解的,达成和解协

议后,只能请求法院确认和解协议并根据和解协议制作调解书,而无权请求法院根据和解协议作出判决书。

考点 7 仲裁中的调解

一、精讲

仲裁调解,是指在仲裁庭的主持下,仲裁当事人在自愿协商、互谅互让的基础上达成协议,从而解决纠纷的一种制度。

在仲裁程序中,当事人可以自愿申请调解,仲裁庭也可以先行调解。经调解达成协议后,仲裁庭应当制作调解书或者根据协议内容制作裁决书,调解书与裁决书具有同等的法律效力。

【注意】 当事人请求不予执行仲裁调解书的,人民法院不予支持。

二、例题

1. 甲市 L 区居民叶某购买了住所在乙市 M 区的大亿公司开发的位于丙市 N 区的商品房一套,合同中约定双方因履行合同发生争议可以向位于丙市的仲裁委员会(丙市仅有一家仲裁机构)申请仲裁。因大亿公司迟迟未按合同约定交付房屋,叶某向仲裁委员会申请仲裁。大亿公司以仲裁机构约定不明,向仲裁委员会申请确认仲裁协议无效。经审查,仲裁委员会作出了仲裁协议有效的决定。在第一次仲裁开庭时,大亿公司声称其又向丙市中级法院请求确认仲裁协议无效,申请仲裁庭中止案件审理。在仲裁过程中仲裁庭组织调解,双方达成了调解协议,仲裁庭根据协议内容制作了裁决书。后因大亿公司不按调解协议履行义务,叶某向法院申请强制执行,而大亿公司则以调解协议内容超出仲裁请求为由,向法院申请不予执行仲裁裁决。

双方当事人在仲裁过程中达成调解协议,仲裁庭正确的结案方式是:(2016 年真题,不定选)

A. 根据调解协议制作调解书
B. 应当依据调解协议制作裁决书
C. 将调解协议内容记入笔录,由双方当事人签字后即发生法律效力
D. 根据调解协议的结果制作裁决书

[释疑] 本题考查仲裁调解。根据《仲裁法》第 51 条的规定,仲裁庭在作出裁决前,可以先行调解。当事人自愿调解的,仲裁庭应当调解。调解不成的,应当及时作出裁决。调解达成协议的,仲裁庭应当制作调解书或者根据协议的结果制作裁决书。调解书与裁决书具有同等法律效力。本案中,BC 错误,AD 正确。(答案:AD)

2. 关于仲裁调解,下列哪些表述是正确的?(2010 年真题,多选)

A. 仲裁调解达成协议的,仲裁庭应当根据协议制作调解书或根据协议结果制作裁决书
B. 对于事实清楚的案件,仲裁庭可依职权进行调解
C. 仲裁调解达成协议的,经当事人、仲裁员在协议上签字后即发生效力
D. 仲裁庭在作出裁决前可先行调解

[释疑] 根据《仲裁法》第 51 条的规定,在仲裁程序中,当事人自愿申请调解的,仲裁庭

应当调解;仲裁庭也可以先行调解。经调解达成协议的,仲裁庭应当制作调解书或者根据协议内容制作裁决书,调解书与裁决书具有同等的法律效力。因此,选项 A 与 D 是正确的,而选项 B 是不正确的。根据仲裁理论,调解书经当事人签收后发生法律效力,因此,选项 C 是不正确的。(答案:AD)

三、提示与预测

通常从仲裁与诉讼比较的角度考查仲裁调解,因此,考生需要掌握两者的区别:

(1) 调解的方式不同。在仲裁中,调解的方式有两种:① 仲裁庭先行调解;② 当事人自愿调解。而在民事诉讼中,除婚姻等法定案件,法院可以先行调解外,对于其他案件,只能基于当事人的自愿而调解。当然,在简易程序中,先行调解的范围略宽一些。

(2) 调解的结果不同。在仲裁程序中,调解达成协议的,仲裁庭应当制作调解书或者根据协议结果制作裁决书。而在民事诉讼中,调解达成协议的,法院只能根据协议结果制作调解书。

考点 8 仲裁裁决

一、精讲

仲裁裁决,是指仲裁庭对当事人之间争议的事项经过审理后所作出的终局性判定。

1. 仲裁裁决作出的原则和方式

仲裁裁决依照少数服从多数的原则作出,形不成多数意见时,以首席仲裁员的意见作出裁决。因此,仲裁裁决作出的方式有两种:

(1) 按多数仲裁员的意见作出仲裁裁决。裁决应当按照多数仲裁员的意见作出,少数仲裁员的不同意见可以记入笔录。

(2) 按首席仲裁员的意见作出仲裁裁决,即仲裁庭不能形成多数人意见时,裁决应当按照首席仲裁员的意见作出。

【注意】这一点与民事诉讼不同,在民事诉讼中,判决也应当按照多数审判人员的意见作出,但是不能形成多数意见时,不得按照审判长的意见作出判决。

2. 仲裁裁决书

仲裁庭作出仲裁裁决应制作仲裁裁决书,仲裁裁决书是仲裁庭对争议案件经过审理后作出裁决的法律文书。《仲裁法》第 54 条规定:"裁决书应当写明仲裁请求、争议事实、裁决理由、裁决结果、仲裁费用的负担和裁决日期。当事人协议不愿写明争议事实和裁决理由的,可以不写。裁决书由仲裁员签名,加盖仲裁委员会印章。对仲裁裁决持不同意见的仲裁员,可以签名,也可以不签名。"

3. 仲裁裁决书的补正

我国《仲裁法》第 56 条规定:"对裁决书中的文字、计算错误或者仲裁庭已经裁决但在裁决书中遗漏的事项,仲裁庭应当补正;当事人自收到裁决书之日起三十日内,可以请求仲裁补正。"

二、例题

1. B市的京发公司与T市的蓟门公司签订了一份海鲜买卖合同,约定交货地在T市,并同时约定"涉及本合同的争议,提交S仲裁委员会仲裁"。京发公司收货后,认为海鲜等级未达到合同约定,遂向S仲裁委员会提起解除合同的仲裁申请,仲裁委员会受理了该案。在仲裁规则确定的期限内,京发公司选定仲裁员李某作为本案仲裁庭的仲裁员,蓟门公司未选定仲裁员,双方当事人也未共同选定第三名仲裁员,S仲裁委主任指定张某为本案仲裁庭仲裁员、刘某为本案首席仲裁员,李某、张某、刘某共同组成本案的仲裁庭,仲裁委向双方当事人送达了开庭通知。

开庭当日,蓟门公司未到庭,也未向仲裁庭说明未到庭的理由。仲裁庭对案件进行了审理并作出了缺席裁决。在评议裁决结果时,李某和张某均认为蓟门公司存在严重的违约行为,合同应解除,而刘某认为合同不应解除,拒绝在裁决书上签名。最终,裁决书上只有李某和张某的签名。

S仲裁委员会将裁决书向双方当事人送达时,蓟门公司拒绝签收,后蓟门公司向法院提出撤销仲裁裁决的申请。

关于本案的裁决书,下列表述正确的是:(2014年真题,不定选)
A. 裁决书应根据仲裁庭中的多数意见,支持京发公司的请求
B. 裁决书应根据首席仲裁员的意见,驳回京发公司的请求
C. 裁决书可支持京发公司的请求,但必须有首席仲裁员的签名
D. 无论蓟门公司是否签收,裁决书自作出之日起生效

[释疑] 本题考查仲裁裁决的作出。仲裁裁决的作出采取少数服从多数原则,只有形不成多数意见,才以首席仲裁员的意见作出。持不同意见的仲裁员可以选择在仲裁裁决书上不签名。仲裁裁决一经作出即发生效力。(答案:AD)

2. 根据《仲裁法》,仲裁庭作出的裁决书生效后,在下列哪一情形下仲裁庭不可进行补正? (2011年真题,单选)
A. 裁决书认定的事实错误
B. 裁决书中的文字错误
C. 裁决书中的计算错误
D. 裁决书遗漏了仲裁评议中记录的仲裁庭已经裁决的事项

[释疑] 根据《仲裁法》第56条的规定:"对仲裁裁决书中的文字、计算错误或者仲裁庭已经裁决但在裁决书中遗漏的事项,仲裁庭应当补正;当事人自收到仲裁裁决书之日起30日内,可以请求仲裁庭补正。"因此,选项A是不可进行补正的。(答案:A)

三、提示与预测

掌握仲裁裁决与民事判决的区别。

区别项	仲裁裁决	判决
裁判的作出	合议制实行少数服从多数的原则,达不成多数人意见时,依首席仲裁员的意见作出裁决。	合议制实行少数服从多数的原则,达不成多数人意见时,报审委会决定,不得按照审判长的意见作出判决。
持不同意见者是否签名	持不同意见的仲裁员可以签名,也可以不签名。	持不同意见的审判人员无权拒绝签名。
裁判文书的内容	应记载仲裁请求、争议事实、裁决理由、裁决结果、费用负担与裁决日期;但是,当事人不愿意写明争议事实与裁决理由的,可以不写。	判决书必须写明争议事实与判决理由。
裁判文书书写计算以及遗漏裁判事项的补救	对裁决书中的文字、计算错误或者仲裁庭已经裁决但在裁决书中遗漏的事项,仲裁庭应当裁决补正。	对判决书中的文字、计算错误,裁定补正;对已经审理但在判决书中遗漏的事项,补充判决。

第五章 申请撤销仲裁裁决

考点 1 申请撤销仲裁裁决的条件和理由

一、精讲

1. 申请撤销仲裁裁决的条件

(1) 申请主体是双方当事人。有权申请撤销仲裁裁决的人应当是依据该仲裁裁决享有实体权利的权利人或者承担义务的人;从另一个角度讲,申请撤销仲裁裁决的当事人包括仲裁申请人与被申请人。

(2) 申请撤销仲裁裁决应当向仲裁委员会所在地的中级人民法院提出申请。

(3) 当事人申请撤销仲裁裁决应当在自收到仲裁裁决书之日起 6 个月内提出。

(4) 必须有证据证明仲裁裁决出现法定应予撤销的情形之一的。

2. 申请撤销仲裁裁决的法定事由

我国仲裁司法监督制度实行双轨制度,即对国内仲裁和涉外仲裁采取不同的标准和程序,在法定事由的规定上也是有不同的:

(1) 申请撤销国内仲裁裁决(《仲裁法》第 58 条)

① 没有仲裁协议的。《仲裁法解释》第 18 条进一步规定,此处的没有仲裁协议是指当事人没有达成仲裁协议。仲裁协议被认定无效或者被撤销的,视为没有仲裁协议。

② 裁决的事项不属于仲裁协议的范围或者仲裁委员会无权仲裁的。
③ 仲裁庭的组成或者仲裁的程序违反法定程序的。《仲裁法解释》第20条规定，此处的违反法定程序是指违反仲裁法规定的仲裁程序和当事人选择的仲裁规则可能影响案件正确裁决的情形。
④ 裁决所根据的证据是伪造的。
⑤ 对方当事人隐瞒了足以影响公正裁决的证据的。
⑥ 仲裁员在仲裁该案时有索贿受贿、徇私舞弊、枉法裁决行为的。
⑦ 人民法院认定该裁决违背社会公共利益的,应当裁定撤销。
（2）申请撤销涉外仲裁裁决法定事由（《仲裁法》第70条和《民事诉讼法》第274条第1款）
① 当事人在合同中没有订有仲裁条款或者事后没有达成书面仲裁协议的。
② 被申请人没有得到指定仲裁员或者进行仲裁程序的通知，或者由于其他不属于被申请人负责的原因未能陈述意见的。
③ 仲裁庭的组成或者仲裁的程序与仲裁规则不符的。
④ 裁决的事项不属于仲裁协议的范围或者仲裁机构无权仲裁的。
（3）国内仲裁与涉外仲裁法定事由之比较总结
① 是否涉及实体问题不同。国内仲裁裁决申请撤销涉及实体证据问题,即裁决所根据的证据是伪造的以及对方当事人隐瞒了足以影响公正裁决的证据的;而涉外仲裁裁决申请撤销不涉及实体证据问题。
② 是否涉及仲裁员违背职业道德的事项不同。国内仲裁裁决申请撤销涉及仲裁员职业道德的监督,即仲裁员在仲裁该案时有索贿受贿、徇私舞弊、枉法裁决行为的;而涉外仲裁裁决申请撤销不涉及对仲裁员职业道德的监督。
③ 违反程序事项的具体内容不同,主要体现在是否涉及对被申请人特别告知权利的保护不同。涉外仲裁裁决申请撤销涉及特别告知权利的保护,即被申请人没有得到指定仲裁员或者进行仲裁程序的通知,或者由于其他不属于被申请人负责的原因未能陈述意见的;而国内仲裁裁决申请撤销不涉及该程序事项。

二、例题

某仲裁委员会对甲公司与乙公司之间的买卖合同一案作出裁决后,发现该裁决存在超裁情形,甲公司与乙公司均对裁决持有异议。关于此仲裁裁决,下列哪一选项是正确的？（2008年真题,单选）
　　A. 该仲裁委员会可以直接变更已生效的裁决,重新作出新的裁决
　　B. 甲公司或乙公司可以请求该仲裁委员会重新作出仲裁裁决
　　C. 该仲裁委员会申请法院撤销此仲裁裁决
　　D. 甲公司或乙公司可以请求法院撤销此仲裁裁决
　　[释疑]　本题考查对超裁的处理。超裁是指仲裁庭对当事人没有申请的仲裁事项或仲裁协议中没有约定的事项作出裁定的情形。《仲裁法》第58条规定:"当事人提出证据证明裁决有下列情形之一的,可以向仲裁委员会所在地的中级人民法院申请撤销裁决:（一）没有仲裁协议的;（二）裁决的事项不属于仲裁协议的范围或者仲裁委员会无权仲裁的;（三）仲裁庭

的组成或者仲裁的程序违反法定程序的……"据此可知,超裁是属于可以申请撤销仲裁裁决的法定情形之一,D项正确。(答案:D)

三、提示与预测

申请撤销仲裁裁决的条件和理由是高频考点,应当掌握。该考点在 2009 年卷四案例分析题中考过。

考点 2　法院对撤销仲裁裁决申请的处理及其法律后果

一、精讲

1. 通知仲裁庭重新仲裁

《仲裁法解释》第 21 条规定:"当事人申请撤销国内仲裁裁决的案件属于下列情形之一的,人民法院可以依照仲裁法第六十一条的规定通知仲裁庭在一定期限内重新仲裁:(一)仲裁裁决所根据的证据是伪造的;(二)对方当事人隐瞒了足以影响公正裁决的证据的。人民法院应当在通知中说明要求重新仲裁的具体理由。"是否重新仲裁,由仲裁庭决定。

《仲裁法解释》第 22 条规定:"仲裁庭在人民法院指定的期限内开始重新仲裁的,人民法院应当裁定终结撤销程序;未开始重新仲裁的,人民法院应当裁定恢复撤销程序。"

《仲裁法解释》第 23 条规定:"当事人对重新仲裁裁决不服的,可以在重新仲裁裁决书送达之日起六个月内依据仲裁法第五十八条规定向人民法院申请撤销。"

【特别提示】

重新仲裁只限于裁决所根据的证据是伪造的;对方当事人隐瞒了足以影响公正裁决的证据的情形,其他情形不得通知重新仲裁。

2. 裁定撤销仲裁裁决

对于不需要由仲裁庭重新仲裁或者仲裁庭拒绝重新仲裁的,人民法院应当在两个月内进行审查,对于符合法定撤销情形的,裁定撤销仲裁裁决。

【特别提示】

(1)《仲裁法解释》第 19 条规定:"当事人以仲裁裁决事项超出仲裁协议范围为由申请撤销仲裁裁决,经审查属实的,人民法院应当撤销仲裁裁决中的超裁部分。但超裁部分与其他裁决事项不可分的,人民法院应当撤销仲裁裁决。"

(2)对于人民法院依法作出的撤销裁决的裁定,当事人不能上诉(《关于我国仲裁机构作出的仲裁裁决能否部分撤销问题的批复》)。

(3)仲裁裁决依法被撤销后,当事人可以通过诉讼或重新达成仲裁协议解决纠纷。

3. 裁定驳回撤销仲裁裁决的申请

人民法院经过审查,对于不符合法定撤销仲裁裁决情形的申请,应当在两个月内作出裁定驳回。

【特别提示】

当事人向人民法院申请撤销仲裁裁决被驳回后,又在执行程序中以相同理由提出不予执行抗辩的,人民法院不予支持。(《仲裁法解释》第 26 条)

二、例题

B 市的京发公司与 T 市的蓟门公司签订了一份海鲜买卖合同,约定交货地在 T 市,并同时约定"涉及本合同的争议,提交 S 仲裁委员会仲裁"。京发公司收货后,认为海鲜等级未达到合同约定,遂向 S 仲裁委员会提起解除合同的仲裁申请,仲裁委员会受理了该案。在仲裁规则确定的期限内,京发公司选定仲裁员李某作为本案仲裁庭的仲裁员,蓟门公司未选定仲裁员,双方当事人也未共同选定第三名仲裁员,S 仲裁委主任指定张某为本案仲裁庭仲裁员、刘某为本案首席仲裁员,李某、张某、刘某共同组成本案的仲裁庭,仲裁委向双方当事人送达了开庭通知。

开庭当日,蓟门公司未到庭,也未向仲裁庭说明未到庭的理由。仲裁庭对案件进行了审理并作出缺席裁决。在评议裁决结果时,李某和张某均认为蓟门公司存在严重违约行为,合同应解除,而刘某认为合同不应解除,拒绝在裁决书上签名。最终,裁决书上只有李某和张某的签名。

S 仲裁委员会将裁决书向双方当事人进行送达时,蓟门公司拒绝签收,后蓟门公司向法院提出撤销仲裁裁决的申请。

关于蓟门公司撤销仲裁裁决的申请,下列表述正确的是:(2014 年真题,单选)

A. 蓟门公司应向 S 仲裁委所在地中院提出申请
B. 法院应适用普通程序审理该撤销申请
C. 法院可以适用法律错误为由撤销 S 仲裁委的裁决
D. 法院应以缺席裁决违反法定程序为由撤销 S 仲裁委的裁决

[释疑] 本题考查申请撤销仲裁裁决的管辖法院、审理程序以及撤销事由。根据《仲裁法》第 58 条的规定,A 项正确,C、D 项错误;我国立法目前仅规定组成合议庭审理撤销仲裁裁决和不予执行仲裁裁决的案件,并未具体规定审理适用的程序,B 项错误。(答案:A)

三、提示与预测

人民法院对撤销仲裁裁决申请的处理及其法律后果是高频考点,应当掌握。此外,我国仲裁司法监督制度实行双轨制度,即对国内仲裁和涉外仲裁采取不同的标准和程序,如果人民法院认为符合撤销条件的案件,对国内案件和涉外案件裁定撤销的程序不同:

国内案件,有管辖权的人民法院(仲裁委员会所在地的中级人民法院)认为符合撤销、重新仲裁的条件,直接裁定撤销或重新仲裁。

涉外案件,有管辖权的人民法院(仲裁委员会所在地的中级人民法院)认为符合撤销、重新仲裁的条件,须报辖区高级人民法院决定,高级人民法院审查后认为符合撤销、重新仲裁的条件,还需报最高人民法院决定,如果最高人民法院也认为符合撤销、重新仲裁的条件,则批准撤销或重新仲裁,再由有管辖权的人民法院作出裁定撤销或重新仲裁。(逐级报告制度)

第六章 仲裁裁决的执行与不予执行

考点 1 申请仲裁裁决执行的条件

精讲

仲裁裁决的执行,也叫强制执行,是指一个国家的强制执行机关,在仲裁庭作出仲裁裁决后,基于仲裁中胜诉一方当事人的请求,运用国家的强制力,迫使败诉一方当事人履行仲裁裁决中所规定的有关义务的行为。

申请执行仲裁裁决需要具备下列条件:

(1)申请执行的主体是依据仲裁裁决享有权利的当事人。

(2)申请人需要在法定期限内提出申请。申请执行期限为两年。

(3)申请人需要向有管辖权的法院提出书面申请。对仲裁裁决有执行管辖权的法院是被执行人住所地或者被执行财产所在地的中级人民法院。

考点 2 申请不予执行仲裁裁决的条件和理由

一、精讲

1. 申请不予执行仲裁裁决的条件

申请不予执行仲裁裁决是法律赋予被执行人对申请执行人的抗辩权,被执行人行使该抗辩权需要具备下列条件:

(1)申请的主体是依据仲裁裁决需要履行实体义务的人,即仲裁裁决生效后,如果申请人向有管辖权的人民法院申请强制执行,在执行程序中,被执行人有权申请不予执行仲裁裁决。

(2)应当在执行程序中向受理执行案件的法院提出申请。

(3)必须有证据证明仲裁裁决出现法定不予执行情形之一的。

2. 申请不予执行仲裁裁决的法定事由

我国仲裁司法监督制度实行双轨制度,即对国内仲裁和涉外仲裁采取不同的标准和程序,在法定事由的规定上也是不同的:

(1)申请不予执行国内仲裁裁决的情形。根据《仲裁法》第63条的规定,被申请人提出证据证明国内仲裁裁决有《民事诉讼法》第237条第2款规定的下列情形之一的,可以申请不予执行该仲裁裁决:① 当事人在合同中没有订有仲裁条款或者事后没有达成书面仲裁协议的;② 裁决的事项不属于仲裁协议的范围或者仲裁机构无权仲裁的;③ 仲裁庭的组成或者仲裁的程序违反法定程序的;④ 裁决所根据的证据是伪造的;⑤ 对方当事人向仲裁机构隐瞒了足以影响公正裁决证据的;⑥ 仲裁员在仲裁该案时有贪污受贿、徇私舞弊、枉法裁决行为的。

(2)申请不予执行涉外仲裁裁决的情形。根据《仲裁法》第71条的规定,当事人提出证据证明涉外仲裁裁决有《民事诉讼法》第274条第1款规定的下列情形之一的,可以申请不予执行仲裁裁决:① 当事人在合同中没有订有仲裁条款或者事后没有达成书面仲裁协议的;

② 被申请人没有得到指定仲裁员或者进行仲裁程序的通知,或者由于其他不属于被申请人负责的原因未能陈述意见的;③ 仲裁庭的组成或者仲裁的程序与仲裁规则不符的;④ 裁决的事项不属于仲裁协议的范围或者仲裁机构无权仲裁的。

(3) 国内仲裁与涉外仲裁申请不予执行仲裁裁决情形之比较。申请不予执行国内仲裁裁决与涉外仲裁裁决的情形之相同点在于,都包括仲裁程序的进行欠缺合理依据或者违反法定程序问题。申请不予执行国内仲裁裁决与涉外仲裁裁决的情形之区别主要体现在:① 是否涉及实体证据问题不同。申请不予执行国内仲裁裁决的法定理由涉及实体证据,即裁决所根据的证据是伪造的以及对方当事人向仲裁机构隐瞒了足以影响公正裁决证据的;而申请不予执行涉外仲裁裁决的法定情形不涉及任何实体事项。② 是否涉及仲裁员职业道德问题不同。申请不予执行国内仲裁裁决的法定理由涉及仲裁员违背职业道德的事项,即仲裁员在仲裁该案时有贪污受贿、徇私舞弊、枉法裁决行为的;而申请不予执行涉外仲裁裁决的法定情形中不涉及该问题。③ 违反法定程序的具体内容有所不同。在违反程序事项中,申请不予执行涉外仲裁裁决包括未充分保护被申请人的特别被告知权利的情形,即被申请人没有得到指定仲裁员或者进行仲裁的通知,或者由于其他不属于被申请人负责的原因未能陈述意见的;而申请不予执行国内仲裁裁决的法定情形不包括该事项。

由此可见,申请不予执行国内仲裁裁决的法定情形所涉及的范围更宽。

二、例题

1. 甲市 L 区居民叶某购买了住所在乙市 M 区的大亿公司开发的位于丙市 N 区的商品房一套,合同中约定双方因履行合同发生争议可以向位于丙市的仲裁委员会(丙市仅有一家仲裁机构)申请仲裁。因大亿公司迟迟未按合同约定交付房屋,叶某向仲裁委员会申请仲裁。大亿公司以仲裁机构约定不明,向仲裁委员会申请确认仲裁协议无效。经审查,仲裁委员会作出了仲裁协议有效的决定。在第一次仲裁开庭时,大亿公司声称其又向丙市中级法院请求确认仲裁协议无效,申请仲裁庭中止案件审理。在仲裁过程中仲裁庭组织调解,双方达成了调解协议,仲裁庭根据协议内容制作了裁决书。后因大亿公司不按调解协议履行义务,叶某向法院申请强制执行,而大亿公司则以调解协议内容超出仲裁请求为由,向法院申请不予执行仲裁裁决。大亿公司以调解协议超出仲裁请求范围请求法院不予执行仲裁裁决,法院正确的做法是:(2016 年真题,不定选)

A. 不支持,继续执行
B. 应支持,并裁定不予执行
C. 应告知当事人申请撤销仲裁裁决,并裁定中止执行
D. 应支持,必要时可通知仲裁庭重新仲裁

[释疑] 本题考查仲裁裁决不予执行的法定事由。《民事诉讼法》第 237 条 2 款的规定,调解协议超出仲裁请求范围不属于法律规定的不予执行的事由,法院的正确做法应当是不支持,继续执行,A 项正确,BCD 错误。(答案:A)

2. 兴源公司与郭某签订了钢材买卖合同,并书面约定本合同一切争议由中国国际经济贸易仲裁委员会仲裁。兴源公司支付 100 万元预付款后,因郭某未履约,依法解除了合同。郭某一直未将预付款返还,兴源公司遂提出返还货款的仲裁请求,仲裁庭适用简易程序审理,并作出裁决,支持该请求。

由于郭某拒不履行裁决,兴源公司申请执行。郭某无力归还 100 万元现金,但可以收藏的多幅字画提供执行担保。担保期满后郭某仍无力还款,法院在准备执行该批字画时,朱某向法院提出异议,主张自己才是这些字画的所有权人,郭某只是代为保管。

假设在执行过程中,郭某向法院提出异议,认为本案并非合同纠纷,不属于仲裁协议约定的纠纷范围。法院对该异议正确的处理方式是(2013 年真题,不定选)

A. 裁定执行中止
B. 经过审理,裁定不予执行仲裁裁决的,同时裁定终结执行
C. 经过审理,可以通知仲裁委员会重新仲裁
D. 不予支持该异议

[释疑] 本案考查仲裁裁决执行过程中对被申请人抗辩权的处理。根据《仲裁法》第 63 条和《民事诉讼法》第 237 条第 2 款的规定,本案郭某认为本案并非合同纠纷,不属于仲裁协议约定的纠纷范围而向法院提出的异议,不属于法定不予执行的事由,A、B 项错误,D 项正确。根据《仲裁法》第 58 条的规定,C 项错误。(答案:D)

3. 甲不履行仲裁裁决,乙向法院申请执行。甲拟提出不予执行的申请并提下列证据证明仲裁裁决应不予执行。针对下列哪一选项,法院可裁定驳回甲的申请?(2011 年真题,单选)

A. 甲、乙没有订立仲裁条款或达成仲裁协议
B. 仲裁庭组成违反法定程序
C. 裁决事项超出仲裁机构权限范围
D. 仲裁裁决没有根据经当事人质证的证据认定事实

[释疑] 根据《仲裁法》第 63 条的规定,选项 D 不属于申请不予执行仲裁裁决的法定情形,因此,法院可以裁定驳回甲的申请。(答案:D)

考点 3 法院对不予执行仲裁裁决的处理及其法律后果

一、精讲

人民法院对不予执行的申请,组成合议庭审理,并询问当事人。对符合法定条件的,人民法院裁定不予执行仲裁裁决。

【注意】《民诉司法解释》第 477 条规定:"仲裁机构裁决的事项,部分有民事诉讼法第二百三十七条第二款、第三款规定情形的,人民法院应当裁定对该部分不予执行。应当不予执行部分与其他部分不可分的,人民法院应当裁定不予执行仲裁裁决。"

裁定不予执行仲裁裁决的后果:《民诉司法解释》第 478 条规定:"依照民事诉讼法第二百三十七条第二款、第三款规定,人民法院裁定不予执行仲裁裁决后,当事人对该裁定提出执行异议或者复议的,人民法院不予受理。当事人可以就该民事纠纷重新达成书面仲裁协议申请仲裁,也可以向人民法院起诉。"

二、例题

1. 甲公司因与乙公司合同纠纷申请仲裁,要求解除合同。某仲裁委员会经审理裁决解除双方合同,还裁决乙公司赔偿甲公司损失 6 万元。关于本案的仲裁裁决,下列哪些表述是正确的?(2010 年真题,多选)

A. 因仲裁裁决超出了当事人的请求范围,乙公司可申请撤销超出甲公司请求部分的裁决
B. 因仲裁裁决超出了当事人的请求范围,乙公司可向法院提起诉讼
C. 因仲裁裁决超出了当事人的请求范围,乙公司可向法院申请再审
D. 乙公司可申请不予执行超出甲公司请求部分的仲裁裁决

[释疑] 该题直接考查对仲裁裁决的司法监督。根据《仲裁法解释》第19条的规定,对于超出仲裁请求作出的仲裁裁决,对超出部分,当事人有权申请法院撤销或者不予执行,因此,选项A与D是正确的;而选项B与C是不正确的。(答案:AD)

2. 张某根据与刘某达成的仲裁协议,向某仲裁委员会申请仲裁。在仲裁审理中,双方达成和解协议并申请依和解协议作出裁决。裁决作出后,刘某拒不履行其义务,张某向法院申请强制执行,而刘某则向法院申请裁定不予执行该仲裁裁决。法院应如何处理?(2007年真题,单选)

A. 裁定中止执行,审查是否具有不予执行仲裁裁决的情形
B. 终结执行,审查是否具有不予执行仲裁裁决的情形
C. 继续执行,不予审查是否具有不予执行仲裁裁决的情形
D. 先审查是否具有不予执行仲裁裁决的情形,然后决定后续执行程序是否进行

[释疑] 根据《仲裁法解释》第28条的规定,当事人请求不予执行仲裁调解书或者根据当事人之间的和解协议作出的仲裁裁决书的,人民法院不予支持。故选项C是正确的,其他选项均是错误的。(答案:C)

三、提示与预测

当事人请求不予执行仲裁调解书或者根据当事人之间的和解协议作出的仲裁裁决书的,人民法院不予支持。

考点 4 撤销仲裁裁决与不予执行仲裁裁决的关系

一、精讲

1. 撤销仲裁裁决与不予执行仲裁裁决的相同之处

(1) 两者的性质相同。两者都是仲裁程序结束后,对不正当仲裁裁决予以司法监督的特殊制度,从而维护当事人的合法权益。

(2) 两者的行使权利主体相同,即无论是行使撤销仲裁裁决权,还是行使不予执行仲裁裁决权,其行使权利的主体均是人民法院。

(3) 对于当事人的后果相同,即无论仲裁裁决被人民法院裁定撤销,还是裁定不予执行,都使得当事人依据仲裁裁决所享有的权利无法实现,而且使双方当事人之间的争议未能得到解决。

(4) 对当事人的救济相同。无论是仲裁裁决被人民法院裁定撤销,还是裁定不予执行,当事人可以根据重新达成的仲裁协议申请仲裁,或者向人民法院起诉。

(5) 申请撤销仲裁裁决与不予执行仲裁裁决的法定情形相同。民事诉讼法修正后,申请撤销国内仲裁裁决与申请不予执行国内仲裁裁决,申请撤销涉外仲裁裁决与申请不予执行涉外仲裁裁决的法定情形均相同。

2. 撤销仲裁裁决与不予执行仲裁的不同之处

（1）申请的主体不同。申请撤销仲裁裁决的主体，既可以是依据仲裁裁决享有实体权利的人，也可以是应承担实体义务的人；而申请不予执行仲裁裁决的主体只能是依据仲裁裁决应当承担实体义务的人。

（2）申请的期限不同。申请撤销仲裁裁决的期限是自收到仲裁裁决书之日起6个月内；而申请不予执行仲裁裁决的期限是执行程序开始后，执行程序完毕之前。

（3）申请的法院不同。申请撤销仲裁裁决应当向仲裁委员会所在地的中级人民法院提出；而申请不予执行仲裁裁决则只能向受理执行案件的人民法院提出。

（4）法律程序不同。在撤销仲裁裁决程序中，人民法院认为可以由仲裁庭重新仲裁的，应当通知仲裁庭在一定期限内重新仲裁；而在不予执行仲裁裁决程序中，人民法院不可以要求仲裁庭重新仲裁。

3. 两者的关系

当事人向人民法院申请撤销仲裁裁决被驳回后，又在执行程序中以相同理由提出不予执行抗辩的，人民法院不予支持。

二、例题

关于法院对仲裁的司法监督的说法，下列哪一选项是错误的？（2010年真题，单选）

A. 仲裁当事人申请财产保全，应当向仲裁机构申请，由仲裁机构将该申请移交给相关法院

B. 仲裁当事人申请撤销仲裁裁决被法院驳回，此后以相同理由申请不予执行，法院不予支持

C. 仲裁当事人在仲裁程序中没有提出对仲裁协议效力的异议，此后以仲裁协议无效为由申请撤销或不予执行，法院不予支持

D. 申请撤销仲裁裁决或申请不予执行仲裁裁决程序中，法院可通知仲裁机构在一定期限内重新仲裁

[释疑] 根据《仲裁法》第28条的规定，选项A是正确的。根据《仲裁法解释》第26条的规定，当事人向人民法院申请撤销仲裁裁决被驳回后，又在执行程序中以相同理由提出不予执行抗辩的，人民法院不予支持，因此，选项B是正确的。根据《仲裁法解释》第27条的规定，当事人在仲裁程序中未对仲裁协议效力提出异议，在仲裁裁决作出后以仲裁协议无效为由主张撤销仲裁裁决或者提出不予执行抗辩的，人民法院不予支持，因此，选项C是正确的。根据《仲裁法》第61条的规定，在申请撤销仲裁裁决程序中，法院可以通知仲裁机构在一定期限内重新仲裁，因此，选项D是不正确的。（答案：D）

三、提示与预测

仲裁裁决的司法监督是考试的重点，考生应当掌握两种监督方式的条件以及法院的处理，该考点在2009年卷四案例分析题中考过。

考点 5 仲裁裁决的中止执行、终结执行和恢复执行

一、精讲

《仲裁法》中规定的仲裁裁决的中止执行、终结执行和恢复执行,都是围绕一种情况:即一方当事人申请执行裁决,另一方当事人申请撤销裁决,此时,人民法院应当裁定中止执行。如果人民法院裁定撤销仲裁裁决的,应当裁定终结执行程序;如果撤销裁决的申请被人民法院裁定驳回的,人民法院应当恢复执行。

二、例题

甲公司因与乙公司的合同纠纷向某仲裁委员会申请仲裁,甲公司的仲裁请求得到仲裁庭的支持。裁决作出后,乙公司向法院申请撤销仲裁裁决。法院在审查过程中,甲公司向法院申请强制执行仲裁裁决。关于本案,下列哪一说法是正确的?(2012年真题,单选)

A. 法院对撤销仲裁裁决申请的审查,不影响法院对该裁决的强制执行
B. 法院不应当受理甲公司的执行申请
C. 法院应当受理甲公司的执行申请,同时应当告知乙公司向法院申请裁定不予执行仲裁裁决
D. 法院应当受理甲公司的执行申请,受理后应当裁定中止执行

[释疑] 该题直接考查一方当事人申请撤销仲裁裁决,另一方当事人申请执行仲裁裁决后的处理问题。根据《仲裁法》第64条的规定,一方当事人申请执行裁决,另一方当事人申请撤销裁决的,人民法院应当裁定中止执行。因此,选项D是正确的,其余选项均是错误的。(答案:D)

三、提示与预测

仲裁裁决的执行是由人民法院采取的,进入执行程序后,其依据是民事诉讼法律中有关执行的规定,因此,在仲裁裁决的执行过程中出现符合《民事诉讼法》规定的中止执行情形时,应当裁定中止执行;如果出现符合《民事诉讼法》规定的终结执行情形时,应当裁定终结执行。

该考点在2009年卷四案例分析题中考过。